披沙集

西藏民族大学文学院本科生优秀毕业论文选

2017—2022

主编 王军君 严寅春

西北大学出版社
·西安·

图书在版编目(CIP)数据

披沙集：西藏民族大学文学院本科生优秀毕业论文选：2017—2022／王军君，严寅春主编．—西安：西北大学出版社，2023.7
 ISBN 978-7-5604-5168-8

Ⅰ．①披… Ⅱ．①王… ②严… Ⅲ．①汉语—语言学—民族学院—毕业论文—汇编—2017—2022 ②中国文学研究—民族学院—毕业论文—汇编—2017—2022 Ⅳ．①H1-53②I206-53

中国国家版本馆 CIP 数据核字(2023)第 127902 号

披沙集
——西藏民族大学文学院本科生优秀毕业论文选：2017—2022
PI SHA JI—XIZANG MINZU DAXUE WENXUEYUAN BENKESHENG YOUXIU BIYE LUNWENXUAN: 2017-2022

主　编	王军君　严寅春
出版发行	西北大学出版社
	（西北大学校内　邮编：710069　电话：029-88302621　88303593）
	http://nwupress.nwu.edu.cn　　E-mail：xdpress@nwu.edu.cn
经　销	全国新华书店
印　装	西安真色彩设计印务有限公司
开　本	787 毫米×1092 毫米　1/16
印　张	22.75
版　次	2023 年 7 月第 1 版
印　次	2023 年 7 月第 1 次印刷
字　数	503 千字
书　号	ISBN 978-7-5604-5168-8
定　价	80.00 元

本版图书如有印装质量问题，请拨打电话 029-88302966 予以调换。

编委会

主　编　王军君　严寅春

副主编　余新颜

编　委（按姓氏笔画排名）

　　　　　于　宏　马玉汴　王宝红　卢顽梅

　　　　　吕　岩　朱丽娟　李　冬　李江艳

　　　　　李　欢　吴　宁　宋卫红　张学海

　　　　　张春红　陈荣泽　姚芮玲　徐　琴

前　言

西藏民族大学文学院是西藏自治区最早开展汉语言文学教学工作、授予文学学士的教学单位。西藏民族大学文学院办学历史悠久、办学成绩卓著，其前身为1965年创设的语文系，自1978年开办汉语言文学专业本科教育以来，已培养了6000多名文学学士。也就是说，文学院教师指导学生撰写了6000多篇学士学位论文，其中不乏公开发表并在学术界产生一定影响的学位论文，成为本科毕业生走向研究之路、探索之路、创新之路的第一块基石。2019年教育部印发了《关于深化本科教育教学改革全面提高人才培养质量的意见》（教高〔2019〕6号），明确提出"让学生忙起来"。同年，文学院也发生了两件影响未来专业发展方向的大事：一是汉语言文学（师范）专业被确定为西藏自治区师范专业认证打样试点专业并顺利通过二级认证；二是汉语言文学专业被确定为首批国家一流专业建设点。在"迎评""整改"的过程中，在一流专业建设的路途上，我们推进了"读书工程""创新工程"等一些改进措施，让学生们动了起来、忙了起来，人才培养质量稳步提升。

学位论文是人才培养方案的重要组成部分，是实现人才培养目标的重要教学环节，是检查教育质量的重要手段，也是学生毕业与学位资格认证的重要依据。通过撰写毕业论文，使学生初步掌握科研方法，培养学生运用所学知识解决问题的能力，培养学生的创造意识。无论是从检验四年大学教学效果，发现课堂教学或实践教学中的优势与缺憾；还是从提高学生综合分析能力、解决实际问题能力和认识社会能力，检验、提高和规范教学管理状况来看，毕业论文的重要地位和作用都显而易见。

文学院学位论文既有一般大学汉语言文学专业的共同特点，如学生选题普遍关注语言学、中国古代文学、现当代文学、外国文学等，还体现了我校作为西藏高校、为西藏社会培养人才、我们的学生半数来自西藏的独特一面。文学院学位论文涉及内地的藏族学生的藏汉语码转换问题、国家通用语言文字在西藏的使用问题、藏族文学问题等，这些问题在其他高校少有人关注。学生尽自己的能力，在家乡开展田野调查，并把自己的调查结果写成论文，这是他们用自己在大学期间学到的本领关心家乡、为建设家乡出力迈出的第一步。

编辑本书的目的在于进一步推动文学院学位论文工作的规范化管理，同时激励更多的同学创作出更多更优秀的学位论文。

最后，谨向参与本书编撰的各位老师表示深深的感谢，你们的辛苦付出，凝聚着全院师生的信任、信念和信心，联结着我院本科教学的光荣与未来！

目 录

浅析常德方言的副词	石 蓉	1
内地藏族大学生口语交际中的藏汉语码混合现象分析	王杨凤	20
张爱玲创作中的现代女性意识研究	赵姝祺	39
"三言"中的商人形象	何如意	50
洛阳方言与北京方言的词汇比较	周 琳	61
张竞生美育思想研究	李 雨	80
县乡镇中学语文教学发展现状及改进思路		
——以湖南株洲攸县为例	刘柯辰	93
论影视剧中的晚清师爷形象		
——以《绍兴师爷》中的方敬斋为例	徐 申	114
论柳宗元的教育思想	薛晨光	123
传统文学知识在初中语文教育中的实践研究		
——以全国部编版与人教版教材为例	孙 蕾	137
浅谈汪辉祖的幕学思想及其对现代秘书工作的启示	程琼洋	154
唐第五玄昱墓志考释	李舒晴	166
40年来国内对《简·爱》中的女性意识觉醒的研究	拉巴卓玛	174
浅析生命教育在中学教学中的渗透		
——以人教版中学语文教材为例	李沁研	192
会展活动中的语言服务问题初探		
——以藏博会为例	问羽欣	203
张爱玲小说中的女性形象分析	张 悦	211
先秦诗歌在中学语文中的德育价值		
——以《诗经》《离骚》为例	谭雪梅	224
浅析朗顿·班觉的《绿松石》	格桑曲珍	238
西藏山南市乃东区国家通用语言文字使用情况调查研究	彭 朗	249
论初中语文教材删改对生命教育的影响	罗欣然	264

《窦娥冤》中的蔡婆形象分析 …………………………………… 刘子怡 284
女性主义批评视域下的张爱玲作品重读 ………………………… 董 升 293
"机村"文明的反思与救赎
　　——论阿来小说《空山》 ………………………………… 许晨斐 312
萧红与迟子建长篇小说中生命意识之比较 ……………………… 王 瑶 322
新时期农村幼儿教师对幼儿"语言训练"意识和能力的培养
　　——以山西临猗农村幼儿园为例 ………………………… 解洁璇 332
中学阶段鲁迅作品面临的困境与教学策略 ……………………… 郭子琦 342

浅析常德方言的副词

石蓉　汉语言文学（文秘方向）2013级

摘　要：常德市位于湖南省西北部，常德方言属于西南官话。本文选取常德方言中比较有代表性、使用频率较高的副词作为研究对象，从语义和句法两方面进行分析，并与普通话中意义相近的副词做比较，以期对常德方言中的副词有更全面的认识。

关键词：常德方言；副词；语义

一、引言

（一）常德的人文地理和方言归属

1. 常德的人文地理

常德市位于湖南省西北部，沅江下游和澧水中下游，北纬28°—31°，东经110°—113°。常德市东邻益阳市的南县，西界张家界市慈利县，北连湖北松滋，南接益阳桃江县，市境东西极宽174.6千米，南北极长187.2千米，总面积18190平方千米。

自旧石器时代，常德地区就有人类活动的踪迹，秦时属黔中郡，西汉时改为武陵郡，南宋时升鼎州为常德府。清代，常德府、直隶澧州同隶属于岳常澧道。1914年，岳常澧道改为武陵道，原常德府、直隶澧州各县由武陵道直辖。1938年设常澧区专员公署。1949年8月，常德各县和平解放，常澧区更名"湖南省人民政府常德区行政专员公署"（简称常德专署）。1968年，改常德专署为常德地区。1988年元月，经国务院批准，撤销常德地区，建立省辖常德市。

常德市现设6县2区和1个县级市，即武陵区、鼎城区、安乡县、汉寿县、桃源县、临澧县、石门县、澧县和津市市。经2010年全国第六次人口普查，常德市有46个民族，其中少数民族人口47万人，占常德市总人口的8%。

2. 常德方言的归属问题

常德虽然地处南方，但其方言归属于北方方言的分支西南官话，常德方言自古以来一直受到北方话的浸润、冲刷，最后终于与之融为一体。

常德方言有狭义和广义之分，狭义的常德方言仅仅指常德市区的口音，而广义的常德话，即常德地区所属的西南官话覆盖面包括的整个常德市管辖沅水流域以及澧水流域部分地区。沅澧两水将常德方言分成两大片，沅水流域流传方言以常德方言为代表，澧水流域以澧州方言为代表。本文研究的是以武陵区的语音为代表的老常德话。

3. 常德方言的声韵调

常德方言声母包括零声母在内共有18个，具体如下：

表1-1 声 母

[p] 八别不	[pʰ] 怕飘仆	[m] 妈迷牧	[f] 发法浮
[t] 到第爹	[tʰ] 淘提图		
[l] 蓝离陆			
[ts] 糟栽坐	[tsʰ] 才擦财		[s] 散诗
[tɕ] 家记猪	[tɕʰ] 七强娶		[ɕ] 修新须
[k] 搞夹姑	[kʰ] 卡扩哭	[ŋ] 爱熬硬	[x] 哈海湖
[ŋ] 阿姨五雨			

常德方言声母与普通话相比没有[tʂ]、[tʂʻ]、[ʂ]、[ʐ]，但有一个[ŋ]。[n]和[l]相混在常德方言中十分突出，一般是[n]混同于[l]。[f]、[x]一般也相混。

常德方言韵母共有43个，具体如下：

表1-2 韵 母

[ɿ] 字纸只四	[i] 一衣吃及	[u] 谷过木浮	[y] 语需出祝
[a] 爸怕杂擦	[ia] 加掐夏厦	[ua] 挖跨话挖	[ya] 耍抓爪刷
[o] 所都某哥	[io] 药削脚确	[uo] 握窝我饿	
[e] 车舌蛇百	[ie] 跌叶雪切	[ue] 国	[ye] 月越缺血
[ɣ] 去句			
[ɚ] 而日耳			
[ai] 爱海还开		[uai] 歪坏快怪	[yai] 帅甩摔揣
[ei] 飞肥灰会		[uei] 味归亏桂	[yei] 谁税瑞追
[au] 到考桥熬	[iau] 要票表秒		

续表

[əu]偶欧楼素	[iəu]有油丢与		
[an]看箭胆然	[ian]见钱先天	[uan]晚关玩环	[yan]圆选全转
[ən]存森证很	[in]音心近亲	[uən]棍婚问困	[yn]晕云用寻
[aŋ]党旁讲让	[iaŋ]想样将强	[uaŋ]光狂望黄	[yaŋ]双霜装床
[oŋ]翁鸿童捧	[yŋ]用凶穷荣		
[m̩]目	[n̩]恩		

常德方言声调共有4个，具体如下：

表1-3　声　调

声调	调值	例字
阴平	55	高专开天婚
阳平	33	穷寒鹅急月
上声	21	古口好粉五
去声	35	月急出近厚

常德方言声调有阴平、阳平、上声和去声四类，大多数入声字归去声，少部分归入阳平。

（二）研究的对象、意义和方法

1. 研究的对象和意义

本文的研究对象是常德方言中的副词。副词在现代汉语中是一个比较复杂的词类，其意义有虚有实，既有实词的某些语法特征，又有虚词的某些个性特点，在现代汉语语法研究中有着独特的地位。

对于方言而言，副词的调查研究有助于更好地研究当地语言，随着现代汉语语法研究的日益成熟和对方言的不断重视，方言语法研究已经成为一种趋势，但是目前关于常德方言副词的研究刚刚起步。因此，常德方言副词需要更多的调查研究去充实常德方言研究的内容。

此外，方言是地方文化的代表，由于普通话的推广，目前很多地区的方言已经被普通话代替，甚至是完全消失了。本文对常德方言中的副词进行研究，以期去发现常德方言独特的美，能够对家乡方言有更全面的认识。

与普通话相比较，常德方言的副词大致可以分为以下三种类型：（1）词形和用法基本一致，如"最""就"等。（2）词形相同但用法不同，如"好""很"等。（3）普通话中没有且带有浓郁方言色彩，如"歪""六""八"等。本文主要选取常德方言中比较有代表性、使用频率较高的副词作为研究对象。

2. 研究的方法

本文主要参照张谊生在《现代汉语虚词》（2000）一书中提出的现代副词的分类标准，并结合常德方言副词的实际将其分为程度副词、范围副词、时间副词、肯定与否定副词、情态副词和语气副词六大类。在语义分类的基础上，从语义和句法两方面着手，对常德方言副词进行平面的记录和分析，并通过比较的方式，把常德方言中意义或用法相近的副词、常德方言与西南官话其他地区的副词、常德方言副词与普通话副词进行对比，得出语义和句法结构方面的差异，从而总结出常德方言副词在实际中的用途和特色。

（三）发音合作人及体例说明

1. 方言调查合作人情况

唐武军，男，55岁，湖南省常德市武陵区皂果路康桥尚都，初中文化，个体户。

李亚萍，女，47岁，湖南省常德市武陵区皂果社区，中专文化，老师。

孙福山，男，50岁，湖南省常德市鼎城区东风三组小区，小学文化，工人。

石军山，男，64岁，湖南省常德市武陵区长澧巷，小学文化，工人。

2. 体例说明

（1）本文中的方言例子（例词或例句）用字尽量使用本形或学术界通用字，不可考的字用同音或近音字代替。

（2）文中所有需要说明、注释的方言例句或方言用词随文用楷体小四号字进行解释。

（3）用"*"表示不符合语法规则或者是常德没有这种说法的例句。

（4）用"/"表示"或"。

（5）本文使用的其他字母符号：

N　名词　　　　NP　名词性成分　　V　动词
VP　动词性成分　A　形容词　　　　AP　形容词性成分
O　宾语

二、副词研究概况

（一）现代汉语副词研究概况

副词是个特殊的词类，兼具着实词和虚词的特质，用法复杂，在语句中的位置固定却又有相对的灵活性，并且使用的范围广，使用的频率高，因此是现代汉语研究的一大热点。

关于副词的定义，学术界有不同的见解。在《马氏文通》中，有关副词最早的定义是称之为"状字"。①朱德熙的《语法讲义》中提到副词是"只能充任状语的虚词"②。王力在《中国现代语法》中认为"凡词仅能表示程度、范围、时间、可能性、否定作用等,不能单独地指称实物、实情或实事者,叫作副词"③。而黄伯荣、廖序东在《现代汉语》一书中提到"副词限制、修饰动词、形容词,表示程度、范围、时间、肯否情态、语气意义等"④。简而言之,副词就是在句中用来修饰限定谓语动词,表示程度、时间、范围、语气和情态等意义的词。

关于副词的分类,学术界也有不同的说法,吕叔湘在《现代汉语八百词》(1980)一书中把副词分为范围副词、程度副词、语气副词、时间副词、否定副词、疑问副词和处所副词等;刘月华在《实用现代汉语语法》(1983)中把副词分为八类,分别是范围副词、时间副词、重复副词、频率副词、肯定和否定副词、语气副词、程度副词、情态副词;黄伯荣、廖序东在《现代汉语》(1997)中把副词分为六类,分别是范围副词、时间和频率副词、程度副词、肯定和否定副词、情态副词、方式副词和语气副词。本文参照各种分类,并结合常德方言实际情况,重点研究常德方言中的六类副词:程度副词、范围副词、时间副词、肯定和否定副词、情态副词、语气副词。

随着现代汉语语法研究的不断深入,目前副词研究突破了单一片面的研究现状,呈现出全方位的研究局面,也涌现出很多优秀的研究成果,如张谊生的《现代汉语副词研究》(2000)和《现代汉语副词探索》(2004),杨荣祥的《近代汉语副词研究》(2005)等。

(二)湖南方言副词研究概况

湖南地处我国南北中间地带,地区方言多种多样,包括湘方言、西南官话、赣方言、客家方言和湘南土话等。由于方言愈发受到重视,现如今对于湖南方言的研究也随之深入,加深了共时与历史的比较研究,从最初的描写阶段上升到如今的理论探讨阶段,形成了一系列完整的湖南方言语法研究。如卢小群的《湘语语法研究》(2007)、徐慧的《益阳方言语法研究》(2001)、易亚新的《常德方言语法研究》(2007)等,这些都涉及湖南地区方言中副词的研究,但对副词进行专项研究的著作比较少。目前关于湖南方言副词的研究的著作仅有伍云姬的《湖南方言的副词》(2007),相关的学位论文也仅有十多篇,并且这些学位论文大多是通过重点描写特色副词的应用并与普通话中的近义副词进行比较,从而展现当地方言的特点。

---

① 马建忠. 马氏文通 [M]. 北京:商务印书馆,1983:21.
② 朱德熙. 语法讲义 [M]. 北京:商务印书馆,1982:102.
③ 王力. 中国现代语法 [M]. 北京:商务印书馆,1985:18.
④ 黄伯荣,廖序东. 现代汉语 [M]. 北京:高等教育出版社,1991:18.

（三）常德方言的副词研究概况

长期以来，关于常德方言研究的论文和著作很少，提及副词的更少之又少，目前涉及常德方言语法研究的成果主要有李永明的《常德方言志》（1989）、郑庆君的《常德方言研究》（1999）和易亚新的《常德方言语法研究》（2007）三部著作，其中《常德方言研究》（郑庆君，1999）和《常德方言语法研究》（易亚新，2007）涉及具体的常德方言中副词的分类及运用。但是就整体而言，常德方言副词研究目前还缺乏系统翔实的描写和探究。

三、程度副词

（一）程度副词概说

张谊生的《现代汉语虚词》（2000：23）一书中指出，程度副词可分为相对程度副词和绝对程度副词。

在常德方言中，相对程度副词有最（最）、更加（更）、还（更加）和些微（稍微）等，具体举例如下：

①在所有的伢里头，就她长得最乖致。

在所有孩子里面，就她长得最漂亮。

②你一噘他，他就更加来劲了。

你骂他，他反倒更来劲。

③你比他还不清白些。

你比他更不明白。

④你也就些微比他强滴滴儿。

你也就稍微比他强一点儿。

例①中"最"相当于普通话中的"最"，两者用法基本一致，修饰的是形容词"乖致"。例②"更加"与例③"还"的用法和语义与普通话中的"更/更加"一致。"更加"修饰动词"来劲"，"还"修饰形容词"清白"。例④"些微"修饰形容词"强"，语义和语用相当于普通话中的"稍微"。

常德方言中的绝对程度副词有六（非常）、几多（十分）、八（很）和怪（很）等，分别举例如下：

①你跌个伢纳闷六不听话。

你这孩子怎么这么不听话。

②俺班上滴同学几多喜欢上语文课滴。

我们班上的同学都十分爱上语文课。

③他八不妥的。

他很差劲。

④这个菜怪没味道。

这个菜很不好吃。

例①"六"修饰动词"听话",例②"几多"修饰动词"喜欢",例③"八"修饰形容词"妥",例④"怪"修饰"味道"。从以上例句可以看出,副词"六、八、怪"一般用来修饰贬义词语,常见句式为"六/八/怪"+"不"。

以上几个绝对程度副词都是常德方言中比较独特的副词,其语义都相当于普通话中的"非常",本文主要分析在常德方言中具有代表性的程度副词"几多"的语义和句法。

(二)"几多"

1."几多"的语义分析

"几多"作为副词,在常德方言中的语义相当于普通话中的"非常",一般用于感叹句,用来表达说话人某种强烈的情感。如:

①完两个关系几多好!

我们俩关系非常好!

②妈妈弄滴饭几多好七滴!

妈妈做的饭十分好吃!

③这个事几多麻烦哦!

这件事好麻烦啊!

例①"几多"修辞形容词"好",例②"几多"修饰"好七",例③"几多"修饰"麻烦",都表示"很",有程度深之义。

2."几多"的句法分析

在常德方言中,"几多"通常出现在以下两类句子中:

(1)"几多"+V/VP:在此句法结构中,"几多"相当于普通话中的"好",两者用法一致,"好"能修饰的动词和动词短语,"几多"也能修饰,反之,"好"不能修饰的动词和动词短语,"几多"也无法修饰。

第一,"几多"用来修饰能愿动词中表意愿的动词,如"肯":

你伢都得们高了啊,几多肯长哦!

你孩子都这么高了,长得好快啊!

第二,"几多"用来修饰能愿动词中表主观能动性的动词,如"会":

她几多会跳舞!

她很会跳舞!

第三，"几多"用来修饰表心理活动的动词，如"怕"：

得个伢几多怕黑！

这个孩子十分怕黑！

（2）"几多"+A："几多"在修饰形容词时，除了状态形容词不能修饰，其他形容词皆可修饰，如：

①她穿的得条裙子几多乖致！

她穿的这条裙子真漂亮！

②春天来了，田地里几多绿油油！

春天来了，田地里一片绿油油的！

在常德方言中，例②的正确表达方式为"春天来了，田地里绿油油的一片"。

3. "几多"与"好"的比较

"几多"与"好"两者都是程度副词，都用于感叹句，修饰的词语也是一样的，但是在常德方言中，两者有明显的区别。

（1）"几多"比"好"的程度要更深，表达的情感也更加浓烈。

（2）"几多"仅用于肯定句，不能用"没有"/"不"来修饰，如：

①我没有几多胖。

②我不几多胖。

例①、②在常德方言中的正确表述为"我没有蛮胖"。

四、范围副词

（一）范围副词概说

语法学界多将范围副词定义为"表示范围的副词"。对于范围副词的分类，学者们观点不一，本文借鉴的是张谊生的《现代汉语副词探索》（2004），根据此书的观点，范围副词大致可以分为唯一性范围副词、统括性范围副词和限定性范围副词。唯一性范围副词是指概括的对象是全体范围中的某一个个体；统括性范围副词指的是概括的对象是全体范围的全部个体；限定性范围副词指的是概括的对象是全体范围中的某一部分个体。

在常德方言中，常见的唯一性范围副词有"只""光""就"；统括性范围副词有"一起""一哈""哈""尽"；限定性范围副词有"只是"。具体举例如下：

①只语文课我就喜欢。

我喜欢的课只有语文课。

②光我一个人投票有个么得用。

只有我一个人投票，这有什么用了。

③就你一个人最麻烦。

只有你一个人最麻烦。

④你一起它七破算哒。

你把它全部吃完吧。

⑤他把鞭炮一哈放完哒。

他把鞭炮全部放完了。

⑥水哈被他喝完哒。

水全部被他喝完了。

⑦你纳闷尽是名堂。

你怎么全是名堂。

⑧我只是来看哈你。

我只是来看看你。

从例句①、②、③可以看出，这三个副词的语用和普通话中的"只有"基本一致，但是"只"在常德方言中的语义更多。例④、⑤、⑥、⑦中的副词"一起""一哈""哈""尽"相当于普通话中的"全/都"。例⑧"只是"的语义和语用也和普通话中的"只是"基本一致。本文重点分析"只"和"哈"。

（二）"只"

1."只"的语义分析

常德方言中的"只"一般有四种意思：

（1）语气副词，相当于普通话中的"只得/只好"。

得几天天天落雨，我只推迟去学校的时间。

这几天天天下雨，我只好推迟去学校的时间。

（2）语气副词，相当于普通话中的"只管"。

你只七波，管他哪个买滴。

你只管吃，不用考虑是谁买的。

（3）时间副词，相当于普通话中的"总是"。

你们在搞么得，只听到闹务哒。

你们在干吗，总是听到特别吵。

（4）范围副词，相当于普通话中的"只"。

我只喜欢七苹果。

我只爱吃苹果。

2."只"的句法分析

在常德方言中,"只"作为范围副词时,其用法大致与普通话中"只"的用法一致,但在常德方言中,也有几种不同的用法,如:

(1)"只"+V/VP+"就"

你只七家伙就积极。

你只有吃东西这件事积极。

(2)"只"+V/VP+"哒":这种句法结构前面一般有一个分句,前一分句用来表达某一动作已经完成或者某一结果已经形成,只等另一动作的发生来构成整个事件的完成。如:

饭菜早就搞熟了,只等你来七滴哒。

饭菜已经熟了,只需要你来吃了。

(3)"只"+N/NP/代词+"就",用来强调对象的唯一性。如:

只你就勤快。

只有你一个人勤劳。

(三)"哈"

1."哈"的语义分析

"哈"在常德方言中属于统括性副词,用来概括整个范围,相当于普通话中的"全"。如:

①她几多勤快,把屋里卫生哈搞哒。

她真勤劳,把家里卫生全打扫了。

②她屋里滴亲戚哈来哒。

她家的亲戚全来了。

2."哈"的句法分析

"哈"在常德方言中用来作状语,一般修饰动词短语和形容词性短语,如:

(1)"哈"+VP:

①他把我的笔哈拿走哒。

他把我的笔全部拿走了。

(2)"哈"+AP:

②你做的题目哈错了。

你做的题目全部都是错的。

3."哈"与普通话中"全"的比较

常德方言中的"哈"在语义上相当于普通话中的"全",但在具体的语用上,两者存在一定的差别。

第一,"哈"与"全"二者的词性不同,在普通话中"全"既可以作副词也可以作形容词，但是"哈"在常德方言中只能作副词使用。

普通话：毕业论文的资料收集得还挺全。

常德方言：毕业论文的资料收集得还比较哈。

第二，"全"可以作程度副词表示百分之百，但是"哈"不能。

普通话：橘子只有半黄的，没有全黄的。

常德方言：橘子只有半黄的，没得哈黄的。

第三，在否定句中，否定词"不"可以放在"全"的前面，也可以放在"全"的后面，但是在常德方言中，否定词"不"只能放在"哈"的后面。（即"全"可以用来表示部分否定，而"哈"不能。）

普通话：他们全不是常德人。

常德方言：他们哈不是常德人。

普通话：他们不全是常德人。

常德方言：他们不哈是常德人。

五、时间副词

（一）时间副词概说

时间副词一般用来作状语，表示行为动作发生的时间或行为动作的重复和持续。根据张谊生的《现代汉语副词探索》(2004)对于时间副词的分类标准，常德方言的时间副词可以分为表时时间副词、表频时间副词和表序时间副词。

表时时间副词有"一路来"（一直以来）、"将将"（刚刚）、"紧斗"（长时间）、"迟早"（早晚）等，例如：

①他一路来就得们个脾气。

他一直以来就这么个脾气。

②我将将才到。

我刚刚才到。

③你紧斗看我搞么得？

你老是看我干吗？

④你迟早会完成业绩的。

你早晚会完成业绩的。

表频时间副词有"三巴子"（偶尔）、"一年四季"（经常）、"回回儿"（每次）和"歪"（不停地）等，例如：

⑤我也就只三巴子才过来。

我也就偶尔过来。

⑥他一年四季都穿得干干净净。

他经常穿得很干净。

⑦你回回儿都得门港滴，就没看你真的做到过。

你每次都这么说，就没见你做到过。

⑧他歪笑滴。

他不停地笑。

表序时间副词有"又"（再次）、"先"（先）和"再"（再）等，例如：

⑨你又来搞么得？

你又来干吗？

⑩你先过提，我碍哈哈就过来。

你先过去，我等会就过来。

在常德方言中，常常出现和普通话中某个词的用法、语义相同的方言词汇，以上例子中的"三巴子""回回儿"就是如此，本文重点分析常德方言中具有地域特色的时间副词"歪"。

（二）"歪"

1. "歪"的语义分析

"歪"作为副词，在常德方言中表示的意思相当于普通话中的"使劲地、不停地"，一般用来修饰动作动词，但是当它表示程度加深和动作的持续时，一般用来修饰形容词。如：

①昨天我不小心把水泼床上哒，妈妈歪嬲我的。

昨天我不小心把水泼床上了，妈妈不停地骂我。

②她却儿晚上不晓得做了个么得梦，歪笑的。

她昨天晚上不知道做了一个什么梦，一直在笑。

③为了让他滴儿进一中，他歪走后门的。

为了让他儿子能够进一中，他不停地走后门。

④你走了的们久，他歪想你的。

你走了这么久，他一直很想你。

2. "歪"的句法分析

在常德方言中，"歪"有六种句法存在：

（1）"歪"+V+"的"

他看电影歪笑的。

他看电影时不停地笑。

（2）"歪"+V+"歪"+V

歪喊歪叫

乱喊乱叫

（3）"歪"+V+O+"的"

妈妈歪噘我的。

妈妈不停地骂我。

（4）"歪"+V+NP+VP+"的"

他歪找我玩游戏的。

他一直找我玩游戏。

（5）"歪"+介宾短语+VP+"的"

他歪跟我表功的。

他一直在向我邀功。

（6）"莫"+"歪"+VP

莫歪搞。

别乱弄。

六、肯定与否定副词

（一）肯定与否定副词概说

肯定副词，就是表示肯定的副词，在常德方言中表肯定的副词有"确实""保证""绝对""肯定"等词语，这些词的意思都为肯定，表示事实情况，其用法和普通话中的"肯定"没有差别，例如：

①他确实是考了一百分。

②我保证他考了一百分。

③我肯定他考了一百分。

例①、②、③都表示"他考了一百分"是一个事实。

否定副词，就是表示否定意义的副词，在常德方言中否定副词主要有"没""不得""冇""莫"等，本节重点研究"没"。

（二）"没"

1. "没"的语义分析

在常德方言中，"没"有两种语义。

（1）作动词，在常德方言中也可说成"没得"，一般用来表示对存在的否定。如：

屋里没得米哒。

家里没有米了。

（2）作副词，相当于普通话中的"没""没有"，一般用来表示对经历或事实的否定。如：

她没搞得这件事。

她没有做这件事。

2."没"的句法分析

常德方言中的"没"在句法结构上大致与普通话中的"没""没有"相同，都可以修饰动词及动词性短语、形容词及形容词性短语。但是常德方言中的"没"不能与"能""敢""肯"等助动词搭配。具体如下：

（1）"没"＋VP

我没搞你的东西。

我没有动你的东西。

（2）"没"＋AP

我没不高兴。

我没有不高兴。

（3）"没"不能与"能""肯""敢"连用，只能用"不"来搭配

①普通话：没敢吃

②常德方言：没敢吃

例②在常德方言中正确的表达方式为"不敢吃"。

七、情态副词

（一）情态副词概说

情态副词主要是用来修饰事物的状态，相较于其他几类副词，情态副词重在对主体的刻画，从而使被修饰的主体更形象、更生动。

在常德方言中，情态副词主要有"半子"（特意）、"好生"（好好地/认真地）、"白"（徒劳地）、"急赶急"（急忙）、"四到处"（到处）、"生成"（天生地）、"滥"（任意地）等。分别举例如下：

①我半子来看你的。

我特地来看你的。

②我好生跟你港，你还不听。

我好好地教导你，你还不听。

③我白养你了。

我白白养你了。

④你急赶急滴到哪里提？

你急急忙忙地要去哪儿啊？

⑤我四到处找都没有找到他。

我到处找，也没有找到他。

⑥她生成就这么乖致。

她天生就这么漂亮。

例①"半子"用来修饰动词"看"，表示说话人带有一种特地的情感，例④"急赶急"表示主语匆忙地这个状态，例⑥"生成"表示主语生来就有的一种特性。本文主要分析"半子"与"急赶急"这两个情态副词。

（二）"半子"

1."半子"的语义分析

在常德方言中，"半子"可以用来表示行为动作的态度，相当于普通话中的"特地"。此外，"半子"也可以用来表示某种目的，相当于普通话中的"故意地"。

（1）"特地"

①我半子搞哒你爱七的鱼，你还不一脸滴高兴。

我特意做了你喜欢吃的鱼，你还满脸不乐意。

②我半子回来跟你帮忙滴。

我特地回来给你帮忙。

（2）"故意"

①我半子告诉妈妈滴，就想他被噘一餐。

我故意跟妈妈告状的，就想他被骂一顿。

②他又不是半子把茶搞泼滴。

他又不是故意把茶弄泼的。

2."半子"的句法分析

（1）"半子"在常德方言中，无论意思是"特地"还是"故意"，都只能修饰动词或动词性短语。如：

①我半子选的你喜欢的颜色。

我特意挑的你喜欢的颜色。

②我就是半子让他出丑滴。

我就是故意让他丢脸的。

例①中"半子"修饰的是动词"选"，例②中"半子"修饰动词短语"让他出丑"。

（2）当"半子"意为"特地"时，只可以用于肯定句，但其意为"故意"时则既可以用于肯定句也可以用于否定句。

（三）"急赶急"

1. "急赶急"的语义分析

"急赶急"相当于普通话中的"急急忙忙地"，表示某一行为动作是在很匆忙的情况下发生的。如：

①这幅画是我急赶急画出来的。

这幅画是我急急忙忙画出来的。

②我急赶急地出门，连脸都没有洗。

我连脸都没有洗，就急急忙忙出门了。

2. "急赶急"的句法分析

（1）"急赶急"+VP

为了赶车，我急赶急扒了两口饭七。

为了能赶上车，我急急忙忙吃了几口饭。

"急赶急"修饰动词"扒"。

（2）"急赶急"作独立语，用来对后面的结果进行一个解释。如：

①急赶急，脸都没洗。

急急忙忙地，脸都没来得及洗。

②急赶急，没搞得赢。

急急忙忙地，没能来得及。

例①与②中的"急赶急"是对"脸都没洗"与"没搞得赢"的原因的一个解释。

八、语气副词

（一）语气副词概说

语气副词在交流表达中占有重要的地位，可以用来表达说话人的某种情感或认识，也可以用来表达推测、强调或疑问。常德方言中的语气副词大致有"只怕"（恐怕）、"得不"（也许）、"嗯"（一定）、"反直"（反正）、"一多半"（多半）、"偏自"（偏偏）、"像是"（好像）等，其中较具特色的语气副词有"莫"（难道）、"塞哪恩"（无论如何）、"只怕"（恐怕）、"嗯"（一定）、"得幸"（幸亏）等。具体举例如下：

①他莫回提哒啊？

他难道回去了吗？

②塞哪恩，你都搞他不赢的。

无论如何你也赢不了他。

③你只怕是感冒哒。

你恐怕是感冒了。

④他嗯要跟斗我来。

他一定要跟我一同来。

⑤得幸你提醒我带身份证。

多亏了你提醒我带身份证。

例①、③中的副词"莫"和"只怕"表示的是一种推测，例②"塞哪恩"和例④"嗯"表强调。本节重点分析"莫"。

（二）"莫"

1. "莫"的语义分析

在常德方言中，"莫"可以作否定副词，也可以作语气副词。"莫"作为语气副词时，有两层含义：

（1）"难道"，表反问。

你莫找不到他昨天就走啦啊？

你难道不知道他昨天就走了？

（2）"莫非"，表推测。

他们两个将将看到哒，都没港话，莫非吵架了？

他们两个刚刚见了对方都没打招呼，莫非是吵架了？

2. "莫"的句法分析

"莫"意为"难道"时，既可以位于主语前，也可以位于主语后。如：

①莫我不晓得你叫么得吧？

难道我不知道你的姓名？

②我莫不晓得你叫么得吧？

我难道不知道你的姓名？

例①中的"莫"位于主语"我"之前，例②"莫"位于主语"我"之后，两者皆是用来修饰"不晓得"。

结束语

方言具有浓郁的地方特色，是地方文化的载体，保护方言就是传承民族多元化的历史文化。在本篇论文中，我围绕常德方言副词的分类及应用进行了阐述。副词是一种较特殊的词类，它兼顾实词与虚词的特点，是当前现代汉语研究的一大热点，但是目前关于常德方言副词的研究寥寥无几。本文以现代汉语语法理论和语义功能为基础，按照分类规则把常德方言中的副词大致分为六大类，并逐类选取较有代表性的方言副词进行了较为深入的分析。

由于学识有限，时间和精力不足，本篇文章还存在着许多的不足，文中对于常德方言副词的研究还停留在表面，具体分析的词语也不多，希望以后有机会能进一步展开研究，也希望有更多的人能够关注到自己家乡方言的保护问题。

参考文献

［1］张谊生．现代汉语副词探索［M］．上海：学林出版社，2000．
［2］张谊生．现代汉语副词分析［M］．上海：上海三联书店，2010．
［3］张谊生．现代汉语虚词［M］．广州：华东师范大学出版社，2000．
［4］易亚新．常德方言表程度加深的形式和手段［J］．湖南文理学院学报（社会科学版），2005（2）．
［5］鲍厚星，崔振华，沈若云等．长沙方言研究［M］．长沙：湖南教育出版社，1999．
［6］陆俭明．现代汉语语法研究教程［M］．北京：北京大学出版社，2005．
［7］李永明．常德方言志［M］．长沙：岳麓出版社，1989．
［8］杨荣祥．近代汉语副词研究［M］．北京：商务印书馆，2005．
［9］马建忠．马氏文通［M］．北京：商务印书馆，1983．
［10］朱德熙．语法讲义［M］．北京：商务印书馆，1982．
［11］王力．中国现代语法［M］．北京：商务印书馆，1985．
［12］黄伯荣，廖序东．现代汉语［M］．北京：高等教育出版社，1991．
［13］伍云姬．常德方言的副词［M］．长沙：湖南师范大学出版社，2007．
［14］马冬晴．常德方言程度副词"几多"修饰动作动词句式考察［J］．绥化学院学报，2014（02）．
［15］邓庆君．常德方言研究［M］．长沙：湖南教育出版社，1999．
［16］邓庆君．常德方言的"歪"字句//伍云姬主编．湖南方言的副词［M］．长沙：湖南师范大学出版社，2007．
［17］易亚新．常德方言语法研究［M］．北京：学苑出版社，2007．

（指导教师：李江艳）

导师点评

该论文通过文献调查和田野调查等方法对湖南省常德市常德方言中的副词进行考察，并对方言中的副词和普通话的副词进行对比，重点考察了常德方言中的"几多""只""哈"

"歪""半子""莫"等副词的语义特征和句法特点，论文结构较为严谨，论述层次较为清晰，例证充足。

方言是地域文化的载体，方言保护是保持语言多样化，维护文化多样性的重要手段。该论文本着对方言进行保护的初衷，希望能通过方言的考察研究对方言保护和传承起到助推的作用，写作具有一定的积极意义。同时方言副词的研究对汉语的历史演变以及汉语语法研究也有一定的推动作用。论文不足之处是考察还不够全面，没有对方言副词的读音进行明确标注。

导师简介

李江艳，语言学及应用语言学硕士，副教授，研究方向为语言学理论、应用语言学。

内地藏族大学生口语交际中的藏汉语码混合现象分析

王杨凤　汉语言文学（文秘方向）2013 级

摘　要：双语现象是双语社会普遍存在的一种现象，是两种语言相互接触、影响的结果。通过调查我们发现，西藏民族大学的藏族大学生在日常用语中存在藏汉语码混合的现象，他们对于这种语用现象态度不一。我们在调查、走访的基础上，搜集了大量的例证，阐述这种现象形成的原因，并将藏汉语码混合现象与方言和普通话之间的关系进行类比分析，以便能够辩证地看待这种语用现象。

关键词：内地藏族大学生；口语交际；语码混合；语言态度

引言

语码混合是双语社会的常见现象，是由语言之间的相互接触和影响而产生的一种结果。它指的是两种或多种语言接触时，由于交际的需要、环境的影响、以及民族文化心理的制约，说话者在说本族语时，会夹杂另一种语言的成分来满足交际的需要，以便能够完整准确地传达信息。

随着西藏经济的发展，教育水平的提高和国家推广普通话政策的影响，大多数藏族学生在小学阶段就开始学习汉语，而西藏地区交通的发展使得大量的藏族学生有机会来到内地求学，置身于纯汉语的环境。另一方面，他们在内地接触到了从未接触过的事物，这些事物在藏语中没有相应的词语来表述，这也促使他们选择汉语来交际，使得藏汉语码混合现象在藏族大学生之间更加普遍。语言的变化与社会的发展有着密切的关系，也与语言之间的接触有着密切的关系。因此，藏民族社会的发展，藏、汉两种语言的接触都对藏汉语码混合现象的生成有着重要的作用。

语码混合起因于语言的接触，其产生并不决定于人们的主观愿望，而是取决于一定的社会条件，需要在语言认知和社会文化等背景下去调查研究。本文对内地藏族大学生在校园交际中的藏汉语码混合现象展开研究，目的是弄清楚大致是哪些词出现在这种现象中，并分析造成这种现象的原因，以便能很好地对这种现象加以说明。为了达到研究的目的，笔者从 2016 年 11 月 11 日开始进行调查，到文章成稿，经历了两个月的时间，对校园中的 100 名藏族大学生展开调查。在调查期间，主要采用随机抽查的方式，并辅助以观察法、访谈法，选择大一到大四不同年级的藏族大学生，询问他们在校园日常交流中经常出现的藏汉语码混合现象，并对调查进行整理、归纳和分析。虽然随机抽查这样的方式有一些弊端，但是比较真实，能更直接地了解到藏族学生日常交际中藏汉语码混合的情况。

西藏民族大学坐落在渭水之滨古都咸阳，其前身是 1958 年 9 月 15 日成立的"西藏公学"。1965 年 4 月 30 日，经国务院批准更名为"西藏民族学院"。2015 年 4 月 28 日，经教育部批准更名为"西藏民族大学"。学校是国务院批准的首批具有学士学位授予资格的单位，是西藏自治区人民政府与国家民族宗教事务委员会共建高校、国家中西部地区重点建设高校、全国民族团结进步教育基地、教育部卓越人才培养计划试点单位、教育部团队式对口援助高校、西藏自治区授权立项建设单位。[①]西藏民族大学有约 50% 的学生来自西藏自治区，其余学生来自内地，处于这样的校园环境中，加之大部分藏族学生从小学就开始接触汉语，这使得藏族大学生在日常生活中使用藏语时夹杂汉语词的藏汉语码混合现象更加频繁。

一、内地藏族大学生藏汉语码混合现象的调查

在说双语的人的话语中，语码混合现象是经常出现的。藏汉语码混合的形式多出现在口语中。因此，本文只涉及口语交际中的藏汉语码混合现象，不涉及书面语。

（一）语码混合是双语人群中普遍存在的现象

语码混合在说双语的人群中是普遍存在的一种现象，但在这种现象中只以一种语言为主，另一种语言只是辅助这种语言来进行交际，因此在两种语言中必有主有次，本民族语言始终占据主导地位。这不仅是因为本民族语言更为人们所熟悉，也是因为在人们的心理上对本民族语言有着强烈的情感。现在在汉语中出现的字母词和中式英语等现象，也是语码混合的例子，例如：

你今天又去 shopping 了？

中国加入了 WTO。

给我一个 reason。

今天去 K 歌吧。

你有 money 吗？

---

① 引自西藏民族大学学校官网：学校概况。

但是无论它们使用范围多么广，或是使用频率多么高，在汉语中仍是汉语占主导，这种形式是不可能取代汉语成为人们主要的交际形式的。内地藏族大学生在交际过程中出现的藏汉语码混合现象是藏汉语接触的结果，是双语环境下出现的一种特殊现象，也是一种不可避免的现象。出现在内地藏族大学生口语交际中的藏汉语码混合形式中的词语大多是藏语中没有的一些"新词语"，例如：快乐大本营、光棍节、圣诞节、菠萝、耐克等，以及一些外来词（如拜拜，OK 等）等等，例如：

ཁོ་ 名片 ཁྱེད་ ཀྱིས་ ང་ ལ་ བསྐུར། （你发给我他的名片。）
他　　　　你　　　我　　发

ཁྱེད་ 火车 ལ་ བསྡད་ནས་ ནང་ ལོག་གམ། （你坐火车回家吗？）
你　　　　　坐　　　回家　吗

ཁྱེད་ཀྱི་ 指甲油 དེ་ ཡག་པོ་འདུག （你的指甲油很好看。）
你的　　　　　　很好　看

KTV ལ་ ཇི་ལྟར་ འགྲོ་ ཡིན་ནམ། （怎么去 KTV？）
　　　　怎么　　去

ང་ 英雄联盟 རྒྱག་ བཞིན་ཡོད། （我在打英雄联盟。）
我　　　　　打　在

冰箱 ནང་ནས་ དངོས་པོ་ཞིག་ ལེན་དང་། （从冰箱里拿个东西。）
　　里　　　东西　　　拿

这些新出现的事物在藏语中没有相应的词语来表述，或它们在藏民族的生活中是不存在的，所以就必须使用汉语来表达。因此，内地藏族大学生在遇到这些事物时就会选择用汉语来进行交际。但是语言是动态的，随着语言的发展，藏语也会创造出相应的词语来表述这些"新词语"，例如：

འཕྲིན་ཕྲན་（微信） འཚོལ་བཤེར་（扫一扫） སུབ་པ་（删除） ཀླད་མེད་དྲ་（无线网）

རྒྱག་དམར་（红包） གཏོང་བ་（支付） ངོས་གྲངས་ཀྱི་བཀོད་པ་（页面布局） མཛེས་པར་（美拍）

གསང་འབག་（黑客） གྲོགས་ཚོགས་（朋友圈）

但是藏族学生对于这些事物的名称使用汉语词已成为习惯，所以大多会一直使用汉语词，尤其是在口头上。总之，语码混合现象的出现大多是为了适应交际的需要、或出于某种标新立异的心理、或是为了适应当前社会的发展等等，这些都是造成藏汉语码混合现象普遍存在的原因。但是从现实角度来看，与其把它看作是两种语言接触而导致的结果，是双语习得中语言迁移的过程，笔者认为不如像 Corder 和 Farone 以及 Kellerman 一样，把这种迁移过程看作是一种交际策略，是语言运用而不是学习过程，把交际中的迁移看作是"借用"，这样能更好地解释这种现象。

（二）语码混合现象的特征分析

校园中藏汉语码混合的特征有一定的局限性，它与校园生活有着密切的联系。出现在藏汉语码混合中的词语大多是校园日常生活中常见的事物，根据我们的调查，大致可以分为以下几类：

1. 电子设备

① ང་ ལ་ U 盘 ཞིག་ གཡོར་དང་། （借我个 U 盘。）
　 我　　　　　　借

② 电脑 ལ་ ཡང་ 中毒了 （电脑又中毒了。）
　　　　又

③ ངའི་ 手机 ལ་ 信号 མེད། （我手机没信号。）
　 我　　　　　没

2. 生活用品

① འདི་ ངའི་ 拖鞋 （这是我的拖鞋。）
　这是　我

② ངའི་ གྱོན་པའི་ 拉链 ཆག་སོང་། （我衣服的拉链坏了。）
　 我　 衣服　　　　坏了

③ ངའི་ 书包 ཇི་ལྟར་ ཕྱེ་བ་ ཡིན་ནམ། （我书包怎么打开了？）
　 我　　　怎么　 打开

3. 节日用语

① 双十一 ལ་དངོས་པོ་ ཉོ་བ། （双十一买东西。）
　　　　 东西　　买

② 中秋节 སྐབས་ 月饼 ཟ་དགོས། （中秋节时吃月饼。）
　　　　 时　　　 吃

③ 圣诞节 སླེབས་པ་ཨེ། （圣诞节快到了）
　　　　 快到了

4. 聊天工具

① ཁྱེད་ ཀྱིས་ ངའི་ 微信加 བྱེད་རོགས། （你加我微信啊。）
　 你　　　　我

② རང་ གི་ QQ ཨང་གྲངས་ ནི་ ག་ཚོད་ རེད་དམ། （你的 QQ 号是多少？）
　 你　　　 号　　　　　　　多少

③ ང་ 微博 བདེད་ བྱས་མ་མྱོང་། （我没有使用过微博。）
    我   使用   没有

5. 商标牌子

① 耐克 ཚོང་རྟགས་ འདི་ གང་འདྲ་འདུག་གས། （耐克这个牌子怎么样？）
        牌子   这个   怎么样

② 李宁 ཞྭ་ དེ་ དུང་ རིན་གོང་ཆེ། （李宁的鞋子很贵。）
      鞋子   很   贵

③ ང་ 以纯 གི་ གྱོན་གོས་ ལ་ དགའ་པོ་ ཡོད། （我喜欢以纯的衣服。）
   我   衣服   喜欢

6. 零食名称

① ངར་ 方便面 ཞིག་ ཉོ་ རོགས་གནང་། （帮我买个方便面。）
   我   买   帮

② ང་ ལ་ 冰激凌 ཞིག་ ཉོ་ རོགས་དགོས། （帮我买个冰激凌。）
   我   买   帮

③ ང་ 巧克力 ཟ་འདོད། （我想吃巧克力。）
   我   想   吃

7. 课程名称

① དེ་རིང་ གི་ 马克思 སློབ་ཚན་ ནི་ ཅིག་འགྲོས་ དུ་ཆེ། （今天的马克思课是很复杂的呀。）
   今天   课   是   复杂   很

② ང་ 文学概论 ཚང་ ཤེས་ཀྱི་མི་འདུག （我真的听不懂文学概论。）
   我   真的   听不懂

③ ཁྱེད་རང་ 统计学 སྦྱོང་ གི་ ཡོད་དམ། （你学统计学吗？）
    你   学   吗

8. 电视娱乐节目

① 快乐大本营 ཁྱེད་རང་ གཟིགས་མྱོང་ ཡོད་དམ། （你看过快乐大本营吗？）
            你   看过   吗

② ང་ 天天向上 ལ་དགའ་པོ་ མེད། （我不喜欢天天向上。）
   我   喜欢   不

③ 跑男 བརྙན་འཕྲིན་ བལྟ་མཁན་ མཚོ་འདུག （跑男收视率很高。）
     电视   收视率   很高

9. 水果名称

① ཁྱེད་ 水果 བཟའ་ དགོས་སམ། （你要吃水果吗？）
　　你　　　 吃　 吗

② 橘子 རྒྱ་མ་གང་ 多少钱 ཡིན་ནམ། （橘子多少钱一斤？）
　　　　 一斤

③ 西瓜 འདི་ ཇི་ལྟར་ བཙོང་ གྱི་ཡོད་དམ། （这个西瓜怎么卖？）
　　 这个　怎么　　卖

10. 游戏名称

① ང་ 英雄联盟 རྒྱག་ བཞིན་ཡོད། （我在打英雄联盟。）
　我　　　　 打　 在

② 穿越火线 ལག་ཆ་ ཡག་པོ་འདུག （穿越火线的装备不错。）
　　　　　 装备　 不错

③ 地下城与勇士 韩国 གི་ གསར་གཏོད་སྒྲིག （地下城与勇士是韩国发明的。）
　　　　　　　　　 发明的

11. 日常称呼用语

① ང་གཉིས་ 老乡 ཡིན། （我们是老乡。）
　 我们　　　 是

② ངས་ དེ་རིང་ 学姐 སྙིང་རྗེ་པོ་ ཞིག་མཐོང་བྱུང་། （今天见到了一个漂亮的学姐。）
　 我　 今天　　　 漂亮　　　　 看见

③ 老师 གྱིས་ ང་ ལ་ མཐོང་ཆུང་ བྱེད་ཀྱི་འདུག （老师看不起我。）
　　　　　 我　　 看不起

④ ཁམས་བཟང་ འདི་ནི་ ངའི་ 同学 རེད། （你好！这是我的同学。）
　 你好　　　 这是　 我

12. 时间用语

① 星期六 སློབ་ཚན་ མེད། （星期六没课。）
　　　　　 课　 没

② 下午 ཁྱེད་ གང་དུ་ འགྲོ་བ། （你下午去哪里？）
　　　　 你　 哪里　 去

③ ད་ལྟ་ 十一点 རེད། （现在十一点。）
　 现在

④ 寒假 ཁྱེད་ ཅི་ཞིག་ བྱེད་ ཀྱིན་ཡོད། （寒假你干什么？）
　　　　 你　 什么　　 干

13. 地点用语

① དེ་རིང་ 二餐 ཟ་མ་བཟའ་བར་ འགྲོ། （今天去二餐吃饭。）
　　今天　　　　饭吃　　　去

② དེ་རིང་ 图书馆 གི་ནང་ ཨེ་ མང་པོ་ འདུག（今天图书馆里有好多人。）
　　今天　　　　里 人 好多　　有

③ ད་ལྟ་ ང་ཚོ་ 篮球场 ལ་ འགྲོ།（现在我们去篮球场。）
　　现在 我们　　　　去

④ ཁྱེད་རང་ 餐厅 གང་ འགྲོ་གིས།（你去哪个餐厅？）
　　你　　　　哪个 去

14. 与学习有关的词语

① དེ་རིང་ 作业 ཡོད་དམ།（今天有作业吗？）
　　今天　　　有吗

② ཁྱེད་ 复习 ག་འདྲ་བྱུང་སོང་།（你复习得怎么样了？）
　　你　　　怎么样了

③ 考试 ག་འདྲ་བྱུང་སོང་།（考试怎么样？）
　　　　怎么样

④ ཐེངས་འདིའི་ 期末 ཡིག་རྒྱུགས་ ང་ ལ་ 压力 ཆེན་པོ་ཡོད།（这次期末考试我压力很大。）
　　这次　　　　考试　　　我　　　　很大

15. 其他词语

① ཐ་མག་ འདི་ 很不错（这个烟很不错。）
　　烟　　这个

② 最近 ཁྱེད་ 忙吗（最近你忙吗？）
　　　　你

③ རང་ 自私 ཆེན་པོ་ འདུག（你很自私。）
　　你　 很

④ ང་ ལ་ 快递 ཞིག་ ལེན་རོགས་ བྱེད་རོགས།（帮我拿一下快递。）
　　我　　　　　　　　　拿　　　帮

⑤ ཁྱེད་རང་ ཟླ་གཅིག་གི་ 生活费 ག་ཚོད་ གཏོང་ གི་ཡོད་དམ།（你一个月花多少生活费？）
　　你　　　一个月　　　　　多少　　　　花

⑥ 上次 དེ་རིག（上次的那个。）
　　　　那个

⑦ 篮球 འདི་ ཡག་པོ་འདུག (这个篮球不错。)
　　 这个　 不错

⑧ ཁྱོད་ ཁོ་མོ་ ལ་ 喜欢 ཡོད་དམ (你喜欢她吗？)
　 你　 她　　　　 吗

⑨ 这节课 ང་ གཉིད་ སྟོང་པོ་ཞིག་ རྒྱག་ ཀྱི་ཡིན (这节课我打算好好睡一觉。)
　　　 我　 觉　 好好　　 睡

⑩ 大学 ནང་ལ་ 美女 མང་པོ་ ཡོད་ འོན་ཀྱང་ ཁོ་མོ་ སེམས་པ་ བཟང་པོ་ཡོད་མེད་ ཤེས་ཀྱི་མེད
　　　 里　 　　很多　有　但是　　 她们　 内心　 美不美　　　 不知道
(大学里有很多美女，但是不知道她们内心美不美？)

⑪ ང་ ཉིན་ལྟར་ 网吧 འགྲོ་ གི་ཡོད་ དེས་རྐྱེན་ 女朋友 ཁྲོ་ལངས་འདུག་ ཧེ་ཧེ
　 我　 天天　　　 去　　　　 所以　　　　 生气了　 呵呵
(我天天去网吧，所以女朋友生气了，呵呵。)

⑫ ཁྱོད་ 包子 ལ་ དགའ་པོ་ ཡོད་དམ (你喜欢吃包子吗？)
　 你　　　　 喜欢　 吗

⑬ ཁྱོད་རང་ 刷牙 བྱས་པས (你刷牙了吗？)
　 你　　　　 吗

⑭ གསེར་གྱི་ 项链 (金项链。)
　　 金

⑮ ང་ སྔོན་ལ་ འགྲོ་གི་ཡིན 拜拜。(我先走了，拜拜。)
　 我　 先　　 走了

⑯ 第一节课 ནི་ 教室 གང་ཞིག་ ཡིན་ན (第一节课在哪个教室呢？)
　　　　　　　　　 哪个　 呢

⑰ ངའི་ 手机下学期 བརྗེ་གྱི་ཡིན (我的手机下学期是要换的。)
　 我的　　　　　　　 要换的

⑱ ངའི་ 家里 ཕ་ལགས་ དང་ ཨ་མ་ ནུ་བོ་ཡོད (我家里有爸爸、妈妈、弟弟。)
　 我　　　　 爸爸　　 妈妈　弟弟

⑲ ཁྱོད་ ཀྱིས་ 大概理解 བྱས་སོང་ངམ (你大概理解了吧？)
　 你

⑳ ངའི་ 感觉 ཅུང་ཙམ་ ཡང་ མི་བདེ་བ་འདུག (我感觉一点儿也不舒服。)
　 我　　　　 一点儿　 也　　 不舒服

㉑ ང་ ཁ་སང་ 失眠 བྱས་སོང (我昨天失眠了。)
　 我　 昨天

㉒ ཁྱེད་རང་ 午睡 བྱེད་ཀྱི་ཡིན་ནམ།（你要午睡吗？）
　　你　　　　　　 吗

㉓ ང་ཚོ་ 社团 ནས་ 活动 སྤེལ་བ་རེད།（我们社团搞了活动。）
　 我们　　　　　　　　　搞了

㉔ ང་ཚོ་ 电梯 ལ་ བསྡད་ནས་ འགྲོ།（我们坐电梯吧。）
　 我们　　　　坐　　　　去

㉕ 一卡通 ཞིག་ གཡར་རོགས།（借一下一卡通。）
　　　　　　　借一下

㉖ ང་ཚོ་ མཉམ་དུ་ 盖饭 བཟའ་བར་ འགྲོ།（我们一起去吃盖饭吧。）
　 我们　 一起　　　 吃　　 去

以上列举的几类词语，笔者在这里只是举了几个例子来加以说明，并不是只有这些词语才出现在藏汉语码混合的形式中，其他的同类词语几乎都是使用这种形式来进行交际的。但是也有一些例外，例如课程名称都是用汉语的形式，但是对于"书"这个统称的词语来说就用藏语。还有一些节日名称，大部分都是使用的汉语，但是"教师节"等却是使用的藏语。究其原因，则是由于这些事物在藏民族中是早就存在的，为藏民族所熟悉。因此，它们在藏语中有相对应的词语来描述，也就无须使用汉语词。

从以上所列举的例子可以看出，内地藏族大学生藏汉语码混合的形式仍然是遵循着藏语自身的语法规则。但这并不是绝对的，藏汉语码混合的形式也会出现语法借用的现象，但是，主要是以汉语借用藏语的语法成分为主。如汉语中河州方言的一些特殊语法现象（如 SOV 语序，格标记）引起学界的普遍关注，在语序方面，多数学者倾向于认为河州方言是受藏语安多方言的影响。当然，这种现象在校园这样的环境中几乎是不存在的，因此本文不涉及对这类现象的讨论。出现在藏汉语码混合形式中的词语大多是实语素中的名词，至于虚语素和实语素中的其他词类，就笔者调查的结果来看仍是使用藏语中的固有形式。笔者曾就这个问题询问过一些藏族学生，其中有位同学的回答令笔者顿悟，她说："藏汉语码混合大多是由于藏语中没有这些事物，当然也就没有相应的词语来表述，而这些事物大多是用名词来表达的，介词、动词等大部分是固定的，因此在藏汉语码混合中出现的词大多是名词。"根据斯科腾的"主体语言框架理论"，他把决定混合成分的语法框架的语言称为"主体语言（ML）"，其界定以参与语素的多寡为标准，参与语码转换的其他语言称为嵌入语言（EL）。嵌入语假设是主体语言框架模式的三个假设之一：主体语决定混合结构的语法。而从上述所举例子可以看得出，在藏汉语码混合的句子中，藏语是"主体语言"，而汉语则是"嵌入语言"。所以藏汉语码混合也遵循"嵌入语假设"，是使用藏语的语法形式把汉语夹杂在句子中的一种交际形式。这说明藏汉语码混合并没有改变藏语的语法，只是对部分词汇和口语交际产生影响，并不涉及对藏语语言本体的影响，这和语码混用者的语言背景和言语环境有关，藏语作为语码混用者的母语，必然要遵循着藏语的语法规则。这正如汉语中的借词一样，虽然很多词都是借自外民族，但是在语音和语法方面仍要遵循汉语的规则。我们在这里可以把藏语和汉语分别看作是藏族大学生的第一语言和第二语言，克拉申认为，"第一语言对第二语言的影响并不是一种必然的现象，在第二语言中出现第一语言转移的现象是由于学习者缺乏足够的第二语言知识来表达思想的结果。由于表达思想的语言和表达的思想存在着差距，因此第二语言学习者常常不得不借助于第一语言。"克拉申的这个"监控理论"对于我们理解藏汉语码混合现象有一定的帮助，但它和藏汉语码混合还是有区别的，藏汉语码混合可以说是当第一语言不能满足交际的时候，出现了第二语言迁移的现象。但是两者有共同之处，就是都是双语使用者由于一种语言不能满足交际时，使用另一种语言来满足交际的形式。但是同样是双语的环境下，克拉申的"监控理论"说的是交际时的第一语言的迁移，而藏汉语码混合的形式却是和这种现象相反的，这种现象的特殊性，是由于藏汉语自身的特点，还是别的什么原因，值得我们去认真地思考和研究。

二、藏汉语码混合现象的原因分析

从上文列举的藏汉语码混合的例子来看，存在于这种形式中的词大部分都是与校园中学生的生活息息相关的，而且大部分是藏族学生来到内地之前没有接触到的新事物。语言作为组成社会必不可少的一部分，必然也会随着社会的发展而发展，语言如果是死的，它就不能满足人们日益增长的新的交际需要，那它的存在也就没有价值了。藏汉语码混合的形式是藏民族社会发展的结果，也是多种因素综合作用的结果。

（一）藏汉语码混合的内在动因

1. 遵循一致原则的混用

"一致原则"是利奇（J. Leech）等人提出的礼貌原则中的一个原则。"'一致原则'减少自己与别人在观点上的不一致。尽量减少双方的分歧；尽量增加双方的一致。"汉藏语中的混合现象也遵循这一原则。例如：

དེ་རིང་ 体育课 ཡོད་པས།/ཡོད་མ་རེད།（今天有体育课吗？/没有。）
今天　　　有吗？　没有

རང་ 彩票 ཉོས་མྱོང་ངས།/ཉོས་མྱོང་།（你买过彩票吗？/买过。）
你　　买过吗？　买过

དེ་འདྲས་རེད་པས། OK /OK （就这样？ OK/OK）
就这样？

ང་ སྔོན་ལ་ འགྲོ་གི་ཡིན། 拜拜/拜拜（我先走了，拜拜。/拜拜。）
我　先　　走了

这种形式是由于听话人遵循说话人使用语言的原则，与说话人保持一致，减少分歧；也是出于听话者对说话者的礼貌，以便能更好地促进双方的交流。吉尔斯从心理语言学的视角提出了"言语顺应论"。顺应论的核心是"趋同和偏离"，趋同指说话人将自己的语言风格调节到对方适应的风格，表示关系的密切。交际语码转换的动机要根据特定环境中的人际关系进行协商，是实现交际意图的交际策略。

2. 遵循个人爱好的混用

由于每个人使用语言的习惯不同，因此，在使用语言时会呈现出各种不同的特点，这也对藏汉语码混合形式造成了一定的影响。有的人喜欢在使用藏语时夹杂汉语，而有的人则对本民族的语言有强烈的情感，因此在使用时仍倾向于使用藏语，会对这种藏汉语码混合的形式产生排斥心理。例如：

A: ང་ 洗澡 འགྲོ་དགོས། ཁྱེད་རང་། /ང་འགྲོ་གི་མིན།（我要去洗澡，你呢？/我不去。）
　　我　　去吗　　你呢？　我不去

ང་ གཙང་པོ་བགྲུ་བར་ འགྲོ་གི་ཡིན། ཁྱེད་རང་། /ང་འགྲོ་གི་མིན།（我要去洗澡，你呢？/我不去。）
我　洗澡　　　去呢　　　你呢？　我不去

B: ངས་ ཇི་ལྟར་བྱ་དགོས་པ་ ཤེས་སོང་ 谢谢（我知道该怎么办了，谢谢。）
　　我　　该怎么办了　　　知道

ངས་ ཇི་ལྟར་བྱ་དགོས་པ་ ཤེས་སོང་ ཐུགས་རྗེ་ཆེ།（我知道该怎么办了，谢谢。）
　　我　　该怎么办了　　　知道　　　谢谢

个人的力量有着不可估量的作用。克拉申在二语习得中提出的"情感过滤假说"正好能验证这一点。克拉申认为，"学习者接受可理解的输入语言习得，这并不够。输入的语言信息还需要'让输入'"。克拉申断言，在人类头脑中会出现语言的堵塞现象，使学习者常常无法理解所接受的语言输入信息。他称这种现象为"情感过滤"。藏汉语码混合现象与克拉申所提出的"情感过滤"并不完全对应，但两者有相似之处，关键点都是接受者是否愿意让输入的信息"输入"。这是至关重要的。奥尔和李的会话模式分析中也体现了语码混合与参与者的语言能力和语言偏好有关。

3. 促使交际顺利进行的混用

交谈双方交际的顺利进行，取决于双方的知识背景，也决定于说话者传递信息的准确度和听话者对传递的信息理解的准确度，也取决于双方所处的物理环境。"在信息的传递过程中，说写者想要传递的信息和听读者实际接收的信息之间常常会有一定的差距，这种差距就是信息差。"信息差的存在出于很多的原因，而对于校园中藏汉语码混合现象，信息差的存在主要是由于藏语在各个地方的方言中的差距，这就使听说双方的交际不可能如说话者期待的那样能够顺利地进行，总是会或多或少地存在一定的差距，这就使得双方的交流不顺畅，需要说话者去强调自己所要表达的信息。而这时候，由于双方的语言没办法使得听话者完全理解说话者所说的话，因此说话者就会选择汉语这一交际工具来强调自己所说的话的意思。例如：

ཨ་ཡ་ དགོང་མི་ཤེས་པས་སམ། 是这样的（哎呀，还没弄懂吗？是这样的。）
哎呀　　还没懂

ངས་ གང་འདྲ་ བཤད་ཀྱི 你怎么还不明白（我都说了这么多，你怎么还不明白？）
我　　怎么　　说

这种形式的混合与前面所举的例子在形式上没有多大的区别，唯一明显的区别就是这种形式的感情色彩比较强烈。

4. 求异心理引起的混用

每个人在交谈中都希望能够占据主导地位。正如于根元先生在《语言是大海·尝鲜》中所说："我觉得一个人如果崇尚语言的新鲜，那么他跟大自然的和谐程度就不低了。一个民族、一个国家如果崇尚语言的新鲜，那么这个民族、这个国家跟大自然的和谐程度就不低了"。"说话新鲜，推崇说话新鲜，可能是人们喜欢新鲜的天性比较完全地复苏的标志。"就于根元先生的观点来看，追求新鲜是人的本性，也就是这种本性促使着人们去创造出更多的新词语和表达方式进行交际，以此来显示出自己的独特，以便能够在交际中占据优势地位。例如，我们在用汉语进行交际时，会掺杂一些英语或一些比较新鲜的词语。当然，使用这种形式不仅仅是为了追求新鲜，有时也是出于向别人炫耀的心理，以便使自己能够得到别人的关注。这种心理因素也促使着藏族大学生使用藏汉语码混合的形式来进行交际。

5. 遵循经济原则的混用

语言是一个符号系统，它遵循经济的原则。不论是语言规则还是言谈交际，都是遵循着经济原则的，而藏汉语码混合的形式也是遵循着经济原则的。在校园这种环境中，各个地区的学生都有，但是如果用藏语进行交际，有些地区的藏族学生是听不懂方言的，这就会使得双方在交际上存在困难，而且交流起来很不方便。因此，为了经济方便，对于双方存在理解困难的词语或事物就用汉语来代替，这符合语言的经济原则，也使得双方的交际能顺利进行。这也是促成藏汉语码混合的一个重要推动力。

（二）藏汉语码混合的外在动因

1. 交际工具不同引起的藏汉语码混用

交际工具的不断更新，也对藏汉语码的混合产生了重要影响。尤其是校园中学生间经常发微信、聊 QQ、发短信、发微博，也使得这种现象更加普遍。当他们使用当下比较流行的交际工具如微信、微博的时候，藏族学生就会使用汉语来交际。然而当他们面对面或者打电话的时候，他们就会使用藏语，而不是汉语。如："你去吃饭吗？""你在哪？""你在干什么？"等等。当说话者使用 QQ 之类的工具时，他就会直接说："你去吃饭吗？""你在哪？""你在干什么？"，但是当面对面或者打电话时就会使用藏语。例如：

ཁྱོད་ ཟ་མ་བཟའ་བར་ འགྲོ་གྱི་ཡིན་པས། （你去吃饭吗？）
你　吃饭　　去吗

རང་ གཱ་པར་ཡོད། （你在哪？）
你　哪里

རང་ གཱ་རེ་ བྱེད་གྱི་ཡོད། （你在干什么？）
你　什么　干

诸如此类都是由于交际工具的影响而造成的混合，电子设备之类的交际工具的作用虽然不能和面对面的语言交际相提并论，但是它在藏汉语码混合这种现象中仍起着重要的作用，也体现了现代科技的发展对人类社会的影响，进而造成的对语言的影响。

2. 年龄对藏汉语码混合的影响

大多数使用藏汉语码混合形式进行交际的都是 90 后，这可能是由于他们很早就开始接触汉语，并且接受新鲜事物的能力比较强，从而使得他们更容易接受这种藏汉语码混合的交际形式。而对于他们的父母来说，由于对新鲜事物的接受能力没有像他们这样强，且在思想上也相对保守一些，用这种形式和家长交流，家长大部分是听不懂的，所以这种藏汉语码混合的形式在学校中显得更为突出。这是因为他们都处于相同的年龄段，并且都学了汉语，相互间交流可以听得懂。所以，年龄在这种现象中也起着一定的作用。

3. 客观趋势的影响

现在藏族地区的教育大多采取用汉语教学的方式，教科书的编写大多采用的是汉语，除了藏语这一门课程是采用的藏语之外，其他的都是采用的汉语，尤其是拉萨地区。再加上家长出于对孩子未来的就业和发展考虑，就会更加注重教育孩子要学好汉语，这样就会使孩子在平常交流中更加倾向于使用汉语，在平时的学习中，也会更加注重对汉语的学习。这也是藏汉语码混合形式在藏族学生中如此普遍的一个客观因素。

4. 家庭的受教育情况的影响

笔者在调查过程中发现，如果一个藏族家庭受教育程度相对来说比较高，那处在这个家庭中的孩子说话时藏汉语码混合的现象就会较多,不管是新事物还是藏语中固有的词语,他都会倾向于使用汉语来表达,而来自农村或者是家庭受教育程度不高的藏族学生,在他们的日常交际中则很少使用藏汉语码混合的形式,这在刚来到学校的大一学生中体现得尤为突出。笔者在调查的过程中,有些大一学生说,他们来到这里很不适应,由于他们在家乡都是使用藏语来交际,但是在学校中,无论是老师还是同学大多都是用汉语来交际,这就使他们感到很焦虑。这类似于二语习得研究中的"焦虑"。在二语习得的研究中,习得者常会出现"语言休克"和"文化休克"。"语言休克指的是,个体意识到作为学习者,自己在说目的语的人看来肯定很可笑;而文化休克指的是与新文化接触后茫然迷惑相关的焦虑。"而这对于家庭教育相对较好的藏族学生来说,并没有感到如此不适。可见,家庭的受教育情况对藏汉语码混合现象有着不可忽视的作用,而这又对孩子的成长带来了一定的影响。

5. 地理环境的影响

地理环境的因素也会影响到藏汉语码混合形式的发展。笔者在调查的过程中注意到,林芝市的藏汉语码混合的情况相对较多,这不是因为林芝市教育比较发达或当地人的汉语水平比较高,才使得这种现象比较普遍,而是因为林芝市各个方言之间大部分不能完全互通。但是在日常生活中,人们的交际总是在时时刻刻地发生,如果双方听不懂,就不能很好地沟通,不能很好地协调双方在生活和工作中的活动。这就促使双方寻找一种都能使对方听得懂的语言,而藏汉语码混合形式刚好满足了这一需求。在双方不一样的词汇上使用汉语来代替,以达到交际和交流思想的目的。而这种地理环境的影响也使得林芝市的学生在校园中使用藏汉语码混合形式进行交际的频率相对来说比较高。

6. 时间的因素

内地藏族大学生藏汉语码混合的程度与藏族学生在学校待的时间的长短有一定的关系。笔者在调查的过程中发现,对于大一的学生来说,他们很少使用藏汉语码混合的形式,除了必要的人名、商标牌子,还有一些藏语中没有相应的词语表达的事物等词语以外,他们大多是使用藏语进行交流的,例如:裤子、外套之类的词语,大一的藏族学生仍然使用的是藏语,而对于大四的学生来说,他们使用汉语相对比较多一些。例如:

A:སློབ་ཚན་རྗེས་མ། སློབ་ཚན་ག་རེ་རེད།(下节课是什么课?)
　　下节课　　什么课
　　下节课　སློབ་ཚན་ག་རེ་རེད།(下节课是什么课?)
　　下节课　什么课

B:དཔེ་མཛོད་ཁང་ལ་འགྲོ་འམ།(去不去图书馆?)
　　图书馆　去不去

图书馆　ལ་འགྲོའམ།（去不去图书馆？）

图书馆　去不去

这是因为大四的藏族学生在学校待的时间相对来说比较久，接触汉语的时间更长一点，而且汉语水平相对于大一的学生来说有了一定的提高，所以对他们来说，使用汉语已成习惯。而大一的学生面对这种情况的时候，更倾向于使用藏语，一是正如前面所述，是由于他们对如此频繁使用汉语的情况不适应，一是他们和汉族学生接触的时间过短，他们多数时间是和自己的藏族朋友待在一起，没有环境也没有必要去使用汉语进行交际。所以，时间也是影响藏汉语码混合的一种重要因素。

7. 两种语言文化接触的结果

我国是个多民族统一的国家，各个民族都有自己的语言，而各个地区也有着自己独特的方言，这就给人们的交际带来了一定的阻碍，不利于人们的工作、学习和交际，而各个民族的语言各异也不利于国家的统一。所以，我国现在大力推广普通话，以便减少各地方言的分歧，推动经济发展。因而各个民族就把普通话作为一项重要的课程来学习，促进了普通话的推广。在推普过程中，在普通话普及率较低的情况下，也容易出现民族语与普通话混用的双语现象。正如在汉语的表述中会夹杂混用一些外来词一样，藏汉语码混合也有这方面的原因，更重要的是随着藏汉语的接触，出现了一些表达藏语中所没有的事物的词语，称说这些事物只能用汉语。因为这些事物名称在藏族学生原来的生活中是没有的，藏语中也没有相应的词语来描述这些事物，因此就用汉语来表达。由于有了汉语普通话推广作基础，校园中的藏族大学生的藏汉语码混用现象更加凸显。

（三）造成藏汉语码混合现象的原因

内地藏族大学生藏汉语码混合现象是内因和外因综合作用的结果，但就其根源来说，最终的推动力量却是经济因素和语言学因素。在这二者中，经济因素则是最根本的推动力量。

1. 经济因素

随着改革开放的进一步发展，就国外而言，国家的经济实力、综合国力不断提升，国际地位也不断提高，国家的发展可以说是取得了巨大的成就。为了能实现共同富裕，使各个地区都能共享经济发展成果，就必须推动各个地区的经济建设，加强各个地区的经济交流，促进共同发展。虽然校园这种双语混合的环境对内地藏族大学生的藏汉语码混合形式有一定的影响，但最终推动力量仍是经济因素。再者，随着国家的经济政策的推行，内地人开始涌向西藏，加上内地就业市场的饱和，更多的内地大学生更加倾向去西藏就业，但是双方的语言不通，这就使得双方努力去寻求一种对方都能听得懂的交际方式，而藏汉语码混合的形式刚好满足了双方的需要。因此，当藏族学生来到内地上学后，对这种形式也就不会感到陌生。

内地藏族大学生藏汉语码混合的形式是社会发展的结果，是语言作为社会的产物而出现的一种现象。新的事物、新的观念、新的生活方式、新的生产方式的出现都会在语言中产生影响，使得语言随着社会的发展而产生变化，但藏语的发展速度和社会的发展速度是不平衡的，这也是造成藏汉语码混合的一个不可忽视的因素。因为新事物在藏语中没有相应的词语来表述，因此就使得人们必须使用汉语。即使这些词最后被创制出藏语词来表述，但是大多数人使用汉语交际已经成为习惯，因此，即使有藏语词，人们大多也不会使用它进行交际。但是不管其他因素看起来起多大的作用，他们都只是在某种程度上推动了这种现象的发展，而经济因素始终是绝对因素，是最根本的因素，这是毋庸置疑的。

经济原因是社会中任何现象产生、发展、消失的最根本的原因，它推动着社会的发展，决定着事物的发展方向。语言与社会有着非常密切的联系，这使得社会的发展对语言有着更为直接、深远的影响。

2. 语言因素

根据乔姆斯基"普遍语法"，任何语言都存在一定的共性，而且汉语和藏语同属于汉藏语系，具有亲属关系。这说明藏汉语之间必定存在着一定的共性。但是两者又存在明显的差别，这是因为藏语类似于屈折语，而汉语则是孤立语。使得两种语言之间差异显著，运用Eckman的"标记性差异假设"来说，两种语言之间有标记性的地方学习时会遇到困难，而两种语言之间无标记性或标记性弱的地方学习时遇到的困难不大。藏汉语之间最大的差异就是藏语的语序是主宾谓结构，而汉语是主谓宾结构，而且藏语多用词形变化表示语法意义，是表音文字；而汉语则多用语序和虚词表示语法意义，是表意文字。因此对于藏族学生来说习得汉语的语法规则困难很大。而且虽然各个民族对事物的能指的认识是共同的，但对事物的所指的认识是不同的，相关研究表明双语者的语义表征共同存储，词汇表征独立存储，而藏汉双语的表征也是遵循着这一特点。但是与语法方面相比，这方面的差别无标记性或标记性比较弱，这就使得藏族学生在习得汉语时较早地习得词汇，而对于语法的习得相对较缓慢，这也是藏族学生使用藏语的语法形式夹杂汉语进行交际的一个重要原因。

造成藏汉语码混合现象除了上述原因之外，还有另外一些原因，如在转述别人的话时，如果他使用的是汉语，这时候，转述人在转述时就会使用藏汉语码混合的形式。例如：

འཛིན་དྲུང་གིས་ "祝我们一路顺风。"（班长说："祝我们一路顺风。"）

班长说

对于亲属称谓来说，藏族学生一般都是使用藏语，但是也有比较特殊的现象，例如：

འདི་ནི་ ང་འི་ གཅེན་པོ་ཇོ་མ་རེད（这是我的亲哥哥。）

这是 我的 亲哥哥

འདི་ ང་འི་ 表哥 རེད（这是我的表哥。）

这是　　我

再者，例如药物的名称，在使用阿莫西林这个名称的时候，采用藏汉语码混合的形式，而其他的药物名称均用藏语，例如：

ཁྱེད་ཀྱིས་　ཅིས་　འདི་ཅི་ཞིག་ཡིན་ནམ /阿莫西林（你买的什么？/阿莫西林。）
　你　　买　　什么

这种现象的混用，大多是出于习惯，或者是某种心理因素，或者是无意识地混用，或者是藏语中没有相应的词语，等等。总之，影响藏汉语码混合的因素很多，方式也不同，但它们都在一定程度上推动着这种现象的发展。

三、对口语交际中藏汉语码混合现象的思考

（一）语用者对藏汉语码混合现象的态度

对藏汉语码混合的交际形式，不同学生持有不同态度。有的学生认为这是正常现象；有的则认为这是不规范的，而且有些排斥；有的则持中立态度；有的则认为这是不可避免的现象。其中持反对态度的人占我们所调查总人数的90%。部分人认为这种语码混合的表达形式损害了民族语言的纯洁性。

其实，藏族大学生口语交际中的藏汉语码混合现象类似于塞克林提出的"中介语"，我们也应当看到这种语码混合现象不是一成不变的，随着语言的发展，它也会不断地发展变化，不应过分地排斥它。

（二）藏汉语码混合与普通话和方言之间的关系

对于藏汉语码混合现象，不少人拿这种现象和汉英混合现象相比较，很少有人拿这种现象跟普通话与汉语不同的地域变体——方言相比较。我们认为，与其把大学校园存在的这种藏汉语码混用现象与汉英混合现象相比，不如将其与普通话和方言混合使用相比更为贴切。口语交际中的汉英词语混合现象的成因主要有三个方面：英汉词义的差异、客观基础和社会文化心理原因。其中客观基础包括英语的国际地位和影响与英语水平的提高，社会文化心理因素则包括道德价值观念的影响和社会时尚的需要。而方言与普通话之间的混合则主要有以下几方面的原因：第一，遵循着礼貌原则。第二，无对应成分。第三，与自己的使用习惯有关。第四，为了满足自己的求异心理。第五，所处的环境和周围的人的影响。第六，对自己的语言有着特殊的感情。

不过，这两者之间也存在着不同。一是各地方言都有着自己表示事物的特点，而有的事物虽然在普通话中有相应的词语，但是方言中的词汇能表示出普通话所不能表示出来的韵味。因此，为了使表达更为准确和精密，在这些词语上汉族人还是更喜欢使用方言词。

二是方言与普通话之间的语码转换有时是谈话人为了结束一段谈话或者是不想继续进行谈话的一种手段。故意使用方言，转移说话人的注意力，以此来达到自己的目的。三是方言与普通话之间的语码转换也是自己和他人组成一个小团体的标志。这也是在提醒别人，如果你能懂，你就可以参与进来，如果你不懂，最好离开。

藏汉语码混合现象与普通话和方言之间转换的相似性并不是偶然的，它有着一定的原因。从语言学的角度来看，藏语和汉语是由汉藏语系分化而来的亲属语言，方言是汉语在不同地域的变体。方言和亲属语言之间是没有内在本质区别的，差异只是在表面。这就使藏汉语码混合和普通话和方言混合的相似性有了理论的支撑。

我国是多民族的国家，各民族的语言和方言各不相同，这就要有一种共同语来协调各民族之间的交流，而普通话就是协调这种交流的一个中介，是民族共同语。而藏语和汉语方言只适用于某一区域，不能满足更广泛的交流。藏汉语码混合是多种因素综合作用的结果，是社会发展的必然结果。当然，藏汉语码混合形式有其存在的必然性，它的存在并不会妨碍藏语的发展，也不会给藏语的发展带来任何不利的影响。

参考文献

[1] 俞理明. 语言迁移与二语习得：回顾、反思和研究 [M]. 上海：上海外语教育出版社，2004：42，48-49.

[2] 陈荣泽，脱慧杰. 近60年来的藏汉语社会语言学研究 [J]. 湖北民族学院学报（哲学社会科学版），2014（4）：134.

[3] 何丽. 语码转换动态研究 [M]. 北京：北京交通大学出版社，2014：9-10，14，15-16.

[4] 高勇奇. 第二语言习得 [M]. 苏州：苏州大学出版社，2014：11，10，163，71.

[5] 申小龙. 语言学纲要 [M]. 上海：复旦大学出版社，2003：185，213.

[6] 于根元. 语言是大海 [M]. 北京：中国经济出版社，2003：58-60.

[7] 胡裕树. 现代汉语（修订版）[M]. 上海：上海教育出版社，1995：6-7.

[8] 王勇，周迎芳. 二语习得研究与语言类型学 [J]. 中国外语，2014（5）：49-50.

[9] 高晓雷，王永胜，郭志英等. 藏—汉双语者语义与词汇表征特点研究 [J]. 心理与行为研究，2015，13（6）：742.

[10] 崔海亮，肖玲聪. 藏民族心理认同机制探析 [J]. 西藏民族学院学报（哲学社会科学版），2015（1）：135.

[11] 乔根锁. 论藏民族传统文化与西藏社会主义新文化的构建 [J]. 西藏研究，1992（2）：87.

[12] 瞿霭堂. 思维·思想和语言 [J]. 民族语文，2004（3）：5-6.

[13] 于根元. 新编语言的故事 [M]. 北京：商务印书馆，2012：278.

[14] 蒋金运. 汉英混合语码现象的探析 [J]. 广州师院学报（社会科学版），2000（10）：106-107.

[15] 阮咏梅. 方言和普通话语码转换之社会语言学分析 [J]. 语言应用研究, 2010 (1): 98.
[16] 叶蜚声, 徐通锵. 语言学纲要（修订版）[M]. 北京: 北京大学出版社, 2010: 197.

（指导教师：王宝红）

导师点评

  作者能够敏锐地观察到校园里藏族大学生口语交际中的藏汉语码混用现象，确定论文的研究对象，选题符合所学专业特点。运用田野调查法、访谈法等研究方法，对校园内百名藏族大学生的口头交际用语进行调查，收集、列举了大量藏汉语码混用的实例，看得出来作者在材料的收集方面是下了一番功夫的。又运用所学语言学的理论知识，对这一用语现象的内在动因与外在原因展开分析。论文指出，这种藏汉语码混用的特征是在藏语句式中夹杂使用了一些汉语的词，并对进入藏语句式中的汉语词做了分类分析。最后又对语用者的语言态度进行分析，并指出，这种口语交际中频见的藏汉语码混用现象不是一成不变的，还处于发展变化中，应理性对待。论文材料扎实丰富，分析清楚明白，论述有理有据。不过，对这种语码混合现象的实质及发展方向，还需要深入分析、论述。

导师简介

  王宝红，博士，教授，研究方向为语言学与近代汉语词汇。

张爱玲创作中的现代女性意识研究

赵姝祺　汉语言文学（文秘方向）2013 级

摘　要：张爱玲的作品有鲜明的现代女性意识。受五四运动思想的影响，女性作家开始走上文坛以女性的角度诉说女性的心理，追求女性解放。20 世纪 40 年代张爱玲的创作代表着中国的女性意识走向成熟。张爱玲作品的女性意识突出体现为：通过塑造病态的人物形象，用现代眼光剖析阻碍女性独立的根本原因，反思女性自身的"劣根性"，为争取女性独立做出了贡献。

关键词：张爱玲；女性意识；现代性；劣根性

引言

女性意识，是指女性对自身作为人，尤其是女人的价值的体验和醒悟。对于男权社会，其表现为拒绝接受男性社会对女性的传统定义，以及对男性权力的质疑和颠覆；同时又表现为关注女性的生存状况，审视女性心理情感和表达女性生命体验。从这一定义上说，中国第一批现代女性作家应诞生于五四运动时期。中国女性意识的发展经历了"五四"思想解放的启蒙时代、20 世纪 30 年代因"主流文化"日渐弱化的发展期，最终在 20 世纪 40 年代走向成熟。40 年代沦陷区的女作家张爱玲因自身的成长经历和上海独特的创作环境而塑造的现代品格，即以自身独有的现代性眼光剖析阻碍女性解放的本源；以独特的"内省"精神反思几千年传统文化影响下女人自身的"劣根性"；通过塑造精神错乱和角色错乱的女性角色来解读新时代下男性与女性的"病态"心理，为中国女性意识的发展做出了重要贡献。

一、张爱玲女性意识觉醒的原因

（一）自身独特的成长经历

张爱玲出生在没落的贵族家庭，祖父是清末名臣张佩纶，祖母是朝廷重臣李鸿章的长女。封建没落的旧式贵族家庭给张爱玲带来了两方面的影响。一方面，张爱玲的父亲是典型的旧封建男性形象，封建遗老家庭使得她见惯了封建关系下的人世百态。张爱玲的弟弟张子静曾说："我们从小就生活在遗老、遗少的家庭里，见到，听到的，都是些病态的人，病态的事。在我的感觉里，这种阴影是我和我姐姐、表姐、表弟这一代人最沉重的压力。"①另一方面，尽管家道没落，但显赫的家世背景仍使得这个家庭深受西式文明影响，张爱玲的母亲是在新文化影响下成长起来追求个性独立的新时代女性，母亲的西式教育和出走、离婚都是一种典型的西式现代意识。母亲回国后对张爱玲的教育，使得张爱玲获得了更多接受西式教育的机会。因此张爱玲能够对封建旧家族、旧式男女关系进行熟练刻画。这正培养了张爱玲自身具有的西方现代意识。

同时，父母的矛盾是张爱玲童年的阴影，"他们激烈地争吵着，吓慌了的仆人们把小孩拉了出去，叫我们乖一点，少管闲事。我和弟弟在阳台上静静地骑着三轮的小脚踏车，两人都不作声，晚春的阳台上，挂着绿竹帘子，满地密条的阳光。"②父亲和母亲离婚后，张爱玲本是跟着父亲的，张爱玲曾在《自己的文章》里描述弟弟遭到父亲毒打后自己的反应："我要报仇，有一天我要报仇。"③张爱玲冷静地认识到父亲变态又自私的本质，不再希冀父亲的关爱。后来因为与后母的矛盾让张爱玲被拘禁半年，张爱玲再也无法忍受父亲的压制，逃离了父亲的禁锢投奔母亲，可是母女之间长久的分离也使得两人充满隔阂，母亲对金钱和自我的执念伤了张爱玲的心，使张爱玲早早成熟。父亲与母亲的自私和冷漠造成了张爱玲对人情关系的冷淡，她更愿意关注人性自身的情感和利益需求。这一点体现了张爱玲的现代意识。

（二）上海——独特的创作环境

张爱玲曾说："只有上海人能够懂得我的文不达意的地方。"④张爱玲文章的素材、人物形象及家庭背景无不以上海为背景。可以说上海是张爱玲创作的主场，上海独特的环境成

---

① 季季，关鸿. 永远的张爱玲［M］. 上海：学林出版社，1996：39.
② 张爱玲. 张爱玲典藏全集（散文卷三）［M］. 哈尔滨：哈尔滨出版社，2003：34.
③ 张爱玲. 自己的文章［M］. 北京：京华出版社，2005：70.
④ 张爱玲. 自己的文章［M］. 北京：京华出版社，2005：7.

就了张爱玲现代意识的觉醒。上海特殊的创作环境主要体现在两方面。

第一，上海自身的现代性为张爱玲的创作提供了契机。20世纪初期，上海作为最早开放的通商口岸之一，最先接触西方外来文化，"吴越文化"自身的开放性很快与西方资产阶级先进文化交汇形成独具上海特色的"海派文化"，这代表着上海对西方现代观念的接受，"利己、世俗、时髦"的风气迅速蔓延。一种新的市民社会形态开始出现，从而形成了现代都市社会的雏形。与此同时，一种与大众文化的经济属性、偏向世俗化相适应的文化生活也遍地开花，尤其是在现代印刷技术的推动下，流行性的杂志在市民阶层中流传深远，并且颇受欢迎。

20世纪40年代，上海的许多杂志如《万象》《紫罗兰》《杂志》《古今》《天地》等都曾经是张爱玲作品的投稿地。这些杂志的风格与议题应该说都对张爱玲的创作有着深刻的影响。吸取西方思潮作为主旨的流行杂志在推动西方现代思想传播的同时，也加剧了传统旧思想与现代思想的冲突。可以说现代文化对市民阶层的心理冲击，为张爱玲刻画丰富的人物形象提供了多样的素材。

第二，沦陷区的政治背景切断了家国主流意识的影响。20世纪40年代，上海正处在沦陷当中，沦陷区的文学创作自然无法与主流思想相结合。虽然沦陷区对"主流文化"控制极严，但是"日本侵略者和汪精卫政权把新文学传统一刀切断了，只要不反对他们，有点文学粉饰太平，求之不得，给他们什么，当然是毫不计较的"[①]。正是在这样的社会环境下，身处沦陷区的女作家张爱玲的女性意识可以不受"政治正确"的束缚而自由发展，立足于经济与世俗生活成为当时海派作家的共同选择，张爱玲的女性文学也迎来了创作高潮。因此她可以不必受到反封建反侵略、争取国家独立人民解放的家国主流文化的影响，从而跳到圈外，以冷静、成熟、内省的现代意识研究人性，剖析女性心理，为女性追求精神自由进行大胆的创作。

二、张爱玲作品中女性意识的具体表现

（一）对女性"劣根性"本质的挖掘

1. 对奴性心理的内省倾向

张爱玲早期已经有了强烈的女性意识，看到了女性的命运始终是和男性密切相关的。如在张爱玲早期作品《霸王别姬》中，虞姬虽已有了鲜明的女性意识，但其生与死的命运始终掌握在霸王手中，女性的命运由男性支配。由此可见，张爱玲早期的思想认为男性是

---

① 柯灵. 遥寄张爱玲//张爱玲文集（第四卷）[M]. 合肥：安徽文艺出版社，1992：427.

女性实现思想解放的最大阻力。但随着张爱玲思想的进步，她重新对女性命运作了反思："女人的缺点全是环境所致，然则近代和男性一般受了高等教育的女人何以常常使人失望，像她的祖母一样地多心，闹别扭呢？……把一切都怪在男子身上，也不是彻底的答复，似乎有不负责任的嫌疑。"①影响女性进步的因素，不仅仅是外部环境对女性的压制和影响，更是女性内心世界里对"男权"的崇拜。也就是说，女人的劣根性体现在对"男权"的依赖，自甘为奴的奴性心理上。

自甘为奴的奴性心理主要表现在女性对"失婚"的恐惧。张爱玲笔下的女性，都是为结婚而生的，不管是未出嫁的少女还是离过婚的女性，终其一生追求的就是谋求一个男人、组成一个家庭。她们并不清楚婚姻能为自己带来什么，只是顺应"女性必须要结婚嫁人生子"的思想活着。从这一点看，不管是受过教育的新时代女性，还是生活在封建家族中的女性，从本质上都是一样的：出卖身体以取悦男性，以获得男性的庇佑。正如《花凋》中的川娥一家人，川娥家的女儿，受父亲的控制不能上学、不能找工作，成为"女结婚员"成为她们唯一的出路；而川娥自己却不着急嫁人，她想等父亲有钱后送她读大学，但是川娥去学习的目的不过是想先好好玩两年，再从容嫁人。《倾城之恋》里的白流苏也是这样，虽然她有过一次失败的婚姻，但是她从来不曾反思自己为什么要离婚，结婚到底是为了什么，她只是因为受不了别人异样的眼光和嘲讽的话语就决定寻找一个能让她扬眉吐气的结婚对象，所以当她遇到范柳原后决定将自己作为"赌注"去谋取一个合法的婚姻地位。两者最终的结局虽不同，但是可以看出女性对"失婚"的恐惧，自觉臣服于男权、自甘为奴的心态。

2. 挖掘被忽视的"性心理"

"情欲"是张爱玲作品中经常出现的话题。"叔本华认为：性欲和其他欲望的性质截然不同，就表达的形式看，它的力量最强猛，它构成人类的本质欲望。"②当"情欲"无法满足时，就会扭曲女性心理。从根本上说，封建旧思想与旧制度对女性的压抑是造成女性心理扭曲的本源。这一点在作品中主要体现在两方面。

一是旧式伦理道德约束下产生的"性渴望"。《金锁记》的曹七巧可谓这一类型的代表。曹七巧年轻时爱慕姜家三少爷季泽，为了和季泽相爱嫁给姜家二少爷。嫁入姜家后，七巧不仅需要长年累月照顾瘫痪的丈夫，还要忍受婆婆甚至下人的脸色，对于她而言丈夫就是"没有生命的肉体"，欲望被长期压制。30年后当季泽走进院子时，他花言巧语骗取钱财的行为让七巧彻底爆发，异化的财欲和情欲最终让七巧变得疯狂、神经。曹七巧无处宣泄的情欲最终毁掉了儿子、儿媳、女儿和自己的幸福。另外，在《沉香屑：第二炉香》中，"性

---

① 张爱玲. 自己的文章［M］. 北京：京华出版社，2005：49-50.
② 许瑶. 文化视阈下的人性审视——论张爱玲对人性弱点的探析［D］. 郑州大学，2004：15.

心理"也造成了人内心的扭曲。大女儿靡丽笙和二女儿愫细儿从小受母亲"无性教育"的影响对"性"一无所知，她们的无知使得她们认为自己的丈夫是色情狂，导致了佛兰克和罗杰在生活中无法做人，最终都选择了自杀。封建伦理道德压抑下的"性心理"，使得女性无法得到健康发展，无法摆脱男权的束缚。在以往的书写中，女性的"性心理"往往被视为是淫荡的。张爱玲不但意识到了女性的"性渴望"，并将其置于两性关系中进行纠偏，可谓一种成熟的女性意识。

二是商业文化放纵下的"性堕落"。相对于曹七巧性欲无法满足产生的扭曲心理，《沉香屑：第一炉香》里的梁太太则是放纵性欲的代表。梁太太年轻时为了金钱嫁给了有钱的老头子，年轻时的情欲和情感就在时光里慢慢压抑着，终于等到丈夫死了，梁太太也变成了年老色衰的妇女。但是梁太太利用手里的金钱，尽情地放纵自己的欲望，并诱导侄女葛薇龙沉浸于"金钱"与乔琪的"诱惑"无法自拔走向堕落。梁太太的放纵使得她成为迫害女性的"施暴者"，通过迫害他人获得精神的满足。梁太太和七巧被压抑的"情欲"证明了封建腐朽思想对女性长期的心理摧残，使得女性无法摆脱旧思想影响下依附男权的女奴意识。

（二）打造"世俗化"的世界

关注"世俗世界"的日常生活是张爱玲现代意识的体现。上海与香港自身的现代性，为社会引进了利己主义和个人主义。张爱玲肯定了世俗生活，第一次将文学创作立足于市民阶层，主动寻找更真实的世界，乐于研究更生活化、细致化的生活，认为文学只有扎根于底层才能揭露隐藏在现代文明外衣下腐朽的灵魂。

1. 探索世俗化世界中的女性情感

张爱玲笔下的女性都是"世俗"的女子，她们没有伟大的壮举，也没有波澜壮阔的人生阅历，她们需要的不过是最基础、最平凡的情感，但是这样简单的愿望也难以实现。如《金锁记》中的曹七巧，曹七巧本是嫁入旧式家族的可怜女性代表，她嫁入姜家是出于对感情的追求，但是30年的压抑生活使得金钱和情欲腐蚀了她的内心，所以当喜欢的人季泽对着她调情时，她一面麻醉自己获得精神上的慰藉，又一面对季泽的巧言令色感到愤怒，曹七巧最终选择"守护"金钱而放弃爱情是必然的。曹七巧的悲剧在于，当女性对个人情感有着明确的需求时，腐朽的旧思想依旧禁锢着女性。如果说《金锁记》反映的是没落旧家族中的女性心理，那么带有政治色彩的小说《色戒》则代表了接受过新式教育的女性的情感。王佳芝的悲剧并不在于为了爱情背叛盟友、放弃信仰的行为，对于王佳芝而言，她从来没有过"为革命作牺牲"的理念，她参加行刺活动不过是为了寻求乱世中的存在感。在与易先生的交往中，王佳芝沦陷了，她感受到易先生不仅占有了她的身体，还侵蚀了她的灵魂，所以她也有过数次的挣扎。但是王佳芝的悲剧在于，革命要求女性是甘于奉献的"圣母"或无欲无情的"女战士"，除此之外的其他情感都是无关紧要的，是落后的表现。张爱玲通过塑造丰富的女性情感，反映了尽管女性逃离了外部直观的压迫，但作为独立个体依旧没有得到家庭与社会的肯定，女性追求个体的需求和情感依旧未得到满足。

2. 分析世俗化世界中的人物形象

张爱玲善于描写两性情感，塑造丰富多样的人物形象。正如她说的"可是世界上有用的往往是俗人，我愿意保留我俗不可耐的名字，向我自己作为一种警告，设法除去一般知识分子咬文嚼字的积习，从柴米油盐、肥皂、水和太阳之中去寻找实际的人生"①。张爱玲对世俗生活的肯定表现在对人物形象的刻画上。

张爱玲塑造的女性多是成熟、老辣的角色，她们脱离了弱者的角色定位，对爱情和生活有着明确的目标。这说明张爱玲笔下的女性已经有了鲜明的女性意识，对两性情感有了一定了解，当女性摆脱有形的束缚时，探究女性的内在心理势在必行。如在《金锁记》中，张爱玲直观地刻画了曹七巧的"疯狂"，曹七巧的"病态"不只是自身的毁灭，更是她对儿子、女儿和儿媳的摧残。曹七巧的可恨在于自身陷入了角色的混乱，在家庭中她既是代替缺失男性话语的"父权"形象，控制着儿子的婚姻、女儿的幸福，又是"情欲"摧残下异化的母亲形象，企图一生一世控制儿子，甚至为了心理平衡阻止女儿成婚。又如在《心经》故事里，张爱玲叙述了父女暧昧的故事。作为女儿许小寒嫉妒母亲能拥有父亲，她嘲笑母亲、贬低母亲在父亲心中的地位，甚至不愿承认自己是有母亲的人。许小寒为了"爱情"已经丧失了自我认知，又造成了"女儿"角色的错位。张爱玲通过对复杂多样的人物的刻画反映了女性摆脱外部环境的束缚后，不易被察觉的、隐秘的内在心理压抑。

张爱玲对人物形象的刻画，还体现在对男性角色的塑造上。如在《茉莉香片》中，由于父亲对母亲的憎恨，聂传庆从小就没有体会到父爱，当他知道母亲曾经与言子夜相爱，他就开始幻想如果母亲没有嫁入聂家，那么他就是言传庆，一定会受到父亲的疼爱。尽管他讨厌父亲，但是"他发现他有很多地方酷肖他的父亲，不但是面部轮廓与五官四肢，连行步姿态与种种小动作都像，他深恶痛绝那存在于他自身内的聂介臣。他有方法可以躲避父亲，但是他自己是永远寸步不离地跟在身边的"②。聂传庆最终也成了与他父亲一样的软弱而暴戾的男性。张爱玲笔下的男性是软弱、自私、暴力而年轻的，也许他们比女性在社会、家庭里有更多的话语权，但是旧世界崩塌与新世界的碰撞，使得男性也在时代的潮流中迷惘、挣扎，他们无力重建旧封建体系，更不能在新世界里保持清醒。张爱玲通过刻画复杂深刻的男女形象，向大众全面展现了女性真实的生存境况，即摆脱封建制度后，既不能依附男性又无法满足需求与欲望的内在心理压抑。

---

① 张爱玲. 张爱玲文集（第四卷）[M]. 合肥：安徽文艺出版社，1991：51.
② 张爱玲. 张爱玲文集（第一卷）[M]. 合肥：安徽文艺出版社，1991：58.

三、张爱玲现代性意识对女性文学写作的独特意义

（一）"自觉性"女性意识

辛亥革命的爆发，使沉寂于中国两千多年传统文化压制下的女性文学如泉水般瞬间迸发而出，女性意识走上了解放的道路。女性意识的解放以女性写作为载体，中国现代女性文学写作经历了五四"十年"的"主动写作"、20世纪30年代的"自发写作"、40年代沦陷区的"自觉写作"三个阶段。

"'五四'时期——可以称之为历史上罕见的'弑父'时期。"[①]这一时期文学创作的主要特点集中在：对男权社会、封建旧思想的否定，主张追求男女社会地位及政治上的平等，宣扬着"娜拉"式的出走以追求自由的爱情。但这一时期的女性写作是不成熟的，这是因为"中国妇女解放从一开始就不是一种自发的以性别觉醒为前提的运动"[②]，也就是说五四时期的女作家是在男性的号召下走上文坛的，她们的作品无明显的性别意识，没有对女性的个体差异加以区别。如早期代表作家冯沅君，她的作品体现了以封建势力为代表的"父母之命"与主人公大胆寻求"婚姻自主"的强烈冲突；庐隐笔下的女性人物则在家庭、社会和现实的世界里苦苦挣扎。因此这一时期的女性作家多是以"逆子"的形象对封建旧思想、旧制度发出冲击，而缺乏对女性自身心理及女性体验的描写。

20世纪30年代受"主流文化"的影响，女性写作多表现为放弃女性写作家的身份，从而失去了文学创作的话语权，但仍有少数女性作家对文学进行了"自发性"的写作。这一时期文学创作的"自发性"特点主要体现在：一是女性的个体差异得到了肯定，有了鲜明的女性特征。二是对理想的爱情、家庭、生活产生怀疑，对压抑女性解放的外部环境进行孤独而苦闷的探索。如丁玲在《莎菲女士的日记》中第一次塑造了个性复杂、性格矛盾的女性形象。莎菲作为封建礼教的"叛逆者"，勇敢地追求自己想要的爱情，莎菲认为爱情应该是灵与肉的契合，"如若不懂得我，我要那些爱，那些体贴做什么"[③]。但是莎菲第一次见到凌吉士就被他俊朗的外表所吸引，产生了"完全癫狂于男人仪表上的女人的心理"[④]。莎菲意识到凌吉士丑陋的灵魂，一次次试图逃离，但都以失败告终，最终陷入"情欲"的漩涡不可自拔。通过对都市社会影响下女性产生"情欲"的大胆描述，可以看出莎菲在理

---

① 孟悦，戴锦华. 浮出历史地表：现代妇女文学研究［M］. 北京：中国人民大学出版社，2004：3.
② 孟悦，戴锦华. 浮出历史地表：现代妇女文学研究［M］. 北京：中国人民大学出版社，2004：24.
③ 丁玲. 梦珂［M］. 上海：上海古籍出版社，1997：50.
④ 丁玲. 梦珂［M］. 上海：上海古籍出版社，1997：90.

想爱情与现实社会下的挣扎和痛苦。这一时期另外一位女作家萧红则立足于农村劳苦大众,如《生死场》反映了劳苦大众根深蒂固的男权意识对女性的压迫。这都说明30年代的女性作家重在强调客观存在的外部环境是女性解放的阻力,借助外部环境与女性内在心理的冲突矛盾表现了女性追求幸福失败而发出的孤独、苦闷的反抗。由此可见,30年代的女性写作大多是反映作者内心在寻求女性解放时的苦闷与挣扎,作品与作者本人息息相关,是一种自叙式的女性写作。可以说丁玲、萧红在探寻阻碍女性进步的社会根源时,将矛头指向了都市和乡村社会,并对其进行批判。而40年代的作家张爱玲则是依托通俗世界的包装,展开对个体生存的描述。从女性写作的意义而言,正是因为有了张爱玲这种书写的方式,才使得20世纪三四十年代中国女性的写作呈现出多重的面貌。

  从年代上讲,40年代中国的女性写作进入"自觉"阶段。相对于20世纪二三十年代女性作家对政治平等、权利自由的诉求,张爱玲则更关注女性自身在精神、思想上的问题。因此,张爱玲在揭露封建男权秩序、女性自身矛盾及生存困境的问题上更显成熟。张爱玲女性意识的"自觉性"体现在她用现代性的眼光进行女性创作,即以"内省"精神反思女性生存的弊病,看待女性更加冷静、客观。张爱玲的现代性女性意识主要体现在两点。一是对女人"奴性"本质的剖析。如《十八春》中的汪曼璐,为了留住丈夫,牺牲了亲妹妹的幸福,把妹妹当作"借腹生子"的工具。曼璐的选择来自心魔,始于对男权的依赖。张爱玲对女人"奴性"本质的探究证明了女性的生存困境不仅是外在社会、家庭环境的压迫,更重要的是深藏于女性内心的对男权的依附。这种"自省"的意识正是张爱玲现代意识的体现。二是末日带来的荒凉感。因为上海和香港自身所带的现代文明影响了张爱玲的思想,繁华的都市生活丰富了其女性创作体验,因此香港的沦陷也冲击了张爱玲的思想。"个人即使等得及,时代是仓促的,已经在破坏中,还有更大的破坏要来。"①战争带来的漂泊感、末日的荒凉感及家国意识的疏离让张爱玲看到了女性的现实生存状况,女性不可能摆脱时代禁锢和自身牢笼获得自由,她只是冷冷地看着女性在困境中苦苦挣扎。

(二)商业背景下的女性意识

  与有左翼背景和解放区背景的女作家相比,张爱玲作品中另一个突出特点则是其创作体现了一种商业背景下的文学创作。张爱玲的创作依托上海这个商业气息浓郁的都市大背景,并在一种现代文明的洗礼下对社会中的男女关系进行描绘。由此,可以看出张爱玲的女性写作与20世纪二三十年代的女性作家的写作有着明显的区分。无论是"五四"十年对女性解放的懵懂探索,还是30年代女性创作的苦闷与彷徨,都源于这些女性作家希望通过文学作品解放女性,使女性重获新生与自由。她们是带着一种崇高而理想的家国信念进行

---

① 张爱玲. 自己的文章[M]. 北京:京华出版社,2005:104.

创作的。但张爱玲创作的出发点却完全不同,她的目的从来不是通过写作向社会发出"呐喊式"的救赎以期解放女性,她所做的不过是将看到的、发现的现象通过文学形式表述出来,是一种文学化的事实陈述。从写作内容而言,张爱玲通过对女性的身体、服饰、消费、休闲等进行描述,勾勒了一幅现代都市的画面。有评论者认为张爱玲的文本"成为女性作家表现欲望、身份、语言和文化的剧场"①。

以身体为例,张爱玲小说中的女性身体往往以两种形象出现:其一是在宗法性的性别秩序下扭曲和压抑的女性身体,如《金锁记》中的曹七巧;其二是在家国政治的背景下,女性的身体以一种解构"身体政治"的面貌出现,如《色戒》中的王佳芝。如果说前者体现了宗法秩序下女性主体性的丧失,那么后者在现代文学史上则是罕见地通过肯定女性的身体与爱欲消解了国家认同与民族革命的合理性。身体在女性主义者看来,从来不是单纯的概念,而是和性、政治、欲望等联系在一起。女性的身体也往往成为这些概念所支配的对象。进入现代以来,随着国内政治形势的变化,革命政治、国家命运成为指导现代作家写作的方向。张爱玲在《色戒》中塑造的王佳芝的形象,最初将身体交给以革命为目的的梁闰生时,其主体性是缺失的,但当她再次答应色诱汉奸"易先生"并且最终放走了老易,则是遵循了内心的主张,从而解构了20世纪三四十年代作家中占据主导位置的家国政治。在这里张爱玲对女性问题的展露超越了前一时期的女性作家,她看到了男权社会对女性更深层次的压迫与影响,揭示了女性生存中的内在矛盾、精神与物质的异化对女性的冲击。五四新文化运动以来,女性解放等思想意识也传入中国。作为舶来品的"女权运动"在西方也经历了不同的时期。在运动初期,追求政治和个体的解放是女权运动的早期诉求,在后来的发展过程中,女权运动也开始从"向男性争权"到"向女性自身争权",从而来深刻反思女性头脑中的男权意识。从这个意义上来讲,张爱玲的女性意识具有一定的超前性。

张爱玲的作品在20世纪90年代后重新得到重视,并掀起了一股"张学热"。张爱玲的作品在20世纪90年代引起人们的共鸣,也从一个侧面反映了其作品中的现代性意识契合了商品经济条件下的大众文化心理。"物质主义"不仅支配了张爱玲自身的写作行为,其在小说中也描画了一个物质化的世界。青少年时期的生活背景,让张爱玲很早就懂得了金钱的价值,并毫不讳言"出名要早"。张爱玲的写作一方面是在获取高额稿酬的刺激下进行的,同时,也是依据大众世俗流行所做的选择。张爱玲作品中不乏大量对物质生活的描摹,名牌衣服,香水,香港结束轰炸后满大街寻找冰激凌等消费和生活习惯,从某种意义上与现代商品经济条件下的大众消费不谋而合。改革开放后,国内经济的快速发展以及西方思

---

① 林幸谦. 女性焦虑与丑怪身体:论张爱玲小说中的女性亚文化群体[J]. 社会科学战线, 1998 (2): 79.

想文化的传入，促使本土文化在摆脱了政治束缚后呈现出丰富而极具个性的特点。特别是90年代以来，个人在快节奏的社会中体会到了危机感，孤独、迷惘、困惑的情绪重新成为人们的精神压力。这样的背景与张爱玲所描述的时代精神相契合，由于张爱玲自身的成长经历和家庭背景，张爱玲对中国的家庭关系、社会产生了疏离感，这恰恰与中国传统的家国意识不同，是一种现代意识。张爱玲的现代意识经过几十年思想的启蒙，逐渐具有了前瞻性。她看到思想解放下个人或主体内部的重重矛盾，一种想要冲出"围墙"却又无路可走的困境，家庭、社会和国家对个体探索包容性的缺失，使得人物只能选择一条道路走下去。这种个人的缺失感与当下文化背景契合。

结束语

从五四运动的思想解放开始，女性文学在20世纪二三十年代得到发展，女性意识在作家的创作中不断完善，直到40年代，女性意识正式走向成熟。40年代沦陷区的女作家张爱玲，舍弃了代表大众的主流意识，将更多的笔墨与眼光放在对人性的解读上，挖掘出了女性特有的"奴性"心理和劣根性。张爱玲始终坚持"世俗化"的创作，描写出混乱时期小人物的悲欢离合，着力刻画女性的心理活动和内心世界，但在为女性寻找解救办法的道路上又戛然而止，跳出女性视角冷眼地看着女性在精神世界里苦苦挣扎，走向灭亡。但是，张爱玲在作品中独具的现代意识、对人物形象的刻画、对女人"劣根性"的挖掘以及"病态"心理的塑造，让我们看到了40年代上海作为"孤岛"引起的文化浪潮。张爱玲用自己的态度和文学作品为女性文学发展以及女性意识的进步做出了重要贡献。

参考文献

[1] 孟悦,戴锦华. 浮出历史地表：现代妇女文学研究[M]. 北京：中国人民大学出版社, 2004.

[2] 张爱玲. 自己的文章[M]. 北京：京华出版社, 2005.

[3] 张爱玲. 张爱玲典藏全集（散文卷三）[M]. 哈尔滨：哈尔滨出版社, 2003.

[4] 柯灵. 遥寄张爱玲//张爱玲文集（第四卷）[M]. 合肥：安徽文艺出版社, 1992.

[5] 季季,关鸿. 永远的张爱玲[M]. 上海：学林出版社, 1996.

[6] 张爱玲. 张爱玲经典作品集[M]. 长春：时代文艺出版社, 2001.

[7] 张爱玲. 张爱玲文集（第四卷）[M]. 合肥：安徽文艺出版社, 1991.

[8] 许瑶. 文化视阈下的人性审视——论张爱玲对人性弱点的探析[D]. 郑州：郑州大学, 2004.

[9] 张爱玲. 张爱玲文集（第一卷）[M]. 合肥：安徽文艺出版社, 1991.

[10] 丁玲. 梦珂[M]. 上海：上海古籍出版社, 1997.

[11] 张芹. 花开不败：张爱玲与中国九十年代文学[J]. 湖北三峡学院学报, 1996 (4).

[12] 戴锦华. 涉渡之舟：新时期中国女性写作与女性文化[M]. 北京：北京大学出版社, 2007.

[13] 林幸谦. 女性焦虑与丑怪身体：论张爱玲小说中的女性亚文化群体 [J]. 社会科学战线, 1998 (2).

（指导教师：吕岩）

导师点评

  论文选题角度有新意。张爱玲研究是学界研究的热点，本科生选择"张爱玲"作为论题，通常在写作时大而无当。该生以"现代女性意识"作为切入点，将女性意识放在现代性的背景下进行分析，切口小，易把握。论文结构清晰，从张爱玲生活的家庭与社会生活中分拣出张爱玲生活的"家庭困境"与"现代都市社会中的大众性、流行性特质""沦陷区切断了家国主流意识"的三重背景。然后，结合张爱玲作品分析其文章中所蕴含的"对奴性心理的内省""挖掘性心理"等女性视角，描述世俗化的都市女性情感等特质，最后进一步评析现代性意识在张爱玲写作中的独特性。整体论述较为完善，在本科视野中有一定的深度。论文语言流畅、格式规范，表明该生具有一定的科研能力，建议推荐为优秀毕业论文。

导师简介

  吕岩，博士，副教授，西藏自治区高校科研创新团队"西藏审美文化"和中国非物质遗产保护研究西藏工作站成员。研究方向为文艺美学与西藏审美文化研究。

"三言"中的商人形象

何如意　汉语言文学 2014 级

摘　要：随着晚明商品经济的发展和社会思潮的影响，商人成为一个崭新的社会阶层，并迅速进入通俗小说的世界。在"三言"中，冯梦龙塑造了大量生动的商人形象，细致地描写了明代商人的日常生活。通过对商人生活的描写和其形象的刻画，展现了明代商人的新风貌，因而商人形象也成了晚明短篇小说中独具特色的人物形象之一。本文首先对明朝之前的商人形象进行简单梳理，了解明之前文学作品中的商人形象，其次着重分析"三言"中的商人形象类型，归纳明代商人身上具有进步意义的时代特征，感受明代中后期商人地位的变迁。

关键词："三言"；商人形象；特征

引言

在现代世界和现代社会中，商业贸易已具有越来越重要的地位和作用，自给自足式的经济运营模式已成了昨日黄花，现代商人自然成了新的时代宠儿。生活在这样的现代世界和现代社会里，我们有必要重新修正关于商人的理念，因此我从中国文学入手，回顾历史中的商人形象。

从先秦开始，中国文学表现商人的历史由此揭开。直到唐以前，文学中的商人群体一直隐而未显；在唐五代文学中，开始上升为配角；直到宋元文学以后，随着商品经济的发展，商人群体势力的增强，商人一跃成为文人作品中的"主角"。

在整个文学史上，明代中后期文学是表现商人的高峰时期。以"三言二拍"为代表的短篇白话小说集，其中相当一部分作品表现了商人的生活。它出色地描绘了市民阶层的心理状貌和社会性格。在这里，冯梦龙进行的是一种社会心理研究和记录。而本文正是以冯梦龙的"三言"（《喻世明言》《警世通言》《醒世恒言》）为研究对象归纳商人形象类型并进行分析，概括其时代特征。

一、明之前文学表现的商人形象

（一）先秦文学表现的商人形象

商业和商人早在先秦时期的商代就已出现。但是在先秦时期的文学中，对商人的正面表现却不多见。即便偶然触及商人及商业活动，也并非为了表现他们本身，而只是因为其他的历史事件牵涉到了他们，所以他们才被带到叙事文学中来。

《左传·僖公三十三年》中郑商弦高凭借过人的智慧和勇敢，挫败了秦师偷袭郑国的阴谋，为郑国的安全立下了汗马功劳，受到了人们的尊敬和赞赏，因而算得上一个完全正面的商人形象。但除了故事本身之外，我们对郑商弦高一无所知，这是因为作者对此并不感兴趣，之所以叙述到这个郑商，只是因为其对秦师袭郑这一历史事件的还原起到了至关重要的作用，作者对于弦高作为"商人"身份的存在并未在意。

同时在散文中也很少见对于商人的表现，即便出现关于商人的故事或小插曲，也并非是表现商人本身，而只是用它来揭示道理，宣扬自己的思想学说。例如《韩非子》中的寓言，就是用来说明某个道理的，和商人活动没什么关系。先秦的诗歌表现商人的就更少了，能想到的也仅有一篇而已，那就是《卫风·氓》。这首表现商人的诗歌，描绘的却是一个"始乱终弃"的负面商人形象。

中国文学表现商人的历史可以说是从先秦时期开始的，但真正表现"商人"这个群体本身的文学此时并未出现。所以说，"商人"走上文学舞台还有很长一段路要走。

（二）汉代文学表现的商人形象

从汉代文学总体上来说，依旧很少能够看到对于商人的表现，尤其是对其正面的文学性表现。

辞赋作为汉代文学的代表性文体，有一类主要以京都为题材，对汉代大城市市井生活进行描写，这是前代文学中未曾出现过的。例如班固的《西都赋》和张衡的《西京赋》都先后描写了长安市场的繁华景象，可见在汉代商业不断发展的同时，文人们对于商业市场的注意力也在不断增加。京都题材的辞赋用宏观的角度描写了市场和商业，也有部分关于商人的描写，但由于其宏观的描写角度，几乎看不到商人的个人生活。

汉代乐府诗来自民间，关注个人命运。在这类乐府诗中，有一首一般认为作于汉代的乐府古辞《孤儿行》，以第一口吻叙述了商人经商的辛苦：

> 父母在时，乘坚车，驾驷马。父母已去，兄嫂令我行贾。南到九江，东到齐与鲁。腊月来归，不敢自言苦。头多玑虱，面目多尘土。大兄言办饭，大嫂言视

马。上高堂,行取殿下堂。孤儿泪下如雨……①

与《卫风·氓》相比,这首诗歌更加直接地表现了商人,这也许是一种进步。

商人倒是经常出现在汉代散文中,不过大都不是对于商人进行文学性表现,仅仅是将其作为被议论甚而被批评的对象,但有两个人例外。王充在《论衡》(东汉王充所作,此书细说微论,解释世俗之疑,辨明是非之理,即以"实"为根据,忌虚妄之言)中表达了对商人与众不同的认识。在司马迁《史记》中,出现了专门为商人歌功颂德的作品。有记述从事"货殖"的杰出人物的类传《货殖列传》,商人专传《吕不韦列传》《司马相如列传》《越王勾践世家》所附《范蠡传》。《史记》在表现商人方面,具有一定的价值和意义,但大多都侧重于描写其政治活动,商人群像明显缺乏文学色彩,并且商人传记所占比重很小,这些都说明对商人的重视程度仍然不够充分。

因此,总的来说,汉代散文对于商人正面的文学表现比较少,其原因可能在于汉代文人身份大多尊贵,看不起商人,不愿用文章加以表现,他们自然不愿意把眼光投到商人身上。

(三)魏晋南北朝文学表现的商人形象

魏晋南北朝时期的主流文学,是一种集团和贵族文学,所以对商人这一阶层关注甚少。"但是在主流文学之外的若干领域,如乐府诗歌和志怪小说等中,却前所未有地出现了关于商人生活的丰富表现,其作品的数量和表现的范围都比前代有所增加和扩大,表现出对于先秦文学和汉代文学的莫大进步。"②

在南朝乐府诗歌中,有些是与商人生活相关的,还有商人群体自身的创作。如《三洲歌》,是商人在行商途中为表达自己的感情和生活而作。类似的还有《长干曲》,同样是表现商人的诗歌。后来这样的诗歌传入宫廷,深受贵族的喜爱,这足以说明在当时的社会环境中,商人的群体势力逐渐扩大,商业的繁荣和商人势力的扩大让人难以忽视他们的存在,并逐渐表现在文学作品中来。

对商人及其生活表现出兴趣的,还有志怪小说。然而,表现商人的也只是极少的一部分。比如宋刘义庆的《幽明录》,在这部志怪小说集中,更加充分地表达了对商人的关注和同情,其中有四个故事与商人有关:《冯法》《陈仙》《杨林》和《卖粉女》。前两则故事表现商人生活令人不安的性质,《杨林》已经深入商人的内心世界,《卖粉女》表现了作者对商人阶层的爱情生活的关注与欣赏。

---

① 《乐府诗集》卷三十八。
② 邵毅平. 中国文学中的商人世界[M]. 上海:复旦大学出版社,2005:71.

而在诗歌和散文方面，略微涉及商人的作品只是表达了对其的态度和看法。诗歌例如南朝宋何承天《巫山高篇》表现了对于商人的同情；庾信的《对酒歌》表达了对商人的羡慕；鲍照的《卖玉器者诗》借助商人的际遇表达自己的感怀；还有《观圃人艺植诗》批评了商人的生活。散文例如傅玄《检商贾》①、梁简文帝《移市教》②表现了对商人消极的态度。但从整体来看，商人生活已经渐渐出现在文人视线里。

（四）唐文学表现的商人形象

唐文学呈现出"平民性"的特点，文人们开始注意商人的存在，这为文学对商人的表现提供了有利的条件。因此，在唐文学中，表现商人的作品数量大大增加，表现范围更为扩大。

唐代表现商人题材的诗歌较前代而言，数量大大增加。李白、白居易、刘禹锡等大诗人也都涉足了这类题材。在这些表现商人的诗歌中，集中表现了对商人的非难。张籍在《贾客乐》③中，曾将商人和农民对比，同情农夫的辛苦，非难商人的佚乐。白居易在《琵琶行》中也表现出对商人的态度："门前冷落鞍马稀，老大嫁作商人妇。商人重利轻别离，前月浮梁买茶去。"在诗歌中，黄滔和苏拯的《贾客》诗都表达了对商人外出经商途中遇到危险的同情。散文大家柳宗元的《招海贾文》也描述了从事海外贸易的危险，流露出对商人的同情。唐散文对商人的表现寥寥无几，也体现了当时部分文人对于商人的态度，使之难以进入"文"的领域。

以商人为表现内容的唐代文言小说大幅增加，其中有六十余部作品是以商人为主人公或与商人有关，如《贩海客》《江淮贾人》《广陵贾人》等。而表现的内容也是精彩纷呈：商人的海外贸易、商途的危险奇遇、商人的爱情生活、商妇的苦闷等。与诗歌相比，文言小说以更大的容量，具体地表现了商人的生活，文言小说的繁荣也意味着文学表现商人的历史的进步。但也存在一定的缺陷，没有令人印象深刻的商人角色或商人形象，篇幅都相对较短，缺乏曲折生动的故事情节。

总之，较前代文学而言，唐代文学对于商人的表现已经迈进了一大步，同时也揭开了文学作品表现商人题材的序幕。

（五）宋元文学表现的商人形象

宋元时期，商业高度发展，市民阶层的兴起和活跃使经商而致富的商人阶层开始在社

---

① 《全晋文》卷四十七。

② 《全梁文》卷九。

③ 〔唐〕张籍《贾客乐》："年年逐利西复东，姓名不在县籍中。农夫税多长辛苦，弃业长为贩宝翁。"

会上产生更大的影响力，因此商人群体大量进入文学世界是必然的，同时士商关系也发生了历史性的变化。

南宋时期，出现了文人化的市民。至元，由于当时的文教政策，文人地位大幅下降，因此与底层商人接触密切，后来士人开始从商，成为一种趋势。这种士商之间的交流，对文人的传统观念产生了影响。文人们在进行创作之时，更加注重表现商人形象，给予商人同情和肯定，细致地描写士商之间的关系。

在宋杂剧和金院本中，从其内容来看，表现商人生活的很少，并且在宋元戏文中，情况亦是如此。但值得注意的是，此时出现了完全以商人为主人公或完全表现商人题材的作品。而在数量庞杂的元杂剧中，描写商人或与商人有关的，大概有20种左右，表现了丰富的商人形象和缤纷的商人生活。最典型的商人形象是在《东堂老劝破家子弟》中描写的东堂老李茂卿，他忠于朋友临终所托，劝其儿子浪子回头。关汉卿的《山神庙裴度还带》写了商人能够慧眼识英雄拯救和帮助陷于困境的士人。在元杂剧中，出现了正面的"好商人"形象，说明有些剧作家能够正视商人的存在，并能在一定程度上理解商人的价值观。宋元的文言小说中，《夷坚志》表现出了明显的变化与进步，其中大量表现市井民众的生活，尤其是商人阶层的生活。在《夷坚志》里，直接表现商人生活的就有70多篇，间接涉及商人的不可胜数。除此之外，宋元的其他小说集中，也有不少有关商人的作品。

至此，文学中的商人形象已经相当丰富，文人也有意识地接近商人这一阶层，对商业更加理解和尊重。而宋元文学在表现商人时所呈现出来的局限性，也会在后世文学中被克服。

二、"三言"中的商人形象类型分析

至明朝，文学表现商人已经相当成熟。以"三言"为代表的短篇白话小说，广泛而深刻地表现了商人的生活，塑造了大量的商人形象。

（一）重情重义的商人形象

"三言"的首篇作品《蒋兴哥重会珍珠衫》就为我们描述了一个重感情、善良的商人形象。主人公蒋兴哥从小跟随父亲经商，17岁时父亲病故，接手家业，后来与王翁爱女王三巧儿成亲，夫妻恩爱，形影不离。外出经商也难以分离，两年后，兴哥执意上路，二人离别时泪下如雨，情深意切。蒋兴哥上路后，"心中只想着浑家，整日的不理不睬"[①]，足以说明蒋兴哥的重情。在知晓妻子王三巧儿与陈大郎的私通后，也是首先检讨自己为了蝇头

[①] 〔明〕冯梦龙.喻世明言（卷一）[M].北京：中华书局，2002：4.

微利常年在外，撇她一人在家，错全在自己。他并没有因此对妻子生恨，不但让她改嫁，还将 16 只箱笼给她。蒋兴哥的所作所为都反映了他身上重情、宽厚的美好品质。

在《卖油郎独占花魁》中，卖油小商贩秦重喜欢上了王美娘，无奈自己没那么多钱，只好辛辛苦苦一分二分地积攒，日积月累，兑足了十两，终于和王美娘见了一面。王美娘却因吃醉酒睡过去了，秦重怕美娘冷，给她盖被子。知道美娘要吐时，用手轻抚其背，又怕弄脏被子，于是把自己的袖子张开让美娘吐在上面。秦重又侍候美娘漱口、喝茶。在美娘受到富家公子的欺负时，秦重立即出手相救。可见，秦重对美娘用情至深、至浓。这个故事表现了一个重情而真诚的小商人形象，也体现了作者对他的喜爱和赞颂。

商人的工作性质让他们深感朋友之间相互帮助、患难相救的重要性，他们侠义互助，讲求信义。《施润泽滩阙遇友》中施复和朱恩就是代表。施复是个小商户，平日收入甚微，一日外出卖绸匹，半途拾得六两多银子，想到"若是客商的，他抛弃妻子，宿水餐风，辛勤挣来之物，今失落了，好不烦恼"[①]，"倘若是个小经纪，只有这些本钱，或是与我一般样苦挣过日，或卖了绸，或脱了丝，这两锭银乃是养命之根，不争失了，就如绝了咽喉之气"[②]。回家后跟妻子解释所遇之事，"当下夫妇二人，不以拾银为喜，反以还银为安"[③]。失主朱恩是一个小蚕户，施复有一次外出买桑叶，二人巧遇，为了报答施复恩情，朱恩将自家桑叶用船装好，亲自送他回家，使其躲过了丧命之险。作者对施复、朱恩二人经商故事的描写，表现了商人身上讲信义的品质。

（二）诚信仁厚，以义取财的商人形象

从古至今，诚信一直是经商最重要的原则。"三言"刻画了许多诚信仁厚的商人形象。如《刘小官雌雄兄弟》中刘德夫妇，平日好做行善之事，来他店里喝酒的人，当时钱不够，他也不计较。有人多给了酒钱，他必退还。因为做人公平，诚信经商，被镇里的人称为"刘长者"。他对待素未谋面的老军犹如亲人一般，老军因盘缠少而忍饥挨饿，他知晓后慷慨相助，不收一钱；在其病重之际，又自掏腰包为他看病，后又将老军厚葬，并收留了老军的儿子刘方。又在运河发水之际，救了少年刘奇，并悉心照料，后来也将其收养。认识刘德的人都给予了高度评价。刘德夫妇死后，刘方和刘奇开了布店，两人志诚，价格公道，美名远扬，生意也愈加兴隆。这些至仁至义的商人形象散发着人性之美。

《李秀卿义结黄贞女》中黄善聪母亲因病而亡，父亲外出经商无人照料她，便将其女扮男装，带着一起经商。父亲死后，她仍以男子身份处世，后与李秀卿义结为兄弟一起经商，二人以诚相待，"两边买卖，毫厘不欺"[④]，后结成佳偶。《大树坡义虎送亲》中韦德之父为

---

①②③〔明〕冯梦龙. 醒世恒言（卷十八）[M]. 北京：中华书局，2002：301.
④〔明〕冯梦龙. 喻世明言（卷二十八）[M]. 北京：中华书局，2002：292.

人处事公道，利欲心颇轻，因此顾客不绝，生意很好。颠覆了人们固有观念中的奸商形象，树立了诚信经营的良好形象。

《徐老仆义愤成家》中的阿寄是徐家的老仆，深得主人信任，拿到本钱外出经商。他善于捕捉商机，听说贩漆利润大，就果断地打定主意贩漆。他用最快的速度拿到货物，赶巧时机卖完了货，回来时又籴了60多担米，到杭州赶上连阴雨，米价飞涨，又赚了不少银子。来来回回，一生勤劳，最后发迹，为徐家积累了万贯家财。这些仁厚善良的商人，凭借勤劳和信用，在买卖上取得了成功。

（三）重利重欲的商人形象

在"三言"中，除了正面的商人形象之外，也塑造了一些反面的人物形象，但基本都作为次要人物出现，作者对这类人物的刻画也是栩栩如生。

《沈小官一鸟害七命》中的箍桶匠张公，路遇沈秀昏迷，看见其身旁有一只画眉鸟，一时见财起意，将沈秀杀死，夺走了画眉鸟卖给了做药材生意的李吉。后来沈秀尸首被人发现，报了官府，其父母和官府皆悬赏千钱捉寻凶手。有个极贫老儿为得钱财，让两个儿子将自己的头割下来交于沈秀之父，于是得到赏钱。这个故事表现出了商人逐利的劣根性。《苏知县罗衫再合》中有个私商叫徐能，常年租赁客船，不是个良善之辈，"时常揽了载，约莫有些油水看得入眼时，半夜三更悄地将船移动，到僻静去处，把客人谋害，劫了财帛"①。苏知县在赴任途中官船发生漏水，雇了徐能的船，谁知徐能看到苏知县众多箱箧，见财起意，于是将苏知县家财劫尽，致使苏家妻离子散。《宋四公大闹禁魂张》的主人公张富，是一个"虱子背上抽筋，鹭鸶腿上割股，古佛脸上剥金，黑豆皮上刮漆，痰唾留着点灯，捋松将来炒菜"②的人，极度吝啬，家中的管家向乞丐施舍了两文钱，他不但极力阻止，还打骂管家，刻画了一个视钱如命的吝啬商人形象。

《杜十娘怒沉百宝箱》中的徽商孙富，风流成性，常至青楼嘲风弄月，甚是轻薄。因偶然听到杜十娘弹唱，便想相见，竟到了辗转反侧、夜不能寐的地步。于是孙富用计破坏杜十娘与李甲的感情，企图得到杜十娘。杜十娘痛斥孙富以奸淫之意，巧为谗说，破坏自己与李郎的姻缘，视他为仇人。一个好色的商人形象跃然纸上。

《蒋兴哥重会珍珠衫》中的商人陈大郎，在街上被王三巧儿的美貌吸引，对其念念不忘。"家中妻子，虽是有些颜色，怎比得妇人一半！欲待通个情款，争奈无门可入。若得谋他一宿，就消花这些本钱，也不枉为人在世。"③便用金钱鼓动薛婆帮他诱骗蒋兴哥的妻子王三巧儿，在

---

① 〔明〕冯梦龙. 警世通言（卷十一）[M]. 北京：中华书局，2002：97.

② 〔明〕冯梦龙. 喻世明言（卷三十六）[M]. 北京：中华书局，2002：367.

③ 〔明〕冯梦龙. 喻世明言（卷一）[M]. 北京：中华书局，2002：5.

等待薛婆的消息时，埋怨说："干娘，你好慢心肠！春去夏来，如今又立过秋了。你今日也说尚早，明日也说尚早，却不知我度日如年。"①得逞之后，说："今番得遂平生，便死瞑目。"②又如《玉堂春落难逢夫》的贩马商人沈洪，因中秋夜见了玉姐，便想方设法诱骗其到家强做小妾。这些反面的商人形象，作者赋予了因果报应的结局，具有强烈的教化意义。

三、"三言"中商人的时代特征

中国文学关于商人形象的描写给人印象最深的是《诗经·卫风·氓》中的氓，看似忠厚老实，实则始乱终弃。后世文学也给商人以"重利轻别离"的标签，并且受"重农抑商"传统思想的影响，大多数文人对商人报以非难的态度，表现商人负面形象的居多。到了明代，这一现象发生巨大转变。"三言"作为这一时期表现商人形象的代表，与前代文学相比有了明显不同，体现出鲜明的时代特色。

（一）商人地位的提高

自古士、农、工、商，商位于末。自秦汉起，贱商抑末之风开始盛行。秦始皇提出："皇帝之功，勤劳本事，上本除末，黔首是富。"③汉高祖刘邦推行贱商令："令商贾不得衣丝乘车，重租税以困辱之。"④并规定商人及其子孙都不得为官，彻底剥夺了商人的政治权利，成为社会、政治歧视的对象。唐朝时，高祖也未给予商人入仕的机会。此后，重农抑商政策对商人的社会地位产生了极其深远的影响。从道德上，所谓"末富""无商不奸"，一直压在商人头上。在文学作品中，无论是白居易《琵琶行》中那个"重利轻别离"的行商，还是小说戏曲中那些家财万贯的大贾，都是作为浑身散发铜臭的反面形象出现的。

在明代，商人成了社会生活中非常重要的群体，其地位也不断提高，一跃成为文学故事中的主角。如《张孝基陈留认舅》中，故事开篇引诗评说了"四民"的高下优劣。老尚书有五子，除了长子读书，其余四子农、工、商、贾，各执一艺。老尚书后来解释其中缘由时说道："农工商贾虽然贱，各务营生不辞倦。从来劳苦皆习成，习成劳苦筋力健。"⑤体现了四民平等的观念，这在一定程度上肯定了商业和商人。《卖油郎独占花魁》中，秦重想见花魁娘子王美娘，又怕王九妈看不起他，又为自己的商人身份感到自豪，称："何况我做

---

① 〔明〕冯梦龙. 喻世明言（卷一）[M]. 北京：中华书局，2002：13.
② 〔明〕冯梦龙. 喻世明言（卷一）[M]. 北京：中华书局，2002：15.
③ 〔汉〕司马迁.《史记》校勘评点本（第一卷）[M]. 李炳海，校评. 长春：吉林文史出版社，2003：18.
④ 〔汉〕司马迁.《史记》校勘评点本（第一卷）[M]. 李炳海，校评. 长春：吉林文史出版社，2003：202.
⑤ 〔明〕冯梦龙. 醒世恒言（卷十七）[M]. 北京：中华书局，2002：221.

生意的，清清白白之人。"这里明确肯定了商业的正当性。

（二）商人形象的转变

前代的文学作品为我们塑造了重利寡情、贪得无厌的商人形象，而在"三言"中，商人再也不是被批评、贬斥的对象，而是成了正面角色被关注和歌颂。这些正面商人形象身上集中体现了勤劳善良、诚实守信、重情重义的优秀品质。作者和社会对商人有了新的认识和了解，商人对这些美好道德的践行，体现着商人对自身道德价值的肯定和实现。

忠厚诚信是商人追求事业成功的准则，在《吕大郎还金完骨肉》中，布商吕玉在厕所拾得二百两银子，一心想着归还失主，"忙到坑厕左近伺候，有人来抓寻，就将原物还他"①。等了一整天，无人来寻，在回家途中遇到失主，一路陪送他到家，归还了银子。《施润泽滩阙遇友》也写小商贩施复偶然拾得六两多银子，等了失主半日，终于归还了银子。作者在两部作品中都以善恶有报的情节予以赞扬。

"三言"中的商人普遍承袭着吃苦耐劳、勤俭节约的优秀品质。司马迁曾说："用贫求富，农不如工，工不如商。"②在"重农抑商"的社会背景下，人们往往会忽略从事商业劳动的艰辛，而"三言"为我们展现了经商之苦。《蒋兴哥重会珍珠衫》写主人公长途跋涉做生意，一路上风餐露宿，历尽艰辛，早起晚眠，辛苦经营店铺。《施润泽滩阙遇友》中小商业者施复不仅拾金不昧，而且辛勤经营家业。他本是个小户儿，本钱少，家中只有一张织布机，"妻络夫织，甚好过活"，但他有更高的追求，夫妻俩养蚕织布，将赚得的资金增补绸机，扩大生产，后来开起三四十张绸机，积起了千金家事。施复用自己的勤劳、智慧获得了幸福生活。

艰苦创业、勇于冒险也成了"三言"中商人成功的因素之一。《汪信之一死救全家》中汪信之靠艰苦创业，敢于冒险发家，他看准商机之后，便找到一片荒山，利用山上的炭材，召集流民，砍树烧炭，卖炭卖铁，冶炼铁器，数年之间，发起了家事。《徐老仆义愤成家》中阿寄身上有着不凡的胆略与敢干精神，每一次贩漆之后，都会不断扩大经商范围，寻求更大的利润，具有一定的创业、冒险精神。在他们身上，展现出新型商人的特质，显现出奋发向上的精神风貌。

（三）士商关系

"弃儒从商"的社会现象，对于明代文学，也有十分明显的影响。在"三言"中出现了很多直接表现这种现象的作品。在《范巨卿鸡黍死生交》里，范巨卿由商入儒后，由于生

---

① 〔明〕冯梦龙. 警世通言（卷五）[M]. 北京：中华书局，2002：41.
② 〔汉〕司马迁. 史记（卷一百二十九）[M]. 北京：中华书局，2011：684.

计所累，又不得不弃儒为商；又如《杨八老越国奇逢》里的杨八老，祖上本是闽广商人，后又去读书，但读书不成，又筹集经商之资，买办货物，图蝇头之利赡养全家。由此可见，大多数人作出弃儒从商的选择后，生活大抵因此得到改善，这更具有积极的意义。

士商之间的门第界限，在"三言"中随着士商关系的变化而受到挑战。《钱秀才错占凤凰俦》里的商人高赞，生了一个女儿，出于商人阶层的自卑，以及改善地位与处境的愿望，他一心想把女儿嫁给士人。后来终于挑中了"饱读诗书，广知今古，更兼一表人才"的秀才钱青，尽管钱青当时家业微薄，父母早逝，而"年当弱冠，无力娶妻"。后来成亲后，钱青果然不负其所望，使高赞的愿望得以实现。《张廷秀逃生救父》里富商王员外，不顾所有人的反对要招赘小木匠的儿子做女婿，原因是木匠儿子会读书，将来会有"科甲之分"。后来，这个女婿中了进士做了官，且官至八座之位，子孙科甲不绝。在上述两个故事中，一方面表现了商人自身的自卑心理，另一方面表现了商人凭借雄厚的经济实力向士人阶层发出挑战。在这一方面，其表现与前代文学相比，显示了"三言"表现商人的独特之处。

结束语

"三言"作为明代市民小说的代表作，在中国文学史上占据独特的地位。其中所涉及的描写商人生活的小说突破了前代文学作品对商人形象创作的固有观念，塑造了具有鲜明时代特征的新型商人形象。文学在这里极好地发挥了它作为社会生活的"一面镜子"和"心灵的历史"的特长，具体地描绘了商人阶层的心理状貌和社会性格。"三言"中对于商人形象的塑造多以正面商人形象为主，作者褒扬他们的优秀品质，肯定经商活动，使商人以艺术形象的形式存在，正式步入文学艺术的殿堂。从这个意义上讲，"三言"作为一个重要的转折点，对后世文学创作产生了一定的借鉴作用，其中正面的商人形象也对现世社会具有一定的教化意义。

参考文献

[1]〔明〕冯梦龙. 喻世明言［M］. 北京：中华书局，2009.

[2]〔明〕冯梦龙. 警世通言［M］. 北京：中华书局，2009.

[3]〔明〕冯梦龙. 醒世恒言［M］. 北京：中华书局，2009.

[4] 缪詠禾. 冯梦龙和三言［M］. 上海：上海古籍出版社，1979.

[5] 邵毅平. 中国文学中的商人世界［M］. 上海：复旦大学出版社，2005.

[6] 程传荣. 论"三言"中的商人形象［J］. 安徽师专学报，2002（2）.

[7] 兰寿春. 古代文学作品中商人形象的嬗变［J］. 龙岩师专学报（社会科学版），1996（14）.

[8] 王浩凌. 时代的变迁形象的转变——论"三言""二拍"中的商人新形象[D]. 河北大学, 2004.

[9] 苏传波. "三言二拍"中的商人形象研究[D]. 黑龙江大学, 2012.

（指导教师：张学海）

导师点评

"三言"作为明代市民小说的代表作，在中国文学史上占据独特的地位。其中所涉及的描写商人生活的小说突破了前代文学作品对商人形象创作的固有观念，塑造了具有鲜明时代特征的新型商人形象。文章在梳理明代以前商人文学形象的基础上，指出明代中后期文学是表现商人的高峰时期，而"三言"中对于商人形象的塑造多以正面商人形象为主，具有独特的艺术价值。文章着重分析了"三言"中所塑造的商人形象类型，突出了这些商人文学形象的时代特征，体现了文学是社会生活反映的文学观念。文章运用形象分析的方法，通过文学史所塑造商人形象的纵向比较，指出明代"三言"小说在商人形象塑造上的成就。观点明确，方法得当，逻辑严谨，文从字顺，是一篇优秀的本科学位论文。

导师简介

张学海，教授，主要研究方向为文艺学。

洛阳方言与北京方言的词汇比较

周琳　汉语言文学 2014 级

摘　要：本文对洛阳方言与北京方言的词汇进行比较研究，选取了普通话中的名词、动词、形容词等不同方面的例词列出了词汇比较条目，选取不同词性的词汇可以使覆盖面更加广泛，从比较中能更加清晰地看到两种方言的相同点和不同之处。第一章绪论主要写出了洛阳的历史沿革以及方言概况，还有本文研究的意义、方法、资料来源等。第二章主要阐述了两种方言的相同之处，内容较少，但是不可或缺，因为从两种方言的共同点中才可以看出两者同为北方官话。第三章着重论述了两种方言的不同之处，这是本篇文章的重点内容，具体从三个大的方面展开：一是词形差异，二是词义差异，三是词源差异。词形差异从音节数量、构词语素两方面进行了研究，词义差异从词汇意义、语法意义、色彩意义三方面展开，词源差异从古语词和地方词两方面深入探讨。最后是结束语，主要对文章整体内容作高度概括和归纳，并且对以后的方言发展进行了展望。

关键词：洛阳方言；北京方言；词汇比较；异同

引言

本文研究是利用比较法和统计法对同为北方官话的洛阳方言与北京方言作比较，主要目的是弄清楚洛阳方言与北京方言在词汇方面的相同点与不同点，从相同点中可以看出两地文化在历史演变的过程中有哪些方面没有发生变化，从不同点中可以找出两地在语言习惯甚至生活习惯方面的差异，从而更加全面地了解方言与地区文化的关系，更利于两者的研究。方言在发展的过程中，不仅有保留也有创新，这就像我们的传统文化，既要保留已有的优秀的内容，也要不断创新、不断发展。所以说，研究方言也有利于方言的保护和传承。

一、绪论

（一）洛阳概况

洛阳，古称洛邑、洛京、京洛、神都、洛城等。位于河南省西部，占地面积1.52万平方千米，总人口680万人，中原城市群副中心城市。东邻郑州，西接三门峡，北跨黄河与焦作接壤，南与平顶山、南阳相连。交通便利，如陇海、焦枝铁路都在此交汇，是中原交通枢纽带上的重要一环。洛阳现辖1市8县6区，偃师市、新安县、伊川县、宜阳县、洛宁县、嵩县、栾川县、孟津县、汝阳县、涧西区、西工区、洛龙区、瀍河区、老城区、伊滨区。

洛阳经济实力雄厚，2017年GDP总量3700多亿元，仅次于郑州，位居河南省第二。当地经济主要依靠工业和旅游业推动，是一个老工业城市，知名企业有中信重工、一拖集团、双瑞科技等。同时又是一个旅游胜地，龙门石窟、明堂、白马寺、白云山、老君山以及下辖县栾川境内的旅游景区均为著名旅游景点。

洛阳具有悠久的历史文化底蕴，先后有夏、商、西周、东周、东汉、曹魏、西晋、北魏、隋、唐（含武周）、后梁、后唐、后晋等十三个朝代在此定都。唐朝时期，洛阳的发展到达了鼎盛时期，武则天执政时，经济、交通、外交等各个方面都得到了空前的发展，著名诗人李白、杜甫、白居易等人都曾到过洛阳游历采风。洛阳人杰地灵，名人辈出，如唐代诗人元稹、李贺，宋代词人朱敦儒等都出生于此。洛阳是中国四大古都之一，素有"千年帝都，牡丹花城"之称。

（二）洛阳方言概况

洛阳方言属于中原官话——洛嵩片，在河南省内属于豫西方言。洛阳方言具体以老城区的方言为代表，因为老城区居住的大多都是洛阳的原住居民，外来居民比较少，保有洛阳方言语音以及词汇等方面的原貌，所以研究洛阳方言大都以老城区为代表。周边各区以及各县的少数语音和词汇有少量差异。

洛阳方言词汇方面的特点主要有以下几点：①程度副词。在洛阳方言中多用"可、老、恁、阵、通、百、膀"等作为副词来修饰一些形容词，如：可美、老好、恁晚、阵早、通瞎、百酸、膀臭等。这些词等同于北京方言中的"很、非常"等词，起到加深程度的作用。②形容词的后置成分。形容词单音节字加一个叠音字后缀，叠音字本身没有什么特殊意义，但加在形容词之后，便增强了形容词的程度、好恶或褒贬等感情色彩。如：红丢丢：颜色鲜红。例句：看这满山遍野红丢丢的花，看着真美啊。③表音字词头。洛阳方言的表音字词头有"圪、卜、忽"等字。这些字本身没有什么实际的意义，但是可以与不同词性的字或词相搭配构成具有独立意义的词。如：圪思：犹豫不决；圪意：讨厌，烦；卜捻：

吃东西；卜捏：用手反复拨弄。

洛阳方言语法方面的特点有以下几点：①"货"字作词尾。形容词后加上"货"字，表示对人的贬义（骂人的话）。如：傻货：指心眼死，不知变通的人。捣蛋货：做事不正经，惹人嘲笑的人。②自称的复数形式，在洛阳方言中既说"咱们"，也说"俺们"，但是两者的用法略有不同。"咱们"指的是加上对方在内的所有人的总称，如：小王，咱们走，不等他了。"俺们"是指不包括对方在内的所有人的总称，如：小王，俺们先走了，你自己等他吧。③洛阳方言中的问句，不同于北京话中用"吗"结尾来表示疑问，而是采用上扬的语调来表示。

（三）研究意义

中国文化博大精深、源远流长，多以说汉语为主，但不同的地区，又分属不同的方言区，如官话方言、吴方言、湘方言等。洛阳方言与北京方言都属于官话方言中的分支，但是两者在语音、词汇、语法方面都存在差异，如在上一部分中大致阐述了洛阳方言在这几方面的概况。所以要想了解不同地区的文化差异，那么方言的差异是一个很好的切入点。方言也属于文化的一部分，当前随着普通话的普及，方言都在逐步地被弱化。其实语言是一个国家的标志，而方言更是一个地区的标志，研究方言，不仅可以保护地区文化，也是弘扬中国文化的主要方面。对于洛阳方言与北京方言的比较，可以为他人提供研究的思路以及方向，丰富和完善方言词汇，为词汇比较研究领域尽一份力。

（四）研究方法

采用比较法和统计法相结合的方式，列举普通话中的词形成词汇条目，找出北京方言和洛阳方言的词汇表达的相同或者不同之处，较多地进行词汇条目的列举，从而找出洛阳方言词汇与北京方言词汇的异同点。

（五）资料来源

在本文中，洛阳方言词汇选自李荣主编、贺巍编纂的《洛阳方言词典》，北京方言词汇的资料来自北京大学中国语言文学系语言学教研室编的《汉语方言词汇》（第二版）。

二、洛阳方言与北京方言词汇的相同点

（一）名词

1. 名词中的用以表述天象、地理的词汇变化较少

在词汇比较条目中，关于天象、地理的词汇共有 25 条，而两者相同的表达有 17 条，

占比达到68%。如：月亮——月亮——月亮、星星——星星——星星、风——风——风、阴天——阴天——阴天、河——河——河、雨——雨——雨、雾——雾——雾、露水——露水——露水、霜——霜——霜、雪——雪——雪。天文以及天气变化的这些现象是自然界一直所固有的，而这些词汇也不随着时间以及生活方式的变化而变化，所以表示此类意思的词语的变化比较小。

2. 在名词中，有些词汇在洛阳方言与北京方言中的说法相同，但与普通话的词汇条目不同，具体表现在与普通话词汇条目中的语素部分相同，部分不同

在洛阳方言与北京方言词汇相同的部分中，大都与普通话词汇条目的说法完全一致，但是也不乏一些词汇与普通话词汇条目中的不一致，这类词大都与普通话词汇条目中的词的语素部分相同，部分不同。如：燕子——小燕儿——小燕儿、荷花——莲花儿——莲花儿、辣椒——秦椒——秦椒、鸡蛋——鸡子儿——鸡子儿、罐子——罐儿——罐儿、绳子——绳儿——绳儿、刀子——小刀儿——小刀儿等。即使语素有略微差异，但是词汇的整体意义没有改变。语素的差异仅仅是因为方言词汇中加入了带有事物性质的字，或者对词语进行简化而造成的。

3. 关于儿化音的运用

儿化音是指词汇的字音韵母因卷舌动作而发生音变现象，其标志是在韵母后面加上 r，儿化后的字音仍是一个音节，但带儿化韵的音一般由两个汉字来书写。在很多北方方言中都有儿化音的存在，洛阳方言和北京方言也不例外。如：梅花——梅花儿——梅花儿，时候——时候儿——时候儿，八哥——八哥儿——八哥儿，面条——面（条儿）——面（条儿），猪肝——猪肝儿——猪肝儿，背心——背心儿、坎肩儿——背心儿、坎肩儿，孙女——孙女儿——孙女儿等。尤其在表示时间的名词中，如：昨天——昨儿（个）——夜儿日儿、夜儿个，今天——今儿（个）——今儿日儿、今儿个，明天——明儿（个）——明儿日儿、明儿个等。加上儿化音后，导致词语的口语化氛围比较浓，所以说在书面语中一般不适合使用儿化音。

（二）动词

1. 动词中由五官、肢体发出的单字动作词汇比较多

动词在《汉语方言词汇》一书中被分为自然变化、五官动作、肢体动作、日常生活动作以及交际事务人事、文化娱乐、生理病理和愿望判断八大类。通过我对洛阳方言和北京方言的比较来看，两者的相同点主要集中在由五官和肢体发出的单字动作词汇上。如：吃——吃——吃、听——听——听、闻——闻——闻、喝——喝——喝、嚼——嚼——嚼、舔——舔——舔、咽——咽——咽、吸——吸——吸、喷——喷——喷、尝——尝——尝；捏——捏——捏、摘——摘——摘、摸——摸——摸、揉——揉——揉、搓——搓——搓、举——举——举、托——托——托、端——端——端、捧——捧——捧、压——压——压。而对于表示日常事务以及其他的动词来说，变化则较大，因为各地的文化差异、生活习惯以及语言习惯的不同，导致那些二字或者三字的动词词汇在两地的表达方式中各有不同。

2. 动词中的洛阳方言与北京方言中相同的部分词汇，与普通话词汇条目中的部分词汇略有不同，具体表现为音节数量的增加或者减少

在洛阳方言和北京方言相同的词汇中，大部分都与普通话词汇条目中词的表达方式相同，但是也存在一小部分词汇，与普通话中的表达形式略有不同，具体表现在与普通话词汇条目中的词相比有音节数量的增加或者减少。如：吹牛——吹牛屄——吹牛屄，挑选——挑、拣——挑、拣，打鼾——打呼噜——打呼噜等。音节数量的增加或者减少，对于词汇的意义没有影响，并且由于不同地域词汇的相似性，对于两地语言之间的融合以及发展具有指导意义，据此可以寻找语言发展的历史。

（三）形容词

1. 形容词中表示事物情状的词相同的较多

形容词一般是描绘事物的情状、形状、性质等的词语。尤其是描绘事物情状方面的词语，在洛阳方言和北京方言中与普通话差异较小，如宽——宽——宽、厚——厚——厚、深——深——深、浅——浅——浅、凹——凹——凹、平——平——平、空——空——空、陡——陡——陡、软——软——软。这些词同名词中表示天象、地理的词相同，是自古便存在的，或者一直以来都用于描绘事物固有的性质，因此在方言中发展的空间较小，所以导致方言中描绘事物情状的形容词的变化较小。

统观这一章中关于两地方言的相同点，不难看出，不管是名词还是动词、形容词都存在一些变化相对较小的词语。这些词语的共同点就是一般都是从古至今固有的一些描绘事物性质或者是一个具体的专有事物的名称，它不随着时间的变化而变化，生活习惯乃至文化的差异都对其造成不了影响。就是因为有这些词语的存在，才能更好地促进各地文化的交流融合。

三、洛阳方言与北京方言词汇的差异

（一）词形差异

词形是指我们直观上所看到的词的形态，一组意义相同的词可能在写法上完全不同。此处我们从音节数量以及构词语素两部分来探索洛阳方言与北京方言词汇的词形差异。

1. 音节数量的差异

说话的过程中口腔肌肉每紧张一次就是一个音节。一般来说，一个汉字就是一个音节。

但是在汉语中,儿化音是一个例外,儿化不是一个单独的音节,只是舌头的卷曲。在洛阳方言与北京方言中,单双音节的对应不是整齐划一的,所以此处从音节数量上来比较洛阳方言与北京方言词汇的差异。

(1) 有些词在洛阳方言中是单音节的,在北京方言中是双音节。

词汇条目	洛阳方言	北京方言
伯父	伯	大爷
眼睛	眼	眼睛
姨母	姨	姨妈
蜂蜜	蜜	蜂蜜
梁	梁	房梁
斧子	斧	斧子
学校	学	学校
云	云	云彩
豹子	豹	豹子
蔬菜	菜	青菜
馒头	馍	馒头
凳子	墩儿	凳子
提	掂	提溜
节省	省	节省
这样	这儿	这样儿
这么	阵	这么
那么	恁	那么
我们	俺	我们
清楚	显	清楚

这一差别主要是名词方面的差异,还有少数的动词和代词。名词存在差异的主要原因在于洛阳方言中单个词的概括度较高,而北京方言的详细度较高,如洛阳方言中的"馍"可以包括馒头、烙馍、火烧馍等,而北京方言中"馒头"是单个的特有名词,所以在此处,馒头——馍——馒头相同。代词中的这么——阵——这么、我们——俺——我们,洛阳方言都用了一个特有的名词来代替北京方言中的词汇,可能是沿用了古代的古语词的原因,而北京方言随着时间推移逐渐变得更加现代化。

（2）有些词在洛阳方言中是双音节的，在北京方言中是单音节。

词汇条目	洛阳方言	北京方言
席	席子	席
蜡烛	蜡烛	蜡
尺	尺子	尺
台阶	台阶儿	台儿
蹲	估堆	蹲
用	使唤	使
喊	吆喝	喊
薄	单薄	薄
竖	顺长	竖
多	大批	多
少	稀少	少

在这一类词中，大多包含的是名词、动词和形容词。名词大多是客观存在的真实的物体，如表格中所举例子：席——席子——席、蜡烛——蜡烛——蜡等。动词多是人物的动作以及语言表述等方面的词，如：蹲——估堆——蹲、喊——吆喝——喊。形容词大多是表示事物情态的，如：薄——单薄——薄、竖——顺长——竖等。造成这一现象的原因主要在于，北京方言中大多减省了双音节词汇中的一个音节，可能是为了方便使用，也可能是为了使词语表意更加清晰。

（3）有些词在洛阳方言中是多音节的，在北京方言中是双音节。

词汇条目	洛阳方言	北京方言
去年	年时年	去年
白天	大天白日	白天
老鹰	恶老雕	老鹰
喜鹊	麻野俏	喜鹊
青苔	绿木棱儿	青苔
高粱	红秫秫	高粱
蚕豆	兰花豆儿	蚕豆
花生	落花生	花生
土豆	山药蛋儿	土豆儿

续表

词汇条目	洛阳方言	北京方言
打冷战	打冷战儿	激灵
拉屎	解大手儿	拉屎
泻肚	跑肚子	拉稀
捉迷藏	藏猫虎儿	藏猫儿
闲谈	扯卵蛋	聊天

这一类词中,主要不同的就是名词和动词。名词中不同的有关于时间的表述,洛阳方言中的表达较北京方言更加复杂。如:去年——年时年——去年等。还有关于动植物以及粮菜的表述,这一类词洛阳方言的表述主要就是抓住所描述事物的颜色特征等,如:高粱——红秫秫——高粱、老鹰——恶老雕——老鹰等。动词主要就是人物的生理感觉,如:打冷颤——打冷颤儿——激灵等,以及娱乐活动,如:捉迷藏——藏猫虎儿——藏猫儿。

(4) 有些词在洛阳方言中是双音节的,在北京方言中是多音节。

词汇条目	洛阳方言	北京方言
外孙	外孙儿	外孙子
弟妹	弟妹	兄弟媳妇儿
小舅子	内弟	小舅子
大舅子	内兄	大舅子
结婚(指女方)	出嫁	出门子
发脾气	操了	闹脾气
讨厌	讨厌	不待见
一个人	一人	一个人
一头牛	一牛	一头牛
一匹马	一马	一匹马
一朵花儿	一花儿	一朵花儿
一只鸡	一鸡	一只鸡
一条鱼	一鱼	一条鱼
一棵树	一树	一棵树

在这一类词中,两者不同的有名词、动词和多数量词。名词中大多都是关于亲属称谓的词,如:弟妹——弟妹——兄弟媳妇儿、小舅子——内弟——小舅子等。动词大多都表

示消极的情绪,如:发脾气——操了——闹脾气、讨厌——讨厌——不待见。而量词较多,因为洛阳方言中有省略量词的习惯,如:一个人——一人——个人、一头牛——一牛——一头牛,沿用古代话语传统,比如古代用"驷"来表述四匹马,用"牭"来表示四岁的牛。

2. 构词语素的差异

(1)语素选择的差异。

语素是最小的语音、语义结合体,是最小的有意义的语言单位。根据词的语素数量可以分为单音节语素、双音节语素和多音节语素。单音节语素是指只有一个音节能独立成词的语素;双音节语素是指有两个音节,包含两个语素的词;多音节语素是指有三个及以上音节,包含三个及以上语素的词。

第一,洛阳方言构词语素与北京方言完全不同。

①单音节语素差异

词汇条目	洛阳方言	北京方言
踩	蹅	踩
买	置	买
含	噙	含
抬	抬	搭
扛	恼	扛
吐	啐	吐
掐	卡	掐
挡	影	挡
推	夯	推
斜	陡	斜
稠	稠	糨
坏	坏	赖
烫	焌	烫
淡	寡	淡
丑	丑	磕
滑头	尖	滑

由此表格可以看出,洛阳方言与北京方言单音节语素的差异主要集中在动词和形容词上。动词主要是身体动作,如:踩——蹅——踩、扛——恼——扛、挡——影——挡等;还有嘴部动作,如:含——噙——含、吐——啐——吐等。还有一部分形容词,主要是描

述事物的情状和性质，如：稠——稠——糯、坏——坏——赖等，还有生理感觉、体态容貌以及品行行为。

②双音节语素差异

词汇条目	洛阳方言	北京方言
现在	而今	现在
夜里	黑地	夜里
刚才	对摸	刚才
从前	当初	从前
簸箕	拆瓢	簸箕
太阳	日头	太阳
前额	额楼儿	脑门
磨蹭	呲摸	磨蹭
着凉	伤风	闪着
中暑	中暑	受热
理发	剪头	理发
打架	打锤	掐架
吵嘴	吵嘴	打架
肮脏	邋遢	腌臜
小气	假艮	抠搜
倒霉	臊气	倒霉
模糊	含混	模糊

洛阳方言与北京方言双音节语素完全不同的情况，主要集中于名词、动词和形容词。虽然说法完全不同，但是使用的方法和意义完全相同。名词主要由描述客观事物的名称的词和表示时间的词语构成，如：现在——而今——现在、夜里——黑地——夜里、太阳——日头——太阳等。动词和形容词都含有消极意义甚至说是贬义色彩，如：中暑——中暑——受热、打架——打锤——掐架、倒霉——臊气——倒霉、模糊——含混——模糊等。

（2）洛阳方言构词语素与北京方言部分相同，部分不同。

①双音节语素词中，前一个语素相同，后一个语素不同。

词汇条目	洛阳方言	北京方言
值得	值当	值得

续表

词汇条目	洛阳方言	北京方言
认识	认的	认识
只好	只该	只好
天气	天气	天儿
耳朵	耳道	耳朵
家具	家什	家具
砚台	砚花	砚台
抽屉	抽屉	抽底儿
冰棍儿	冰糕	冰棍儿
你们	你家	你们
这里	这儿转儿	这合儿
这样	这儿着	这样儿

这一类词中主要是动词和名词以及代词的不同，动词主要就是保留词语中起主要作用的那一个字，如：认识——认的——认识、值得——值当——值得等。名词主要就是描绘客观存在物质的词语，如：耳朵——耳道——耳朵、冰棍儿——冰糕——冰棍儿等。代词除了个别字的变动之外，还有儿化音的位置变化，如这样——这儿着——这样儿。

②双音节语素词中，后一个语素相同，前一个语素不同。

词汇条目	洛阳方言	北京方言
晒台	阳台	晒台
抹布	抹布	揿布
明年	来年	明年
公马	儿马	公马
母马	骡马	母马
公猪	牙猪	公猪
泔水	恶水	泔水
今年	基年	今年
中暑	中暑	受暑
吸烟	吸烟	抽烟
生气	操气	生气

续表

词汇条目	洛阳方言	北京方言
结实	瓷实	结实
安静	僻静	压静
要紧	关紧	要紧
舒服	出坦	舒坦

双音节语素词中，后一个语素相同，前一个语素不同的这类词中，大多都是名词、动词和形容词。名词中有几个特殊的词汇就是关于动物的雄性雌性的描述，如：公马——儿马——公马、母马——骒马——母马等。动词中主要就是关于人的生理特征以及表示消极意义的词汇，如：生气——操气——生气、中暑——中暑——受暑。形容词中主要就是描述人物心情的词汇，如：舒服——出坦——舒坦、要紧——关紧——要紧。

（3）其他形式的词中（包括多音节语素词和双音节语素词），有相同的语素，但位置不固定。

词汇条目	洛阳方言	北京方言
耳孔	耳朵窟窿	耳孔
头	低脑	脑袋
冰棍儿	冰糕	冰棍儿
台阶	坷台儿	台阶儿
豆腐乳	豆腐乳儿	酱豆腐
眼睫毛	眼眨毛	眼睛毛儿
大拇指	大拇指头	大拇哥
端午	五月丹五儿	五月节
早晨	清早	早晨
打秋千	荡秋千	打秋千
捉迷藏	藏猫虎儿	藏猫儿
打哈欠	打哈闪儿	打哈赤
擤鼻涕	擤鼻子	擤鼻挺
生病	生病	病了

这一类词中，不同的只有名词和动词，并且这两类词在洛阳方言中的口语化倾向都较为明显。名词多是中性词，并且以人的身体器官以及表示时间、节令和事物名称的名词占

大多数，如：耳孔——耳朵窟窿——耳孔、端午——五月丹五儿——五月节、冰棍儿——冰糕——冰棍儿等。动词以表示生理和病理方面的词比较多，如：擤鼻涕——擤鼻子——擤鼻挺。

词缀的差异。词缀是指只能黏附在词根上构成新词的语素，它本身不能单独构成词。黏附在词根前面的词缀称为前缀，黏附在词根后面的词缀称为后缀。洛阳方言与北京方言的词缀特点各不相同，这一节我们旨在探讨两者的词缀差异。

第一，名词前缀的差异。在北京方言和洛阳方言中存在着名词前缀不同的状况，虽然表达的意思相同，但是说法却不尽相同。比如：吃、一、毛等。

如：吃官司——打官司。例句：他这几年行事不端，吃了好几场官司。"吃"在洛阳方言中，除了吃饭的意思之外，还有几层意思，如：①接受；②吸收；③用语言或能力、权势等压住。在此处作为前缀的意思就是"接受"。

如：一满——总共。例句：他一满赚了有八百块。"一"在北京方言中大致只能表示单个的数目。但在洛阳方言中作为前缀能与后面的字一同构成较大的数目，表示事物的总量，在这儿两者的差异是较大的。

如：毛孩儿——小孩。例句：这个毛孩儿是我姐姐家的。"毛"的本义是指动植物的皮上所生的丝状物。在洛阳方言中也许是借用了"毛"字的引申义或者说是比喻义，因为小孩子身上的皮肤都有一层细密的绒毛，所以用"毛"来表示年纪较小的孩子。

（4）形容词前缀的差异。

形容词的前缀，如：可、老、恁、阵、通。洛阳方言中的这些字代替了北京方言中的"很"，表示"非常"之义，放在形容词前面加深程度。如：可美——很美、老好——很好、恁晚——很晚、阵早——很早、通瞎——很坏。对于北京方言中一个字就可以表示的意思，在洛阳方言中将之复杂化，用了多个不同的字来表示相同的意义。

第二，名词后缀的差异。主要是放在名词的后面表示这一类的人或事。比如：的、蛋、货等词。

如：混的——流氓或者地痞。例句：这个人很小就不上学了，就是在社会上混的。这个词在洛阳方言中表示的是对于这种在品行或者行事上有问题的人的总称。单个"混"字的基本意义是：①掺杂在一起；②乱，胡乱；③蒙，充；④苟且度过。后面加上个后缀"的"，相当于在利用其基本意义④的基础上变成了名词，概括了这一类人。

如：王八蛋——一种骂人的话。例句：他就是一个王八蛋。"王八"是龟和鳖的总称，"蛋"的本义是指鸟、龟、蛇等产的带有硬壳的卵。在洛阳方言中将这两个词进行组合，把人比喻成动物所产的卵，是一种骂人的话。

如：傻货——指心眼死，不知变通的人。例句：张三是个傻货。"傻"的基本意思是：①愚蠢；②老实，死心眼而不知变通；③呆，楞。"傻"在此处与它的基本义差不多，但是"货"在此处是指"……样的人"。所以两个字结合起来的意思是心眼死,不知变通的人。后缀"货"在洛阳方言中的运用十分广泛,还有如:二蛋货、没出息儿货、蠢货等。"货"字修饰的词一般都带有一定的贬义色彩。

第三,动词的后缀,在洛阳方言中主要有球、蛋、了等词。原本的动词在加上这些后缀之后,都具有某些消极意义或者贬义色彩。

如:去球——算了。例句:他不愿意去球。

信球——比喻一个人的行事为人都十分地没有分寸。例句:李四是一个信球。

滚蛋——离开,走开。例句:他这人怎么这样,赶紧让他滚蛋。

扯淡——胡弄,乱搞。例句:别给这儿瞎扯淡。

死了——不在了。例句:他已经死了有一段时间了。

这几个字都是在洛阳方言中使用频率较高的动词后缀,一般在加上这几个后缀之后,词语所表达的意愿和意思都要比单说更加地强烈,但是在使用的美观度上不够,并且显得较为粗鲁,所以在时代不断进步的今天,要减少对这些词语的使用。

词义的差异。词义指的是主体对客观事物现象的反应,所以其具有客观性,但是同时它也具有社会性,随着社会的不断变化和发展,赋予其的意义也在不断地增加,这也是字典为什么要不断修订的原因。词义包括词的词汇意义、语法意义、色彩意义。此处我们就从这三方面来探讨洛阳方言与北京方言的差异。

相同写法的词,可能在词汇意义上具有差异,或者说迥然不同。

首先,词义广狭不同。洛阳方言比北京方言的义项多,应用范围广。

如:"鼻子"在洛阳方言中的意思包括两层:①是指人或动物的嗅觉器官和呼吸器官;②指鼻涕。例句:①看她的鼻子长得多漂亮。②我流鼻子了。在北京方言中所表达的意思只有第一层。

"歇"在洛阳方言中的意思包括两层:①非常;②休息。例句:①这闺女长得歇好看。②我累了,想歇一歇。在北京方言中的意思仅涉及第二层。洛阳方言中的第一层意思,把它作为了程度副词,用以修饰形容词等词。

"吃"这个字在洛阳方言中的意思包括四层:①接受;②用语言或能力、权势等压住;③吸收;④透。例句:①我可不吃你这一套;②我们三个人吃不住他一个;③这棉花吃水;④这地方不吃风。而在北京方言中所包含的意思只有第一层。

3. 洛阳方言比北京方言的义项少,应用范围窄

这一类词在洛阳方言中比较少。如:"酒"在北京方言中是各类酒的总称,但是在洛阳方言中专指白酒。人们在平时说话时,喊别人去喝酒,大家都默认指的是白酒,而不是葡萄酒、啤酒或者是别的酒,如果特指其他的哪种酒,便会在前面加上限定语。

"汤"在北京方言中的意思包括三层:①热水;②煮东西后的汁液;③烹调后汁特别多

的事物。但是在洛阳方言中所表达的意思只有第二层，并且在洛阳方言中"粥"与"汤"等同，"喝汤"便是"喝粥"。

其次，词形相同，含义完全不同。如："丫头"这个词在北京话中的意思是女儿，但是在洛阳方言中的意思是女佣人、丫鬟。洛阳方言中该词的意思应该是较多地沿用了古代汉语中的意思，古代的婢女经常梳丫髻，所以在古代"丫头"是婢女的称呼。

"池塘"这个词在北京话中的意思是指较小而浅的用于蓄水的坑池，在洛阳方言中该词的意思是指澡堂中的浴池。

"仔细"一词出自杜甫《九日蓝田崔氏庄》诗："明年此会知谁健，醉把茱萸仔细看。""仔细"在北京方言中是指当心，细心。在洛阳方言中是指节俭的，不浪费的。例句：他这个人在生活中十分的仔细。我认为其在洛阳方言中的意思，是由普通话的意义延伸出来的。

语法意义就是语法单位在组合和聚合中所产生的各种关系意义，它大致分为情态意义、范畴意义、功能意义和结构意义。在此处我着重论述的是语法意义中的功能意义。根据词的不同功能，可以分为名词、动词、形容词等。名词主要是表示人或事物等具有实物意义的词的总称。动词就是用来表示动作或情态的词汇。形容词主要就是对具体的事物起到修饰作用的词汇。在洛阳方言词汇中，有的词不仅可以表示名词的意思，也可以表示动词或者形容词的意思。

洛阳方言中动词与形容词的兼类。如："造"在洛阳方言中，一方面作为动词，表示①制作、做；②成就等与北京方言相同的意义，比如说"制造""造船""造诣"等词。但是另一方面在方言中它又作为形容词存在，意思是形容一个人想法比较新颖或者说干成了一些别人做不到的事情，与北京方言中的作为形容词的"厉害"意义相当。例句：他成绩考这么高，真造啊。

洛阳方言中动词与名词的兼类。如："肉"在洛阳方言中，一方面作为名词，指人或动物体内红色、柔软的组织，与北京方言的意义相同。比如："肉体""鱼肉""鸭肉"等。但是另一方面在方言中它又作为动词存在，意思是指一个人做事情十分拖延迟缓，不利索。例句：他怎么这么肉，我们先走，不等他了。

"影"在洛阳方言中一方面作为名词，指物体在光线的照射下，被遮挡处无光，而四周有光的情况，如："影子""倒影"等词。但是另一方面在方言中它又作为动词而存在，具体意思与北京方言中的"挡"同义，即为遮蔽、遮挡的意思。例句：我影住你，不让他看到你。

"布"在洛阳方言中一方面作为名词，指制作衣服的原材料，如："布艺""布匹"等词。另一方面在方言中作为动词存在，意思同北京方言中的"抱"相同。例句：这儿有一摞书，你能帮我布住它吗？

洛阳方言中名词与形容词的兼类。如："菜"在洛阳方言中作为名词的意思是指用作副食品的植物，如："野菜""蔬菜"等词。另一方面作为形容词是指一个人的能力较低，如"菜鸟"。例句：他这个人也太菜了吧。

4. 色彩意义的差异

色彩意义主要指的是一个词中所包含的带有某种倾向或情绪的意义。这一小节主要从三方面来展开论述：褒贬色彩的差异、风格色彩的差异以及形象色彩的差异。

首先是褒贬色彩的差异。褒贬色彩主要指的是洛阳方言和北京方言中相同的字词，但是包含的词的意义的好坏倾向却不尽相同。这一类词主要是形容词。可能在洛阳方言中一个字词的意义有褒有贬，但是在北京方言中却只表示好的意义或者坏的意义。如：①"尖"这个字在洛阳方言和北京方言中都有表示事物性质的意思，指锐利的末端或者细小的部分。但是在洛阳方言中这个字还有一个人非常不厚道的意思，意同北京方言中的"滑"，即滑头。②"呆"在洛阳方言和北京方言中都带有一定的贬义性质，形容一个人有些闷头闷脑，头脑迟钝。然而在洛阳方言中，"呆"又具有一定的褒义色彩，意同北京方言中的"舒服""舒坦"。例句：这天儿真凉快啊，可呆。

其次是风格色彩的差异。风格色彩指的是在陈述事物时某些不宜说出口的话，为了使说法更文雅，或者说使说法能够更加地让人容易理解，而使用的一种特殊的方言说法。比如说：①在女性的生理周期到来时，在必须和人解释的时候，不好意思说出口，这时便用"身上来了""来事儿了"等词，使意思表达得更加委婉以及文雅化。②在身边有人去世的时候，会说"不在了""没了"。从上述例子可以看出，这一类词主要是以动词或者动词短语为主。

第三是形象色彩的差异。形象色彩，顾名思义就是词汇在表达时运用了比喻修辞等手法，使词汇听起来更加的生动形象。如：①"榆木疙瘩"，榆木本来就是十分坚硬的物质，后面再加上疙瘩，使其程度更深，在日常生活中的使用中主要用来形容思想顽固不开化的人。②"吃鸡下巴颏儿"表示话多，接着别人的话说话。③黑煞神吃日头——日食、黑煞神吃月亮——月食。因为日食现象就是太阳逐渐在天空中被挡住，世界变得漆黑一片的现象，而月食也是月亮在天空中被遮蔽，所以被取名为黑煞神吃日头和黑煞神吃月亮。这两个词汇的说法通俗易懂，也可以推测出是人们在古时无法解释一种自然界的现象时，根据想象或者传说创造出来的。

（二）词源差异

词源就是一个词语的来源，一个词的由来并不是毫无根据的，可能是从古时候流传下来的，也可能是根据外国词汇翻译所得，或者说是根据事物的特点以及风俗习惯的民俗方面的内容所创造出来的。这一小节，我旨在从两个方面来论述洛阳方言与北京方言的差异（主要以洛阳方言为例）：一是古语词的差异，二是地方词的差异。

1. 古语词的差异

古语词指的是古代的文言词汇保留至今，并被现代汉语所收录使用的一部分词汇。这类词汇所具有的特点就是比较书面化，给人以一种庄重肃穆之感，但不经常使用。

第一，洛阳方言保留了北京方言中不使用或不常使用的古语词汇。

"楔"在洛阳方言中除了其本义表示楔子、上粗下锐的小木橛外，还有动词"打"的意思。"楔"从名词到动词的词性变化，最早可追溯到《仪礼·士丧礼》一书的记载当中，"楔齿用角柶"，指把楔形物插入或捶打到物体里面。那么可能在流传的过程中，基于此意义产生了一些引申义，摘取了其中"插入""捶打"等动词字眼，形成了当今在洛阳方言中所使用的"楔"即"打"这一说法。

"薅"的意义等同于北京方言中的"拔"，即用力向外拉扯。《广韵》："薅，除田草也，呼毛切，晓母。"可以看出"薅"有去除田地中杂草的意思。那么发展至今，其词形没有发生变化，意义变化也不大，只不过在古代的基础上扩大了，并不单指去除田地中的杂草，还有去除或者拔掉其他物体的意思。

第二，北京方言中保留洛阳方言中不使用或不常使用的古语词汇。

"褪"在北京方言中仍有使用，它的意思等同于普通话中的"脱"。《韵会》："褪，卸衣也。"那么在《韵会》中的基本解释，实则也就是当今"褪"字的基本含义，使穿着的衣服或者套着的东西脱离。

"怵"在今北京方言中仍有使用，它的意思在历史的演变中没有太大的变化，仍是恐惧的意思。《说文解字》："怵，恐也。"《广雅》："怵，惧也。"

2. 地方词的差异

地方词是指具有当地风俗民情特点的词汇，具有明显的地域性。那么这一节以洛阳方言为例，从洛阳地区植物以及农作物名称、饮食两个方面来进行阐述。

第一，反映洛阳地区农作物特点的词汇。

根据查阅洛阳地区植物以及农作物名称的书籍，观察出洛阳地区农作物的名称大多以事物的来源以及其形态颜色等特征来命名。如：青苔——绿木棱儿——青苔、高粱——红秫秫——高粱（两种事物的名称在洛阳方言中均由有表示事物颜色以及形态的字词构成）；土豆——洋芋——土豆儿、西红柿——洋柿子——西红柿（土豆从异域传来，所以在洛阳方言中加上了表示外来物质的字"洋"）；藕——窟窿菜——藕（洛阳方言中的"藕"叫作"窟窿菜"即是根据藕的形态特征，切开后有许多窟窿而得名）。

第二，反映洛阳地区饮食特点的词汇。

首先是面食方面，河南地处中原地区，主要以面食为主，所以就有各种各样的面食及相关称谓。如：捞面条（面条煮熟后，用漏勺捞到碗里，加卤拌食，没有汤）、对碗面（也就是酸汤面，但在洛阳方言中叫作对碗面）、浆面条儿（用豆汁煮的面条）、饸饹（用饸饹床子把和好的荞麦面轧成长条，煮熟后加肉卤食用）、捺面（用手把和好的面抻成宽条，放在炒好的菜里加汤煮熟食用，在普通话中叫作烩面）、糊拨（用肉汤加少量水烩馒头）。

其次是汤类文化，洛阳人喜爱喝汤，在北方寒冷又漫长的冬天，喝汤让人们全身感到暖洋洋的，所以汤文化在洛阳地区也是极为丰富的。如：牛（羊）肉汤（用牛或者羊的大骨头熬汤，熬成之后加上葱、香菜、辣椒等佐料再泡入锅盔馍）、胡辣汤（用水洗面筋加胡椒、辣椒、醋、粉丝、海带等做成的一种咸汤）、丸子汤（把用绿豆面和黄豆芽、粉条等炸成的丸子放进荤汤里，加香菜煮开即成）。

结束语

本文对比分析了洛阳方言与北京方言的词汇，两者主要的不同之处在于词形差异。比如说：音节数量上，洛阳方言中单音节的词比北京方言更多；在构词语素方面，两者完全不同的单音节语素大多都是动词，而名词在每一个不同的类别中都较多；并且洛阳方言中对于古语词的保留较北京方言来说更多。从对两地方言的研究中可以看出，不同的地区具有不同的文化，但是由于当今各地的普通话普及程度越来越高，不同的地区的方言差异越来越小，都在向普通话靠拢。其实，方言的传承与发展是当今乃至今后很长一段时间的重要任务，因为方言也是文化的一部分，随着地域文化大放异彩，我们国家的文化才能够更加灿烂繁荣。

参考文献

[1] 贺巍. 洛阳方言词典[M]. 南京：江苏教育出版社，1996.

[2] 贺巍. 洛阳方言研究[M]. 北京：社会科学文献出版社，1993.

[3] 周婷华. 银川方言词汇与汉语普通话词汇比较研究[D]. 北方民族大学，2016.

[4] 雷茜. 浅析河南巩义方言词汇与普通话词汇的差异[J]. 语文学刊，2010，30(8)：46-48.

[5] 李焕道. 卫辉方言词汇与普通话词汇差异比较研究[D]. 广西民族大学，2008.

[6] 北京大学中国语言文学系教研室编. 汉语方言词汇（第二版）[M]. 北京：语文出版社，2004.

（指导教师：陈荣泽）

导师点评

洛阳和北京，都是我国的历史文化名城。洛阳方言属于中原官话，北京方言属于北京官话。虽然二者都为北方方言，但是二者在语音、词汇、语法等方面都存在一些差异。该篇论文从词汇角度入手，对洛阳方言与北京方言的词汇进行比较研究，主要选取名词、动词、形容词等对比分析了两地方言在词汇方面的异同，并较为深入地分析了两地方言在词汇上的差异，认为这些差异主要有词形差异、词义差异和词源差异。

文章选取的比较的对象具有典型性，以已有的调查材料较为深入地探讨了洛阳方言与北京方言在名词、动词、形容词上的一些具体差异，对于认识两地方言在词汇方面的差异具有积极作用。不过，文章在进行词汇比较时还不够全面，对一些常用的数词、量词、代词、副词、虚词等没有比较，且在选择比较对象时缺乏一定的标准，未能突出核心词、方言特征词的比较。

导师简介

陈荣泽，博士，教授，全国汉语方言学会会员、中国民族语言学会会员，兼任中国民族语言学会汉藏语言文化专业委员会副主任，主要从事汉、藏语方言研究。

张竞生美育思想研究

李雨　汉语言文学（师范方向）2015级

摘　要：张竞生的美育思想是张竞生在接受中西方共同教育之后形成的系统、完整的美育思想，内容涵盖政治、经济、教育、娱乐、性育等方面，他提出"美的人生观""美的政治组织观""美的经济组织观"等美育思想，试图将美的想象贯穿到社会生活的各个方面，并且由"美"来统摄和组织社会生活。张竞生的美育思想在当时具有乌托邦色彩，同时也具有超前性和科学性，不仅对中国美学史的发展有着极其重要的作用，而且对研究中国美育思想发展和教育文化建设有着重要价值，张竞生及其美育思想也应当被给予充分的研究和公正的评价。

关键词：张竞生；美育；美的人生观；美治

一、绪论

（一）研究背景

张竞生是我国20世纪20年代的哲学家、美学家、教育家、性学家和文学家。作为民国第一批留学法国的博士，张竞生的思想在当时的中国思想文化界造成了极大的动荡。在五四新文化运动之后，由于社会结构的改变和时代背景的变化，学术界、思想界出现"百家争鸣"的局面，大多数知识分子和学者自由发表言论，宣传自己的思想。而作为接受新文化、新思想教育的知识分子，张竞生在北大讲学，首次发起爱情大讨论，提出计划生育主张和著名的"爱情四定则"，并征集出版《性史》，编著《美的人生观》及《美的社会组织法》，宣传自己的美育思想。

作为一个哲学家、教育家、文学家，张竞生无疑是成功的。然而，他的思想却不能被大众所认同，无法被世人所接受。"美的书店"被查封，《性史》禁止出版，而他个人也从北大教师沦为世人口中的"淫博士"，沉寂于思想文化界，成为所有人的"禁语"，不再被人提及。张竞生就像一颗耀眼的流星一般，光芒璀璨，飞速划过中国思想文化界的长空，消失在银河当中。作为中国性学第一人，张竞生的一生毁誉参半，并被中国现代文学史遗忘了数十年。

（二）研究现状

直到新世纪以后，张竞生才渐渐被人提及。截至目前，张竞生思想研究仍缺乏系统性和完整性，研究者大多从他的美学、教育学、性学、哲学等思想方面进行小范围的研究阐述，较为零碎。

研究者对张竞生的研究主要集中在以下方面：第一，张竞生的教育理念研究，如段平山在《论张竞生的乡村教育思想》中对张竞生的乡村教育和乡村建设的理念进行研究，将其与晏阳初的"平民教育"以及陶行知的教育理念进行比较，说明乡村教育开展的重要性。第二，张竞生的美学思想，主要对其乌托邦思想和社会实践观进行研究。在张华的《美的三个层次：张竞生乌托邦建构中的美学内涵》中，作者通过张竞生的乌托邦理念来研究《美的人生观》，认为张竞生的《美的人生观》是"通过艺术方法来统合科学与哲学（玄学）方法，推进了科玄论争中的认识论问题，并且认为要用美来统合物质生活和精神生活的对立，美是人生观的目的和方向"[①]；杨守森通过《张竞生的美育思想》一文，对张竞生的美的人生观、美的政府观、美的社会组织观进行分条理、系统地阐述，对张竞生在中国文学史上的地位也作了说明，为大家清楚了解张竞生及其美育思想作了极大贡献。除此之外，还有部分研究者的研究涉及了其性学思想的先进性等。以上研究让张竞生逐渐进入人们的视野，为人们所熟知，但张竞生美育思想研究还有待进一步深入。

（三）研究意义

在20世纪的中国，由于思想发展的不完全开放性和学术界传统思想的影响，张竞生的各种思想都未能得到大范围的理解和支持。在《性史》及"美的书店"两件事情的影响下，张竞生及其著作更是被人为地徘徊在学术界之外。由此，在长达几十年的销声匿迹之后，世人对张竞生变得几乎一无所知。

20世纪思想同社会的不兼容性造成了张竞生的沉寂，而在新时代的今天，张竞生的思想已经展现出了其合理性。但是，极少数人的了解研究，只能带来小范围的了解，张竞生所遭受的几十年的污名未能因小范围人对他的接受而擦掉，因他而造成的文学史上的缺失也未能补充。因此，研究张竞生的美育思想，不仅仅是为张竞生的一种正名，同时也是对中国思想文化界的一种丰富，是对中国现代美育研究的一种补充。

[①] 张华. 美的三个层次：张竞生乌托邦建构中的美学内涵[J]. 上海大学学报（社会科学版），2016（5）.

二、张竞生生平及其经历

张竞生出生在广东饶平县的一个新加坡归侨之家，从小就被送到私塾，接受启蒙教育，学习经史子集。在童试落第之后，张竞生对科举的黑暗与腐败感到无奈与愤怒。在清廷下谕废除科举制之后，张竞生前往由琴峰书院所改办的县立小学学习，接受新学。随后又前往汕头岭东同文学堂和广东黄埔陆军小学，在新式教育下学习科学、自然、数学、外语等新学科。不久，张竞生在孙中山先生的影响下接触了革命思想。在被父亲强迫娶了从未见面的女子之后，张竞生深感封建制度对人的压迫，前往北大法文系进行学习。在求学过程中，张竞生积极投身革命运动，投奔孙中山。

1912年，张竞生被派遣到法国留学。在欧洲留学的几年时间里，张竞生充分感受到中西方文化及人民思想观念的巨大差异。在中国社会正处于封建制度被摧毁瓦解的时刻，张竞生了解了西方国家政府的机构设置——分权与民主。在对中国社会如何图存的问题的思考中，张竞生将西方的政府组织构成同中国的具体国情相结合来进行考虑，并加入自己所主张的美育思想，提出美的政府观。

1920年，张竞生留学归来。回国之初，就提出节育思想，主张优生优育，限制人口发展，以提高人口素质。然而，张竞生的节育建议书并未得到社会的重视。随后在任潮州金山中学的校长时，张竞生开始试图通过改革教学来改变国民精神，但最终改革失败。其后，张竞生前往北大任教，同时开始公开在社会上征集个人"性史"，并对所投的稿件仔细阅读，作出回信，并对每篇写下按语，集结成《性史》。在《性史》第一集刚出版时，林语堂先生便赞其为无聊下流的文人所无法炮制的。但是，随着《性史》一书在社会上的广泛传播，不少唯利商家借张竞生之名出版各类"《性史》"，导致世人对张竞生及其《性史》的评价也随着社会影响的恶劣而转变，张竞生从著名的北大教授沦为世人口中的"淫博士"。

被逼无奈之下，张竞生离开北大，前往上海开办"美的书店"。在"美的书店"中，张竞生聘用女性售货员，出售"美的丛书""性育丛谈"等系列书籍，并"主持翻译出版蔼理士的《蔼理士女性小丛书》，传播性心理学知识，并宣传自己的性学主张。"[①]不久，"美的书店"经人举报被租界多次查抄，难以为继，张竞生再一次被世人唾骂。

在法国留学时期，张竞生受卢梭思想影响巨大，并翻译了卢梭的著作《忏悔录》。归乡之后，张竞生转而将目光放在家乡建设上。在饶平县任实业督办时期，"主持修建饶平公路，办林场、苗圃，提倡造林种果，兴学育才，开发海利山利。"[②]直到去世前，张竞生一

---

① 张竞生. 张竞生文集（上卷）广州：广州出版社，1998：19.

② 张竞生. 张竞生文集（上卷）广州：广州出版社，1998：21.

直坚持实践自己所提出的"美的人生观"。

三、张竞生的美育思想

美育思想是张竞生在接受中西方教育思想之后所提出的全面概括人生、政治、经济等各方面发展的系统性的思想理论。张竞生从个人的实际生活角度出发，从爱与美的生活及人的全面发展、社会经济组织和政府建设等方面分别对中国社会的发展做出了规划，试图通过美育建设来改变中国国民麻木、社会动荡、国家积贫积弱的局面。其中，张竞生美育思想最显著的特点就是其超前性。在落后、封闭的中国，张竞生美育思想的提出是中国思想文化界的一场风暴。在科学水平和社会情况还不充分的条件下，张竞生利用自己的知识水平第一次提出了"爱情四定则"、美的人生等众多思想，这无疑是脱离社会的超前发展、科学发展。

（一）美的人生观

张竞生在《美的人生观》一书中，从美的衣食住、娱乐、体育、艺术、科学、性育等各方面进行阐述，提出自己主张的美的生活方式，以达到美的人生。在他看来，美是存在于物质与精神的区分之间的，是物质美与精神美的统合。美的教育在于美的人生，而美的人生体现在美的生活中。美的生活不仅仅是美的物质生活，同时，也是美的精神生活和社会生活。在美的观念中，享受美的生活，就必须要达到肉体与灵魂的统一，达到物质与精神的契合。

1. 美的衣食住

衣食住行是人们在生活中不可或缺的必要因素。古时中国人的衣食住行有着自己的一套标准，而随着鸦片战争的爆发，外来世界的各种新奇物品流入中国，中国人的生活方式也在潜移默化中受着影响。在《美的人生观》中，衣食住也是美育生活的一部分，是美的衣食住。而美的衣食住应该以最经济、最卫生、最合用、最美趣四个原则为标准。

以美的衣服为例，张竞生认为衣服并非世人所说的一块"遮羞布"而已，随着经济的发展和个人观念的转变，衣服体现美的作用越来越重要。民国初期，国民服饰仍以长袍马褂和旗袍为主，穿着复杂，色彩暗淡。留学回国的张竞生在欧洲接触西装革履的外国人之后，将西方服饰与中国服饰相比较，体会到中国服饰的复杂烦琐。故而，他认为要改变中国人的精神，必须先从改变服装开始，通过服装的改良推进到精神上的改良。

在服饰改良上，张竞生主张男子应穿着"漂亮的学生装"，即扣领的上衣和裤子，寒冷时加上外套。并要求服装要布料精美、颜色鲜明、做工整齐、讲究得体。除衣着外，要求男士需脚穿皮鞋，配之以腰带，以便更好地展示男子雄赳赳、气昂昂的风姿，才能合乎美的标准。在儿童装的改良上,主张以欧美式的露膝短裤和宽松上衣为主,体现小孩活泼、富有生机的精神面貌。女士的服装改良比之男士更为重要。在中国传统礼教中,女性衣着往往遮掩体态身姿,故而,张竞生认为女性服饰应该吸收中国古典女装和西方女性服饰的优点,相互糅合,进而设计出更简便、端庄的衣服。例如"衣裳连合"的内衣、简便的洋女装、衬衫、衬裤、洋皮鞋等,要求色彩搭配合理、穿之行动方便,足以展现女性的身材美。

在对居住的要求上,张竞生提倡"外居法",主张人的居住应在自然之间,以天地为庐,万物为友。张竞生主张将房子分为公用和私用两种。在建筑上,"私居的屋室务求委婉有致,不可过于呆板。"[①]房屋的设计和选址需要符合高低有致、有明有暗、美丽适宜的原则。张竞生主张把老北京四合院式的房子结构改为向南的"北化房",其房屋的构建和门窗的设计应以沐浴充足的阳光为目的,有条件者可在屋宅四周加之园圃或种以果树为陪衬,从而使人在居住中达到精神与自然的相融合。

2. 美的体育

体育,是人的生命发展中不可或缺的活动方式,古人借体育以娱乐他人,今人更多的是采用体育锻炼的方式来强身健体。美的生活除了有高质量的物质生活以外,同时也需要一个康健的身体去享受生活。此时,体育就在其中占据重要的地位。张竞生认为,一个人若要有好的德行和聪明的才智,就必须需要一个好的身体,一个好的身体是后期完善发展的基础。美的体育要以锻炼的教育为基点,在不同的时间段,根据受教育者的情况安排不同的锻炼任务。同时也需要讲究定期清洁身体,养成裸体练习的习惯,这样,才可以在美的体育的训练中得到美的职业、美的科学和美的艺术。并且,张竞生提倡"内体运动法",增加对身体内部器官的运动练习,以预防疾病的发生,同时提高对美的饮食的吸收。张竞生的美的体育的观念有着科学的部分,定时清洁身体、加强锻炼都是养成康健体魄的科学方式。

3. 美的职业、科学与艺术

职业、科学、艺术,这三者本是完全独立的领域,但是,在张竞生的思想当中,职业、科学和艺术是三者合一、密不可分的。就职业来说,美的职业必须达到科学化、艺术化。科学的理论知识是工作开展的理论基础,只有达到科学化的工作,符合科学的理论和实际情况,工作才能继续顺利进行。在工作的选择上,张竞生主张转变观念,将职业工作看作一门艺术,使工作成为美的工作,职业成为让人喜爱的美的职业。例如对于教师来说,我们将教育看成一个"输出式"讲授知识的工作,那我们在工作后往往感到无力而无趣,相

---

① 张竞生. 美的人生观//张竞生文集(上卷)广州:广州出版社,1998:50.

反，如果我们"以科学与艺术为职业"①，将教育授课看成一种和学生的"双向式"交流学习的过程，在教学中通过艺术的方式将教学知识与教育理念授予学生，同时从学生身上了解更多的问题，并加以研究解决，让自己收获更多的利益，自然就发现了工作的乐趣。让职业成为科学化和艺术化的职业，在进行职业工作中，人们就能体会到科学的严谨和艺术的享受。

同理，美的科学也必须要职业化、艺术化。职业化的工作为科学的开展提供了不可或缺的材料，职业的发生、发展为科学的产生创造了前提条件，让科学的研究更加符合条理，而艺术化的头脑又为科学的发展、发明提供了思维的灵感。故而，研究科学者必然都是心灵手巧的"艺术家"。在科学上做到了与职业、艺术的贯通，科学也就成了真的科学、美的科学。

在对艺术的科学化、职业化的论述中，张竞生认为艺术是"匠人的艺术""人生的艺术"，职业化的艺术不仅有利于生活，更是将生活中的衣食住行各方面都艺术化了，将生活变为一种艺术化的生活。将艺术科学化，艺术便有了科学的准绳，艺术在社会中就有了更加普遍的实用价值。书画、建筑、音乐等，也不再仅仅只是供人欣赏的艺术品，而是让人能在书画中体会创作者的风骨，能在建筑中仰观宇宙，能在音乐声中置身于情境当中，体会变幻的情怀与技巧，把握最科学化的艺术。时至今日，职业、艺术与科学的统一也是我们追求学习的方向。

4. 美的性育与娱乐

多数的学者认为娱乐是一种无用的消费，而在《美的人生观》中，张竞生认为，"娱乐是一种至有用的扩张力，不是一种无谓的消费力。"②"娱乐乃一种有益的工作，不是一种奢华的消耗。"③在张竞生眼中，娱乐是必需的，它可以将人体内多余的精力排泄出去。同时，它是一个好的风向标，可以引导人体内剩余的储力在不冲突的情况下向好的方向扩张。适当的好的娱乐方式并非耽误工作，而是直接或间接地利于工作。通过娱乐，可以将工作时的苦闷和颓废的情绪发泄出来，给人以愉快、自然而有动力的心态，从而使人更富有做事的精神。将工作看成娱乐，让娱乐融于工作，使工作变成娱乐化的工作，体力活也不再使人感到过度劳累，歌唱家、舞者也能在工作中给人以娱乐，将自己的精力通过歌曲、舞蹈表现出来，旁人看后娱乐了自己，好的歌曲、舞蹈又被广为传播，成为艺术品。

作为娱乐的一种，性育也是人一生中不可避免的需要面对的问题。程朱理学将人欲视为罪恶的东西，主张"存天理，灭人欲"。经历过西方性解放运动的张竞生却认为性育是娱乐的一个重要组成部分，美的性欲是人们高质量生活的一部分。他主张在儿童时期让男孩

---

① 张竞生. 美的人生观//张竞生文集（上卷）广州：广州出版社，1998：67.
② 张竞生. 美的人生观//张竞生文集（上卷）广州：广州出版社，1998：75.
③ 张竞生. 美的人生观//张竞生文集（上卷）广州：广州出版社，1998：76.

童女在同一处玩耍，以便亲爱的养成。同时教授他们雄雌花蕊的区分，通过对花蕊植物的了解来解释男女交媾与生育。面对五四运动后，文化界和社会过度宣传解放人欲、天性的现象，张竞生提出了男女之间的交往应该公开而多次，但交媾应该越晚越好，且不应该肆意滥交的主张。男女交往应该是相互吸引、享受浪漫的结合。男欢女爱不应该是对欲望的发泄和满足，更应该是一种达到肉体和精神上的交往和契合。男女交往也应注意双方的享受，不能只有男子一方感到愉悦。同时，张竞生提出"神交法"，在他看来，性活动本身是没有罪恶的，是"男女的两个肉体和两个灵魂合并为一整个"①的创造性交融，若仅仅将交媾当作纯肉欲的消遣，则背离了性欲本身的意义。故而张竞生公开向社会征集个人的性史，编辑《性史》一书，在书中对人们所提出的中国人性生活中的普遍问题进行分析，给出自己的意见，同时，组织"优生社""性育社"来实践他的思想教育。

除性育外，张竞生也主张通过别的途径来达到美的娱乐，包括野外运动、散步、旅行、冒险等体力运动以及艺术上的游戏和社会上的娱乐。通过散步、冒险等活动，人们可以养成一个良好康健的身体；通过艺术上的游戏，人们可以养成丰富而良好的情感，进而影响他人和社会；通过社会上的娱乐，可以使社会上的人们如朋友般相亲相爱，统一和聚合群众的力量。

5. 美的思想、心理与宇宙观

美的衣食住、美的性育、美的职业与艺术等都是用科学的方法去分析和研究美的生活，除此之外，从哲学的角度来看，美的人生观还应该包括美的思想、心理与宇宙观。

要实现美的人生，必然就需要用美的思想来思考。美的思想则需要用"艺术方法"来实现。张竞生认为，"美的思想，一边是以科学方法为基础，以哲学方法为依归，而以艺术方法为调制；一边则专在利用艺术方法，使脑力上得到最有出息与最大效用。"②艺术方法实则是"以发泄情感来调和理智与意志，以组织作用来协和归纳与演绎，以创造去炮制经验与描想，以表现去贯通零碎与整个的方法"③。通过情感的方法让感觉与意志相调和，找到思维的灵感，在"顿悟"中生出美满的思想；通过组织的方法归纳、演绎，在复杂多变的实验中找到社会系统中最普遍的解释，由全人类所使用；通过创造的方法，人们在事实经验积累和描想的假设证明中创造合理的逻辑系统，来达到最美的表现；通过表现的方法，我们可以用"美的语言文字""美的符号"，甚至"美的行为"来完成对情感的表达，如同一篇优美的文章，单一看去，文字清丽，语句优美，纵观全文，结构合理，行云流水，韵味深厚，自然也就表达了一个和整个的美的思想了。整合情感、组织、创造、表现四种方

---

① 张竞生. 美的人生观//张竞生文集（上卷）广州：广州出版社，1998：81.

② 张竞生. 美的人生观//张竞生文集（上卷）广州：广州出版社，1998：91.

③ 张竞生. 美的人生观//张竞生文集（上卷）广州：广州出版社，1998：91.

法，也就能真正通过艺术的方法来拥有美的思想，实现美的人生。

通过艺术的方法来获得美的思想，那美的心理则需"从极端的情感、极端的智慧和极端的志愿三项上去讲求"①。极端的情感给人以极端的爱与恨，如在恋爱中享受的"唯我"和"忘我"的境界，"壮士一去兮不复返"的浩然，"安能摧眉折腰事权贵"的不屈等，在极端的情感下，没有"中庸"时刻，极端的爱与恨，都能引起无穷尽的情感，在社会中作用起来，便如同燎原的星星之火，足以将情感由个人推向家庭，推向社会，由小我变成大我；极端的智慧指的是人通过认识、见识与知识掌握了智慧，而智慧的发展又要求我们追求认识外的认识、见识外的见识、知识外的知识，从而追求极端的智慧，例如牛顿的万有引力，爱因斯坦的相对论等，都是在极端的智慧中产生的足以改变世界的新的科学；极端的志愿指的是非应试教育下对知识的被动学习，也并非为谋得生存而进行的无奈劳作，而是在对本心的遵从下进行的有思想性的行动，如恋爱中生死相依，是在心灵中产生的，拥有极端美趣的行为。

在美的宇宙观中，张竞生将这一种扩张力分为"美间""美流"和"美力"。美间即空间之美，如"月上柳梢头""大漠孤烟直，长河落日圆"等，是养成的对空间景象变幻和静止之美的审视。美流即心理的时间，是精神力的一种外现。通过审视美来表现心理的时间，将时间变为美流并用于现在的生活，在美的空间中让一切事情都变成美的。美力就是指一切的可利用、可发展的物力。通过人类的科学研究和发明创造，将自然之力转化为人们可利用的物力，风雨雷电将不再使人害怕，反之有益于社会生活。心理之力作用于个人与社会，凝聚力量，向好的方向发展。社会之力则是将社会组织向好的方向引导的凝聚的群众的力量。在美的宇宙观中，不论是空间、时间、还是物力，都是把宇宙间的一切创造成美的，将一切都使用并获得极大收益，达到"用力少而效益大"的效果。

（二）美的社会组织观

20世纪初期的中国正处于内忧外患之际，帝国列强对这一片古老的土地虎视眈眈，内里军阀斗争、动荡不安，百姓生活疾苦。在这一情况下，众多知识分子纷纷主张变法、革新，以达到救亡图存的目的。其中，张竞生认为，中国想要图存，必须讲求组织的方法。"先学习美国的经济组织法，可以使我国达到富裕的境地；其次再学习日本军国民的组织法，以使我国成为强盛之邦。"②但是，比富与强的组织法更重要的是美的、艺术的、情感的组织法。

---

① 张竞生. 美的人生观//张竞生文集（上卷）广州：广州出版社，1998：114.
② 张竞生. 美的人生观//张竞生文集（上卷）广州：广州出版社，1998：141.

1. 美的政府组织观

政治制度应如何改革，政治体制和社会制度应进行怎样的改变一直是近代中国的政治思想家、社会改革家所思考的问题。在考察欧美不同于中国古老封建君主专制的社会制度后，张竞生对近代欧美国家的政治制度及政府部门分工有了进一步了解。面对中国所面临的危亡局面，张竞生称进入民国时期之后，社会进入"法治"，而随着社会的进步和发展，社会终将进入"美治"的时代。若要实现救亡图存的目的，就必须在中国实行"美治"政策。故而，张竞生尤其强调政府的美育功能，提倡建立"美的政府"。

在张竞生的思想中，美的政府包括国势部、工程部、教育与艺术部、游艺部、纠仪部、交际部、实业与理财部、交通与游历部八个部门，由爱美院统摄，爱美院是美的政府的最高权力机关，美的政府对爱美院负责。爱美院具有决议权，对有关爱与美的问题进行商讨确定，而后分门别类由政府下面的八个部门进行执行，政府只有执行权，没有驳复权。若有行为不当者，经爱美院弹劾，政府人员直接辞职，由爱美院重新任命他人。以工程部为例，工程部管理事项包括路政、建筑、需要品和点缀品。爱美院提出工程建设需要顾及爱与美两方面，工程部在对路政、建筑等进行管理的过程当中，要做到城市乡村化，乡村城市化，实现"城乡合一"，通过对道路、环境、建筑等各方面的改变建立美的城市，道路规划、建筑规划等各项措施首先都需要考虑到审美效果。在美的北京建设中，应向四郊扩充发展北京，家庭需挖掘地窖以便放置杂物，修建暗沟处理居民脏水，改良生活器具以方便人民使用，并免除公园、博物馆、剧场等场所的门票，以提升人民生活乐趣。

建立美的政府需要将教育权同政府分开，实现教育权的独立。人是社会的主体，教育是培养独立人的方式手段。因此，要建立美的社会，还必须要有美的人——拥有独立人格的人和独立的教育。实现教育权的独立有两个方式：一是需要建立独立的教育行政系统，各省教育厅统属于中央教育部，由中央教育部组织管理，不听命于其他政府官员或部门。二是由教育界的权威者组织成立全国教育独立社，通过演讲交流等形式与其他势力相抗争，从而实现教育权的独立。通过独立的教育，培养人民的高尚人格和独立意识，再通过独立的人宣传建设生产合作社、消费合作社和储藏合作社，发展合作社经济。只有实现了教育权的独立，将教育权同政治相分开，才能更好地培养独立的人和实现合作社经济，为美的政府和社会的建立提供资金和人才，使社会富裕，实现更好的发展。

2. 美的经济组织观

美的社会，应有科学和美学的信仰，即人类相互亲爱。

要建立爱与美的社会，既要做到极端的公道，又要实现极端的自由。张竞生认为社会的一切组织都应分权，使每人得到相同的权力，以达到权势的平均。个人尽自己所能为社会尽力，亦是对他们权力的行使，是个人的自由。而若要成立真正公道的组织，最重要的是必须实现情感的公道和理智私有。只有这样，才能真正建立爱与美的社会。

在男女的社会工作中，张竞生强调首先应改变对女性及服务事业的态度和观点，让女子在事业中发扬情感及美好的长处，并通过女性将男子轻情重理的心理矫正。张竞生将男女分别比作蜂与花，主张社会事业上的男女分工与合作，故而将社会事业分为男子专有、女子专有和男女共有三种。其中，女子应该从事各种美趣轻巧的职业，如护妇、家政、修容术店、点心店等；一切粗重丑恶的工作应该由男子来承担，包括清道夫、农业、劳工等；而有关智慧与情感的工作男女皆可担任，如此便可使社会的人彼此相亲相爱。同时又提升了女性的社会地位，改变了社会的价值观念。

四、张竞生的美育思想反思

（一）美与社会生活

在张竞生的美育思想中，美不再是单纯的美学理论，或者生活中的某一方面，与蔡元培对美育即美感教育的理解，将美学的理论用于教育之中，意在培养人，以陶冶情感为目的不同，张竞生将美育思想作为总领政治、经济、文化、教育、生活等各方面发展的第一原则，他的美育思想不再仅仅从美的本质、审美心理等理论方面进行探讨，而是与社会生活紧密相连，在衣食住行、娱乐、科学等各方面都要融入美育思想。张竞生的美育思想不仅可以通过教学和艺术活动培养，也可以通过日常生活和大自然来实施。例如，张竞生在《美的社会组织法》中提到的"外婚制"，即将民族论的思想融入进去。他认为，五胡之所以能乱华，蒙古之所以能横跨亚欧大陆，辽、金、元、清之所以能入关，取代汉人政权，皆因一些聪明的汉族与强健的北民相互混血所造成。如果想要实现大同世界，增加民族、人民之间的相互了解和情感，就需要提倡"外婚制"。在封建中国，为确保血统的纯正，人民之间往往以宗族内近亲结婚为主，而在遗传学的解释下，近亲结婚常会将疾病遗传，造成后代体力或智力的缺失。张竞生认为，我们应当与俄国人通婚，用俄国人的刚强补我国国人的文弱；我们应当与欧美人通婚，来改变我国国人对家庭、孩童的思想；我们应当与日本人通婚，有希望改善中日关系；我们应当让南和北的汉人相互通婚，将南北思想进行交融，来实现汉民族的大团结。

在当时的社会，中国正面临外国列强的欺凌，此"外婚制"的提出无异于天方夜谭，完全是饱含理想色彩的空想主义。然而，时代发展到今天，在世界大交流、大发展的时代，这一交融发展却是不可避免的趋势。

（二）对女性平等地位的尊重

中国在两千多年的封建专制统治下，女性一直被视为男性的附属品，没有自我的权利，封建家长制下的包办婚姻和一夫多妻制将女性放在了不对等的位置。在维持了两千多年的封建统治被推翻之后，张竞生将女性放到了与男性对等的位置，提出来"情人制"和"爱情四定则"。情爱是男女结合的根本条件，爱情不是占有，也不是给予，而是男女双方的相互欣赏。男女在交往中因相互吸引而欣赏彼此，通过想出新的花样和惊喜来愉悦对方，为彼此见面相处整理仪容、揣摩心情，使"父母之命，媒妁之言"不再是障碍，"门当户对"也并非必要的条件，定情时在一起，情感破裂就分开，传统礼教不再是束缚人的绳索，一切以情爱的有无来计较。在此基础上，女性的地位提高，社会也有了情爱与美趣。除此之外，对于女性两千多年来一直处于低下地位的处境，张竞生提出"新女性中心论"，认为新女性要占社会的中心势力，对于男子及子女应当有操纵情爱的权力。要实现理想中的新女性，应让女性享有生计权、和男子同等的受教育权、婚姻自由权以及女子参政权等众多项权利，如此，女性的地位才得以保障。女性相比男子更具有情爱、美趣及牺牲的精神，故而让女性处于社会的中心，更有利于社会的进化以及社会精神的形成。

由此可见，在思想还未完全开放的中国，张竞生先一步认识到女性与男性地位的不平等，并勇敢为之发声，将女性地位提上一个更高的台阶，这一点是值得人敬佩的。女性作为社会发展的主体之一，不论是在人类的繁衍进步，还是在社会的快速发展中都有着举足轻重的地位，张竞生敢于为女性遭受的不平等的待遇发声，挑战两千多年封建社会对女性的禁锢，他这一做法是明智而科学的。

（三）对前人美学思想的继承

张竞生的美育思想也并非凭空产生的，而是受到了柏拉图、卢梭等众多西方思想者和中国传统文化的影响。

在幼年时，张竞生学习了中国传统思想文化。张竞生将先秦时期诸子百家著书立说来解决社会问题、孔子主张"有教无类"的教育思想以及古人"立身行事"的行动主张同中国现期危亡动荡的实际情况相结合，深受启发，逐渐体会到新思想教育和独立、开放的人的重要性。在对美的思想的探讨中，张竞生的很多观点明显受到中国传统的"天人合一"的美学思想的影响。以张竞生的空间美学的主张为例：在居住上，张竞生主张贴近自然；在"美的宇宙观"中，强调"美间"的作用，主张将房屋建筑、自然风光、四季变换都融入美的空间当中，用美的空间的观念来提高自我的发展。同时，张竞生也受到同时代其他美学家的影响，尤其是在对蔡元培的美感教育的了解下，张竞生对美育思想的理解随之加深，这也为张竞生美育思想的提出埋下了种子。

在留学过程中，张竞生学习了卢梭的美的哲学的思想，探索卢梭的精神世界，并在博士论文《关于卢梭古代教育起源理论的研究》中对卢梭的教育思想进行研究。在对卢梭的研究中，张竞生接触到了柏拉图的《理想国》，体会到了《理想国》中为保家卫国而提出的教育理念，深受启发，并将其运用到自己《美的社会组织法》一书中。

在卢梭的教育思想中，卢梭认为对待儿童应引导儿童释放自己的"天性"，通过自然的教育、人的教育和食物的教育来引导教育孩子，使之不受到社会坏的影响；在社会政治教育方面，卢梭提出社会契约理论，提出"人生而平等的观点"，要求建立公民拥有平等权利的民主制度；在女子教育方面，卢梭指出两性教育的不同，认为在身体锻炼之外，男子应多学习实用知识，女子学习愉快有趣的东西，并主张年轻女子应常出现在公众场合。在对卢梭的研究中，卢梭的儿童教育、政治教育、女性教育等各种教育思想理念都对张竞生的思想观念产生了巨大冲击，张竞生在对卢梭思想的学习和接受中，使自己的美育思想得到了进一步发展。同时张竞生对米拉博作品中的性与政治的鲜明主题进行思考，感触颇深。

在对西方众多思想家的思想的学习中，张竞生受到启发，又在学习中不断完善着自己的美育思想。由此可见，张竞生的美育思想并非无从考据，而是与他的留学经历和学习体会有着不可分割的关系。

在一定程度上来说，张竞生的美育思想带有明显的乌托邦性质，在当时的社会条件下，张竞生关于性育、"新女性中心论"以及爱情观上的"情人制"和"外婚制"等的理念是不可行的。鲁迅先生曾说张竞生的思想实现应在 25 世纪。由此可见，张竞生的美育思想有着空想主义的不现实性，在当时的条件下，其不被众人所接受的结局也是可以预料的。社会发展到今天，由于政治经济的高速发展和生活环境的改变，张竞生的大部分美育思想在现今已被大众认可并在社会上广泛实行，其"美的体育"、"美的衣食住"、男女平等等理念既科学又实用。张竞生的美育思想与现代社会所宣传的培养德、智、体、美、劳全面发展的人的主张相呼应，对培养健全人格、提高人民素质有着极大的作用，有利于美的物质生活理念和美的精神生活理念的培养。并且，张竞生的美育思想也对社会风气、现代建设有着极其重要的积极作用，有利于和谐社会的建设和发展。由此可见，张竞生的美学思想在当时社会具有极大的超前性与创造性，在现代社会也有着极强的科学性和可实践性。

结束语

张竞生的美育思想及其超前性与科学性并非一两句话可以讲述得清楚，张竞生先生为实现自己美育思想的实践也并非一两句话可以评论。不可否认的是，张竞生作为接受了中国传统文化和西方新式思想教育的学者，他的美育思想系统又全面，他在美学与哲学的角度对中国社会及生活的认识具有相当的高度。张竞生是中国思想文化界不可磨灭的"英雄"，在中国现代史上理应留下浓墨重彩的一笔。在传统势力下，人们视他为"文妖"，如同"吃人"的猛虎，拒之不理，但随着时代潮流的发展，社会的变革逐渐为其证明，"文妖"不复，先知者继续前行。

参考文献

[1] 张竞生. 张竞生文集 [M]. 广州：广州出版社，1998.

[2] 段平山. 论张竞生的乡村教育思想 [J]. 韩山师范学院学报，2018，39（5）：18-23.

[3] 张华. 美的三个层次：张竞生乌托邦建构中的美学内涵 [J]. 上海大学学报（社会科学版），2016,33（5）：118-129.

[4] 杨守森. 张竞生的美育思想 [J]. 浙江师范大学学报（社会科学版），2005，30（2）：80-86.

[5] 张培忠. 文妖与先知：张竞生传 [M]. 北京：生活·读书·新知三联书店，2008.

[6] 张竞生. 卢梭教育理论之古代源头 [M]. 广州：暨南大学出版社，2012.

[7] 张竞生，鲁迅等. 爱情定则：现代中国第一次爱情大讨论 [M]. 北京：生活·读书·新知三联书店，2015.

（指导教师：吕岩）

导师点评

论文选择张竞生的美育思想，选题很新颖。张竞生的美育思想目前国内研究较少。其次，张竞生美育思想是中国现代性思想发轫初期的产物，反映了这一时期中西交融背景下的政治、社会、文化主张，具有较大的研究空间。作者在论文写作过程中，有较强的查阅文献资料的能力，能全面搜集有关论题的资料和学术信息，在撰写过程中，整理总结了张竞生以"美"来组织政治，社会文化生活的主张，对张竞生美育思想进行了整体把握。同时对张竞生美育思想中的乌托邦色彩进行了分析与论述。论文结构清晰、语言流畅、论据充分、层次清晰，论文注释、参考文献符合学术论文的标准与规范。虽然由于篇幅限制，未能对张竞生美育思想进行更深入的讨论，但对于本科生而言，这种敢于静下心来钻研冷门研究点的学术训练仍然值得鼓励，建议推荐为优秀毕业论文。

导师简介

吕岩，博士，副教授，西藏自治区高校科研创新团队"西藏审美文化"和中国非物质遗产保护研究西藏工作站成员。研究方向为文艺美学与西藏审美文化研究。

县乡镇中学语文教学发展现状及改进思路
——以湖南株洲攸县为例

刘柯辰　汉语言文学（师范方向）2016 级

摘　要：习近平总书记在十九大报告中明确提出"建设教育强国是中华民族伟大复兴的基础工程，必须把教育事业放在优先位置，加快教育现代化，办好人民满意的教育"[①]。中学教育事业的发展状况直接体现我国国民教育发展现状，通过促进新课程改革来加快教育现代化建设进程，其中促进语文学科教学发展又是新一轮课程改革的重点突破方向。

本论文通过自编《中学语文教学发展现状调查问卷（教师版）》和《中学语文教学发展现状调查问卷（学生版）》，对湖南省株洲市攸县地区县乡镇的 7 所高级中学的语文老师和学生进行抽样调查。笔者将结合影响攸县地区高中语文教学发展现状和核心竞争、发展与认知意识、校园环境、师资配置、生源、教育资金投入、地方教育政策等，从政府、社会、学校、家庭、个人等方面提出改进策略，以期望可以了解攸县地区中学（高中）语文发展现状构成情况及特点，为促进攸县地区中学（高中）语文学科的发展，语文教育质量的提高，并对全国县乡镇级中学语文发展甚至是整体教育的发展提供普遍性参考经验。

关键词：语文教学；攸县乡镇中学；对策

一、绪论

（一）研究背景

2020 年是全面建成小康社会和"十三五"规划的收官之年，建设教育强国是中华民族伟大复兴的基础工程，在新课改中强调要真正地构建一个自主、合作、探究、开放的课堂，构建一种以学生为主体的教学模式。调查数据表明，在中国人口中，市区人口占比相较于

---

① 习近平. 决胜全面建成小康社会夺取新时代中国特色社会主义伟大胜利——在中国共产党第十九次全国代表大会第一次会议上的报告［N］. 人民日报，2017-10-28.

县、乡镇等基层地区要小得多，但市区教育发展程度却远高于县、乡镇地区。语文学科发展就能直观反映中国现今教育教学发展的现实情况。近年来，从基础教育的改革，到高考改革，语文教育教学任务尤为艰巨，发展语文教育更是时代要求下贯彻立德树人教育理念的具体化、现实化体现。随着新时代教育改革的深入发展，语文学科发展对社会、学校、教师、学生和家长也提出了越来越高的要求和挑战。

（二）研究目的

在传统高中语文教学中，以攸县为例，学生在高一就将高中所规定的语文必修教材学习完毕，高二就开始进行学业水平考试和高考复习。即使这样高强度的学习安排和教学安排，县乡镇语文教学的整体状况依然没有取得理想的成效，也难以改变教师难教、学生难学、考试难考、成绩滑坡的瓶颈等问题。面对当前难教、难学、难考、难提高的情况，本论文拟通过调研当地的高中语文教育教学发展现状，针对性地提出一些现实可行的对策。

（三）文献综述

对于语文学科的发展，一直以来争论不休，其研究成果颇为丰富，教学著作、研究性论文比比皆是。无论是对于中学语文学科整体发展研究还是示范性重点学校与农村学校发展研究课题，抑或是对于乡镇地区留守儿童语文学科教育研究的论文皆有很多，例如杨克军的《中学语文教学现状的思考》[1]中主要谈及的是市区的语文教育发展状态，但是对于县乡镇区域语文教育发展现状的研究很少。曾佳敏的《新课程下中学语文教师素质结构研究——南昌市中学语文教师素质现状调查与思考》[2]一文关注南昌市中学语文教师素质的发展，从性别、专业性、学校级别和学段等方面深入分析教师素质的养成，但是缺少更加细致的对策和方式方法。胡京飞的《城郊中学语文教学现状的调查与思考》[3]一文提到想要使语文教育得到持续且长效的发展，需要政府财政、教育部门、社会、学校管理者等多方面的支持，但是忽略了同样重要的学生以及其家庭在这其中发挥的作用。罗晓欢博士在她的《语文名师成长——基于复杂系统理论的探索》[4]一书中选取了22名中国语文名师，并对他们的成长进行研究，研究发现语文教师的自主性受制于三个维度——天赋、具体时空机遇、内外因相互作用的方式。这些都给笔者进行调查提供了一些思路参考。

---

[1] 杨克军. 中学语文教学现状的思考［J］. 内蒙古教育学院学报，2000（02）：81-82.

[2] 曾佳敏. 新课程下中学语文教师素质结构研究——南昌市中学语文教师素质现状调查与思考［D］. 江西师范大学，2007.

[3] 胡京飞. 城郊中学语文教学现状的调查与思考［D］. 湖南师范大学，2006.

[4] 罗晓欢. 语文名师成长——基于复杂系统理论的探索［M］. 北京：光明日报出版社，2014.

（四）调查背景、方式与途径

本次调查立足于湘东南地区——湖南省攸县县乡镇高级中学。攸县，湖南省株洲市辖县，地处湘东南部，截止到 2019 年年末，全县共 80.92 万人，常住人口 66.48 万，全县初级中学共有 30 所，高级中学 7 所。初级中学学生基本维持在 7000 人左右，升入高中的学生大致在 4000 人左右。

重点调查对象主要是该地区中学的高中语文教师和高中生群体。笔者通过质性研究与量化研究相结合的方式，采用参与式观察法、深度访谈，调查问卷发放的方法，并结合地区教育主管部门制定的发展规划等材料。本着听真话、查实情，听取被访对象对当前中学（高中）语文学科的意见和建议，研究整理、仔细分析、总结反思相关文献资料与理论成果，通过具体而真实的数据材料去分析该地县、乡镇中学语文学科发展的现实情况和特点。在尊重客观事实的基础上进行探讨与思考，为促进我国相似情况下县乡镇中学（高中）语文学科发展提出切实可行的对策和建议。

（五）统计问卷设置情况

1. 问卷调查数据综述

依据攸县教育局的数据，攸县现有 7 所高级中学，其中乡镇内 3 所，县城内 4 所。分别是攸县第一中学、攸县第二中学、攸县第三中学、攸县第四中学、攸县长鸿实验学校、株洲健坤外国语学校、攸县明阳学校。被试者分别是上述学校高中部的部分语文教师和学生。为使被试群体具有层级性、代表性，同时兼顾学校间的差距，故针对教师被试者自编《中学语文教学发展现状调查问卷（教师版）》，设计了 38 个问题的调查问卷，针对学生被试者自编《中学语文教学发展现状调查问卷（学生版）》，设计了 31 个问题的调查问卷，两类问卷均通过网站"问卷星"进行发放。此次调查共计发放了教师版问卷 50 份，回收 50 份，有效问卷 50 份，回收率 100%。学生版问卷 300 份，回收 280 份（其中 12 份无效问卷），有效问卷 268 份，有效回收率达 95.71%。向被试者强调根据各自真实情况如实填写，问卷回收后，笔者再针对问卷反馈情况，通过图表形式对问卷数据进行展示、统计与分析。7 所学校数据采集实现全覆盖，基本达到预期目标。

2. 问卷设置

制订教师版问卷时，涉及语文课程教学、教师福利、教师发展前景等方面的问题，考虑到语文老师兼任班主任的现实情况，调研时，针对这一群体又增加了不同的问题要素。进行学生版问卷设置时，针对学生的特点，特意设置了学科需求、学科设想等问题。由于 2020 年新冠肺炎疫情的爆发，在教育部"停课不停学"的整体安排下，各学校也分别进行了网上教学，为此还增设被试者对于网上教学的调研，也期望对于网络教学实践的探索、对未来语文教育发展局面提供现实性参考经验。

二、相关理论界定与基础

（一）高中语文学科

语文是什么？一直以来对于语文的定义在教育界和文学界都颇有争议，关于语文的综述也有很多，这里只简要根据新课标中对于语文课程性质和地位的表述加以陈述。"语文课程是一门学习祖国语言文字运用的综合性、实践性课程，工具性与人文性的统一，是语文课程的基本特点。"[①]普通高中语文课程，应使全体学生在义务教育的基础上，进一步提高语文素养，形成良好的思想道德修养和科学人文修养，为终身学习和全面而有个性的发展奠定基础，为传承和发展中华文化、增强民族凝聚力和创造力发挥应有的作用。[②]

语文学科是基础教育的奠基学科，"学好语文是学好一切的根本"，当语文大师吕叔湘如是说时，心里必然也是万般感叹。语文课程是以语言学、文字学、文章学、文艺学等学科为基础内容，构成语文教师知识结构的主体，也是从事语文专业教学的基础知识，更是与其他学科教师最突出的区别。"放眼世界，现代化与全球化，强化文化认同感的现实语境，民族母语教育是这语境中的重要命题，是强化民族文化认同感的重要途径"[③]，"民族认同是对抗全球化压力的一个正常的、健康有益的反应"。[④]语文学科专业知识的学习和掌握影响教师教学内容、教学过程和教学方法的选择，对于学生的学习素养的要求也就很高，在现今的中国讲好中国故事，增强民族自豪感无疑是迫切需要的。

（二）语文教育

"中国语文教育史，是以儒学教育思想为主导的"。[⑤] "中国汉语言教育，一直是同儒家伦理道德教育、经世济时教育、知识百科教育紧密联系、不可分割。学语文的同时学做人，这是历久不衰的一种传统"。[⑥]这些认识，无一不是在告诉我们语文教育的重要性，它是一

---

① 中华人民共和国教育部制订. 普通高中课程方案语文课程标准（2017版）[M]. 北京：人民教育出版社，2018.

② 中华人民共和国教育部制订. 普通高中课程方案语文课程标准（2017版）[M]. 北京：人民教育出版社，2018.

③ 罗晓欢. 语文名师成长——基于复杂系统理论的探索[M]. 北京：光明日报出版社，2014.

④ 联合国教科文组织，世界文化与发展委员会. 文化多样性与人类全面发展——世界文化与发展委员会报告[M]. 张玉国，译. 广州：广东教育出版社，2006.

⑤ 张隆华. 中国语文教育史纲[M]. 长沙：湖南师范大学出版社，1991.

⑥ 张隆华，曾仲珊. 中国古代语文教育史[M]. 成都：四川教育出版社，2000.

种民族共同的知识财富和传承载体,这是以汉字为基础的中华民族的教育,其中的经世致用思想更是我们要去发掘和探索的。一个民族把它的思想、文化、哲学内涵都已经融化至其民族语言当中,作为传授母语文化教育的老师,其身上肩负的社会和经济功能是无法估量的,更是其他学科教师无法替代的。

三、攸县地区中学语文教学现状调查

(一)学校基础情况调查

攸县地区 7 所高级中学中,4 所公办学校,3 所民办学校。调查发现,师资配比上,县城中学语文教师师资力量高于乡镇中学、公立学校高于私立学校、投资发展较好的私立学校高于投资较差的私立学校。学校基础设施建设方面,公立学校和私立学校相差不大,所有中学数字化、网络化课堂建设都较好。这体现出近年来攸县地区教育资金投入较大,学校数字化、网络化智慧课堂建设稳步推进,基础设施建设进一步完善。但调查中也发现,部分私立学校,由于受学校创建者办学理念和方式的制约,发展较为缓慢。从攸县各学校录取分数情况来看,语文学科的 A、B 两级比例较其他学科要高。说明攸县地区语文教学成效是较为突出的,进入高中的学生语文素养基础较为良好。未来,在新高考趋势推动下,该地区学校会进一步加强语文学科建设,从而更好地提升高考升学率,并最终形成包括"民办教育、课外培训、国际学校、留学教育、教育科技企业等类型和主体,通过家长付费购买的教育服务,它们在'教育事业'之外构成新的教育业态,与体制内教育的互动越来越多,影响越来越复杂,成为教育发展和教育治理中不可忽视的现实"①局面。

(二)语文教师现状调查

1. 语文教师双重身份明显,教师身心健康需重视

在所有被试者中,69.23%身兼语文老师和班主任两重身份;7.7%认为从事语文教学工作让人时常感觉烦恼、焦虑、身心俱疲;50%在工作中有烦恼,有心理疏导和心理关注等需求,两者加起来的比例较高,这说明教师在身心健康方面需被重视。

2. 教师工资水平待遇较低,与当地公务员工资相比差距较大

调查数据中,92.3%的被试者心理预期月工资可达到 4000 元以上。但实际中,公编入职教师一个月到手工资 2500 元左右,中学二级教师 3100 元左右,一年工资收入大概在 5 万~5.5 万左右;民办学校新入职教师年工资收入大概在 6 万~7 万;该地区乡镇公务员一年的收入大概可到 7 万元以上。本地经济消费水平并不低,2019 年本地区猪肉价格平均

---

① 杨东平,杨旻. 教育蓝皮书:中国教育发展报告(2019)[M]. 北京:社会科学文献出版社,2019.

在32元/斤左右，收入与消费水平的不对等，教师与公务员、公编教师与民办教师较大的工资差距，这都将在一定程度上影响教师队伍建设。

3. 语文教师职业发展前景较不明朗，城乡差距大

调查中发现，县城内语文教师职称（职务）较高者的数量普遍高于乡镇中学；工资性补助数额高于乡镇中学；在定期交流、跨校学习等机会方面，县城语文教师机会明显高于乡镇中学语文教师。

如图1，样本中有69.24%的教师没有在教育期刊上发表过文章（教学论文、案例反思、教学随笔），而平时听课机会中仅少量能听到市级教师课程，多数听课机会还停留在区（县）级和校级间，国家级的更是少之又少，可能几年都难得一次。主动且有机会参加过系统专业培训者只占50%，其中有34.62%的被试者是被动地接受过碎片化的培训。在语文教师技

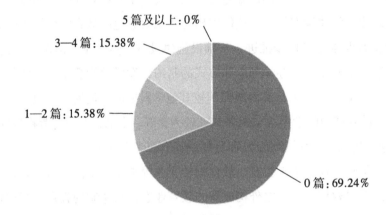

图1 教师在教育期刊上发表的文章（教学论文、案例反思、教学随笔）数量的调查

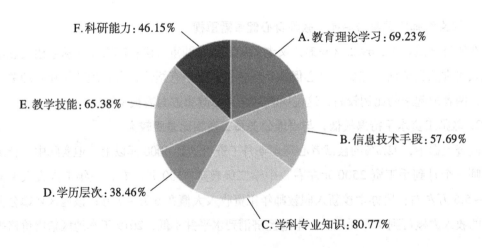

图2 关于提高教师专业发展诉求的调查

（编者注：图中数据有重复计算）

能培训上短板较为明显。一方面语文教师进行语文教学存在交流方式少、途径难等问题，另一方面，语文教师又普遍希望在专业发展中多学专业知识、提高教育理论水平、提升教学技能、信息技术手段，从而提高科研能力和学历层次。如图2所展示的，提出需要提高学科专业知识者占80.77%，期待提升教育理论水平者占69.23%。

4. 语文教师对翻转课堂需求较为明显

关于当前语文课堂不能吸引学生的原因，65.38%的被试者认为是学生自主参与度不高；61.54%的被试者认为是教学方式手段单一；69.23%的被试者在日常教学中会开展语文学习交流活动；在语文教育教学中把语文实践活动占课堂教学比例超过一半的只有3.85%。实际教学过程中，92.31%的被试者认为语文教学时间主要用来课文讲授或者习题、作文讲评，这与学生参与度低的数据相互印证。有88.46%的被试者同意在语文教学的过程中以学生为主体，只有3.89%被试者认为不应该打破语文原有教学模式。可见，语文教师对课堂授课方式转变需求还是较为明显的，不愿意变通教学模式的还是少数。

（三）学生语文学习现状调查

1. 学生学习语文的情绪，受主客观影响较大

如图3，对于喜欢语文学科的问题中有62.92%的学生填写喜欢，37.07%的学生对于语文学科是不喜欢、没感觉或说不清的状态。在学生对语文素养得不到提高因素的回答中，有60%的学生说上语文课时没有全身心投入课堂，还有51.71%和48.78%的学生觉得想学但不得法和主观上不重视而导致的。对自己语文老师认可程度的问题中，被试者选择一般和不高的选项中的占比达到了31.71%，在教师授课水平和个人魅力对课程吸引程度的问题中，两项的占比都很高，针对上述这一现象，并结合学生在课堂上的状态数据，可推测语文教师本身的素养对于学生能否喜欢语文学科有着极为重要的影响，甚至可能成为唯一的影响。

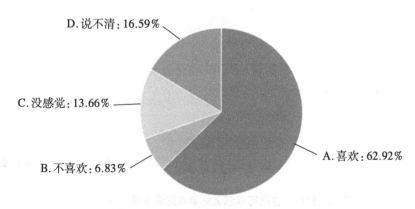

图3 关于你喜欢学习语文学科情况的调查

有74.15%的被试者认为，语文教学过程中应以学生为主体。在现今语文教学中教师还是多以教材为主要教授对象的调查中，被试者对此的认可度只有28.78%。在对当前课堂不能吸引被试者原因的了解中，学生自主参与度不高和教学手段单一两个选项都达到了61.95%，教师上课时教学方式较为单一，多以讲解为主，学生们上课时又多采用听课、记笔记模式，学生的自主参与度低，对于语文课的自主学习、问题思考探索和讨论也就无从谈起，这在一定程度上会影响学生对于知识的巩固与理解。学习方式的单一，思想交流较少，会让学生在语文学习的主动性方面大打折扣。

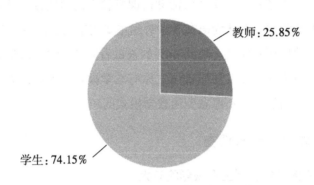

图4　语文课堂教学主体对象的调查

2. 学生对语文课堂课程设置需求情况

83.9%的人认为，课堂中，要让教师抛出问题，学生发表观点然后与小组同学进行讨论的方式来进行学习和思考；47.8%的学生提到在课程设置中可以加入角色扮演环节，以此加深对知识的理解吸收。对于语文课堂引进新的学习支架的建议中，67.8%的被试者选择游学，80%的被试者选择参观博物馆或者阅览室。但是，现状中只有69.27%的被试者所在的学校和班级中有在开展语文学习交流活动，还有9.27%的被试者所在学校或班级从来没有

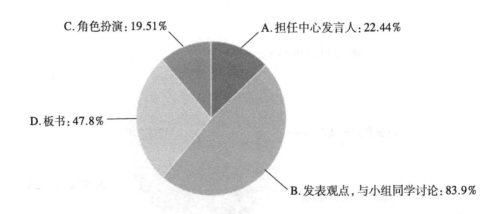

图5　你认为自己可以怎么样参与到语文课堂中来

（编者注：图中数据有重复计算）

进行过语文学习交流活动。由此可见,学生对于参与到课堂中的需求是急切的,但教学发展还是较为欠缺。在被试者接受的语文教育教学中,"语文实践活动"占课堂教学比例一半以上的占比只有13.66%,更有40.49%的被试者认为他们连五分之一的占比都没有达到。课堂上主体的转化与课堂教学方式的调整都对课堂上课状况的转变有较大作用。94.15%的被试者希望至少要稍加改进语文教学模式来更好地促进语文学科发展,以达到促进语文学科深入改革和适应新高考模式的迫切需求,并进一步促进语文教育及知识在社会生活中的应用。

3. 个人综合素质等培养的影响

在语文教育教学对个人人生观、价值观、世界观影响的调查中,被试者有84.88%选择了有一定影响或者影响巨大,只有4.39%的人认为语文学科对于个人素质教育、创新教育、人文精神的培养上没有影响。这说明,被试者还是普遍认为语文学科的教育对于个人综合素质等的培养发挥着重要的作用。

4. 学生语文学习成效缓、周期长

除3.41%的被试者认为语文水平根本不可能通过书面测试检查出来,其余被试者都认为至少可以看出部分学习水平和语文素养;只有8.29%的被试者认为他们所接触的语文,在课文选择、作业布置、结构衔接上不太符合学生学习规律、年龄知识特色与时代发展。语文教学过程中,语文学习具有成效缓、周期长的特征,在课文选择、衔接等方面要更加结合学生学习规律、特色和时代发展需求。

5. 学习文化方式结构重构需求

78.05%的被试者所在的学校或班级概不允许使用智能手机;68.29%的被试者是希望教师在课后借助微信群等网络媒介进行语文学习指导的。在面对语文远程直播(录播)教学的课堂形式能否引起主动学习语文的愿望中,近85.62%的被试者选择能有效引起学习需要。这在一定程度上表达了群体对学习文化方式结构重构的需求。

四、中学语文教学发展的思考及对策

(一)语文学习思想观念与教考制度建设

该地区语文学科教学采用的依然是教师讲授知识、讲解题目、传授答题技巧的模式。分析课文时又是多以高考大纲为方向去分析段落大意、介绍文章背景,更有甚者将一篇课文断章取义加以"分析",以达到一切为了提高分数的目的。高等学校是招生考试,带有选拔性特点,是无法允许学习停留在合格的水平上,只要是选拔,就必须是高要求。所以,高中语文教学必须瞄准高考。在这种情形影响下,对于教师的教和学生的学的要求就是没有止境的。升学的压力,教学指标的压力也就直接导致师生一门心思都用在应付考试上,"事无巨细"理论、"煮夹生饭"的情况就自然而然地出现了,语文的学和教之间的"矛盾"

也就愈演愈烈了。但架空式的语文教学分析对于学生的主体性作用是一种无视，更会直接抹杀学生学习语文的热情和创造性。"一切为了答题、一切为了高考"的语文学习思想是有局限的，这与新课改的要求是矛盾的，高考完以后的人生才是更加重要的起点。

调研中发现，语文学科的分数相较于数学等学科，要想在一段时间内学习拔高几乎是不可能的，这对于学生的学习热情无疑是一种严重的打击，理清"教考学"制度思路更需要价值观念的转变，学生学习到的并不只是以唯分数论来定基调。学生对语文学科的喜好兴趣，与他们对教学老师的好恶感情也有着重要的关系。教师教得好，学生喜欢听，教师个人魅力高，学生喜欢听，这种学生和老师之间较强的相关关系也能对于教师职业素养的培养和学生学习能力的提高发挥现实作用。只有发挥学生在课堂内外的主体地位，形成一种教师引导、学生自主学习、师生共同学习成长的新模式，让学生不只是学习者，更是教师的素养培养中的"小老师"，学生和老师互为"师生"，也许才可能形成新的、可持续的、良性发展模式。

（二）语文教师城乡差异明显

从调查情况来看，该县语文学科在未来一两年内会出现较为明显的教师短缺问题。语文教师招聘有明显年度数量比例不均问题，有的年份招得特别多，有的几年都招不了几个。调查发现，语文教师队伍平均年龄较大，新生力量明显不足。未来几年还将会有一大批教师到龄退休，这将使得全县语文教师数量短缺问题进一步凸显。

乡镇学校多采用老教师带新教师的师徒制，来弥补师资经验缺乏的问题。从数据中看来，有48%的乡镇语文教师是教龄低于5年的，且大多是近3年入职的新教师。普遍教龄短、教学经验不足，这对于学校生源质量影响很大，好学校的生源会越来越好，直接导致乡镇中学教师师源和学生生源恶性循环，从而进一步拉大城乡地区教学质量和教育水平差距。

优秀语文教师补充途径不畅。乡镇优秀教师缺失明显，教授水平较好的教师基本被选拔到县城重点学校，条件较好或者在县城买房的教师不愿再去乡镇中学任教，新引进的师范毕业生因受县城学校编制影响而入区困难，骨干教师单向性地流向好学校。最后，乡镇中学成为城区中学教师"培训基地"，教师队伍成分和素质建设也就易于受到影响。县城中学，学业压力更大，教师教学负担较重，若年龄较高的教师长期从事高负荷工作教学，其体力是难以长期保证的。现今的教学压力下，教师进修途径较少，老教师的教学知识更新相对较慢，教学素质提升较为缓慢，对于适应和深入推进素质教育和新高考要求相对较难。

（三）城乡、公办和私立学校师资力量发展建设

要进一步提高城乡语文教师的职业素养教育。语文教师还肩负着当好班主任的职责，对于学生的思想建设，发挥着至关重要的作用，要切实加强语文教师的党建思想建设，对

教师的培养更要将职业理想、职业道德、法治教育、心理健康教育等融入职前培养、准入、职后培训和管理的全过程。教育主管部门和学校要建立健全对于宣传、考核、监督与奖惩一体化的长效机制。政府和教育主管部门要进一步加大对于乡镇地区教师特岗计划实施规模和工资待遇补贴的制度建设与完善工作。如,在进一步统一城乡编制标准的基础上,在职称(职务)评定上给予倾斜;对服务年限较长者给予鼓励性奖励或交流休养等福利。在语文教育者这个特殊的群体里,提高教师定期流动学习、培训、跨校培养和竞聘比例。对于城镇的公编语文教师要鼓励其下到乡镇学校进行教育帮扶,对于城区教师到乡镇学校进行走教的行为制定更加详尽的制度加以保证,让老师减少后顾之忧。

有的地区"民办中小学成为择校竞争的主要目标,原先优质的公办学校沦为'二流学校'。与房地产业相结合、规模巨大、高度商业化的'超级中学'恶性发展"[1]。为此,国家在积极推动修订《民办教育促进法》,对民办学校实行按营利和非营利"分类管理"的思路,规范民办教育发展,也为更好地促进公办教育和民办教育良性健康发展。民办学校不能代替公办学校,民办学校的发展不是拼硬件、拼师资、拼高考,民办学校可以尝试走特色发展道路,在学校办学理念、综合发展、分类教育、普职融通、研学旅行建设、新课堂培训等方向进行教育,以探求适合民办学校发展并与公办学校形成互补竞争共同促进发展的新教育思想。

笔者发现,该县教育局近几年的工作规划中,已提到要在教师培养上树立科研意识;建立和扩大"大人才"发展战略、教师后备资源储备战略、大数据战略和再培训师徒制发展战略等政策举措,以此为该地区的教育发展提供持续动力;在完善学校教育环境的同时,利用远程教学、数字化课程等技术手段和网络研修、语文教学专家指导、升学再教育、优秀语文教师定岗置换等多种形式来增强教师教育水平,提高语文教师职业获得感,从而能更好地促进本地区语文教师结构的发展建设。

(四)家校合作网络教学发展方式拓展

未来,该县语文教学课程可以在线上线下双模式下进行。这次新冠肺炎疫情影响下"停课不停学"将线上教学模式进行了很好的实践探索。被试者对网络教学需求的认可达到了86.75%。线上教学前,教师教案设计先通过整个备课组共同讨论制定,在授课过程中,老师不仅要进行知识讲授,还包括设计、指导、启发等要素拓展。这一转变让学生不再被动接受,而开始学会自我规划、自我习得、自我内化。线上学习最大的好处并非教学内容本身,而是针对学生自身特点的自助式学习,深入式思考激活学习自主性的同时,保持学生线上学习的专注度和接受度,让学生通过了解学习目标,带着问题读教材,网上查资料,

---

[1] 杨东平,杨旻. 教育蓝皮书:中国教育发展报告(2019)[M]. 北京:社会科学文献出版社,2019.

看突破重点难点知识的音视频，网络即时协作交流，纸上练习检测巩固，对照学习笔记、教材整理心得等步骤，方能实现自我建构、自我反思。在课后辅导上，对地区优秀教师课程资源利用网络平台共享，如学生可通过电视平台收看教学视频，融媒体平台 app 等方式进行补充学习，经此，学习效果必将好于集体补课、报辅导班、找家教等方式。这些措施下，更需要强化家校合作模式，一起去推动学生主动地学习语文，提高各项技能。这或许会是今后学生线下课堂学习以外的促进和补充途径。

结束语

目前我国教育还明显存在"发展不平衡、不充分的问题，教育质量特别是人才培养质量相对滞后于教育规模的扩张，教育体系和人才培养体系的不完善，教育结构还不能完全适应经济社会发展需要，一些不利于教育发展的体制机制障碍明显存在，教育对外开放与合作办学的水平有待提高，优质教育资源不足，教师发展制度不完善"[1]，政策制度落实时间长，区域、城乡、校际、不同群体之间的教育差距还比较明显，高水平教师队伍建设相对滞后等。攸县地区的教育总体发展状态良好，但也存在一定的问题，比如语文教育发展不平衡，语文教师职业归属感总体较弱、学科专业发展目标意识较弱、教学教育与研究水平有限、学生和教师对语文学科重视性较弱等问题。总体上看，中国县乡镇语文教育发展仍任重道远，进一步振兴县乡镇语文教育工作，是进一步建设教育强国，建设全面小康社会的一个部分。在语文教育中，除了书本的知识外，一名好的语文教师挖掘语文课程资源的意识更对于学生的进一步思想规划引导发挥着重要作用，学生要学会运用汉语言文学文化，发掘其中的社会性内涵、人文性关怀、自然性丰富，在满足"温饱"的同时，需要更高视野的探索。也期望教育最后可以达到"教学相长"的目标，中华儿女更好地传承中国文化、感知中国文化魅力，讲好中国故事。

参考文献

［1］中华人民共和国教育部制订. 普通高中课程方案语文课程标准（2017 版）［M］. 北京：人民教育出版社，2018.

［2］杨东平，杨旻. 教育蓝皮书：中国教育发展报告（2019）［M］. 北京：社会科学文献出版社，2019.

［3］张彬福. 怎样成为一名优秀语文教师［M］. 上海：华东师范大学，2011.

［4］张春成. 语文反思性教学策略［M］. 南宁：广西教育出版社，2004.

---

① 朱国仁. 筑牢民族复兴的基础工程——学习习近平总书记关于建设教育强国的重要论述［J］. 人民论坛，2019（06）：13-15.

［5］张隆华. 中国语文教育史纲［M］. 长沙：湖南师范大学出版社，1991.

［6］张隆华，曾仲珊. 中国古代语文教育史［M］. 成都：四川教育出版社，2000.

［7］朱国仁. 筑牢民族复兴的基础工程——学习习近平总书记关于建设教育强国的重要论述［J］. 人民论坛，2019（06）：13-15.

［8］罗晓欢. 语文名师成长——基于复杂系统理论的探索［M］. 北京：光明日报出版社，2014.

［9］联合国教科文组织，世界文化与发展委员会. 文化多样性与人类全面发展——世界文化与发展委员会报告［M］. 张玉国，译. 广州：广东教育出版社，2016.

［10］习近平. 决胜全面建成小康社会夺取新时代中国特色社会主义伟大胜利——在中国共产党第十九次全国代表大会第一次会议上的报告［N］. 人民日报，2017-10-28（1）.

［11］王仲玥. 有效教学的系统分析［J］. 当代教育论坛（宏观教育研究），2008（04）：40-41.

［12］杨克军. 中学语文教学现状的思考［J］. 内蒙古教育学院学报，2000，（02）：81-82.

［13］曾佳敏. 新课程下中学语文教师素质结构研究——南昌市中学语文教师素质现状调查与思考［D］. 江西师范大学，2007.

［14］胡京飞. 城郊中学语文教学现状的调查与思考［D］. 湖南师范大学，2006.

［15］王超群，韦冬余. 初中写作教学的问题及其对策——基于语文核心素养理论的分析［J］. 教育探索，2016（03）：60-62.

［16］叶延武. 高中语文选修课教学的问题与对策——以深圳市育才中学教学实践为例［J］. 课程. 教材. 教法，2010，30（03）：22-26.

（指导教师：李欢）

导师点评

刘柯辰同学的本科毕业论文《县乡镇中学语文教学发展现状及改进思路——以湖南株洲攸县为例》，通过问卷调查（自编《中学语文教学发展现状调查问卷（教师版）》和《中学语文教学发展现状调查问卷（学生版）》）的方式对株洲市攸县地区7所高中的语文老师和学生进行了抽样调查，初步了解了攸县地区中学语文教学的现状及存在的问题，结合攸县经济发展与教育认知、师资和生源分配、教育资金的投入、地方性教育政策等，从政府、社会、学校、家庭及学生个体方面提出了较为可行的改进策略。作为一名师范生，能够运用大学所学知识对自己家乡的中学语文教育有所关注、调研、思考，发现问题并尽力提出解决问题的方案，这一点是值得我们肯定的。论文的选题恰当且有实际意义，调查问卷的问题设置较为科学、合理，对调查得来的数据能够进行初步的分析、使用，结构清楚，行文流畅，符合本科毕业论文的写作标准。

导师简介

李欢，博士，副教授，研究方向为音韵学、语音学。

附 表

1. 附表1：

中学语文教学发展现状调查（教师版）

您好，感谢您在繁忙之中打开本套问卷，我们想要通过本次调查对本地区中学语文学科发展现状以及现实诉求进行了解。本次调查只用于研究，将严格做好保密工作，请您如实填写，谢谢您的支持与配合。

1. 请问您是语文教育教学的相关从业者吗？（　　）[单选题]
   ○A. 是　　　○B. 否　　　○C. 准备成为

2. 您喜欢学习语文吗？（　　）[单选题]
   ○A. 喜欢　　○B. 不喜欢　　○C. 没感觉　　○D. 说不清

3. 您现在从事语文教学工作的时间有多久了？（　　）[单选题]
   ○A. 5年以下　○B. 5-10年　　○C. 10年以上　○D. 其他_____

4. 您是否担任班主任？（　　）[单选题]
   ○A. 是　　　　　　　　　　　○B. 否

5. 您认为自己擅长语文教育？（　　）[单选题]
   ○A. 非常符合　○B. 比较符合　○C. 不确定　　○D. 不符合

6. 从事语文教学工作让您感觉（　　）[单选题]
   ○A. 身心愉悦　　　　　　　　○B. 偶有烦恼，但仍能安宁快乐
   ○C. 时常烦恼和焦虑　　　　　○D. 身心俱疲

7. 您对于从事语文教学工作的工资期望是多少？（包括班主任津贴）（　　）[单选题]
   ○A. 3500元以下　　　　　　　○B. 3500—4000元
   ○C. 4000—5000元　　　　　　○D. 5000元以上
   ○E. 其他_____

8. 您觉得当前的语文课堂不能吸引学生的原因有哪些？（　　）[多选题]
   □A. 老师讲授过多　　　　　　□B. 课堂容量小
   □C. 学生自主参与度不高　　　□D. 教学手段单一

9. 您更同意在语文教育教学的过程中以教师为主体还是以学生为主体？（　　）[单选题]
   ○A. 教师　　　○B. 学生

10. 您所在的学校或者班级，是否经常开展语文学习交流活动？（　　）[单选题]
    ○A. 经常有　○B. 有时有　　○C. 几乎没有　○D. 没有

11. 在您曾经或者正在进行的语文教育教学中,"语文实践活动"所占课堂教学的比例大概有:( )[单选题]

　　○A. 一半以上　　　　　　　　○B. 三分之一到四分之一

　　○C. 四分之一到五分之一　　　○D. 五分之一以下

12. 从平时的教学过程中,您认为学生语文素养得不到提高的因素有哪些?( )[多选题]

　　□A. 主观上不重视　　　　　□B. 想学但不得法

　　□C. 没有全身心投入课堂　　□D. 基础差

13. 您觉得您接触的语文课本在课文选择,作业布置,结构衔接上是否符合学生学习规律,年龄知识特点和时代发展要求?( )[多选题]

　　□A. 很符合　　□B. 比较符合　　□C. 一般

　　□D. 比较不符合　　□E. 极不符合

14. 您觉得,目前的语文测验是否能够做到真实有效地检测出学生的语文水平?( )[单选题]

　　○A. 能够

　　○B. 基本能够

　　○C. 一般,只能看出学生的一部分水平

　　○D. 语文水平根本不可能通过书面测验检查出来

15. 您觉得,对于语文教育从业者来说,是否应该打破原有的语文教学模式?( )[单选题]

　　○A. 需要,目前的语文教学模式太过死板

　　○B. 只需要稍加改进,不需要整体改变

　　○C. 不需要,现在的语文教学模式很好

　　○D. 不清楚

16. 在您的印象或实际教学工作中,语文教学哪部分所占的课堂教学时间比较多?( )[多选题]

　　□A. 课文讲授　　　□B. 习题或作文讲评　　　□C. 测验

　　□D. 语文实践活动(如进行朗诵、辩论等)　　□E. 复习

17. 您认为语文课堂可以引入哪些新的学习支架?( )[多选题]

　　□A. 微课　　□B. 游学　　□C. 网课　　□D. 博物馆或者阅览室

18. 您觉得,是否从曾经或者正在进行的语文教育中得到了素质教育、创新精神,以及人文精神的培养?( )[单选题]

　　○A. 是　　　○B. 否　　　○C. 不清楚

19. 就目前的语文教学来看，您觉得哪些内容应该加大教学比重？（　　）[多选题]
　　□A. 现代文阅读　　　　　　□B. 文言文知识及阅读能力拓展
　　□C. 诗词赏析　　　　　　　□D. 语言知识应用
　　□E. 作文、应用文写作　　　□F. 名著及课外知识拓展
　　□G. 语文实践活动　　　　　□H. 其他

20. 您认为，语文教育教学是否对您的人生观、价值观、世界观产生了影响？（　　）[单选题]
　　○A. 影响巨大　○B. 有一定影响　　○C. 一般影响　　○D. 影响力甚微

21. 对于最近中考、高考中语文分数比重上升的提议及措施，您认为：（　　）[单选题]
　　○A. 十分有必要，这样可以加深学生对于中国文化的认同感，从而提高国家文化软实力
　　○B. 有必要，但是不能简简单单地只提高高考分数，还应该有其他改革
　　○C. 无所谓
　　○D. 不应该，其他学科的学习同样重要

22. 您觉得，对于目前的语文教育以及语文教育从业者来说，是更应该扩大对理论的学习与重视还是对于语文实践的进行与重视？（　　）[单选题]
　　○A. 理论　　　○B 实践　　　　○C. 二者并重

23. 您所在的备课组，集体备课情况如何？（　　）[单选题]
　　○A. 很好　　○B. 较好　　　○C. 一般　　　　○D. 差

24. 请问语文远程直播（录播）教学在课堂上有什么吸引您的？（　　）[多选题]
　　□A. 课堂生动有趣　　　　　□B. 讲解深刻透彻
　　□C. 上课方式独特　　　　　□D. 教师观点新颖
　　□E. 扩大知识面　　　　　　□F. 其他＿＿＿＿＿＿＿

25. 在语文远程直播（录播）教学过程中，语文老师需要在哪方面的作用最突出？（　　）[单选题]
　　○A. 负责播放　　　　　　　○B. 维持班级纪律
　　○C. 提醒重难点　　　　　　○D. 答疑解惑
　　○E. 课后指导　　　　　　　○F. 其他＿＿＿＿＿＿＿

26. 您认为语文直播（录播）课程的优点是什么？（　　）[多选题]
　　□A. 讲解透彻，便于理解
　　□B. 课堂具有启发性、探索性
　　□C. 课堂重点突出、难点突破、讲解到位
　　□D. 课堂节奏流畅、知识含量丰富

☐E. 授课教师充满激情、幽默风趣，课堂生动有趣，

☐F. 师生互动频繁，学习氛围浓、学习效率高

☐G. 学生有很多交流与合作的机会

☐H. 其他_____

27. 您对语文远程直播（录播）教学效果感到满意的原因是？（　　）[多选题]

☐A. 语文成绩有很大的提升　　　☐B 有利于思维的培养

☐C. 掌握了学习方法　　　　　　☐D. 拓宽了自己的视野

☐E. 加强了自学能力　　　　　　☐F. 其他_____

28. 您对语文远程直播（录播）教学感到不满意的原因？（　　）[多选题]

☐A. 课堂内容多，教师讲解速度快

☐B. 难度过大，难以理解，作业太多

☐C. 不喜欢通过观看视频来学习，课堂参与性不强

☐D. 师生交流少、讨论问题流于形式

☐E. 成绩提升不明显，听说读写能力未得到充分锻炼

☐F. 其他_____

29. 您认为语文直播（录播）教学的缺点是什么？（　　）[多选题]

☐A. 课堂学习氛围不太好，难以参与

☐B. 课堂节奏过快、内容太多

☐C. 语文口语训练难以实施

☐D. 直播授课教师讲解太多，知识难以有效吸收

☐E. 师生互动、同学之间交流少

☐F. 硬件设施不完善，带来直播延迟

30. 您对语文远程直播（录播）教学的总体评价是（　　）[单选题]

○A. 非常满意　　○B. 比较满意　　○C. 基本满意　　○D. 不满意

31. 您认为学校对于语文远程直播（录播）课堂应该在哪方面做出改进？[简答题]

32. 您觉得学生对自己的认可程度是？（　　）[单选题]

○A. 非常高　　○B. 比较高　　○C. 一般　　○D. 不高

33. 工作以来，您在专业成长方面是？（　　）[多选题]

☐A. 主动参加过有计划的、系统的专业培训

☐B. 经常参与内容多样（不局限于专业）的培训

☐C. 被动地接受过碎片化的培训

☐D. 即便是学校组织的培训也没有认真参与

34. 目前您认为自己对专业发展的诉求是哪些方面？（　　）[多选题]
□A. 教育理论学习　　　　　　□B. 信息技术手段
□C. 学科专业知识　　　　　　□D. 学历层次
□E. 教学技能　　　　　　　　□F. 科研能力

35. 从事语文行业以来，您的听课类型涉及哪些层面？（　　）[多选题]
□A. 国家级　　□B. 市级　　□C. 区级　　□D. 校级

36. 您现在在教育期刊上发表的文章（教学论文、案例反思、教学随笔）数：（　　）[单选题]
○A. 0篇　　　○B. 1-2篇　　　○C. 3-4篇　　　○D. 5篇及以上

37. 您理想中的语文课堂是什么模样？（开放式问答题）[填空题]

38. 您对语文学科发展现状的意见和建议？（开放式问答题）[填空题]

2. 附表2：

中学语文教学发展现状调查（学生版）

同学，你好，感谢你在繁忙之中打开本套问卷，我们想要通过本次调查对本地区中学语文学科发展现状以及现实诉求进行了解。本次调查只用于研究，将严格做好保密工作，请你如实填写，谢谢你的支持与配合。

1. 请问你所在的年级是？（　　）[单选题]
○A. 高一年级　○B. 高二年级　　○C. 高三年级

2. 你喜欢学习语文吗？（　　）[单选题]
○A. 喜欢　　○B. 不喜欢　　○C. 没感觉　　○D. 说不清

3. 你对自己的语文老师的认可程度是？（　　）[单选题]
○A. 非常高　○B. 比较高　　○C. 一般　　○D. 不高

4. 请问你在语文课上经常处于什么状态？（　　）[多选题]
□A. 听老师讲解　　　　　　□B. 记笔记
□C. 处于思考过程中　　　　□D. 参与问题讨论

5. 你现阶段的语文学习能力怎么样？（　　）[多选题]
□A. 能阅读各类文学作品　　□B. 能清晰准确地表达自己的意思
□C. 能独立完成一篇流畅的文章　□D. 以上均不能

6. 你觉得当前课堂不能吸引你的原因有哪些？（　　）[多选题]

☐A. 老师讲授过多 ☐B. 课堂容量小
☐C. 学生自主参与度不高 ☐D. 教学手段单一

7. 从主观上分析，你认为语文素养得不到提高的因素有哪些？（   ）[多选题]
☐A. 不重视 ☐B. 想学但不得法
☐C. 没有全身心投入课堂 ☐D. 基础差

8. 你更同意语文教育教学的过程中以教师为主体还是以学生为主体？（   ）[单选题]
○A. 教师 ○B. 学生

9. 你觉得，在语文课堂教学中教师是否应该以教材为主要教授对象？（   ）[单选题]
○A. 应该 ○B. 不应该 ○C. 无所谓

10. 你认为自己可以怎么样参与到语文课堂中来？（   ）[多选题]
☐A. 担任中心发言人 ☐B. 发表观点，与小组同学讨论
☐C. 角色扮演 ☐D. 板书

11. 你所在的学校或者班级，是否经常开展语文学习交流活动？（   ）[单选题]
○A. 经常有 ○B. 有时有 ○C. 几乎没有 ○D. 没有

12. 你认为语文课堂还可以引入哪些新的学习支架？（   ）[多选题]
☐A. 微课 ☐B. 游学 ☐C. 网课 ☐D. 博物馆或者阅览室

13. 你认为，语文教育教学是否对你的人生观、价值观、世界观产生了影响？（   ）[单选题]
○A. 影响巨大 ○B. 有一定影响 ○C. 一般影响 ○D. 影响力甚微

14. 你觉得，是否从曾经或者正在进行的语文教育中得到了素质教育、创新精神，以及人文精神的培养？（   ）[单选题]
○A. 是 ○B. 否 ○C. 不清楚

15. 在你曾经或者正在进行的语文教育教学中，"语文实践活动"所占课堂教学的比例大概有：（   ）[单选题]
○A. 一半以上 ○B. 三分之一到四分之一
○C. 四分之一到五分之一 ○D. 五分之一以下

16. 你觉得，目前的语文测验是否能够做到真实有效地检测出学生的语文水平？（   ）[单选题]
○A. 能够
○B. 基本能够
○C. 一般，只能看出学生的一部分水平
○D. 语文水平根本不可能通过书面测验检查出来

17. 你觉得，你接触的语文课本在课文选择，作业布置，结构衔接上是否符合学生学

习规律，年龄知识特点和时代发展要求？（　　）[多选题]

　　□A. 很符合　　□B. 比较符合　　□C. 一般　　□D. 比较不符合　　□E. 极不符合

18. 你觉得，是否应该打破现有的语文教学模式？（　　）[单选题]

　　○A. 需要，目前的语文教学模式太过死板

　　○B. 只需要稍加改进，不需要整体改变

　　○C. 不需要，现在的语文教学模式很好

　　○D. 不清楚

19. 你觉得，自己所获得的语文教育以及语文知识是否足够在社会以及生活中应用？（　　）[单选题]

　　○A. 足够　　　○B. 还可以　　　○C. 不够

20. 你们在学校时允许使用智能手机吗？（　　）[单选题]

　　○A. 允许　　　　　　　　○B. 配合教学时允许

　　○C. 课堂外可以使用　　　○D. 概不允许

21. 你希望教师借助微信群等网络媒介进行语文学习的指导吗？（　　）[单选题]

　　○A. 非常愿意　○B. 比较愿意　○C. 不愿意　○D. 无所谓

22. 你认为语文远程直播（录播）教学的课堂形式能引起你主动学习语文的愿望吗？（　　）[单选题]

　　○A. 适合学习的需要

　　○B. 偶尔让我感到很期待接下来的学习

　　○C. 多数能引起我的需要

　　○D. 不能吸引我继续学习下去

23. 请问语文远程直播（录播）教学在课堂上有什么吸引你的？（　　）[多选题]

　　□A. 课堂生动有趣　　　　□B. 讲解深刻透彻

　　□C. 上课方式独特　　　　□D. 教师观点新颖

　　□E. 扩大知识面　　　　　□F. 其他_____

24. 在语文远程直播（录播）教学过程中，你觉得语文老师在哪方面的作用最突出？（　　）[单选题]

　　○A. 负责播放　　　　　　○B. 维持班级纪律

　　○C. 提醒重难点　　　　　○D. 答疑解惑

　　○E. 课后指导　　　　　　○F. 其他_____

25. 你认为语文直播（录播）课程的优点是什么？（　　）[多选题]

　　□A. 讲解透彻，便于理解

　　□B. 课堂具有启发性、探索性

☐C. 课堂重点突出、难点突破、讲解到位

☐D. 课堂节奏流畅、知识含量丰富

☐E. 授课教师充满激情、幽默风趣，课堂生动有趣。

☐F. 课堂师生互动频繁，学习氛围浓、学习效率高

☐G. 学生有很多交流与合作的机会

☐H. 其他_____

26. 你对语文远程直播（录播）教学效果感到满意的原因是？（   ）[多选题]

☐A. 语文成绩有很大的提升

☐B 有利于思维的培养

☐C. 掌握了学习方法

☐D. 拓宽了自己的视野

☐E. 加强了自学能力

☐F. 其他_____

27. 你认为语文直播（录播）教学的缺点是什么？（   ）[多选题]

☐A. 课堂学习氛围不太好，难以参与

☐B. 课堂节奏过快、内容太多

☐C. 语文口语训练难以实施

☐D. 直播授课教师讲解太多，知识难以有效吸收

☐E. 师生互动、同学之间交流少

☐F. 硬件设施不完善，带来直播延迟

28. 你对语文远程直播（录播）教学感到不满意的原因是？（   ）[多选题]

☐A. 课堂内容多，教师讲解快

☐B. 难度过大，难以理解，作业太多

☐C. 不喜欢通过观看视频来学习，课堂参与性不强

☐D. 师生交流少、讨论问题流于形式

☐E. 成绩提升不明显，听说读写能力未得到充分锻炼

☐F. 其他_____

29. 你对语文远程直播（录播）教学的总体评价是（   ）[单选题]

○A. 非常满意   ○B. 比较满意   ○C. 基本满意   ○D. 不满意

30. 你对老师目前进行线上教学的想法如何？[填空题]

31. 你理想中的语文课堂是什么模样？（开放式问答题）[填空题]

论影视剧中的晚清师爷形象
——以《绍兴师爷》中的方敬斋为例

徐申　汉语言文学（文秘方向）2016级

摘　要：师爷作为地方行政长官的得力助手，在明朝中后期就已经出现，在清朝时期达到鼎盛。而绍兴师爷作为历史上知名的师爷群体，在清朝中后期形成了一定的职业道德和文化底蕴。电视剧《绍兴师爷》塑造了一位尽职尽心的绍兴师爷方敬斋的形象，可谓绍兴师爷这一群体的典型代表。本文致力于对其中的人物形象展开分析，评析师爷在地方治理中发挥的重要作用，以期当代文秘工作者能够从中得到启示。

关键词：影视剧；绍兴师爷；方敬斋；现代秘书

引言

在当前的影视剧作品中，作为我国古代秘书的师爷常常作为地方官员的点缀，为其献计献策，但很多师爷助纣为虐，使得观众对师爷的形象产生许多负面的看法，未能得到一个较为全面的认识。这些电视剧为了迎合市场需求，情节设置不合理，师爷的特殊地位和重要作用并没有得到充分体现。绍兴师爷作为师爷群体的代表，能够集中体现师爷群体的职业道德和精神气质。电视剧《绍兴师爷》情节设置合理，人物形象丰满，能较为全面准确地反映出影视作品中所塑造的晚清师爷形象。

本文以影视作品中晚清师爷形象为研究对象，从秘书学的角度进行研究。同时，对影视剧中古代秘书形象特征进行整理分析，发掘其对现代职业秘书的启示和借鉴意义，有利于加强文秘工作者以及在读学生对秘书职业的认同感。

一、国内影视剧作品中的师爷形象分类

目前，国内以师爷形象为主角的影视剧作品较少，但也有一些非常成功的范例，如于1999年上映的电视剧《绍兴师爷》。以师爷形象为配角的影视剧较多，亦成功塑造了许多经典的师爷形象，如周星驰喜剧系列《九品芝麻官》中的师爷方镜堂和姜文名作《让子弹飞》中在正邪势力之间犹豫不决的假县长汤师爷。在这些影视作品中，师爷虽居于次要地位，但其形象同样给人留下了深刻的印象。目前，国内有关师爷的影视剧因定位不同，塑造的师爷形象和创作主旨也有所区别，大致可以分为三种类别：

第一类是展现师爷形象的历史正剧。这一类影视剧作品，以晚清时期的吏治腐败为背景，通过对师爷形象的刻画，展示了师爷在困境中能够尽心尽力辅佐幕主，坚守职业道德和精神品质的光辉形象。例如，20世纪90年代的电视剧《绍兴师爷》中的师爷方敬斋，出身绍兴当地的师爷世家，坚持济世救民的理念，选择一生为幕，虽有心辅佐官吏，最终却因官场黑暗而不得不选择归隐。又如，2017年上映的影视剧《于成龙》中的师爷周瑞和，被于成龙的治理能力和道德品质折服，尽心竭力地辅佐于成龙，一起克服困难，铲除地方恶势力，最终帮助于成龙成为一代名臣，在历史上留下美名。这类影视作品，作为历史正剧，选择扎根在历史真实的基础上进行创作，其人物形象鲜活生动，让社会大众认识到师爷为幕生涯的艰辛和不易，更揭示了师爷忠于职责、善于劝谏、仁恕爱民的职业精神。

第二类是以市场为导向的喜剧作品。这一类的影视作品最多，往往为了突出喜剧的效果，导演和编剧选择通过搞笑的剧情和简单的正邪对立来塑造诡计多端的师爷形象。例如，喜剧电影《九品芝麻官》中的师爷方镜堂，勾结恶官吏，为虎作伥，陷害戚秦氏，幸得被周星驰饰演的包龙星戳破计谋而最终伏法，揭示了一部分师爷勾结恶势力为恶一方的丑陋一面。又如，《让子弹飞》中的买官县长马邦德，被匪徒劫持后选择作为师爷，生存在地主豪绅和县长之间，在正邪势力的交锋中最后落得身首异处的悲惨下场。这类影视剧虽属喜剧，也对师爷多有批评，但却成功塑造了一类趋炎附势、投机取巧、见风使舵的师爷形象。

第三类是根据文学作品改编的"架空"作品。这一类影视剧于近几年产生，大多通过对网络文学作品的改编，塑造身怀特殊能力的师爷形象，但因为制作粗糙和剧情夸张，在影视观众中未能得到很好的评价。例如，2011年上映的电视剧《刑名师爷》，改编自国内盛大文学平台上的同名小说，剧中的孟天楚作为穿越人物，穿越回古代成了刑名师爷，运用现代科学知识和当时的刑名师爷段平之间展开较量，二人都要争得同时喜欢上的女孩夏凤仪的青睐。该剧虽然由著名演员吴奇隆等人出演重要角色，但并未取得较好的收视效果。又如，上映于2018年的奇幻喜剧电影《道师爷》，主人公关师爷行走江湖与妖物斗法，行

侠仗义，为蒙冤受屈的人申诉。虽然故事奇幻，情节曲折，但缺乏真实的历史背景，情节脱离了师爷的实际生活，反而使观众对师爷形象产生了误解。

二、电视剧《绍兴师爷》中的方敬斋形象

《绍兴师爷》这部电视剧中的主要人物有方敬斋和董瑞两位。主角方敬斋，原名方辉启，是一名生活在绍兴当地的刑名师爷，为了躲避朝廷高官朵骨王爷求贤被迫改名方敬斋，一边在当地县令府中做幕僚，一边准备科举考试。但是因为遇到糊涂主考官，断送了方敬斋的入仕梦，之后他为了谋生，投奔好友董瑞，做了幕僚，尽心竭力地辅助董瑞升迁，在董瑞不顾民生腐化堕落之后，他忍痛选择辞幕归隐；另一位主角董瑞，是苏州富商的儿子，诗文尚可，因糊涂考官戏点案卷，阴差阳错之下反而考中进士。他毫无治理一方的实践经验，得到方敬斋的辅佐才能够处理为官期间碰到的各种问题，后来因为野心膨胀，一心渴求升迁，选择与方敬斋分别，醉心在官场上钻营升迁之道。

这部电视剧主要讲述了他们两人的共同经历，包括初上任遭遇沧县恶捕头的刁难，在吴桥担任县令发生税银失窃时的惊慌，拒绝上司的恶仆索贿时的委屈，杭州任上错判张公子冤案的挫折，董瑞到达山东后纵容亲戚腐化之后的理念不合等主要情节。在这一过程中随着董瑞官职的提升，两个人在理念和道路选择上逐渐产生了根本的分歧，最后方敬斋选择辞幕归隐，既揭示了晚清时期官吏腐化堕落已经是积重难返的沉重事实，又彰显了以方敬斋为代表的一部分绍兴师爷能够坚守在历史发展中所形成的职业道德和精神品质。

作为一位优秀的刑名师爷，方敬斋十分清楚自己的职责和地位。在职责上，他是一位运筹帷幄的高级参谋，必须及时辅助董瑞做出重大决策，处理好重要公务和突发事件；在地位上，他是深得董瑞信赖的参谋助手，受到尊重和称赞时依旧选择坚持人格独立。在剧中，方敬斋帮助董瑞理顺了县衙秩序，处理了重大冤假案件，帮助董瑞在考核之中获得上级赏识。在二人和高家姐妹分别喜结连理后，因为亲缘关系，方敬斋与董瑞的关系更加密切，他依旧常常提醒董瑞坚守为民治理的理念，为此不惜与董瑞发生冲突。后来，董瑞为了达成迅速升迁的愿望，错判张公子冤案，方敬斋利用自己丰富的人际关系才使得危机解除，此时方敬斋和董瑞因为理念不合已经出现裂痕。最后因为董瑞目睹官场现状选择醉心升迁，不再看重方敬斋的理念和作用，方敬斋也因已经无法起到警示作用而选择归隐。在这样一种辅助参谋关系中，师爷的地位和作用得到充分体现。"在州县通常要设的幕席中，'刑''钱'两席地位最为尊贵，是幕席中的大席。这主要是司法、财税工作对于州县政府的重要性以及'刑''钱'两种幕席知识的专业性所决定的。"[1]其中的刑名师爷不仅要凭借

---

[1] 王婷婷. 清代州县幕友及其文书档案工作 [D]. 苏州：苏州大学，2013.

着自己的经验和本领，帮助幕主参与案件的审理工作，作为受到信任的幕僚还要辅佐幕主做出各种事关地方民生的决策。只有帮助幕主取得政绩，赢得幕主的信任，成为幕主长期的幕僚，才能得到一份长期稳定的工作，维持家庭生活。而相当一部分地方官员只会应付考试，缺乏治理经验，必须依靠各类师爷完成繁杂的工作，故找到一位配合得当、善于出谋划策的师爷才能得到政令畅通、治理有方的效果。

公正无私，注重调查，讲究证据，秉公断案是方敬斋一直秉承的职业观念。刑名师爷负责参与地方案件的调查和审理，因而责任重大，必须要审慎处理遇到的各种案件。同时期的幕学著作中对此已有了明确的说明，如著名的师爷王又槐在他的著作《办案要略》中对各类案件如何处理均有明确的叙述。方敬斋作为一位刑名师爷，尽管在查办案件时会受到地方豪绅的阻挠和上级官吏的掣肘，但他坚持从证据出发，克服困难也要理清楚事实和真相，即使在遇到当事人和自己存在重大矛盾的情况下，他依旧坚持为当事人仔细分析案情，努力查出幕后真凶。他暂居杭州期间，因为母亲去世和当地王员外女儿出嫁发生冲突，他被迫忍让。但在之后员外女儿被诬陷为杀害丈夫的凶手时，他依旧尽力帮助破案。在他看来，办案要做到公正无私，不能受到个人恩怨影响，这既体现了他对幕主的高度负责，又实践了他的职业观念。

在方敬斋的职业生涯中，他一直把济世救民当作自己的职业信条。在步入仕途的初期，方敬斋和董瑞都怀着济世救民的思想而致力于地方治理，一起审理冤案，惩治恶吏，渴求进一步升迁，在更高的位置上来实现自己的理想抱负，而两人的冲突，更多体现在对案情的分析上。随着官阶的提升，董瑞把心思放在了渴求升迁方面，特别是在他担任山东巡抚后，纵容下属私拆民房，对家族亲属的贪污放纵不管。对于方敬斋来说，是无法接受辅佐这样一个幕主的，他心中始终认为，作为一个合格的幕僚，深受儒学教育，必须要怀着济世救民的道德观念，为一方百姓做好事；必须要通过献计献策，适时规劝幕主尽到自己的责任；必须要发挥自己的本领，为当地百姓带来善政。他的目标就是希望做一名这样的好幕僚，无愧于幕主，无愧于百姓，也无愧于自己所受的教育。

不因私人感情影响自己的职责发挥，在尽职尽责的同时尽力去维护私人感情，是方敬斋最大的处事原则。在方敬斋看来，私人情感只能够作为他赢得幕主信任的有效方法，能够增进彼此的信任与合作，但他绝不因私人情感而放弃自己的职业原则，而是必须做到公私清楚。他与董瑞虽然是连襟兄弟，关系密切，但是他能够做到公私分明，不因私人感情影响自己对案件、对时事的判断。在董瑞为官生涯中，为了迅速升官，曾多次犯险冒进，方敬斋多次据理力争，甚至触怒董瑞而被迫辞幕，但他仍然坚持作为一个合格幕僚的职业责任。在他看来，把本职工作和私人生活区分开，不仅能够帮助幕主做出客观冷静的判断，而且能够保持自己在人格和精神上的独立。这种处事原则既帮助他在复杂的官场环境中很好地维持了人际关系，还使他赢得了同行业师爷们的交口称赞。

圆滑而不失方正是方敬斋最鲜明的性格特点。作为师爷，他必须圆滑处事，巧妙地与当地小吏、地主豪绅、上级官吏进行周旋，从而帮助幕主董瑞克服工作中的困难和阻力。他能够随势而动，选择暂时忍让妥协。在与恶势力的斗争中化被动为主动，他收集证据，查清线索，最终获得胜利。但他性格中的疾恶如仇和心地善良往往使他在面对穷困百姓受害受难时选择坚持原则，挺身而出，解决困难。在剧中，方敬斋因为母亲出殡而与当地的王员外为争夺道路发生了冲突，最后以年轻的小姐出嫁为重选择含泪忍让。不久之后，这位员外的女儿被冤枉为杀人凶手，方敬斋仍然能够不计前嫌，愿意为她查清楚真正的凶手，帮助她洗清了冤屈，避免了一场冤案的发生。可以说这样的性格特点，既是他长期从事幕僚工作中形成的，又与他深受儒家教育和幕学教育分不开。

方敬斋的人生命运，反映了科举制度下的读书人，尤其是晚清师爷这一群体的真实命运。他专心科举最后却以失败告终，但他并没有因此灰心丧气，而是退而求其次，选择作为师爷实现自己济世救民的理想抱负，他的这种经历揭示了当时绍兴地区许多读书人的真实命运。为了维持生计，不少读书人选择作为师爷，一生为幕，赖以谋生。尽管剧中的方敬斋的生活同样清贫，但是他仍然坚持与腐败现象划清界限，抵制贿赂和诱惑，他仍然坚持秉持公心，认真做事。在清贫中坚持自己的志向，以学问丰富自己的内心，这是作为读书人的方敬斋对自己的要求。作为师爷，方敬斋疾恶如仇，足智多谋，善于断案，深得幕主的信任，在一次次刑狱案件的调查中逐渐成长为一位经验老到的知名师爷。但也因为官场黑暗，多次辞幕，当他目睹吏治昏聩成为主流时，感到彻底失望，选择归隐山林。这一形象揭示了许多晚清师爷的真实命运。清朝末年，社会动荡，许多幕僚辗转多地，在这个大时代中颠沛流离，过着惨淡的生活。最终，随着清王朝的覆灭，民国建立以后，师爷这一群体也逐渐消失在历史中。

三、从《绍兴师爷》看师爷职业特征

把人物形象塑造得真实生动，才能使一部影视剧有研究的价值。电视剧《绍兴师爷》中的主人公方敬斋师爷，无论是其人生遭遇、心理状态，还是精神风貌都显得无比的真实。事实上，许多师爷一生为幕多地，其报酬虽然丰厚，但责任和事务也同样繁重，一些师爷在自己的私人笔记中流露的心绪充分体现了这一点，如著名师爷许思湄在其个人笔记《秋水轩尺牍》中流露出的思乡之情和漂泊之苦。剧中的方敬斋科举不中，被迫为幕，多年的师爷生涯让他看清楚了吏治腐败的无奈现实。作为师爷的方敬斋，夹在地主豪绅和自己的幕主之间，受到许多委屈和责备，因此他也时常感到为幕之难，心中充满苦楚。最重要的是，方敬斋身上所体现出的那种疾恶如仇、足智多谋、敢于洗冤的品质也是师爷这一职业和幕学这一门学问所要求的必备的品质。《绍兴师爷》中的方敬斋作为一名绍兴籍的刑名师爷，其一生经历体现了绍兴师爷这一群体的职业特点，故以他为例分析归纳绍兴师爷的职业特征和精神风貌，不仅有助于进一步加强对绍兴师爷群体的认识，也有助于为现代秘书带来职业上的启示。

师爷这一群体具有一定的人身自由性。师爷和幕主之间是一种合作关系，宾朋关系。师爷凭借能力，取得幕主信任，可以得到一份稳定的工作，幕主发生变故，或是师爷不受信任，师爷则辞别幕主。作为受雇的师爷并非官方编制的从业人员，其职业不受地域限制。作为雇主的幕主，长期埋头八股文和官场人际关系研究，缺乏实际经验与治理能力，必须寻找一位能力卓越的师爷合作，才能达到治理有方、谋划有度的效果。正如历史学者郭润涛所述："绍兴师爷是凭借法律知识和行政技术办理行政事务的绍兴人群体，而书吏擅长的也正在于它熟通律例，二者的本领都是官僚所短缺的。"[1]这一点在绍兴师爷这一地域群体身上体现得尤为明显。他们凭借地缘的优势，利用自己的人际关系网络，在职业生涯中可以多次改换幕主，相比其他地区的师爷，绍兴师爷凭借这两点优势，选择的机会和空间更大，其足迹往往是辗转于全国各地，不必长期被迫栖身于一地一幕，人身自由程度相较而言更高一些。

师爷十分注重经验传承。绍兴师爷的历史虽短，但群体庞大，涌现出许多优秀的师爷，比如著名的师爷汪辉祖、许思湄等人。他们为幕多年，通过著书立说，将自己为幕生涯的经验和感悟总结流传下来，为师爷这一门职业的发展，确立了许多核心的道德要求和职业规范。资历深厚的师爷通常会收年轻的弟子，既可带来收入，又能直接将自己的所学和经验传递下去。这样许多年轻的师爷通过拜师学习，从而能够在实践中掌握许多前人总结的优秀经验，帮助自己提升技能，从同辈中脱颖而出，从而获得幕主的认可。绍兴师爷就是这样在传承中形成了一个遍及各地的知名的师爷群体，产生了巨大的影响力。

尽职尽责，仁恕救民是绍兴师爷群体重要的精神风貌。幕主和师爷之间是一种雇佣关系，师爷为了能够长期胜任这份工作，必须要认真对待本职工作。在幕主遇到困难时，师爷要尽力帮助，在幕主犯下错误时，师爷要尽力规劝。绍兴师爷所受的幕学教育还要求师爷要秉承仁恕的思想，因而"师爷需体恤百姓，慎重考虑与民众的关系，对于斩绞流徙等重罪应重点检点，严格把握讼词，因一旦牵涉官司就会导致家破人亡，妻离子散"[2]。作为师爷，必须要做到辅助幕主宽仁治民，为一方百姓带来福泽，同时对于冤假错案要尽力纠正，这既是对绍兴师爷的职业要求，又能够体现仁德修身的观念。这样一种精神风貌使得许多师爷在历史上留下了很高的评价，只不过由于部分现代影视剧作品的丑化，使得师爷的精神风貌受到了污名化的影响。

---

[1] 郭润涛. 试论"绍兴师爷"的区域社会基础 [J]. 中国社会经济史研究，1994（41）：59.
[2] 王彪. 明清时期的秘书群体——绍兴师爷 [J]. 秘书之友，2006（11）：39.

与当时的全国性师爷群体相比较,以地缘关系为基础,以亲缘关系为纽带,是绍兴师爷群体的又一大特点。经济重心南移之后,明清时期江南地区经济发达,参与科举考试的士子人数众多,但录取的比例十分有限。大量科举失败的士子依靠自身的能力和特长选择成为各类师爷谋生,其足迹踏遍全国各地,并且依靠亲缘和地缘关系形成了各自的人际关系网络。由于师爷这份职业存在不稳定性,因此必须拥有一定的人脉来确保他们能在许多地区持续为幕,获得一份长期的收入。电视剧《绍兴师爷》中的方敬斋在为幕初期,即依靠族中亲戚徐师爷的帮助,初步坚定了职业信心。在幕主董瑞数次遇到困难的时候,他多次利用自己家族中的人脉,求见各级主官解决了一次次危机,有研究者指出:"绍兴籍的师爷,为了扩大优势,在行业竞争中取胜,他们不但将幕学代代相传,子承父业,而且还在家乡开设幕馆,传授幕学知识。更重要的是在全国各地的游幕之人还通过各种手段呼朋引类,互通声气,形成一个网络。"①绍兴地区的师爷就是在这样的传承帮扶中不断壮大,最终形成了一个知名的地域文化群体。

四、《绍兴师爷》对现代秘书从业者的启示

不断优化选拔人才的标准。从董瑞的为官生涯可以看出晚清吏治腐败的黑暗现实,从方敬斋为幕可以看出优秀人才的生存不易。这两人命运的共同启示,就是在今天的人才选拔中要不断优化标准。随着经济社会的发展变化,无论政府还是企业,选人用人的标准也在提高和完善,尤其是在危机时刻,更能体现选人用人标准的导向作用。能者上庸者下,成为全社会的共识。选拔人才是一项综合考察工作,不仅要考察一个人的实际工作能力,考察他的道德品质,还要考察他的担当能力和责任意识,要在德才兼备的基础上全面考察,提拔那些认真负责、业绩突出的人才、坚决消除为官不为,怠惰散漫的思想,才能使我们的队伍更富有活力,才能使我们的事业永葆长青。

注重加强对从业者的职业道德教育。绍兴师爷能够成为一个知名的地域知识群体,离不开良好的文化教育支持,离不开对年轻师爷的道德情操的培养。绍兴地区幕学兴盛,许多年轻的师爷要经过幕学教育才能开始为幕生涯。在道德和才能关系的认识上,著名的师爷汪辉祖在他的幕学著作《佐治药言》中即认为"正心之学,先在洁守,守之不慎,心乃以偏"②。他明确指出师爷所受的幕学教育中,不仅要强调专业知识的学习,而且强调个人要建立起良好的品德操行,要培养勤俭节约的个人私德,静简修身,洁身自好。在职业认知上,提倡尽职尽责的职业道德。剧中的方敬斋深知作为一名优秀的师爷,过硬的本领只

---

① 何宝梅. 从《秋水轩尺牍》看清时期幕友的职业特征 [J]. 秘书, 2007 (7): 40.

② 〔清〕汪辉祖.《佐治药言》·立心要正 [M]. 商务印书馆, 1937.

是谋生的要求，幕主对师爷、师爷们彼此之间也更为看重道德品质。道德优良的师爷，更容易得到同行们的举荐和信赖；道德品质败坏的师爷，注定无法长期从事这一行业，也不会留下好的历史评价。作为一名优秀的秘书，在业务熟练的基础上，必须要树立起正确的价值观和职业观，加强职业道德教育，在实现职业价值的基础上，更好地为单位的发展贡献自己的力量。

年轻的秘书从业者要主动学习。只有不断取得新的经验和技能，才能更好地胜任本职工作。作为现代职业秘书，不仅要加强自身的理论学习和知识储备，更要积极学习技能和积累经验。理论水平的高低和知识储备的程度影响我们的写作能力，技能和经验的多寡影响我们的办公效率和处理复杂问题的水平。方敬斋能够成为一名著名的师爷，离不开他长期在各地处理各种案件的经验积累。作为年轻的从业者，我们一定要加强技能的锻炼和经验的积累，积极向同事和前辈虚心学习。坚持终身学习，利用便利的线上学习优势，主动学习新技能。面对复杂的职场环境和繁杂的日常工作，我们难免有畏难和迷茫的情绪出现。此时就需要在错误中快速发现自己的不足，根据工作需要学习新的技能，主动提升自己，这样才能在激烈的职场竞争中保持自己的优势，在职场复杂的人事环境中更好地保护自己。

注重对年轻的从业者塑造正确的价值导向。电视剧《绍兴师爷》传达了师爷群体守正、为民、务实的价值观念，这些观念和我们对现代职业秘书的要求是基本一致的。做人合格、做事可靠是对一个秘书最基本的职业道德要求。作为一名合格的秘书，必须要忠于职守、勤恳务实，才能得到领导和同事们的称赞。然而不可否认的是，贪图享乐、混事度日、消极怠工、不求作为的声音也在损害着年轻人的价值观念和职业生涯。因此，作为现代秘书，不为乱花遮眼，不为这样的声音所困扰，就必须时时刻刻提醒自己坚守这样的价值观念：甘居幕后，忠于职守，敢于担当，努力做好本职工作，为本单位的高效运转贡献自己的努力，才能更好地胜任本职工作，服务社会，实现自己的职业价值。作为秘书学专业的高校大学生，更要在成长成才的关键时期，加深对本专业的职业认知，积极主动地进行自己的职业规划，筑牢服务奉献、积极有为、敢于吃苦、勤恳务实的职业观和价值观。

结束语

对师爷种类、地位、作用，以及幕宾关系的研究，许多从事历史学和文学研究的学者已有充分的认识。但从文学作品和影视作品出发，研究秘书形象，特别是师爷形象的成果尚少。本文具体地选取了有关晚清师爷的影视剧中最具有代表性的作品《绍兴师爷》，对其中的绍兴刑名师爷方敬斋的个人形象进行了较为深刻的分析，从中归纳了绍兴师爷的职业道德和精神品质。剧中所塑造的以方敬斋为代表的绍兴师爷所具有的尽职尽责的职业道德和济世救民的精神品质,应当被发掘和弘扬。作为现代秘书从业者,我们应当注意吸取绍兴师爷的经验和教训,认真锤炼业务水平,从而更好地胜任本职工作,更好地服务奉献社会。

参考文献

[1] 王婷婷. 清代州县幕友及其文书档案工作 [D]. 苏州:苏州大学,2013.

[2] 〔清〕汪辉祖.《佐治药言》·勿令人轻习幕 [M]. 商务印书馆,1937.

[3] 郭润涛. 试论"绍兴师爷"的区域社会基础 [J]. 中国社会经济史研究,1994(04):59.

[4] 王彪. 明清时期的秘书群体——绍兴师爷 [J]. 秘书之友,2006(11):39.

[5] 何宝梅. 从《秋水轩尺牍》看清时期幕友的职业特征 [J],2007(07):40.

[6] 〔清〕汪辉祖.《佐治药言》·立心要正 [M]. 商务印书馆,1937.

(指导教师:王军君)

导师点评

论文选取电视剧《绍兴师爷》中的"方敬斋"为研究对象,分析晚清师爷形象,阐述对现代秘书工作的启发,选题符合秘书学专业要求。作者将国内影视剧作品塑造的师爷形象分为"展现师爷形象的历史正剧""市场导向的喜剧""文学改编的架空作品"等三类,分别阐释了不同"师爷"形象。重点分析了《绍兴师爷》中的方敬斋形象及其代表的绍兴师爷群体具有的尽职尽责的职业道德和济世救民的精神品质。此外,论文还深层次思考了《绍兴师爷》对现代秘书从业者的启示。论文材料丰富,层次分明,论述有力,是一篇有新意的本科毕业论文。

导师简介

王军君,男,文学博士,教授,硕士生导师,主要从事中国现当代文学专业教学和中国现当代文学、电影文化等方向的研究。

论柳宗元的教育思想

薛晨光 汉语言文学（师范方向）2017级

摘 要：柳宗元是中唐时期杰出的教育家、政治家、文学家、思想家，一生重视教育，倡导师道，延续了孔子、荀况等人的思想，在重视教育理论的同时，更关注教育实践，做出了卓著的教育成绩。本文考察其"期以明道"的教育目的，"儒为根柢，兼采诸家"的教育内容，注重"顺天致性"的教育方法，其教育思想历久弥新，是后人为师典范。

关键词：柳宗元；教育思想；教育史

教育是人类社会特有的现象，包括教育实践与教育思想两个部分，二者是推动教育事业发展的两种"动力"。在教育实践过程中会出现各类的教育现象与教育问题，对这些现象与问题进行深入的认识与思考，便形成了教育思想。教育思想是历史地形成的，社会变革与教育实践推动教育思想的产生和发展，具有发展性、创新性、独立性、个性化等特点，是教育理论的先导和灵魂。[①]中国文化传统十分重视"教育"，中国历史上的教育思想，具有深厚的文化底蕴，蕴含着不同历史时期教育名家的世界观、人生观、价值观和社会理想，他们在对中国古代教育思想进行继承、批判、改革的基础上，结合自身长期的教育实践，形成了独具特色的教育思想。

柳宗元（773—819），字子厚，唐代杰出的思想家、政治家、文学家、教育家。他一生热爱教育，爱惜人才，乐育英才，重视知识教育的同时更强调德育的重要性。他的教育思想以"人的教育"和"人的培养"为中心，蕴含着自然主义教育思想的光辉。探析柳宗元的教育思想，可以了解未来教育的趋势，有助于把握教育规律，继承历史教育思想，创新传统社会理想，推动现代教育的发展、开拓和提升。

---

① 杜成宪. 中国教育思想史研究散论［J］. 河北师范大学学报（教育科学版），2016，18（02）：5-11.

一、教育目的

"中兴以人才为本",面对唐朝中后期政治黑暗、经济腐败、藩镇割据、宦官专权的社会环境,柳宗元认为,教育关乎国家一切的发展,开发民智,培养人才,用仁政来治国兴邦才是革除弊政以使国家长治久安的根本之策。柳宗元继承和发展了孔子的教育思想,以儒家思想为本,并融通佛教思想,将二者结合以弘扬圣人之道,形成了自己的教育思想体系。这个思想体系以"学以明道"的教育目的作为根基,致力于培养德才兼备、济世安民的"君子",培养出的人才要符合"生人之意"的政治思想,要符合"公之大者"的政治要求,要符合"穷则独善其身,达则兼济天下"的理想标准,从这点来看,柳宗元的教育目的和他的政治思想紧密相连。他在《送豆卢膺秀才南游序》中提出:"有乎内""饰乎外"。"内"是指道德修养,"外"是指礼仪文采,内坚守其道,外笃行其道,简言之,柳宗元认为教育的最终目的就是要培养出既要"明道"又可"行道"以济世安民的封建治术人才,充分理解掌握"道"的观点,并且在生活中可以正确运用,为社会服务。柳宗元对于君子的道德、人伦、政治等方面有着极高的要求:

(一) 期以明道

柳宗元在《报崔黯秀才论为文书》中提出:"圣人之言,期以明道,学者务求诸道而遗其辞。辞之传于世者,必由于书。道假辞而明,辞假书而传,要之之道而已耳。"[①]圣人教人,旨在明道,"道"在这里指的是儒家的"圣人之道"。这句话不仅在说为文要重视文章的内涵,不要单纯追求辞藻的华丽,更是在强调为人要以"道"为标准,把握"道"的内在实质,将"道"去"极乎物",着眼于解决现实生活中的实际问题。正是因为"明道",以"道"为旨来教书育人,才能培养出内外兼修的"君子"以行圣人之道,圣人之言才能够得以流传百世。何谓君子?柳宗元认为君子具有以下特征:"有柔儒温和之道,有雅厚直方之诚""质直而不犯,恪谨而不摄,交同道之群以诚信""饰以文墨,达于政事"。综上可知,柳宗元所说的君子是品德高尚、内外兼修、精通六艺、勤于政事、关注民生的人,需秉持儒家传统仁义,以实现修身、齐家、治国、平天下的最终理想,体现出了对完整人格的教育追求。

在这一点上,历史上的多家学派也曾有过类似思想,具有深远的思想渊源。儒家学者认为,君子的完整人格应该是仁、智、勇三者的结合,才全德备,将诸多优秀品质集于一

---

① 〔唐〕柳宗元. 柳宗元集 [M]. 北京:中华书局,1979:886.

身；墨家重视实用技术，强调掌握众技之长，同时还提出"厚乎德行"，重视良好品德的养成，强调人的素质的综合全面发展；道家的代表人物中，老子与庄子都秉持着自然主义精神，超然物外，不计较得失、功名、利益，虽与学而优则仕，济世安民的思想有所出入，但仍是对"道"的坚守，也是一种崇高的教育追求。

（二）笃而行道

柳宗元在《断刑论》中说："经也者，常也；权也者，达经者也。皆仁智之事也。"①"权"是达"经"的，因而也就是实现"圣人之道"的必要途径，和"经"同样是"仁智之事"，这样就赋予权变以更加重要的地位和意义。②"经"为原则，"权"为路径，二者相辅相成，是辩证统一的关系。"行道"的过程中要坚持"经权结合"的思想，尊重客观规律的同时又要采取机动应变的灵活策略，反对因循旧章，主张通达时变，这是为人处世的道理，更是教书育人的方法。君子要知行合一，将"明道"与"行道"相结合，"即其辞，观其行，考其智，以为可化人及物者"③，笃信力行，致力于国家的富强。

柳宗元曾说："君子志正而气一，诚纯而分定，未尝标出处为二道，判屈申于异门也。固其本，养其正，如斯而已矣。"④在此，他认为君子在出处、屈申不同的境遇里，应当坚持利安元元的本心，养成端正精一的志向。⑤这也是对孔子"知命"观念的继承与发展，何谓知命？那就是要不计成败地专注于我们应该做的事，无所谓其他外在因素的影响，矢志不渝地践行自己的义务以达到"至圣"的崇高境界，这也是儒家对于"君子"的一项重要要求。柳宗元在自己的人生道路上也始终践行着"君子"的标准，他虽然政治失意，但仍矢志不渝，坚持立身行道，深入人民群众，了解农村的现实情形，服务于当下社会，积极践行"仁民爱物""民胞物与"的中华优良传统。正是在这种充分了解当地真实情况的条件下，柳宗元"学以明道"的教育思想发展到了新高度，对于"君子"的标准有了更为现实深刻的认识，写出了《捕蛇者说》《送薛存义之任序》《封建论》等作品，由此可知，柳宗元自身就是其"学以明道，笃而行之"教育观念的忠实践行者，时刻不忘"辅时及物"的人生志愿。

---

① 〔唐〕柳宗元. 柳宗元集 [M]. 北京：中华书局，1979：89.
② 孙昌武. 柳宗元评传 [M]. 南京：南京大学出版社，2011：253.
③ 〔唐〕柳宗元. 柳宗元集 [M]. 北京：中华书局，1979：825.
④ 〔唐〕柳宗元. 柳宗元集 [M]. 北京：中华书局，1979：602.
⑤ 孙昌武. 柳宗元评传 [M]. 南京：南京大学出版社，2011：95.

二、教育内容

柳宗元自小接受的便是传统的儒学教育，希望自己能够"延孔子之光而烛于后来"，始终坚持"立功、立言、立德"的人生理想。柳宗元培养的是以仁义为根本的儒家君子，因此柳宗元的教育内容最推崇儒家经典，其次是诸子之说。《报表君陈秀才避师名书》载："其外者当先读六经。"这与韩愈的"约六经之旨以成文"观念表达着相同的思想。这句话高度概括了柳宗元有关教育内容的理念，六经中所蕴含"仁、义、礼、智、信"的思想，包括了关于道德教育、知识文化教育在内的教育内容。

（一）取道之原在六书

在学习内容上以儒家经典为根本，钻研儒道知识，端正态度，尊重本原。柳宗元的文化知识体系，是以"六书"为核心，"本之《书》以求其质，本之《诗》以求其恒，本之《礼》以求其宜，本之《春秋》以求其断，本之《易》以求其动，此吾所谓取道之原也"①。"取"意思是取法、遵循，"道"指儒道，"原"指本源。这是要求学习者从儒家经典中探寻灵感，让一些先验性的观念在文学创作中得以呈现，从这个角度来看，柳宗元的观点与韩愈的"约六经之旨以成文"观念相一致。《书》即《尚书》，是夏、商、周三代的历史文献汇编，《书》中蕴含"道"的本质；《诗》即《诗经》，是孔子曾经最为重视的内容，学《诗》可以探求"道"的自然规律与运行法则，可以掌握人的恒常性情；《礼》即《仪礼》，主要内容是西周以来的政治制度和礼仪规范，《礼》是人们必须遵循的伦理规范，可以让人们知道如何做到举止得宜；《春秋》是我国历史上第一部编年史，内容涵盖社会、自然、人事等多方面，正如《孟子·滕文公下》载："世道衰微，邪说暴行有作，臣弑其君者有之，子弑其父者有之。孔子惧，作《春秋》。"孟子认为学习《春秋》可以让人是非明确，褒贬分明，总结治国经验教训；《易》即《易经》，蕴含着对未来事态发展的预测，学习《易经》，可以让人体会事物的发展变化，在尊重规律的基础上正确发挥主观能动性对客观规律加以运用。六经是儒家典籍的精华所在，柳宗元将其作为主要的教学内容，正是其治学态度端正，尊重本原的精神所在。

（二）旁推交通于百家

在学习内容上不墨守儒家学说，兼采诸家学说，广泛参阅，博采众长。他在《敌戒》

---

① 〔唐〕柳宗元. 柳宗元集［M］. 北京：中华书局，1979：873.

中说："皆知敌之仇，而不知为益之尤；皆知敌之害，而不知为利之大。"①存在不同的意见是不可避免的，这样才能彰显出真理的正确与伟大。柳宗元主张"博取诸子"，诸子百家中也有值得我们深入学习的学说，要从诸子百家学说中提取思想营养，持辩证态度对待儒家传统思想，不应片面地将儒家观念作为治学做人的唯一标准。永州时期，柳宗元博览诸子书作，考辨了诸如《列子》《文子》《鬼谷子》等作品，见解精到。"余观老子亦孔子之异流也，不得以相抗，杨、墨、申、商、刑名、纵横之说，其迭相毁抵牾而不合者，可胜言耶？然皆有以佐世"②，虽然书中所记载的各学派的观点有不相统一的地方，但是仍有共同之处，其间蕴含的育人治世的道理是相通的，我们应做到"通而同之，搜择融液，与道大适"。

"参之《谷梁氏》以厉其气，参之《孟》《荀》以畅其支，参之《庄》《老》以肆其端，参之《国语》以博其趣，参之《离骚》以致其幽，参之《太史公》以著其洁，此吾所以旁推交通而以之为文也"③。学习《春秋谷梁传》用以磨砺文章气力，学习《孟子》《荀子》用以使文章条理清楚，学习《庄子》《老子》使得文章的叙事说理深渊广博，学习《国语》用以增加文章的情趣，学习《离骚》用以增加文章的抒情使其委婉幽远，学习《史记》用以使文章峻洁。柳宗元以儒家经典作为主要教学内容，吸收其他学派的进步因素，融会贯通，为传统儒学增加了新的内容，这与当时社会背景下柳宗元所主张的"儒佛调和""援佛入儒""三教调和"的观点是相通的，有利于重塑儒学的主体地位，是十分先进的教育理念。

三、教学原则与方法

柳宗元在长期的教育理论研究与教育实践中，创造了一套完整的教育方法与学习方法。内容包括：顺天致性，尊重学生的自然发展规律；启发诱导，激发学生求知欲望；言传身教，以身作则，提升教学的权威；博极群书，提升学生学术视野，端正学生治学态度；求真务实，促进独立思考。这些先进的教学原则与方法，在那个时代，可以称之为难得的创举。

（一）顺天致性

柳宗元从其天人相分的自然哲学思想出发，认为天地万物的运行变化都有自己的规律，用合理的措施去适应规律就会促进事物的发展，反之，违背自然规律办事就会受到相应的

---

① 〔唐〕柳宗元. 柳宗元集 [M]. 北京：中华书局，1979：532.
② 〔唐〕柳宗元. 柳宗元集 [M]. 北京：中华书局，1979：662.
③ 〔唐〕柳宗元. 柳宗元集 [M]. 北京：中华书局，1979：873.

惩罚。柳宗元在《种树郭橐驼传》中提出："顺木之天，以致其性"的道理，十年树木，百年树人，柳宗元借用树木生长的故事来表达自己"育人"的思想，运用至教育工作当中，便是要达到"适时观变，以成其变"的效果，个性教育必然要尊重学生的天性，个性教育要尊重自然规律，通达权变而不失时机。纵观中国教育史，柳宗元的"顺天致性"的教育思想，显然是受到了道家的影响，与道家教育思想颇有渊源。在道家看来，利用礼法来塑造人与改变人是对人的自然本性的破坏，教育活动应该做到顺其自然，尊重人的自然本性，将自然与无为作为法则，在学习中抛弃所有的主观成见，保持一颗平静的心追求自然之道就会获得知识与成功。人类不断地进步与发展，是一个逐渐社会化的过程，但是在社会化的过程中又会不断地失去自然本性，从这一点上来看，道家的观点非常具有教育价值，道家注意到了社会性原则与自然法则的矛盾问题，个人价值与个人发展之间的矛盾问题，这是当时儒家、墨家的教育思想中表述较为片面的地方，道家让我们对教育有了新的认识，提示我们应该重新审视、思考真正的教育应该是什么样的？但是道家的认识也有其片面性，如庄周无条件地赞美自然，只要是天生的，手有六指、人仅一足都是完善的，反之则都是罪恶。①就道家思想表现出的共同趋向而言，他们对于个体生命意义的解读稍显过度，在理性历史的框架中试图超越历史，在社会生存的环境中试图摆脱社会②，带有追求虚幻的反理智倾向，个人中心的反社会的倾向。

柳宗元"顺天致性"的教育思想，在以儒家仁爱意识为根本的基础上，补充进道家"无为而治""复归于朴"思想，形成了多元思想的融合，弥补了儒家思想中关于社会原则、自然原则、人的天性保存方面的不足之处，并克服了道家思想中过度"放任自流"而带来的不利影响，做到了"天道"与"人道"的合一。他认为，育人同样要顺应人的发展规律，而不能凭着主观愿望和情感恣意干预和灌输。但不是放任自流，为学生提供良好的发展环境和动力是必要的。③遵循了学生的自然成长规律，有利于塑造学生的丰满个性。

（二）启发诱导

对学生进行启发诱导是柳宗元的一条重要教学方法。在《论语·述而》中，孔子强调："不愤不启，不悱不发。举一隅不以三隅反，则不复也。"《荀子·劝学》中，荀子强调："不傲，不隐，不瞽，谨顺其身。"《学记》中载："道而弗牵，强而弗抑，开而弗达。"这些都是启发诱导教育原则的具体体现，重视学生学习自主性的培养，促进学生主动发挥学习能动性，防止因盲目灌输知识而损害学生求知欲望。柳宗元作为儒家思想的继承者与发扬者，

---

① 孙培青. 中国教育史［M］. 上海：华东师范大学出版社，2009：81.

② 葛兆光. 中国思想史［M］. 上海：复旦大学出版社，2013：122.

③ 赵新国. 论柳宗元的教育思想及影响［J］. 湖南师范大学教育科学学报，2009（2）：89-91，105.

其教育思想与儒家思想是一脉相承的，他十分注重启发诱导教学原则在实践中的运用。

"材良而器攻，圆其外而方其中然也。材而不良，则速坏；工之为功也，不攻，则速败。中不方则不能以载，外不圆则室拒而滞。方之所谓者箱也，圆之所谓者轮也。匪箱不居，匪轮不涂。吾子其务法焉者乎？"①他以车的"圆其外而方其中"来劝导杨诲之为人要外圆内方，行事要柔外刚中。柳宗元的妻弟前往广西途经永州，临别时柳宗元以车辆为喻，对他进行了劝勉。使用优良的材质才能确保优质的质量，工匠的技艺高超才能造出禁得住考验的物品，车厢与车轮都要做成相应的形状，才能够正常地使用。他劝勉诲之，要学习车厢那样恢宏的气度，学习车轮那样周而通达，学习车轴"守大中以动乎外而不变乎内"②，希望他为人处世能够周而通达，恪守君子之道，保持内心安定，灵活处理外部事物，以达到"方其中，圆其外"③的境界。元和六年，杨诲之回信柳宗元，对其《说车》的劝导并不重视，杨诲之信中的内容让柳宗元感到十分忧虑，于是他撰写《与杨诲之第二书》，信中对甘罗、终君的典故，柳宗元旁征博引并结合自己的人生经历进行论辩。对杨诲之的教育，柳宗元的恳切之态溢于言表，既是作为长辈的谆谆教导，更是柳宗元启发诱导教学原则的运用，针对杨诲之思想中存在的问题，一步步引导其去找到正确的答案。

（三）言传身教

柳宗元指出："中焉可师，耻焉可友，谨是二物，用惕尔后。"④他认为从师取友要有严格的标准，诚信忠信之人才可为人师，老师的言行对学生具有潜移默化的影响，作为师长务必以身作则，做好学生的榜样。因此，柳宗元在文化知识教育中达到"博学多识"，在思想道德教育中达到"示人标程"。"故立大中者不尚异，教人者欲其诚，是故恶夫饰且伪也"⑤，他非常厌恶弄虚作假与矫枉做作的行为，教导人们要坚守中正之道，做到诚实可信。"何清浊之乱，而疾舒之乖欤？""是形纵而理逆"，柳宗元在《李睦州论服气书》中，以现身说法自述学习操琴与书法失败的经历，指出其原因在于"无所师而徒状其文也。其所不可传者，卒不能得，故虽穷日夜、弊岁纪，愈远而不近也"⑥。由此可见，柳宗元言行一致，以身作则，通过个人不懈的治学实现了自身的完善，进而由己及人，推及至更大的范围。柳宗元言传身教的教育原则提升了他的教学权威，促使他成为青年学业上的良师益友。

---

① 〔唐〕柳宗元. 柳宗元集［M］. 北京：中华书局，1979：462.
② 〔唐〕柳宗元. 柳宗元集［M］. 北京：中华书局，1979：463.
③ 〔唐〕柳宗元. 柳宗元集［M］. 北京：中华书局，1979：848.
④ 〔唐〕柳宗元. 柳宗元集［M］. 北京：中华书局，1979：531.
⑤ 〔唐〕柳宗元. 柳宗元集［M］. 北京：中华书局，1979：827.
⑥ 〔唐〕柳宗元. 柳宗元集［M］. 北京：中华书局，1979：843.

(四)博极群书

柳宗元身处永州、柳州这样的蛮荒之地数十年,依然勤奋学习,提出"博极群书"的教育主张,在读书与写作方面提出了具体要求,要广博群书,同时也强调专一持久,不可一味冒进:"成而久者,其术可见。"①以下三点是他对于"博极群书"的具体要求。

第一,邃于经书,博取诸子。"当先读六经,次《论语》、孟轲书,皆经言。《左氏》、《国语》、庄周、屈原之辞,稍采取之,谷梁子、太史公甚峻洁,可以出入。"②读书要以儒家思想为根基,博取各家观点,切勿单一偏执,孤陋寡闻。

第二,辅时及物,益于世用。"辅时及物"是在"文以明道"基础上所作的进一步延伸,读书明理的目的是为了去解决现实生活中的问题,要以利于"人事"为目标,使圣人的言论"益于世用",他在《时令论》中提出:"圣人之道,不穷异以为神,不引天以为高,利于人,备于事,如斯而已矣。"③他认为不可将天道等同于圣人之道,圣人的活动要有利于人事与世用,关注现实积弊与解决策略。他将利于人和事作为治学要旨,并且主张读书时不可一味遵循古书,要进行批判继承,取其精华,去其糟粕:"苟闻传必得位,得位而以《诗》《礼》《春秋》之道施于事,及于物,思不负孔子之笔舌。能如是,然后可以为儒。儒可以说读为哉!"④

第三,羽翼夫道,谦明和晰。基于对艺术精益求精的追求,柳宗元十分强调端正写作态度,在创作上表现出强烈的责任感。⑤他说:"故吾每为文章,未尝敢以轻心掉之,惧其剽而不留也;未尝敢以怠心易之,惧其弛而不严也;未尝敢以昏气出之,惧其昧没而杂也;未尝敢以矜气作之,惧其偃蹇而骄也。抑之欲其奥,扬之欲其明,疏之欲其通,廉之欲其节;激而发之欲其清,固而存之欲其重,此吾所以羽翼夫道也。"⑥柳宗元认为读书写作首先应该保有一个严肃端正的心态,时刻保持敬畏之心,不可投机取巧,滥竽充数,走旁门歪道。其次,作文以护道,读书写文章是为"道"服务的,要掌握"护道"的方法,"抑制、发挥、疏导、精简、剔除、凝聚",使用不同的表现方法可以产生不同的语言效果。这些对待文章严谨的态度和灵活多变的方法,对于后人的阅读与写作也有着极其深远的影响。

---

① 〔唐〕柳宗元. 柳宗元集 [M]. 北京:中华书局,1979:880.
② 〔唐〕柳宗元. 柳宗元集 [M]. 北京:中华书局,1979:880.
③ 〔唐〕柳宗元. 柳宗元集 [M]. 北京:中华书局,1979:85.
④ 〔唐〕柳宗元. 柳宗元集 [M]. 北京:中华书局,1979:660.
⑤ 孙昌武. 柳宗元传论 [M]. 北京:人民文学出版社,1982:214.
⑥ 〔唐〕柳宗元. 柳宗元集 [M]. 北京:中华书局,1979:873.

（五）求真务实

柳宗元在主张博极群书的教育理念的同时，也要求在广泛博览诸子群书过程中力求精准，实事求是，不可人云亦云。因此，在柳宗元"辅时及物"观点的要求下，求真务实也就成为柳宗元教学原则的重要部分，他认为，尊重"事实"与宣扬"理道"是同一过程的两个方面，可以达到高度的融合。

求真务实的基础是博极群书，掌握大量知识，在其基础之上，进行深入的分析考证，面对疑点，要敢于质疑权威，同时做到"悬断""究穷"。"尽信书，则不如无书"，没有研究就没有发言权，没有分析就没有科学性，学习过程中出现了疑惑的问题，不要随便得出结论，要进行深入的思考，广泛地进行考证，在情理、是非、逻辑等方面反复推敲。"君子文学，讲有以异也，必先穷究其书，究穷而不得焉，乃可以立而正也"①，在做学问的时候，要敢于提出自己的观点，要在充分认识理解前人论述的基础上再提出自己的看法进行补充。关于求真务实的教学原则，柳宗元做到知行合一，将此理论广泛运用于实际，在《论语辩二篇》《桐叶封弟辩》等诸多作品中都得以呈现。

四、师道观

"以树人为核心，以立德为标准"是从事教育工作，检验教学成果的根本标准。在当代以"立德树人"为根本任务的教育背景下，柳宗元的师道观历久弥新。有高质量的教师才会创造出高质量的教育，柳宗元的为师标准、精神、境界、情怀千秋垂范。中华书局出版的《柳宗元集》（1979年版），收录有关"为文""为学""为师"的文章共计30余篇，在《答韦中立论师道书》《复杜温夫书》《答严复与秀才论师道书》《送元秀才下第》《师友箴》等文章中，我们可以深入了解他的为师之道。

（一）为师标准

以道为核心，矢志于道，是柳宗元的为师标准。首先，柳宗元的自然哲学思想是其思想体系的根基，由此引申出"学以明道"的教育目的：为了培养出辅时及物、济世安民的治学人才，而由谁培养、以谁为师来塑造封建治世人才便成为重要的问题，由此，柳宗元对教育者提出了严格的要求，提出了为师标准要以"道"为核心。荀子曾说："天道有常，不为尧存，不为桀亡。"万物的运动有其自身的规律，人类世俗和自然法则是相互分离的。柳宗元高度认同"天人相分"思想，他认为："生植与灾荒，皆天也；法制与悖乱，皆人

---

① 〔唐〕柳宗元. 柳宗元集 [M]. 北京：中华书局，1979：814.

也。二之而已，其事各行不相预。"①从这里我们可以看出，柳宗元坚持唯物主义哲学思想，社会国家治乱兴衰的根源在于人而非天，国家治理要重视"人事"，一系列的社会制度都要符合"生人之意"，这个观念与"学以明道"的教育目的是一致的。

柳宗元将明道作为为师的标准。他说："伊尹以生人为己任，管仲衅浴以伯济天下，孔子仁之。凡君子为道，舍是宜无以为大者也。"②为师必定要以"生人"为治学之本，之要。"圣人之为教，立中道以示于后"③，"然圣人之言，期以明道，学者务求诸道而遗其辞。辞之传于世者，必由于书。道假辞而明，辞假书而传，要之之道而已耳。道之及，及乎物而已耳"④。我们了解到，柳宗元认为为师的宗旨是使学生明道，通晓圣人之意，作为学生要"植其志""笃其道"，以儒家思想为本，兼采各家观点以改造现实社会。另外，柳宗元认为为师不仅在于通晓圣人之道，而且要在知识文化水平，道德素质修养，生活技艺实践等方面都能够成为标榜。"太学立儒官，传儒业，宜求专而通，新而一也，以为胄子师"⑤为人师，要博学通才，主动肩负教师的职责，成为明道、行道的"世之高者"。

综上，在坚持"以道为核心"的为师标准的同时，我们可以将老师的作用概括为三点：第一，言道，即传授尧舜之道，延续儒家思想之光芒；第二，讲古，指导学生出入古史经书，以史为镜给予当世以借鉴；第三，穷文辞，指导学生畅通文辞，传授学生习"道"的方法，发挥学生主观能动性以"载道"。

（二）师生关系

柳宗元奉行"交以为师"的师生理念，这在当时社会可谓是极具创新精神，"交以为师"理念将过程与结果相统一，在具体行动当中实现并直接作用于师生两个教育主体，体现出丰富的哲学意蕴，具有辩证性、发展性、自知性、人本性特点。"仆之所拒，拒为师弟子之名，而不敢当其礼者也。若言道、讲古、穷文辞，有来问我者，吾岂尝嗔目闭口耶？苟去其名全其实，以其余易其不足，亦可交以为师矣，如此无世俗累而有益乎己，古今未有好道而避是者"⑥，此处明确表现了柳宗元"交以为师"观念的内涵：愿尽为师之实，不愿居为师之名，愿以师为友，相互为师。柳宗元谢绝的是师生关系的表面名分，免去的是为师为弟子的虚名，免去的是世俗的烦扰，对待不远万里前来求教的学子，他知无不言，

---

① 〔唐〕柳宗元. 柳宗元集［M］. 北京：中华书局，1979：817.
② 〔唐〕柳宗元. 柳宗元集［M］. 北京：中华书局，1979：853.
③ 〔唐〕柳宗元. 柳宗元集［M］. 北京：中华书局，1979：88.
④ 〔唐〕柳宗元. 柳宗元集［M］. 北京：中华书局，1979：886.
⑤ 〔唐〕柳宗元. 柳宗元集［M］. 北京：中华书局，1979：658.
⑥ 〔唐〕柳宗元. 柳宗元集［M］. 北京：中华书局，1979：879.

言无不尽，耐心诚恳地进行解答，韦立中、严厚舆、崔黯、吴秀才等人的求教经历，都有相应文章记载流传，他认为健康的师生关系应该相互为师，亦师亦友。

柳宗元"交以为师"理念的提出，与魏晋以来"耻学于师"的社会风气，永贞革新后"戴罪之身"的政治处境密切相关。这一观念形成的背景固然曲折，但"交以为师"主张的现代性、先进性更值得我们关注。柳宗元发展了孔子"学而不厌，诲人不倦""教学相长，互为人师""三人行，必有我师"的主张，将老师与学生置于同等地位，充分体现了民主平等的作风。"交以为师"是一种进步的师生关系，它回避了传统师道观，使教师走出师道尊严误区；形成师生之间的浓厚亲情，激发学生学习动力；不畏权威，发展学生个性；追求真善，实现心灵解放。

（三）为师方法

柳宗元"顺天致性"的为师方法在传记《种树郭橐驼传》中得以充分展示，《种树郭橐驼传》本是通过以完整的人物故事来表达柳宗元"养人"的政治理念，却在以郭橐驼善于种树这一范例中得出了"育人"之道，其中蕴含了丰富的自然主义教育思想。"橐驼非能使木寿且孳也，能顺木之天，以致其性焉尔。凡植木之性，其本欲舒，其培欲平，其土欲故，其筑欲密。既然已，勿动勿虑，去不复顾。其莳也若子，其置也若弃，则其天者全而其性得矣"[①]。在这里，"顺木之天，以致其性焉"便是统辖全局的总原则，种树必须要尊重树木生长规律，保护它的生长习性。由"树木"可联系到"树人"，"树人"与"育人"在本质上是相同的，教学过程要遵循学生成长的自然规律，施教中要以人为本，发挥人的主观能动性，充分发展学生个性。简言之，顺天致性的为师方法，可总结为六部分内容：一是顺木之天，无为而治；二是以学生为中心，教师起辅助作用；三是教师传授知识以夯实基础，学生自主学习并独立思考；四是严慈相济，热爱学生；五是因势利导，不害其长；六是保全学生天性，身心和谐，全面发展。由此可见，柳宗元"顺天致性"的为师方法是一个全面有机的整体，从原则引领、主体定位、师生分工、教师态度、教学方法、总体目标共六方面作出具体要求，蕴含哲理，引人深思。

（四）为师境界

柳宗元虽几经贬谪，身居荒夷之地，却仍心系庙堂，竭心尽力为国家培养有益于世的济世人才，充分体现了他立足高远、经世致用、爱国忧民的高度社会责任感与爱国情怀。在《与杨诲之第二书》中他明确反对"决科求仕"的求学目标，这与"学而优则仕"的传统儒家观念有所出入，柳宗元认为读书求学的目的是使自己德才兼备，成为济世安民的

---

① 〔唐〕柳宗元. 柳宗元集［M］. 北京：中华书局，1979：473.

"君子"，致力于指导现实，兴邦治国，以实现"历才能，兴功力，致大康于民"①的兴盛局面。综上可知，柳宗元将自己的教育目标，育人思想与国家政治，百姓民生紧密结合，时刻贯彻"辅时及物"的思想理念，具有极高的政治格局，其为师境界可谓是高屋建瓴，立足高远。

（五）为师情怀

柳宗元强调"学必有师"，一个人的成长历程必须要有教师的栽培与教导，在《师友箴》《与李睦州论服气书》等文章中，字里行间均显示出"师"的重要性。"举世不师，故道益离"②，如果人们都不尊重老师，那么大家都会背离道统。因此柳宗元十分推崇师道。他认为："不师如之何，吾何以成？不友如之何，吾何以增？"③学必有师，只有结识名师，广交朋友，才能提升自己的知识，增长自己的见闻。只有向老师学习，才能学有所成，事半功倍。他在《与李睦州论服气书》中以自己年幼时学习书法和弹琴失败的例子，引出失败的原因："是二者，皆极工而反弃者，何哉？无所师而徒状其文也。其所不可传者，卒不能得，故虽穷日夜、弊岁纪，愈远而不近也。"④正是因为缺乏"硕师"的指导，以至于自己盲目努力，最终不能成功，因此，尊师重道，善于从师是非常重要的。

柳宗元的自然主义教育思想系统全面，是一个有机的整体，有教育原则指引，有教育技术支撑，有教育管理辅助，有教育评价校准，且蕴含哲理、富于启迪，对我们今天的素质教育、师范教育、新课程教学有很强的借鉴作用⑤：

其一，从教育思想的产生与变革的角度来看，建设高质量教育体系，深化综合改革，必须要做到"内外结合"。"内"是指有关教育自身的内部问题，比如师资队伍建设问题、人才培养模式问题、教育教学目标设置问题等；"外"是指有关教育发展的外部关系，比如学校课程目标与内容的设置、社会政治经济发展的要求、科技创新进步对人才的需要、国内外深入交流对文化的影响等。任何教育思想、主张的产生，都是对当时时代背景下综合领域的考量，做到"内外结合"以更新教育评价，可以促进教育方式更符合育人规律和人才成长规律，使公民德智体全面发展，培养创新型高素质人才。从这一点上我们可以看出，柳宗元教育思想中的"教育目的""教育原则与方法"的相关内容，与现代教育思想一脉相

---

① 〔唐〕柳宗元. 柳宗元集［M］. 北京：中华书局，1979：876.
② 〔唐〕柳宗元. 柳宗元集［M］. 北京：中华书局，1979：531.
③ 〔唐〕柳宗元. 柳宗元集［M］. 北京：中华书局，1979：531.
④ 〔唐〕柳宗元. 柳宗元集［M］. 北京：中华书局，1979：843.
⑤ 马周周. 从《种树郭橐驼传》看柳宗元的教育思想［J］. 佛山科学技术学院学报（社会科学版），2005（4）：79-82.

承，立足于国家与社会的政治经济实际，做到了与社会各实践领域的系统整合，为实践教学，素质教育提供指导。

其二，从教育思想的理论与实践的角度来看，应对新时代教育课题，培养综合人才，必须要做到"知行相促"。"知"是指教育知识的理论层面，作为教育观念而存在；"行"是指教育知识的实践层面，作为实际互动而存在。柳宗元的"师道观"形成了教与学互动教学的理想模式，在教育实践的师生互动关系中，培养了学生的独立思考、判断、行动的能力。当今社会存在"家长越位，老师让位，学生错位"的问题，柳宗元的以"顺木之天，以致其性"为核心的师道观在这方面显示出了强大的生命力。在此基础上持续推进师范教育的进步，教师对传统"师道尊严"进行转化，成为学生的指导者，坚持"交以为师"理念，与学生做朋友，发挥学生的主观能动性，实现学生知识能力与道德水平的综合提升，真正成为学习的主人。回顾柳宗元教育思想的形成历程，他是在循环往复的教育实践中验证与完善自己的教育思想的，正是以"交以为师"理念为指引，与无数好学之士的互动交流，才使得其师道观丰富而持久。

其三，从教育思想的传承与创新的角度来看，继承古代教育之道，建设教育品牌，必须要做到"古今相通"。"古"是指古人思想观念中的真传与精髓；"今"是指当今时代教育理念的整合与凝结。回顾中国历史长河，中国教育思想在继承古代礼乐文明，历经现实社会变革后，形成了以儒家道德主义、墨家功利主义、道家自然主义、法家法治主义为主的教育格局，历经朝代变化，不断形成新的教育思想形态，不断实现自我更新与完善。在中外文化活跃的唐时期，佛、儒、道三教为扩大社会影响、提高政治地位开展了激烈的竞争，教育思想的发展出现多元化的局面，在斗争过程中交互影响与吸收，又形成新的融合儒、佛、道的教育思想。[1]柳宗元教育思想的根源便是"儒佛调和"，主张"统合儒释"，他在将儒学作为自己思想体系根本的基础上，补充进佛教中有益的内容，促进多元文化的发展建设。柳宗元教育思想将"取道之原"作为教育内容的核心，就是对前人智慧的继承，其中包含了强大的民族观念与群体心理，反映了教育思想的延续。如今现代教育的发展，做到了"古今相通"，继承中国传统文化中高明而又先进的教育理念，不断进行中国化探索。古为今用有着极好的亲和力，经过诠释，还能成为屹立于世界之林的优秀教育品牌，越是民族的东西越是优秀的，古为今用不失为一条教育现代化的捷径。[2]

综上，柳宗元经过长期的教育实践，总结教育经验、反复检验论证，创立了独具特色的教育思想，具有极高的民族教育价值与可贵的教育研究价值，极具教育现实意义。

---

[1] 孙培青. 中国教育史 [M]. 上海：华东师范大学出版社，2009：81.

[2] 马周周. 从《种树郭橐驼传》看柳宗元的教育思想 [J]. 佛山科学技术学院学报（社会科学版），2005（4）：79-82.

导师点评

柳宗元是唐代著名思想家，其思想具有超越时代的历史意义。本文以柳宗元的教育思想为切入点，以今日之教育体系观照其思想，时隔千年，其教育思想与今日之教育思想尚多有不谋而合之处，极具现实意义。作者通过深入阅读《柳宗元集》，从中发现材料、发现问题，这是学术研究的光明大道，值得肯定和鼓励。当然，论文尚处于对材料的简单罗列层面，未能进一步深入地归纳演绎，这是需要继续打磨的地方。

导师简介

严寅春，山西洪洞人，博士，教授，硕士研究生导师，柳宗元研究会理事，主要从事唐代文学与文化研究、涉藏文献整理与研究。

传统文学知识在初中语文教育中的实践研究
——以全国部编版与人教版教材为例

孙蕾　汉语言文学（师范方向）2017 级

摘　要：初中语文将传统文学知识以古文作品的形式呈现在教材中，更好地将教学与传统文学知识连接在一起。为了使学生更好地了解、学习优秀的传统文化，促进中华民族优秀传统文化的继承。本文主要从古诗文、风俗习惯、典故和传统技艺四个方面，分析传统文化知识在初中语文教材中的传承。选取文学常识、手法技巧、作品题材和语言文字，来对初中语文教材中的古诗文进行分析。风俗习惯在初中语文教材中最直接的体现，是在人教版初中语文教材八年级下册第四单元，以及部编版初中语文教材八年级下册的第一单元，文章以现代文的写作风格来呈现传统风俗的内容，更接近现实生活。典故在传统文学中运用广泛，历史典故、爱情典故、节日典故等不同的典故都有着不同的含义，表达着不同的情感。传统技艺则是流传千年的非物质文化遗产，像戏曲、泥人张，都有着深厚的文化底蕴，也是优秀文化传承的结果。精神传承是文化传承的另一种方式，中华民族精神在初中语文教材中的体现，包括家国情怀、进取抗争精神、和谐精神等，每一种都是中学生需要学习和传承的传统文化精神内涵。传统文化教育在初中语文教学中的问题，分为社会环境与教育观念、教师自身能力与传统文化理念、家庭基础和氛围、学生学习兴趣和传统文化认知。针对这些问题，提出社会价值观念的导向、家庭的支持、教师教学技能与传统文化理念的自我提升、立足课堂、学生提高自主学习运用能力的建议。

关键词：古文作品；初中语文教学；传统文化；教育

引言

中华民族的优秀传统文化历经千年的历史发展，拥有深刻的文化底蕴和精神内涵。世代相传至今，中华传统文化具有强大的兼容性，不断地在传承的过程中发展。拥有千年的历史基础，中华民族优秀传统文化博大精深、源远流长。

优秀传统文化在初中语文教学实践中有着丰富的意义，学生更多地在课本中学习优秀传统文化相关作品，能够激发学生的学习兴趣，并从中体会传统文化的精神内涵。

在初中语文教材中，传统文化有着多种的表现形式。文言文、诗词、古典小说、寓言能够让我们直接在文章中领略传统优秀文化的文学知识和精神内涵；不止如此，初中语文教材也会以现代文来传达仍在流传的传统习俗文化；更有书法作品的欣赏，陶冶初中学生的情操。

中华民族的优秀传统文化数不胜数，我们需要去领略其中的文化内涵，汲取营养，使之不断地发展，并加以继承。

（一）中华优秀传统文化的定义和价值

"中华优秀传统文化是中华民族几千年来在社会实践活动中经过长期积累和积淀所形成的对中华民族生存与发展以及人们行为、思想等具有重要支配作用的物质、精神等各种事物的总和。"[①]中华民族优秀的传统文化历经千年的传承，以文字、典籍、语言、精神等多个方面的形式流传发展，至今仍在影响当代文化。首先，中华优秀传统文化对中华民族的精神具有强大的凝聚力，能够促进社会的稳定发展，并形成正确的家庭伦理观和社会价值观念。其次，中华民族优秀传统文化激发了人们的创造活力，推动了社会主义的现代化建设。

（二）中学语文教材中学习古代文学作品的时代背景和意义

古代文学作品本身具有极高的审美价值和意义，也蕴含着丰富的文学知识和精神内涵。以初中语文教材为载体，教师与学生一起学习探究古代文学作品中的文化底蕴，理解作品传递的价值观念，进行传承优秀传统文化的教育教学活动。"语文教学是学校让学生理解和学习传统优秀文化，并继承和发展传统优秀文化的一种教学活动。传统文化教育的研究，就是通过学习古诗文中的文与言的知识，理解民族精神、智慧、品德、修养、价值取向等传统文化内蕴，从而提高自身阅读文化经典的能力，提升品德修养与思想品质，加深个人文化修养，最大可能地显现语文这门学科育人的功能。"[②]古代文学作品对初中语文的教学来说，是十分重要的内容。处于文化激流的时代，我们更应该在传承优秀传统文化的基础上，树立文化自信和民族自信。在初中语文教材中学习古代文学作品，丰富教学内容，挖掘优秀传统的内涵，更有效地传承民族精神价值观。

---

① 何慧. 当代大学生对中华优秀传统文化的认同研究［D］. 中南财经政法大学，2019：10.

② 卢夏夏. 初中语文教学渗透传统文化教育的研究［D］. 广西师范大学，2017：11.

（三）中国古代文学作品在中学语文教学中的作用

中国古代文学作品在初中语文教材中有着多方面的体现，不仅有诗词，还有歌赋，这是文化的底蕴；而源远流长的中华民族优秀传统文化在精神上的传承，爱国、和谐、尊老爱幼，哪一样都是值得深刻体会的精神内涵。在中学语文教材里的古代文学作品，主要有以下几点作用：

第一，促进优秀传统文化的传承。中华文化源远流长，中国古代文学作品在初中语文教材中占有主体地位。在初中语文教学内容中融入传统文化，加上教师的讲解，更有利于学生的理解和接受，这对个人和国家的发展都有着积极的促进作用。第二，助力学生培养正确的人生价值观。中国古代文学作品中蕴含着丰富的民族精神，在课堂中汲取优秀的价值观念，并有教师加以引导，结合生活实例，帮助学生树立正确的人生观念。第三，提升学生的文学素养。文化的发展是经典的，中国古代的文学作品具有深厚的文学底蕴。词句的掌握、字数的限制、意象的运用等，这些都是古典文学作品所独有的。学习和了解古代文学作品，有助于学生提高文学素养，增强文学功底。古代文学作品既拉近了中学生与优秀传统文化之间的距离，也增强了中学生对传统民族精神与文化的体会，同时也提高了他们对语文这门学科的技能学习。

（四）研究对象

本文的研究对象就是人教版和部编版的初中语文教材，运用教材实例法和文献分析法，结合课堂教学实际和生活实例，对人教版和部编版教材进行对比研究，对中国古代文学作品在初中语文教育中的实践进行说明。

2016年部分省市（北京、上海等）开始使用部编版教材，2017年9月，全国（除新疆、西藏、内蒙古）开始统一使用语文、历史、道德与法治的部编版教材。在此之前，都在使用人教版教材，而这两本教材的使用时间差不多已有20年。

（五）研究方法

（1）对比法。研究重点在于对比人教版和部编版教材中有关古代文学作品的课文变动，探究其变动的意义和影响，挖掘古代文学作品出现在初中语文教材中的内涵。对两本教材的对比，不只是对比不同的内容，也是在对比相同的没有变动的地方。相同的内容说明其具有存在的价值和意义，更需要探索其内涵。

（2）教材实例法。论文分析的基础是初中语文教材，要基于初中语文教材的具体内容，使研究结果更客观和科学。在教材的基础上深入文章的内涵，分析教材编写的规律和意义。教材实例基于初中语文教材，关注学生学习的课本内容，关注学生本身，是整篇论文内容的重点和基础。

（3）文献分析法。论文研究的想法和切入点，是借助已发表的论文、著作和网络资料等。文献分析法主要是收集有关初中语文教学的国家政策和课程标准、与初中语文教学和传统优秀文化教育相关的论文，同时也会结合教材的内容。通过对不同信息的研究和整合，综合分析传统优秀文化在初中语文教学中的实践运用。

（六）古代文学作品在初中语文教材中所占比重和影响

部编版和人教版相比，教材内容中的古代文学作品部分相差不多，许多经典的古诗文和诗歌都还保留在课本之中。其中，人教版所选的古代文学作品在总的初中语文课文中所占比例为46%左右，部编版所选的古代文学作品在总的初中语文课文中所占比例为51%左右。

人教版七年级上册有五篇古文课文，比部编版七年级上册少一篇古文，但都有一篇古诗五首。人教版七年级下册与部编版七年级下册都有六篇古文课文，其中人教版与部编版相比，缺少了古诗五首。共同点是这两个版本的古文课文，平均地分布在每一单元。

人教版八年级上下册与部编版八年级上下册都有两个单元专门学习古文课文，其中人教版共有18篇古文、17首古诗，部编版有14篇古文、14首古诗。相同点是两个版本分别在八年级下册第四单元和第一单元，有一整个单元写传统民俗的现代文课文。不同点是人教版的两个单元是相邻的，部编版的两个单元是分开的。在编排上，部编版更符合教师教学和学生学习的规律。

人教版九年级上下册与部编版九年级上下册也是出现单独的两个古文单元，人教版有17篇古文、7首古诗，部编版有13篇古文、12首古诗。可以看出，人教版的古诗明显减少，部编版古诗文更加平衡。部编本课内古诗文共75篇，课外48篇；人教版课内75篇，课外40篇。两本教材古诗文篇目相差不大，部编本教材课内选入的古诗更多，人教版教材课外古诗更多。部编本教材编排更合理、更科学，将更多重要的古诗编入了教材，课外阅读的古诗也在增多。

这些不同的部分，通过编排，恰当地出现在初中语文教材的课本当中。让学生不仅学习优秀传统文化的知识，也学习优秀传统文化的精神。

确定研究对象和研究方法，并对研究对象有所了解，是论文写作的前提条件。了解中华民族优秀传统文化的定义，和其传承至今的价值。在此基础之上，分析传统优秀文化纳入初中语文教材的影响与作用。

一、传统文化知识在初中语文教材中的传承

（一）初中语文教材中的古诗文赏析

1. 初中语文教材中古诗文的选文特点

国家通用的初中语文教材中关于古诗文的部分，一直都是学习的重点，每个年级的初中语文教材中都会有一到两个单元是专门学习古诗文的。除此之外，初中语文教材中还会有"课外古诗词"等拓展内容。

古诗文包含唐诗、宋词、元曲、文言文和小说、寓言之类，各个部分均有涉猎。近十年来的初中语文教材改编表明，课内与课外的古诗文学习结合得更加紧密，诗词和文言文之间的数量更加合理，但是课内需要重点学习的古诗文部分变得更多了。课外古诗文的阅读数量变少，让学生既能更多地学习、老师也能更注重重点教学，这是对学生和老师的共同减负。

七年级的古诗文选文中更多的是浅显的知识，古诗文的数量也是三年中最少的，其中诗词较多，文言文较少。到了八年级、九年级，文言文的数量开始变多，内容难度也开始增加。初中语文教材中的古诗文选文，作者都是大家熟知的各个朝代和领域的代表人物，更有利于唤起学生对古诗文的兴趣和了解。

2. 初中语文教材中古诗文的知识内容

古诗文的文学常识。为了帮助学生学习和理解古诗文，每一个古诗文篇目下面都有相关的文学常识，这是一个非常重要的学习要点，所有的古诗文的学习都以此为基础。首先，教材中会介绍这篇文章的来源，作者的生平和主要成就，以及这类文章体裁的主要特点等。从中我们就能学到许多古代文学知识，比如中国古代诗歌的开端，我国最早的诗歌总集——《诗经》[①]，其中就介绍了《诗经》分为"风""雅""颂"三部分，以及《诗经》中经常用到的"赋""比""兴"的手法。《论语》[②]是记录孔子及其弟子言行的语录文集，从中可以领略孔子和其所代表的儒家学派的思想主张、政治理念和教育观念等。这既能让我们更好地学习本篇文章，也能让我们了解到传统文化知识。而针对文章中难以理解或者重点的字词意思等，文学常识中也会有所涉及，这就对理解学习文章本身具有很大的作用，同时也能增强学生的自我学习能力。

古诗文的手法技巧。古诗文的手法技巧和现代文一样，有着表达方式、结构形式、修

---

① 中华人民共和国教育部. 义务教育教科书. 语文（八年级下册）[M]. 北京：人民教育出版社，2017：61.
② 中华人民共和国教育部. 义务教育教科书. 语文（九年级上册）[M]. 北京：人民教育出版社，2017：44.

辞手法、表现手法等。多样的手法技巧就像是彩色的丝线,把一篇文章串联了起来。比如《岳阳楼记》中"沙鸥翔集,锦鳞游泳""浮光跃金,静影沉璧"①就运用了对偶和比喻的修辞手法;《三峡》这篇课文是总分的结构形式,整篇文章突出了对祖国河山的深爱之情。不同的手法技巧中蕴含着不一样的情感,就像最简单的对比,对比常用来将同类事物进行对比,或者将两种完全相反的事物进行对比,以此来表达作者的情感,加深在读者心中的印象。手法技巧的灵活运用,能够使一篇文章更加出彩。学生学习古诗文的手法技巧,是为了更好地理解文章,也可以运用在现代文的学习当中。

古诗文作品的题材。古诗文的题材最常见的有边塞诗,如王维的《使至塞上》;山水田园诗,如陶渊明的《饮酒》;羁旅诗,如王湾的《次北固山下》;咏史怀古诗,如杜牧的《赤壁》;闺怨诗,如温庭筠的《望江南》等。每类题材都有自己的明显的风格特色,像是山水田园诗,主要就是描绘山水风光,多用来表达诗人对悠闲宁静生活的向往。

古诗文的语言文字。古诗文和现代文之间最大的区别就是,古诗文用的是古汉语,而现代文用的是现代白话。古汉语晦涩难懂,需要翻译;白话通俗易懂,朗朗上口。如八年级上册《三峡》中的:"至于夏水襄陵,沿溯阻绝"②,用古汉语表达,我们很难明白意思,需要把它翻译成白话文:等到夏天水涨,江水漫上小山丘的时候,下行或者上行的船只都被阻绝了。这样我们才能明白这句话的意思,但这也是古汉语的魅力所在。

3. 以初中语文教材中的作品为例分析古诗文

七年级上册所学的第一篇古诗就是曹操的《观沧海》③,曹操在《观沧海》中很好地表现了他统一国家的远大志向。《观沧海》是我国现存最完整的山水诗,在此之前,还没有整首主要描写山水的诗歌。所以,我们说山水诗始于曹操。东汉末年的曹操是建安文学的核心人物,建安文学的代表人物是"三曹"和"建安七子",其中又以"三曹"为核心。而曹操在政治上的领导地位促使他招贤纳士,后来形成了以曹丕为中心的"邺下文人集团"。

《观沧海》的文学常识中,简要介绍了曹操和他的主要著作《短歌行》等。这两首诗都是汉乐府诗,"建安文学"时期汉乐府诗发展成熟,对后来文学的发展产生了积极的推动作用。这篇诗歌最主要的手法技巧就是寓情于景,曹操把他想要统一国家的豪情壮志全部借此表现出来,还有动静结合的写作手法,使景象活灵活现。

从诗歌的题材上看,这是一首咏物言志诗。借由写沧海的景观,表达内心的壮志豪情和广阔胸襟。整首诗的风格直抒胸臆,诗人表达自己的远大抱负,这是"建安文学"诗人

---

① 中华人民共和国教育部. 义务教育教科书. 语文(八年级上册)[M]. 北京:人民教育出版社,2017:52.
② 中华人民共和国教育部. 义务教育教科书. 语文(八年级上册)[M]. 北京:人民教育出版社,2017:52.
③ 中华人民共和国教育部. 义务教育教科书. 语文(七年级上册)[M]. 北京:人民教育出版社,2016:14.

的"建安风骨"。

这首诗的语言文字还是很好懂的，但是越是简短的诗歌，它的字词上就有着更多的含义。"观"这个字在全文就起着统领全篇的作用，由这个字开篇，我们就仿佛站在高地，观望着所有的景象。

（二）初中语文教材中的风俗习惯

1. 初中语文教材中传统的风俗习惯及影响

传统民俗源于生活，经由历史的沉淀，变为中华民族传统文化中的一抹亮丽的色彩。中国有56个民族，具有很强的民族色彩，不同风俗的文化底蕴也是值得探索和传承的。

在初中语文的教学中，也包含许多风俗特色文化。例如传统节日，就是历史悠久、传承完整的传统风俗。初中语文教材中也有很多风俗文化资源，在部编版八年级下册第一单元和人教版八年级下册第四单元教材中，都有一个单元是专门描写传统风俗的现代文。人教版选取的是《云南的歌会》《端午的鸭蛋》《吆喝》《春酒》《俗世奇人》，部编版则选了《社戏》《春酒》《安塞腰鼓》《庆祝旧历元旦》。这种资源在教学的过程中是会产生巨大的教学价值的，同时也是对传统风俗文化的传承。

中华民族是由众多民族构成的，其传承的文化色彩极其浓厚丰富。而每一个民族又有其独特的民俗文化，这是一种历史的积淀，一个历史时代的产物，折射出了其民族生活的轨迹。

2. 以初中语文教材中的作品为例分析风俗习惯

初中语文教材中的传统风俗，既有现代文的描写，也有古代文学作品的涉及。

现代文章《从百草园到三味书屋》[①]，其中就有对"荆川纸"的提及。"荆川纸"是指一种用竹子做成的纸，它薄如蝉翼，所以可以用来印着书本描摹。部编版八年级上册《苏州园林》中，说到中国的传统建筑是按照"对称"的建筑风格来设计的，阐释了中式美学中的对称美。

古代文学作品《游山西村》中的"春社"[②]，是指祭祀土地神的日子，叫春社日。这个风俗在现在已经不太容易见到，因而非遗文化的学习则更具有紧迫性。《送东阳马生序》[③]有提到"加冠"的成人礼，加冠在古代是指汉族男子在20岁举行的成人礼，代表着这个男子成人。现在这个礼仪也具有同样重要的意义，只不过成人礼的年龄从20岁变

---

① 中华人民共和国教育部. 义务教育教科书.语文（七年级上册）[M].北京：人民教育出版社,2016：38.
② 中华人民共和国教育部. 义务教育教科书.语文（七年级下册）[M].北京：人民教育出版社,2016：119.
③ 中华人民共和国教育部. 义务教育教科书.语文（九年级下册）[M].北京：人民教育出版社,2018：52.

成了 18 岁。

（三）初中语文教材中的典故

1. 初中语文教材中典故的象征意义

古代文学作品中的典故都是具有象征意义的，作者用这些典故来表达自己的情感，加深读者的印象和理解。

常见的有"登高"，代指重阳登高的习俗，这是节日的典故；"红豆"，代指相思，也用来象征爱情，这是爱情的典故；"秦晋之好"指两姓联姻的美好姻缘，这是历史典故，等等。不一样的典故用在作品当中，就会被作者借以表达自己的情感，增强了作品的生动性。

2. 以初中语文教材中的作品为例分析典故

九年级下册的《破阵子·为陈同甫赋壮词以寄之》："醉里挑灯看剑，梦回吹角连营。八百里分麾下炙，五十弦翻塞外声，沙场秋点兵。马作的卢飞快，弓如霹雳弦惊。了却君王天下事，赢得生前身后名。可怜白发生！"[①]中的"八百里"是指牛，它源自《世说新语》记载的晋王恺有一匹名为"八百里驳"的良牛，与王济比射术输后，为信守诺言，晋王将这头心爱的牛宰杀，将肉分给部下。"的卢"，指的是一种额部有白色斑点的马，曾驮着刘备脱离险境，它是一匹勇猛的快马。《三国志·蜀书·先主传》中记载刘备在荆州遇险，骑着的卢马脱险。

典故在古诗文作品中运用得非常频繁，能够很好地借用经典明确地表达出作者的情感，《破阵子·为陈同甫赋壮词以寄之》借用典故表达出作者想要奔赴战场，报效国家的远大抱负。用典是一种写作手法，有明典、暗典、翻典三种类型，能够使我们的论述有所依据，更丰富地表达情感和内涵。这能够提升中学生理解古代文学作品内涵的能力，同时也能提高自己本身的写作水平。

（四）初中语文教材中的传统技艺

1. 初中语文教材中传统技艺的意义

传统技艺是中国传统文化中留存下来的一些珍贵的手艺和艺术，它们像是活的文化遗产，在我们的日常生活中不断地"抛头露面"。

传统技艺的流传，对我们的文化和生活来说都是有着深度的影响的。但是，现在传统技艺的传承是很不稳定的，我们经常会遇到技艺面临失传的危险，有许多从未听过的传统技艺就已经消失了。

---

① 中华人民共和国教育部. 义务教育教科书. 语文（九年级下册）[M]. 北京：人民教育出版社，2018：57.

所以，初中语文教材中含有传统技艺的因素，也是帮助传统技艺传承的一个有效的方式。传统技艺在书本中呈现，让学生有机会去了解它，老师也会对学生进行引导，这也体现了初中语文知识的文化底蕴。

2. 以初中语文教材中的作品为例分析传统技艺

初中语文教材中有关的传统技艺，都在课本的交流部分和课后积累部分。

戏曲是很重要的传统技艺，戏曲中最为我们熟知的是京剧。京剧的唱腔是板式变化体，以二黄、西皮为主要声腔；技艺有唱、念、做、打。古老的唱腔、独特的技巧、优雅的身形、角色的多变，戏曲中是另一个天地。

《泥人张》里记述了一种传统技艺捏泥人。天津的泥人张是我国的非物质文化遗产，用纯净泥胶反复杂糅为"熟泥"，加上木材、竹藤、纸张、绢花等，然后等风干后入窑烧，加上打磨、彩塑，成为天津的泥人张彩塑。

传统文化知识是优秀传统文化在初中语文教材中最为直接的表现，本章节主要选取了文学作品中的古诗文来分析，再转向古文课文和现代课文中所包含的风俗习惯、典故和传统技艺，结合教材实例进行具体讲解。将教材中的传统文化清晰地铺开来，更能看出传统优秀文化在初中语文教材中的传承与影响。

三、中华民族文化精神在初中语文教材中的传承

（一）初中语文教材中的家国情怀

1. 初中语文教材中家国情怀的内涵

初中语文教材中的家国情怀，是这个国家的每一份子对自己国家所怀有的深沉情感，是对国家无法磨灭的爱，爱这个国家的每一个人都能够为这个国家奉献所有，甚至生命。大家为了这个国家能够走向更美好的未来，一起奋斗，共同追求理想中的美好生活。

都说有国才有家，在大国的基础上，我们才能建立一个又一个小家。在古代文学作品中，我们经常能看到古代的英雄代表人物或是在战场上奋勇搏杀，或是在政事上直言进谏。这就是他们心中的家国情怀，热烈而又坦荡。

2. 初中语文教材中家国情怀在古代文学作品中的体现

《木兰诗》[①]是一部关于家国情怀的经典著作，它讲述木兰代父从军的故事，这篇古文主要写木兰为了家人代父从军，为了国家在战场上英勇杀敌、浴血奋战。《木兰诗》是北朝的乐府诗，后人将它与南朝的《孔雀东南飞》合称为"乐府双璧"。同样是乐府诗，北朝的

---

① 中华人民共和国教育部. 义务教育教科书. 语文（七年级下册）[M]. 北京：人民教育出版社，2016：41.

《木兰诗》的语言更加质朴，用豪迈的风格描写战争；而南朝的《孔雀东南飞》对于情感的描写更加细腻，文章的描写方面运用更多的艺术手法。这两首诗歌产生于南北朝，南北朝是南朝和北朝的统称，当时的南北朝使中国的南方和北方处于分裂状态。北朝为鲜卑族为主，战争频发，风格直率朴素、刚健豪放；南朝处于江南，环境幽美、经济发达，风格艳丽柔美、哀怨柔弱，感情真挚细腻。

木兰远离家人，换来了生死未卜，还有军队里的所有士兵、将军，都是为了国家而舍小家。古代文化作品中有许多像木兰一样为国而抗争的人，他们抛头颅洒热血，为了国家牺牲。现在初中语文教材中安排这些文化精神，是为了让学生们更多地去理解中国人骨子里的精髓，也是更好地传播中华民族优秀的传统文化。

（二）初中语文教材中的进取抗争精神

1. 初中语文教材中进取抗争精神的内涵

进取抗争精神其实就是拼搏精神，不屈不挠，永不放弃。这种精神内涵，更强调勇于奋斗的过程。

2. 初中语文教材中进取抗争精神在古代文学作品中的体现

初中语文教材中的进取抗争精神，就是面对困难不服输的精神。

七年级语文上册，蒲松龄的《狼》中描写了一个屠夫面对阴险狡诈的狼的故事。狼想要吃掉屠夫，屠夫害怕却没有放弃抗争，寻找机会奋起杀狼，赢得了生的机会。八年级语文上册，出自《列子》的《愚公移山》①，有一个面对困难不服输的愚公，改造自然，得到神的帮助，成功移山。进取抗争精神是不妥协、不放弃，是面对困难敢于迎难而上。

（三）初中语文教材中的和谐思想

1. 初中语文教材中和谐精神的内涵

"和"是声音配合协调，谐与和一样，都是与声音相关的词。《尚书·舜典》中有"八音克谐"。②谐、和同义，原义都是指音乐调和、和谐。后来，这个词语才有了引申义，用来表示人与人之间的和谐、友好。

2. 初中语文教材中和谐精神在古代文学作品中的体现

《桃花源记》是典型的追求美好生活的古代文学作品，作者描绘了一个幻想中的大同社会，对比当时现实生活中的残酷，表现出人们对和谐社会的渴望。东晋时代的陶渊明笔下

---

① 中华人民共和国教育部. 义务教育教科书. 语文（八年级上册）[M]. 北京：人民教育出版社，2017：129.

② 李民，王健. 尚书译注 [M]. 上海：上海古籍出版社，2004：19.

的田园诗，表达了对美好生活的向往。而当时的时代，政治混乱、朝政腐败，大多数诗人转向玄学，这是魏晋玄学的思潮。所以，在那个时代背景下，陶渊明的诗并不受重视，后来的萧统在《昭明文选》中首次关注陶渊明。

沈从文的《边城》与陶渊明的《桃花源记》很像，沈从文在别人写社会的黑暗的时候，他在描写田园牧歌式的生活。沈从文与陶渊明一样，都是在表达自己对于自由的向往，对悠然生活的期待，都想要和谐社会的美好生活。

和谐社会的思想，是基于包容与开放的社会环境之上的，这也是我们现在的社会能够和谐相处的条件，同时适用于人与人之间。

传统文化精神是中华民族优秀传统文化不可分割的一部分，是国家和民族的精神支柱和文化内涵。精神的存在范围是无限的，影响也是长远的。本章节主要选取了家国情怀、抗争精神和和谐精神来说明。家国情怀是每个中华儿女内心最深厚的情感，抗争精神是个人成长路上必需的力量，而和谐精神则是中华民族自古以来所特有的博大胸怀，这些都是初中语文教学过程中最重要的传承。

四、古代传统文化教育在初中语文教学中存在的问题

（一）古代传统文化教育教学在社会层面所存在的问题

1. 现代社会缺乏古代传统文化教学意识

现代社会处于快节奏的生活方式，信息技术高速发展，时代变革日新月异，然而对传统文化的重视程度却在降低。

2. 现代教育观念不利于古代传统文化教学

中国的教育观念面临着转型的问题，现在的教育观念更重视结果，而不重视过程。这种观念不利于古代传统文化的教学，传统文化需要理解与分析，注重教师与学生的交流与探讨，要不断地积累运用，是一个长期的过程。所以现代教育观念不仅要重视结果，更要重视过程，教师要注重传统文化的讲解和延伸，需要转变教育观念。

（二）古代传统文化教育教学在家庭层面所存在的问题

1. 家庭基础对古代传统文化教育教学的影响

家庭基础，是最现实也是最直接的影响因素。家庭的经济条件，影响了孩子接受的教育的条件。有的家庭经济水平较低，就导致孩子没有足够的课外古文阅读图书，无法增加自己的知识积累。此外，旅游和参观博物馆等活动，都是可以增加传统文化知识的方式，而家庭经济水平低的孩子，难以到现场去感受和了解。

2. 家庭氛围在古代传统文化教育教学中的作用

家庭氛围主要表现在父母的身上，有的家庭父母本身的知识水平不足，意味着他们无法有意识地培养孩子对传统文化的学习和积累。如果父母更多地看重孩子的成绩高低，就决定了孩子只重视成绩的提高，忽视知识的多方面发展和积累。再加上父母大多工作繁忙，缺少必要的言传身教，缺乏自制力的孩子便更没有学习传统文化知识的优势。

（三）古代传统文化教育教学在教师层面所存在的问题

1. 教师自身古代传统文化知识与能力的不足

当前，教师教学着重于满足应试教育要求，且由于工作压力大，教师没有足够的时间深入研究传统文化知识。传统文化知识博大精深，教师需要不断阅读相关专业书籍，拓宽知识层面，融会贯通，才能将文化知识以通俗易懂的形式传授给学生。

2. 教师有关古代传统文化教育理念的薄弱

当前的教育理念虽注重传统文化知识学习，却忽视了传承传统文化的人文性。应试教育使得教师的教育往往只注重分析传统文化的表面知识，不能传递给学生传统文化的内涵。教师的现代教育，容易偏重于培养学生获得某种技能，而忽视开阔学生的视野。

（四）古代传统文化教育教学在学生层面所存在的问题

1. 学生缺乏兴趣在教学中所产生的问题

"乐学"对于学习的作用是不可置疑的，兴趣是最好的老师，传统文化知识对于初中生来说晦涩难懂，是他们学习路上的拦路虎。如果古代传统文化教学仅仅只是简单传递课本知识，便难以激发学生的学习激情。再加上学生的畏难情绪，自主学习的能力不足，更对传统文化的学习缺乏兴趣，极易放弃学习古代传统文化知识。

2. 学生对古代传统文化知识认识程度低

任何传统文化都会有相应的时代和环境，时代的变迁，导致文化对社会的意义和作用也有所改变。这种变化出现在传统文化中，使其有精华也有糟粕，学生不能够对传统文化的精华和糟粕有清楚的认知。同时，传统文化涉及生活的方方面面，并不只是表现在书籍当中，像是传统习俗、传统技艺、传统节日都是传统文化的一部分，传统文化知识的传承不够，使学生对古代传统文化知识了解程度低。

教师将优秀传统文化通过自己的教学方式教授给现在的学生存在一些问题。例如，在教学过程中表现为学生理解上的问题、教学方法上的问题，教师的自我知识储备与升级的问题，家庭与社会的引导的问题等。这些问题需要进一步分析、解决，这样才能更好地传承优秀传统文化。

五、促进古代传统文化教育在语文教学中传承的策略

（一）社会促进传统文化教育的观念与氛围

1. 社会的价值观念促进古代传统文化教育

朱自清先生说过："中国人虽然需要现代化，但是中国人的现代化，得先知道自己才成；而要知道自己还得借径于文言或古书。"①社会整体的教育观念带动教育的变革，中国要发展、要变革，先要知道自己的文化底蕴。现在的社会倾向于"国学热"，多样的国学活动，孔子学院的建立，社会重视传统文化的传承，营造良好的社会氛围，才能带动教育对传统文化教育的侧重。

尊重传统优秀文化，是中国现代化发展的基础。我们要先接受自己千年的文化，取其精华、弃其糟粕，并不断地学习外来文化的优点，辨别缺点。在文化全球化的时代，抓住机遇，促进传统优秀文化教育发展，从而带动现代化的进步。

2. 社会对古代传统文化教育的导向作用

习总书记对传统文化的传承是十分重视的，《义务教育阶段语文课程标准》也提出："语文课程对于继承和弘扬中华民族优秀文化传统和革命传统，增强民族文化认同感，增强民族凝聚力和创造力，具有不可替代的优势。"②社会对传统文化教育的导向作用，将直接影响到语文教育的教学内容和应试内容，对传统文化教育的传承产生积极的推动作用。

现在时代的进步，让我们看到了文化教育发展的多样性。社会在传统文化教育的发展方向上发挥了重要的作用，注重传统优秀文化的趋势，决定了初中语文教材中传统优秀文化内容的增多，教师在教学过程中对传统优秀文化与传统精神的重视。

（二）家庭对古代传统文化教育的主导与支持

1. 父母对古代传统文化教育的引导

家庭教育是第一位的，日常生活中父母对孩子的引导比课堂上更有影响力。父母可以以自身为范例，言传身教，培养孩子对传统文化的探究兴趣。同时引导孩子在学习教材的基础上，更多地阅览相关的课外文化典籍，扩大知识面，增加知识的广度和深度。在孩子学习传统文化的过程中给予更多的陪伴，当孩子在学习上遇到困难时，帮助和鼓励能减少孩子的畏难情绪。

---

① 朱自清. 朱自清论语文教育［M］. 郑州：河南教育出版社，1985：37.
② 中华人民共和国教育部. 义务教育语文课程标准（2011版）.［M］. 北京：北京师范大学出版社，2012.

2. 家庭对孩子学习古代传统文化的支持

家庭对孩子学习古代传统文化的支持分为智力支持、经济支持和时间支持。智力支持，表现在家长要提高自身的知识素养；经济支持，表现在家长能够给孩子提供一些课外文学典籍和实地体验学习的机会；时间支持，表现在家长能够给孩子足够的时间自由学习。

（三）教师古代传统文化教育观念的进步与自我知识的提升

1. 教师古代传统文化教育理念的不断进步

《课程标准》指出："语文是最重要的交际工具，是人类文化的重要组成部分。工具性、人文性的统一是语文课程的基本特点，语文素养是学生学好其他课程的基础，也是学生全面发展和终身发展的基础。"①语文教师的任务不只是教授课本上的知识，更重要的是对于学生人文素养的培养。教师要及时转变自己的教育理念，不能只是注重教材上已有的传统优秀文化的内容。而是要在教授教材内容的同时，带领学生理解其中的传统文化精神内涵，学习传统文学作品里的文学技能，提升学生的文学素养。

2. 教师的古代传统文化教育教学技能培训

教学技能的提升来自课堂的实践，传统文化的教学可以结合实例的分析，让学生真正感受到传统文化的源远流长和博大精深，培养学生对传统文化的学习热情和探究的激情。教师的语言富有魅力，可以增强学生的理解能力和共情能力。通过简洁明了的讲解，让学生知晓传统文化的内涵，时而用巧妙的语言给学生以启迪和点拨，培养学生的思维能力和认知水平。教师要注重专业技能的提高，从教案的准备、教学设计、课堂导入、教授过程、与学生的交流、课后的反思和提高等方面提升课堂的整体水平。

3. 教师古代传统文化知识的积累和提升

传统文化教学需要深厚的知识储备，教师需要长期阅读大量的传统文化书籍，了解各类优秀传统文化知识，汲取其中的养分和精华，充实自己的阅历。初中语文教材中有大量的古诗词和文言文，其中的重点字词和语句有很多，有通假字、一词多义字、古今异义词、倒装句、文学常识、传统美德等，教师需要增加古诗文的知识量，才能增强自己的文化自信。

（四）古代传统文化的传承要立足课堂教学

1. 教学目标对传统文化教育的传承

教学目标是概括性的一节课的主要内容，是教学的方向。传统文化教育的主要目标就是让学生学习传统文化知识，理解传统文化精神及内涵。像是古诗文的教学目标，一是了

---

① 曹志平. 汉语言文学专业教学研究与探索改革［M］. 济南：山东大学出版社，2014：35.

解作者生平和课文的文学常识;二是弄清重点字词和句式,知道文章意思并背诵;三是体会文章的写作特点和风格;四是掌握文章的主旨和内涵,理解作者所表达的思想情感。

2. 教学内容对传统文化教育的传承

教学内容除了关注知识层面,更要重视精神文化层面。如孟子的《生于忧患,死于安乐》,在知识层面,要关注舜、傅说、胶鬲、管夷吾、孙叔敖、百里奚的故事,课文的文学常识,还有重点字词和句式。也要重视孟子所要表达的忧患则生、安乐则亡,人要有所成就,就必须在身体、思想和行为上有所磨难的思想情感。将传统文化的精神内涵延伸到现实生活中,是学生理解传统文化重要的一步,《生于忧患,死于安乐》告诉我们在现实生活中遇到困难要勇于抗争,才能有所成就。

3. 教学方法对传统文化教育的传承

传统文化的教学更注重学生的理解,了解文章的写作背景和作者的生平,是学习的前提。情景教学能够很好地运用在古诗文的教学中,用图片、影视和朗诵作品来帮助学生理解文章内容。与老师、同学进行交流互动,接受思想的多样性。课后的作品阅读和尝试写作,是深刻理解文化的一大助力。

(五)学生对古代传统文化知识的学习与运用

1. 学生提高古代传统文化知识的自我学习能力

学生先要培养学习传统文化的兴趣,增强自主学习的能力。对于传统文化的学习不仅要注重文化本身,其内涵也是学习的重点内容。借助古汉语词典等工具书,能够更好地理解文章的内涵和意思。同时,与老师、家长和同学的交流,也能够帮助我们学习传统文化知识。

2. 学生不断增加古代传统文化知识的积累

传统文化知识的学习是一个长期的过程,传统文化知识也是一个庞大的体系。学生要背诵大量的古诗词和文言文,特别是课文要求的部分,当然课外的积累也是必要的。阅读大量的古典书籍,能够增强我们的文学素养和人文素养。

3. 学生能够灵活运用所学的古代传统文化知识

学生能够熟练运用古诗文中的字词句,"说""表""书信""记"等不同文体,文言文中的举例论证等写作方法,这是知识内容。精神内容有学习《爱莲说》的坚贞不渝、不追求名利、不同流合污的高洁思想等。初中语文课本中也有关于传统节日的习俗内容,学生能在传统节日中感受它的习俗和文化。

我们需要不断地进步,传承传统优秀文化。针对传承过程中出现的问题,提倡社会与家庭的引导作用、教师知识技能的进步、课堂教学的改变以及增强学生的自主学习能力等,从而在初中语文教学中促进传统优秀文化的传承。

结语

综上所述，传统文化教育在初中语文教学中有着至关重要的作用，传统文化教育培养着学生的人文素养和精神素养，提升学生的品格和民族自豪感。而传统文化教育在初中语文教材中最主要的表现形式就是古代文学作品，对比近十年的初中语文教材，从人教版教材到部编版教材的改变，可以发现古代文学作品数量的增多，说明国家对于传统文化的教育是十分重视的。

本研究借鉴了前人研究成果，在初中语文教材的篇目中分析古代文学作品在初中语文教学中的实践。先是表明了传统文化研究的重要性，以及古代文学作品在初中语文教材中的分布情况。在对教材的分析研究中发现，初中语文教育分别是从知识层面和精神层面对学生进行传统文化教育。在研究中，笔者主要选取了古诗文、风俗习惯、典故和传统技艺来进行知识层面的研究；在精神层面，就家国情怀、抗争精神、和谐精神进行分析，同时选取课文中的实例进行进一步的讲解。通过教材实例分析法、文献分析法发现传统文化教育在初中语文教学中存在的一些问题，这些问题主要表现在社会、教师、家庭和学生个人层面。针对这些问题，笔者从社会的导向、教师的传统文化涵养和教学方法、家庭的支持和学生自我学习能力等方面提出了一些建议。

初中语文教学的传统文化部分还有许多研究的空间。如初中语文教材的细微变动较多，内容零散且复杂，可以针对这些小变动探寻规律和意义，整合资料，得出结论。同时，可以加强实践经验，掌握古代文学作品在初中语文教学过程中出现的不同问题，研究解决这些问题的方法。中华民族优秀的传统文化源远流长，古代文学作品种类丰富，初中语文教学的传统文化教育的研究任务艰巨。我们需要不断地探索，使中华民族优秀的传统文化可以更好地渗透在初中语文教育教学中，提升学生的传统文化知识素养和人文素养，增强学生的民族自豪感。

参考文献

[1] 朱自清. 朱自清论语文教育 [M]. 郑州：河南教育出版社，1985.

[2] 曹志平主编. 汉语言文学专业教学研究与改革探索 [M]. 济南：山东大学出版社，2014：11.

[3] 李民，王健. 尚书译注 [M]. 上海：上海古籍出版社，2004：7.

[4] 中华人民共和国教育部. 义务教育语文课程标准（2011版）[M]. 北京：北京师范大学出版社，2012.

[5] 何慧. 当代大学生对中华优秀传统文化的认同研究 [D]. 中南财经政法大学，2019.

[6] 卢夏夏. 初中语文教学渗透传统文化教育的研究 [D]. 广西师范大学，2017.

[7] 邓攀. 初中语文教学中传统文化教育实施策略研究 [D]. 杭州师范大学，2016.

［8］杨雅婷. 初中古诗文教学中渗透中华优秀传统文化教育研究——以"部编版"初中语文教材为例［D］. 喀什大学硕士论文, 2019.

［9］中华人民共和国教育部. 义务教育教科书 语文 七年级上册［M］. 北京：人民教育出版社, 2016.

［10］中华人民共和国教育部. 义务教育教科书 语文 七年级下册［M］. 北京：人民教育出版社, 2016.

［11］中华人民共和国教育部. 义务教育教科书 语文 八年级上册［M］. 北京：人民教育出版社, 2017.

［12］中华人民共和国教育部. 义务教育教科书 语文 八年级下册［M］. 北京：人民教育出版社, 2017.

［13］中华人民共和国教育部. 义务教育教科书 语文 九年级上册［M］. 北京：人民教育出版社, 2017.

［14］中华人民共和国教育部. 义务教育教科书 语文 九年级下册［M］. 北京：人民教育出版社, 2018.

（指导教师：李冬）

导师点评

该文以《传统文学知识在初中语文教育中的实践研究——以全国部编版与人教版教材为例》为题，在认真梳理人教版和部编版初中语文教材传统知识的基础上，从古诗文、风俗习惯、典故和传统技艺四个方面进行了系统分析，充分挖掘了传统文学知识在中学语文教材中存在的文化价值和传承意义，着重分析了传统文学知识承载的传统风俗、历史典故、节日礼俗、礼仪文化所蕴含的中华民族文化情感，论述了传统非遗技艺、民间曲艺等优秀文化项目承载的深厚文化底蕴，对初中语文教材中的中华传统文化的家国情怀、进取抗争精神、和谐精神等进行了分类分析和论述，对初中语文教育教学中传统文化传承存在的问题进行了调查分析，并从社会环境与教育观念、教师自身能力与传统文化理念、家庭基础和氛围、学生学习兴趣和传统文化认知等方面进行了研究,针对相关问题提出了具体的策略。

该论文条理清晰、论据充分、框架完整、主题鲜明，将国家传统文化传承与中学语文教育相结合，以教材为基础，进行了深入分析，提出了相关问题，并针对问题提出了建设性的建议，对传统文学在中学语文教育教学中的发展与改革提出了自己的思路。

导师简介

李冬，博士，讲师，研究方向为民间文学、文化人类学、少数民族文学、西藏非物质文化遗产。

浅谈汪辉祖的幕学思想及其对现代秘书工作的启示

程琼洋　秘书学 2017 级

摘　要：汪辉祖是清代乾隆嘉庆年间著名的幕僚，绍兴师爷群体的杰出代表。他在幕业生涯中著述颇丰，阐明了慎入幕业、严守品格、对主忠心、服务群众等积极审慎的幕学思想。这些实践和著述使其成为中国幕学思想的集大成者，对当时的幕僚有着振聋发聩的作用。本文在论述汪辉祖宦海沉浮和幕业生涯的过程中，历史地分析了清代幕业兴盛的社会学根基，阐述了汪辉祖仕途失意与幕学成就之间得失相依的关系，这种极具代表性的人生际遇一方面揭示了现代秘书学科和职业化发展的困境，另一方面也为现代秘书人员选择职业道路、坚持职业操守、提升职业能力、对抗社会化"内卷"提供了思想资源。

关键词：汪辉祖；幕学思想；秘书工作；内卷

引言

汪辉祖是中国幕业发展中极为重要的一个人物。在其幕业生涯中，他以极其丰富的幕道经验总结出一系列振聋发聩的幕学思想。这些宝贵的经验对后来的幕业从业者具有重要的启发与指导作用。汪辉祖的幕学思想在历经 300 年的沉淀之后，对于当代的秘书工作人员仍具有较大的借鉴作用。本文通过浅要论述汪辉祖的幕学思想，探求其对现代秘书工作的裨益之处。

一、清代幕学的发展及其社会历史学分析

幕学是有关幕僚辅佐官员、治理政务的专业学，清代亦被称之为"专门名家之学"。[①]又

---

① 刘耀国. 谈清代幕学[J]. 秘书工作, 1994 (06): 39, 12.

因其多涉刑名权术，故又可称之为"申韩之术"。①幕学与幕府制度的发展息息相关。幕府制度为秦汉时期所草创，后经两千余年的发展，到明清两代发展成为特殊的幕友制度，并正式得幕宾、师爷之名。明代师爷多是大户家中私塾先生的别称，清代则逐渐演化为对社会上幕友的敬称。清代绍兴文人多以师爷为职，遍布天下，故又称之为绍兴师爷。幕友以入幕谋生，并逐渐将其发展成为一种专门的、技术性很强的职业，即为幕业。清代达到鼎盛时期。

清代特殊的政治制度和社会环境，是幕学得以兴盛发展的重要原因。清代名幕张廷骧序《幕学举要》一书："盖幕与官相表里，有能治之官，尤赖有知治之幕，而后可措施无失，相与有成也。"

首先清代科举取士以八股文为重，学子多专攻八股书籍，而忽略多方面的发展。这虽然有助于寒门学子通过应试教育，登科及第。但一旦士子为官一方，缺乏行政素质的弊端便显露无遗。"道德性命之理，古今治乱之体，朝廷礼乐之制，兵刑、财赋、河渠、边塞之利病，皆以为无与于己，而漠不关其心"，②"一旦通显，当官之法守与朝廷之掌故，昧焉周闻"，面临"操刀而不知割，制锦而失其裁"的窘境。③

其次清代为中国封建专制最为集权的朝代，除中央皇帝高度集权外，地方政府一把手也是大权傍身，手握行政、司法、财政等诸多权力，权力过大而精力有限，所以政府首脑也应接不暇。此外清代地方政府配置辅佐官员体制尚不健全，即使有州同、州判、典吏，也会因为出身卑微，共事时间尚短而不得长官信任。清代官吏体系繁杂，队伍庞大，但地位、待遇低下。所以容易出现唯利是图，敲诈勒索，为害一方的贪官恶吏。有此种种原因，地方官员必须求访聘用精熟财政，通晓刑狱之人佐助处理政务，同时依托幕友来达到监督吏胥的目的。清代地方官员多招募幕僚，这也促使幕业逐渐发展成为一种相对稳定的职业，并且迅速发展开来。

清代的"官"和"幕"有着明显的区别，"临民者曰官，佐治者曰幕"④。地方正职官员私聘有学问之人作为辅助助手，他们二者之间是一种宾师关系，不属于正式编制人员，薪酬由主官自付。幕友依其治理地方政务的经验和专业技能，辅助主官处理地方事务。

幕友按其职能可细分为刑名、钱谷、书启、挂号、征比、朱墨、账房、折奏、教读、著书等类，各司其职。刑名幕友办理法律诉讼；钱谷幕友办理钱财税赋事宜；征比幕友主要负责催促征收钱粮、壮丁劳力；挂号幕友负责公务、私人信函的来往，公务文件的收发；

---

① 王永春. 汪辉祖幕学思想及其现代秘书学意义［J］. 秘书之友，2014（02）：7-10.
② 鲍永军. 汪辉祖研究［D］. 浙江大学，2004.
③ 浙江古籍出版社编·第十六卷. 李渔全集：资治新书（初集）［M］. 杭州：浙江古籍出版社，1992：369.
④ 鲍永军. 汪辉祖研究［D］. 浙江大学，2004.

书启幕友、折奏幕友主要的职责则是书写、誊写奏章、文书等。

刑名与钱谷幕友是其中最为重要的两种。因为刑名法律涉及营造积极的社会氛围以及稳定的社会秩序；而钱谷财税则涉及国家的财政税赋收入。中央政府对地方政府、地方官员的考核中以这两项最为严苛，因为事涉主官的考核与官运政绩前途，所以这两类幕席在幕业中社会地位最高，薪金也最丰厚，"刑、钱一岁所入，足抵书、号、征比数年"，故称为大席或正席，其余为小席、杂席。

清代幕友的人员主要由具有一定文化程度的读书人构成，包括童生、秀才、举人、进士等一系列文人。科举对于清代文人来说是正途，当私塾先生、幕友、为医与经商则是另外的出路，即为岔路。当读书人入仕为官受挫之时，为了赡养家庭，维持生计而必须短暂地搁置科举另谋出路，而幕业便是薪酬最为丰厚的一条路径，因此许多落魄的读书人便纷纷走上了入幕之途。此时入幕的目的是为了摆脱当下的经济困境。但幕友入幕的目的并不仅仅局限于此。

汪辉祖认为凡是从事幕业的人，大多数是因为读书功名未就，迫于生活压力而投身于幕道一途。幕业与读书关系很密切，因此从事幕业的读书人很多。①幕学与儒学在本质上是相通的。首先的体现就是处理幕务。科举考试都需要很高的文笔功夫，八股文特殊的严苛笔法更是关乎读书人的成绩前程；幕友处理刑事案牍，严谨的文字更关乎生死。这对于读书人来说只需刻意的学习便可掌握。其次刑名师爷处理案件需要法条，而古代的法条编纂不仅仅涉及法律上的法理性，更受儒家礼制的影响。而读书人自幼饱读经书，深谙礼制，处理起案件来，无论是从法条上细细考量还是从礼法上追根溯源，都可以达到应有之效。而且幕友是一种辅助人员，没有严苛意义上的上下等级隶属关系，幕友还会受到主官的尊重与礼敬。这对素来追求气节、不甘驱使的文人也起到一种心灵抚慰作用。综合来看，幕业可以满足知识分子的生活需求，文化需要，因此吸引众多的读书人四处游幕。

但清代幕友中存在着一种非常普遍的"反幕业观"，即做过幕业的人大多数认为"幕不可为"。汪辉祖在《双节堂庸训》《佐治药言》中都极力劝告家族后代的子孙千万不可以轻易从事幕业。绍兴师爷龚萼（字未斋）也力劝其弟千万不要放弃家产而以幕为业。②究其原因，主要有三点：

首先是落差感、失落感。读书人读书的目的主要是为了入仕为官，但幕业是一种处在不隐不显之间的临时之举，主要职责是为了辅助主官，成就感太低。学而优则仕的理想与科场仕途失利现实的强烈对比，为官治民的渴望与被迫替他人做嫁衣的无奈，使幕友们心中充满了价值失落的焦虑感。

---

① 汪辉祖. 佐治药言［M］. 北京：中华书局，1985：69.
② 龚萼. 雪鸿轩尺牍详注［M］. 杭州：浙江古籍出版社，2016：39.

其次是中国传统的一种因果循环的报应观。"笔下生杀人",即使再严谨,也有可能会犯下无心之过,恶有恶报,担心祸及子孙家族,这种巨大的恐惧感促使幕友产生一种"幕业不可为"的职业观。

最后,幕业仅仅只是一种为了维持生计的权宜之策,且身不由己的漂泊流离使幕友厌倦了寄人篱下的生活,渴望自我的独立。

总之,在清代特殊的政治、经济、文化等诸多因素的综合作用之下,使幕业具有了独特性。

二、汪辉祖的生平简历

汪辉祖,原名汪鳌,七岁由其祖父改为辉祖,字焕曾,号龙庄,晚年自号归庐,生于清雍正八年(1731),卒于嘉庆十二年(1807),终年78岁。浙江萧山人。

汪辉祖生于书香门第,受祖父与父亲的影响,少时即好读书。汪辉祖11岁时,父亲去世,其生母徐氏、继母王氏典卖田地首饰,昼夜耕织劳作,勉强应付一家人的生活。但人穷志高,两位母亲对汪辉祖的要求甚严。汪辉祖17岁那年,首次参加县童子试,艳羡他人身着单衫,遂捉刀代笔以换衣衫,两位母亲知晓后,鞭挞令其归钱,于是由此汪辉祖始自醒悟,后于当年八月府试,以全县第六名得秀才身份。后来汪辉祖秉承父亲遗嘱,每次科举考试一定会按时参加,同时为了分担贫穷家庭的重担,汪辉祖也时常在亲戚家中教书授课以赚取微薄的修金。

然而当时教书所赚修金难以养家。贫穷的家庭以及生活压力迫使汪辉祖不得不选择高报酬的游幕来养家。

汪辉祖的幕业生涯开始于其岳父王宗闵,王宗闵于乾隆十七年(1752)担任松江府金山县令,以每月3两的薪酬聘任汪辉祖为掌书记,汪辉祖由此开始了幕业生涯。乾隆十八(1753)年王宗闵调任武进令,其后不久丁内艰而候任,于是推荐汪辉祖至扬州盐商程氏处任幕僚,薪酬一百六十金,遭汪辉祖婉拒。其后不久,常州知府胡文伯以二十四金招聘汪辉祖,汪辉祖因久慕其清廉名声,遂欣然前往。

刑名师爷的高收入也吸引汪辉祖由寻常的书记逐渐转行为刑名师爷。乾隆二十年(1755),汪辉祖已大体上掌握了刑名之学。汪辉祖好友骆炳文是当时著名的刑名师爷,处理事情妥善严谨。曾告诫他:官府中的事情,如果可以结案就自然结案即可。不要去紧抓不放,因为这样会牵连无辜,只会劳民伤财。这也是圣人先贤所避免的。这对汪辉祖后来严谨查案,迅速高效的办事风格产生了重要影响。[①]

---

① 汪辉祖. 佐治药言[M]. 北京:中华书局,1985:65.

在胡文伯手下为幕六年期间，可以说对汪辉祖的幕业产生了极大影响。两人相处融洽，配合默契。但无奈薪酬太少，所以汪辉祖便在乾隆二十四年（1759）30岁之际，转受长洲幕，专职刑名，从此直至乾隆五十年（1785）一直担任刑名师爷。汪辉祖在其著作《佐治药言·就馆宜慎》中，对自己的佐幕生涯作了完整的总结。

乾隆四十年（1775），汪辉祖中进士，但继母王氏去世，故报丁忧，其后以进士身份继续入幕长达11年。乾隆五十一年（1786）七月，汪辉祖入选容城知县，但因年岁改任。乾隆五十二年（1787）汪辉祖赴湖南永宁府宁远县任知县。乾隆五十五年（1790）十月一日，汪辉祖任道州知州。乾隆五十六年（1791）十月，汪辉祖因未按上司委任，勘察刑狱，因此得罪了上级臬司，被弹劾丢官。汪辉祖在湖南任职期间，政绩卓越。乾隆五十七年（1792）四月离任之时民众老幼相拥哭泣送别。

乾隆五十七年汪辉祖离任后归还故乡萧山，从此谢绝各方邀幕，著书讲课。先后著成政书：《佐治药言》一卷、《续佐治药言》一卷；《学治臆说》二卷、《学治续说》一卷、《学治说赘》一卷；《善俗书》一卷、《双节堂庸训》六卷。史学：《元史本证》五十卷；《史姓韵编》六十四卷；《三史同名录》四十卷；人物传记：《病榻梦痕录》二卷、《梦痕录余》一卷；《越女表微录》五卷、《续录》一卷；《春陵褒贞录》一卷；《双节诗文初集》二卷、《双节堂赠言集录》二十八卷，《双节堂赠言续集》二十二卷、《双节堂赠言三集》十四卷。此外还有《汪龙庄遗书》等诗文笔记。①

总而言之，汪辉祖在入府为幕时是著名的刑名师爷、幕学家；为官一方主政之时，也是人人称赞的清官能吏；辞职回乡之后，更是著作颇丰的学者专家。所以清代学者洪亮吉称其"在家为孝子，入幕为名流，服官为循吏，归里后又为醇儒"。②

三、汪辉祖的幕学思想

乾嘉时期，幕业道德沦丧，不少幕友为了私人利益而行不法之事。在当时幕业氛围不振的情况下，汪辉祖十分重视入幕者的职业道德和个人品行修养。汪辉祖入幕34年，不仅具有极其丰富的幕学经验，而且将这些心得体会整理成文，撰写成书，加以总结、传扬。《佐治药言》和《续佐治药言》便蕴含着汪辉祖幕学思想的精华。

（一）职业选择：入幕应慎选

汪辉祖多年的幕友生涯和为官一方的社会经历，使得汪辉祖体验了两种截然相反的人

---

① 鲍永军. 一代名幕汪辉祖［J］. 秘书之友，2000（10）：26-27.
② ［清］洪亮吉. 更生斋文续集（卷二）［M］. 授经堂. 1878：69.

生。前者是佐治——辅助人员，后者则是主官——正式官员。不管是佐治时期的幕友经历还是后期为官时的心得体会，这都使得汪辉祖对幕业的见解甚为透彻。汪辉祖认为，因为谋取功名而没有成功，转而为了维持生活寻找工作。但只有入幕这一条道路与读书是最相近的，所以从事幕业的人很多。然而幕业分为多种种类，其中刑名和钱谷两类年收入最为丰厚，其余的幕席，一年收入只不过一百金左右，甚至只有四五十金，一旦入幕，便再无他途可去，且除幕道情谊之外，也并没有什么可以获得的利益。公事是不是称手，主宾关系是否和睦，这些都是不知道的。不合则去，没有人愿意招募这也是常有的事情。由此可见，从事幕业并不像想象般简单，选择幕业必须慎而又慎。

除此以外汪辉祖还认为，幕道行业中，唯有刑名、钱谷两类薪酬是最为丰厚的。但这两项极其看中人品才能，需要谨慎处理，否则轻则损失钱财，重则伤人性命，毁人清白，这对于极其看重名声的读书人来说，是十分重要的。

但汪辉祖劝告"入幕宜慎"，并不是说幕业不可为，如果非入幕不可，便要有以下几条准则：

首先便是慎交朋友。不可交狐朋狗友，鲜廉寡耻之徒。宜交正直高洁，为人正派之人。《佐治药言·慎交》条说："往往所交太滥，致有不能自立之势，又不若硁硁自守者，转得自全。且善善恶恶，直道在人，苟律己无愧，即素不相识之人，亦未尝不为引荐，况交多则费多，力亦恐有不暇给乎。"[1]交友不慎会殃及自身，因此交友要慎重，不可以简单大意。

其次是不要攀炎附势。要自立自强，以组成团伙、站队等方式来期望进行工作，会起到物极必反的效果。《佐治药言·勿攀缘》条云："彼须用我，自能求我，我若求彼，转归无用，故吾道以自立为主。"要想在幕业中生存下去，首先便是自立，只有自身实力过硬，通晓专业知识，工作能力高，才可以在艰难幕业中长久生存。

最后便是要谨慎选择幕主。汪辉祖的幕业生涯中，对其第二任幕主常州知府胡文伯十分敬重。胡文伯为人勤俭务实，事必躬亲办事严谨，这与汪辉祖的志趣相投，两人相处十分愉悦，这也对后来汪辉祖的幕业生涯产生了深远的影响。人品好的主官会使幕友受益终身，相反人品差的主官不仅自己会臭名远扬，也会使幕友担当恶名。

（二）职业操守：律己先立品

幕友的首要职责便是为主官服务，服务的过程也是一个交往的过程。在这个过程中，两者之间的信任显得尤为重要。律己是要严格要求自己，立品是要树立良好的品德德行，幕友要锤炼品行，严于律己，幕友的人品得到了主官的信任，这样才会进一步相信其所进之言。

---

[1] 鲍永军. 汪辉祖的幕学思想[J]. 绍兴文理学院学报（哲学社会科学），2005（06）：27-33.

汪辉祖认为必须有以下三点才足够得到主官的信任：

1. 正心高洁

汪辉祖认为要保持正直高洁的品行，首先便是要保持良好的操守。欲先立品，需先心正，保持一颗清正廉洁之心，不贪污受贿，不徇私枉法。处理官府主官事宜需公平公正，个人家庭也应严格约束，防止别人从家人入手对其行贿，要约束家人，勤勉持家。此外，汪辉祖还特别认为幕友不应经手财务。如果经手钱财，必然会斤斤计较，这样会导致有所怨怼，而且经手银钱，必会导致那些曲意奉承之人前来贿赂，妨碍公事。人品也容易因此变坏。①

2. 简朴谦恭

汪辉祖认为读书人从事幕业多是为养家糊口，属于迫不得已之举。在别人门下讨生活的日子，应严守高洁的品格，养成勤俭的习惯。②只有时时刻刻保持谦恭简朴的生活习惯，才可以预防主官的忌惮，长久得到主官的信任从而保证长期任职。同时保持简朴谦恭的态度，也可以获得良好的名声，有助于以后寻觅更好的职位。

3. 规范家门

汪辉祖认为幕友要严守家门。幕友本人和家庭息息相关，如果家庭奢侈浪费，那么一定会连累到幕友本人。幕友依靠出卖自己的能力来养家糊口，靠着主官的帮助，获取微薄的薪酬，这是十分不容易的。幕友经常是将俸禄积攒数月，然后寄回家庭。这一大笔银钱，如果家里人不知幕友在外艰难，误以为获取钱财很容易，则不爱惜，大肆铺张浪费。因此要告知家里人自己的辛劳，要教导家人勤俭节约，不可妄生事端，不可恃强凌弱，要知其艰难，全家同心，才可以家族繁茂，代代昌盛。

4. 人事关系：尽心事其主

幕友选择了幕主，便要尽心侍奉，忠于主官。忠于主官首先便是要尽心。汪辉祖在《佐治药言》中说"佐治以尽心为本。"受君之禄，忠君之事。尽心并不是指违逆本心地忠于主官的一切，而是要忠心耿耿，勤勉务实，为主官尽职服务。其次便是要知无不言，言无不尽，要辩论明确，为主官捋清利害得失。而且要勤快办事，幕友要事事勤，不要拖沓懒散。汪辉祖认为处理好幕务的关键就是要勤恳，勤勉办事，勤勉为人。佐治政务更要以尽心为本。从尽心出发，要尽心提出意见，尽心去做好自己的工作，最后还是要回归到尽心的起点上，这样才可以达到尽心的标准。

5. 为官原则：保民更便民

幕友虽是为主官服务，但也要时刻注意保民爱民。汪辉祖说幕友要爱民，慎重处理民

---

① 静安楼. 聪明与糊涂：糊涂谭（下）[M]. 北京：中国人事出版社，1997：69.
② 刘耀国. 试论清代幕学和仕学的相辅相成 [J]. 秘书之友，1995（11）：39-41.

众事宜，要设身处地为民众着想。处理人民相关事务是幕友佐治的主要任务，也是其出发点和最终目标。汪辉祖认为幕友要从公正出发，一心为民。因此汪辉祖提出以下几点便民利民的幕道原则：

一是要省事。清代，百姓办理诉讼案件，所需资费甚大，往往导致家破人亡。汪辉祖强调幕友在佐治审理案件上要细心严谨。核对证词要认清罪犯本意，以防横生枝节。批驳判词要严谨慎重，不可轻易宣判。在传唤上面也要谨慎，以防牵连无辜。小的案件能大事化小小事化了最好，不可以使小事变大，甚至使双方反目成仇。上报上级时，要简明为上，与罪名无关、与人证无关的都不应该详审，以防拖累。

二是要便民。一旦审理妥当立时结案。勘察事故现场也应该速结。严禁捕快、衙役、讼师骚扰民众。

汪辉祖归纳幕道的原则为四点：廉、慎、公、勤。其中"公"最根本，办理幕务，要一切从公出发，要处理好公文，办理好公务，做得好公事。这也是汪辉祖幕学思想中最为闪耀的一点。做幕友，办幕务并不简单易行，是一个多方面都要充分考虑到的综合性岗位。在处理与主官之间的关系时，更要慎重，要严格区分公事、私事。尽全力做好主官交付的公事，若交付的私事违法乱纪，则万万不可为。

四、汪辉祖幕学思想对现代秘书工作的启示

汪辉祖的幕学思想有其独特的价值，在幕学品德、才干、道德操守等方面都依据其亲身实践而作出了独特的总结，这些思想不仅对过去的幕僚有着振聋发聩的作用，同时也对现代秘书工作者在实际工作中有着独特的启发作用。

（一）幕业全才与现代秘书专业技能

幕友十分重视德行、才能、品性，只有具备高度的责任意识，具备完善的职业知识，具有优秀的专业技能，才能做一名合格的秘书工作者。汪辉祖认为："品洁详明，德行坚定，事理通达，心气和平，方为全才"[①]这些充分说明了在秘书工作过程中，专业知识与专业才能的重要性。

现代秘书的专业技能是指秘书应具备的专业知识技能与广博的学识能力。随着现代社会日新月异的发展，对秘书的要求也越来越高，秘书已经不仅仅是一个简单的文字工作处理者，更重要的是在渐渐充当一个全能型人才。辅助性的角色定位要求秘书不仅仅要办文、办会、办事，更要充当财务、审计、监督等综合性的角色。因此秘书必须熟练地掌握专业

---

① 睦达明. 清朝名幕汪辉祖及其幕学思想[J]. 秘书，2004（12）：37-38.

技能与知识。秘书的专业技能包括丰厚翔实的文化知识、完善的知识结构与水平、简洁恰当的表达能力、娴熟的实际操作能力、精明的应变能力等等。从多方面来说,秘书的专业技能是不断扩充与发展的,是一个动态的过程。秘书在实际工作中发现问题,解决问题。在解决问题的过程中即锻炼与培养了能力。这也是秘书职业时间越长,秘书专业能力越完备的原因所在。

汪辉祖在幕业生涯中极其重视幕僚的个人专业能力。例如要熟练掌握各种公文案牍的书写,衙门事务的处理等。这启示我们要注意培养个人才干,积极寻求出路,扩宽路径眼界去开阔自身的见识,提升自身的能力。只有综合素质跟上,才能做好本职工作,才会有做好一名秘书的底气。此外秘书还应该具备充分的协调应变能力。面对突发情况,可以临危不乱,井井有条地处理相关事宜,同时还应做好公关工作。这些都是秘书专业技能不可或缺的重要组成部分。因此,专业知识技能关系到秘书的命运,只有不断提升,才能不断进步。

(二)德行操守与现代秘书职业道德

汪辉祖指出:"信而后谏,惟友亦然。欲主人之必用吾言,必先使主人之不疑吾行。为主人忠谋,大要顾名而不计利。凡与主人相依,及效用于主人者,率惟利是视,不得遂其所欲,往往易为媒孽。其势既孤,其间易生,稍不自检,毁谤从之。故欲行吾志者,不可不立品。"①由此可见在汪辉祖的认知中,德行操守是第一要义。幕友处于一种特殊的社会地位。身居主官之侧,近可进献应对之策,离则掌管一方权责。因此幕友必须严格保持良好的道德操守,正确的职业价值观,才可以做一名真正意义上优秀的幕业人员。从事幕业,可以为便为之,不可为弃之而去即可。不要被主官的人情笼络,不能脱身,深陷其中。

对于现代秘书工作来说,秘书的职业道德在秘书的工作中显得更为重要。德行方正,方为始终。②从汪辉祖的身上,我们首先可以学到的便是忠于职守,尽心尽力的职业道德。面对上司领导,要坚守自己的岗位。对于自己的本职工作,要尽全心尽全力地去做好。其次是要服从领导,领导是秘书的上司,秘书的主要职责便是为领导当好辅助参谋,只有尊重领导,才能为后续工作的展开提供便利。其三是正直无私,以礼待人。身为秘书,必须要做到以身作则,在实际的工作和生活当中,要公正无私,不可偏私,要有礼貌地对待上级、同级、下级,不可以踩低捧高。在现代秘书工作中,有很多秘书工作者由于自身职位的特殊性,常有一种倨傲的态度,对待同事或者来进行询问的人态度不友好,这是非常错误的。要以礼待人,方能得到人们的尊重。除此以外严格遵守相关纪律法规、依法保守单

---

① 眭达明. 清朝名幕汪辉祖及其幕学思想[J]. 秘书,2004(12):37-38.
② 徐灿珉. 谈谈秘书道德[J]. 道德与文明,1991(06):10-12.

位秘密等都是秘书必须具备的基本的职业道德。德乃人之根本。要想做一名出色的秘书，基本的职业道德、高尚的品德二者缺一不可。

（三）爱民保民与现代秘书为民服务

汪辉祖不管是在做幕僚还是为官一方之时，都深深地把民本思想践行到实处。他一贯主张为民办事，要尽全力，尽心。在做幕僚之时，要帮助主官爱惜民力，体恤百姓。他在《佐治药言》中曾这样说："仁恕获福""囚关绝祀者尤宜详审"。①汪辉祖认为要想成为一名称职的官员，必须时刻把百姓放在心上，时刻牢记以民为本的思想，真真切切地做到爱民保民。处理民众诉讼时，汪辉祖在每个环节上都提出便民利民的方法，防止民众因诉讼导致家境贫困。除此以外汪辉祖还多次革除地方陋俗，一心为民众考虑，真正践行了"亲民之吏，当与民一体"。

水可载舟，亦可覆舟。中国的传统文化更为强调的是"民为邦本、本固邦宁"。确立"以民为本、立法为民"的新理念，即是为了更好地解决官民的关系问题。由此可见，新常态下的秘书工作只有坚持"以民为本、立法为民"，才能真正把人民置于主体地位来看待。在现代秘书工作中，秘书是一个与人频繁接触交往的重要角色。在展开秘书工作时，不管是公文的撰写、参谋意见的咨询，还是社会调查、田野调查研究，为广大民众服务等，秘书都会与各种各样的人进行接触。因此坚持"以人为本"的思想原则为民服务，保持高度清醒的服务意识与精神。在具体的实际工作中让群众少跑路、好办事，便民利民，服务于民。只有尽心为民服务，才能真正成为新时代一名出色的秘书工作人员。

（四）入幕应慎与现代秘书职业选择

汪辉祖一直坚持的便是"就馆宜慎、不合则去"的思想。他认为尽量不要去选择当幕友，当幕友之后，如果与主官不合，便要自行离去，免得闹出矛盾，惹人不悦。汪辉祖曾多次劝导自己的家人与亲属，让他们谨慎选择幕业。特别是当他的次子汪继坊有从事幕业的想法时，汪辉祖对他及时进行了劝阻。这都说明了汪辉祖对于从事幕业要慎之又慎的思想。这实际上对现代秘书工作也有深刻的借鉴意义。

现代职业工作中，岗位是一种双向选择。灵活性、机动性比较大。秘书的职业选择必须充分遵从个人的职业意愿与职业发展规划。例如私人企业中的秘书，灵活性比较大，可以自行申请离职或另谋出路。但他们一旦成为私人企业秘书，便往往身兼数职，身上的担子比较重，但与此同时他们也会获得丰厚可观的收入。当工作环境与职业理想或者职业道德相违背之时，他们往往可以审慎地选择退出，另谋高就，以保持"曲身而不屈于道"的

---

① 钟小安，宣淑珍. 浅析一代名幕汪辉祖的民本意识［J］. 秘书之友，2006（09）：4-7.

独立人格。

因此秘书的职业选择往往很重要，必须做好职业选择与规划。但与此同时依然要坚持职业操守，不能违背秘书的职业道德、职业理想，因为坚定的职业操守是我们的事业长足发展的前提，合则来，不合则去，应保持秘书职业人的尊严和体面。

（五）幕席划分与现代秘书岗位分工

汪辉祖时期，清代的幕僚行业已经发展得相当成熟和完善了。汪辉祖一开始是掌书记，后来不断学习，积累经验成为名震全国的刑名师爷。除了刑名师爷之外，当时社会上还存在钱谷、书启、挂号、征比等不同种类的幕业分类。不同的幕席从事的相关事务也是不尽相同的。通过划分幕业种类，从而强化专业程度，具备更强的内在竞争力，避免同质化发展造成人力资源浪费。

当今经济高速发展，社会分工日趋细化。对秘书的专业程度要求也越来越高。现代秘书按照从属和服务对象来划分，可以划分为公务秘书和私人秘书；按照秘书所在组织内部的工作分工来分，可以分为行政秘书、机要秘书、生活秘书等；参照幕僚的分类也可以将秘书分为法律秘书、行政秘书、司法秘书、经济秘书等。多方面的岗位职责细化，可以为秘书的高、精、尖发展提供佐助之道。术业有专攻，在各自的领域内更好地钻研与发展，这既可以避免大量同类型人才出现导致巨大的竞争压力，也可以为社会培养更多的专业人才。

放眼当今各个职业领域和各阶段教育领域，"内卷"已然成为一个概括性极强的社会学名词，在这种社会背景下，秘书行业进行更细致的职业岗位分工，发展更具适配性的职业与个性匹配指导，鼓励秘书人才在整体掌握基础性业务的同时，在专业岗位上不断追求业务精进，本着每一个个体都有其独特的社会价值，致力于培养和发现每个个体的优点和潜力，是对抗社会性"内卷"的一个有效策略。

结束语

汪辉祖是清代幕僚中首屈一指的大师，他幼年孤贫却从未想过放弃，不断奋进，努力拼搏，为其赢得一代美名，更以其数十年的幕友生涯总结出一系列的幕道经验、幕学思想。这些沉淀的思想精华，一直被从事幕业的人奉为圭臬。幕友是现代秘书的最初角色。在现代社会，对于我们这些刚出大学的本科生来说，如何做一名基本合格的秘书，显得尤为重要。良好的开端，是成功的一半。我们只有把工作做好，不断地学习，才可以寻求进步为一名更高级的秘书。汪辉祖的幕学思想对于即将步入秘书工作岗位的我们来说，实在是不可多得的珍宝，具有重要的启发意义。

参考文献

[1] 刘耀国. 谈清代幕学 [J]. 秘书工作, 1994 (06): 39, 12.
[2] 王永春. 汪辉祖幕学思想及其现代秘书学意义 [J]. 秘书之友, 2014 (02): 7-10.
[3] 鲍永军. 汪辉祖研究 [D]. 浙江大学, 2004.
[4] 李渔. 资政新书·王仕云题词//李渔全集 (第16卷) [M]. 杭州: 浙江古籍出版社, 1992.
[5] 鲍永军. 一代名幕汪辉祖 [J]. 秘书之友, 2000 (10): 26-27.
[6] 鲍永军. 汪辉祖的幕学思想 [J]. 绍兴文理学院学报 (哲学社会科学), 2005 (06): 27-33.
[7] 静安楼. 聪明与糊涂 糊涂谭下 [M] 北京: 中国人事出版社, 1997.
[8] 刘耀国. 试论清代幕学和仕学的相辅相成 [J]. 秘书之友, 1995 (11): 39-41.
[9] 眭达明. 清朝名幕汪辉祖及其幕学思想 [J]. 秘书, 2004 (12): 37-38.
[10] 徐灿珉. 谈谈秘书道德 [J]. 道德与文明, 1991 (06): 10-12.
[11] 钟小安, 宣淑珍. 浅析一代名幕汪辉祖的民本意识 [J]. 秘书之友, 2006 (09): 4-7.

（指导教师：姚芮玲）

导师点评

本论文选题具有学术研究的价值，通过多方面梳理汪辉祖的幕学思想，历史地分析了清代幕业发展兴盛的社会学根基，体现了学生深入研究社会历史现象的思考能力和发掘专业思想资源的问题意识。其中对清代幕业发达的社会历史学分析比较扎实，阐释了传统儒学和科举制度对中国知识分子的深刻影响。在论述汪辉祖宦海沉浮和幕业生涯的过程中，分析其仕途失意与幕学成就之间得失相依的关系，这种极具代表性的人生际遇揭示了现代秘书学科和职业化发展的困境，也由此增强了论文的现实意义。论文形式符合规范，措辞严谨，对本科阶段学生论文创作具有示范价值。相较而言，论文末章汪辉祖幕学思想对现代秘书工作的启示稍显薄弱，还可深入挖掘提炼。

导师简介

姚芮玲，博士，讲师，出版专著《翻译文学与中国革命文学的历史建构》（中国社会科学出版社）。

唐第五玄昱墓志考释

李舒晴　汉语言文学 2017 级

摘　要：本文围绕出土于陕西省三原县的第五玄昱墓志，结合史书与相关文献资料，对第五玄昱的生平事迹以及官职进行整理与研究，同时对墓志所涉及的唐朝监军制度以及唐时的战争进行深入研究，对唐代风云变幻的历史细节进行考察与补充。

关键词：唐代墓志；第五玄昱；监军制度；唐蕃关系

《大唐故河西陇右副元帅并怀泽潞监军使元从镇军大将军行左监门卫大将军上柱国扶风县开国侯食邑两千户第五府君墓志铭并序》出土于陕西省三原县，目前藏于三原县博物馆。志、盖均为正方形，边长 90 厘米，志石厚 14 厘米，盖厚 16 厘米。盖顶四周以花卉装饰，碑四周以青龙、白虎、朱雀、玄武四大神兽装点。志文共 31 行，满行 30 字，共 859 字。志文全文如下：

　　大唐故河西陇右副元帅并怀泽潞监军使元从镇军大将军行左监门卫大将军上柱国扶风县开国侯食邑两千户第五府君墓志铭并序
　　章敬寺沙门有则述
　　沙门道秀书
　　大历十有二祀，岁在大荒落，律中太簇，草木萌动之二日，有唐功臣左监门卫大将军扶风县侯第五府君卒，享年一甲子矣。府君讳玄昱，其先汉丞相伦之裔。王父、皇考，皆养素丘园，耦耕畎亩。遁代无闷，卫生有术。府君怀道处厚，抱谦牧卑，俭而中礼，仁而能断。初筮仕之渐，入寺人之职，手捧日月，口含丝纶。官践朝议郎、行内侍省宫闱丞，暨贼臣安禄山称兵天阙，凭凌巩洛，涂炭黎氓。圣皇南幸于巴梁，储后北巡于河朔。则谋士展用，忠臣见节焉。先是申命武臣，侠中之贵，分守郡国，以备侵轶。于显南阳，是称雄蕃，势限荆楚，地临肘腋。诏命府君监司徒凉国公李抱玉居之。墨翟之守，田单之策。贼徒蚁聚，戎马云屯。皆摧其梁丽，挫彼锋镝。孤城坚守，三月不拔。迁内侍省宫闱令，赐绯鱼袋。俄而克复关东、抚宁河北。皆府君与凉公左提右挈，前唱后和，举无遗策，动必中规。累迁内调者监，赐紫金鱼袋。寻授云麾将军、左监门卫将军、扶风县开国子，食邑五百户。顷岁，西戎国雠，闻我军后，陷我内地，俘我边人。豳岐之郊，植作榛莽；河陇之土，剪为丘墟。诏命府君与凉公备焉。避实击虚，临事制变，刁斗不警，烽燧无虞。城复隍而更筑，人丧家而皆至。蕃丑畏威，士卒佚乐。迁镇军大将军，行左监门卫大将军，晋爵开国侯，食邑如故。天道福谦，吾其感焉。呜呼！府君曾莫中寿，既疾病，启手足，终于长安大宁里之私第。天子悼惜，使吊赠束帛二百段。是岁十月廿八筮地于渭北清谷之东原。诏给卤部鼓吹，以嘉茂绩礼也。夫人彭城郡夫人刘氏，当昼而哭。嗣子太子左赞善大夫国进等，号天以哀。原旌厥美，以纪幽穸。铭曰：

天有四星，星有上将，挺生扶风，为国堞嶂。堞嶂伊何？邦家克宁，蜂虿潜毒，蛮夷来庭。秉节南阳，人用其康，使车河北，无思不服。西戎孔炽，我用是亟，扶风出征，以匡王国。天子命我，城于周岐，赫赫扶风，犬戎于夷。檀车惮惮，我马瘏矣，忧心悄悄，我躬痛矣，厥疾不瘳，呜呼曷归？邦丧其良，家人靡依。形归于地，名且不朽，茂勋贞石，庶以永久。

特敕：存有艰劳，赞兹戎重；殁加法赠，列在王章。信厚而和，柔毅而立。端诚不校，直谅多闻。既三命而益恭，每一心而自穆。入参省署，尝扶义以纳忠；出左军权，亦宣恩而广泽。秩同户将，职傅边臣。嘉稔之有成，悼降年之不永。式彰恤礼，追列仪台。可赠开府仪同三司。

大历十二年十月十日
程用之刻字

一、第五玄昱其人

复姓第五，出自妫姓，为田齐之后。《后汉书·第五伦传》："第五伦字伯鱼，京兆长陵人也。其先齐诸田，诸田徙园陵者多，故以次第为氏。"[①]《元和姓纂》卷八"第五"条载："出自齐诸田之后。田氏汉初徙奉园陵者故多以次第为氏。"[②]《新唐书·宰相世系表》载："第五氏出自妫姓。齐诸田，汉初多徙奉园陵者，故以次第为氏。"[③]妫姓是中国上古八大姓氏之一，东周时期妫姓诸侯国有陈国、遂国和齐国。在刘邦建立汉朝以后，将这些旧王族

---

① 〔宋〕范晔. 后汉书（卷四十一）[M]. 北京：中华书局，1965：1395.

② 〔唐〕林宝. 元和姓纂（卷八）[M]. 北京：中华书局，1994：1242.

③ 〔宋〕欧阳修. 新唐书（卷七十五上）[M]. 北京：中华书局，1975：3374.

势力迁出原籍，其中田齐就分为第一到第八共八支迁徙关中，故后人多以次第为姓，第五氏就是其中一支。第五氏自齐入秦，以奉卫园陵，或即长陵。《元和姓纂》卷八第五氏有"京兆长陵"条，除第五伦外，又言"护羌校尉第五访，亦京兆人"①，可知第五氏世居京兆。《第五玄昱墓志》载第五玄昱"汉丞相伦之裔"，又封"扶风县开国侯"，则其为第五伦后裔，京兆扶风人。

墓志载"大历十有二祀，岁在大荒落，律中太簇，草木萌动之二日，有唐功臣左监门卫大将军扶风县侯第五府君卒，享年一甲子矣"，"岁在大荒落"即"岁阴在巳"，也即巳年，大历十二年（777）恰是丁巳年；太簇为古代十二音律之一，对应十二月之一月，"律中太簇"即一月；"草木萌动之二日"即初二日，则第五玄昱卒于大历十二年正月初二，享年60，其生于开元六年（718）。

第五玄昱初仕"入寺人之职"，寺人即宫中的近侍小臣，也即宦官。有唐一代，特别是玄宗时期，宦官是颇有权势的群体。《旧唐书·宦官传》载："玄宗在位既久，崇重宫禁，中官稍称旨者，即授三品左右监门将军，得门施棨戟……乃至守三公，封王爵。"②宦官群体简单快捷的成功之路，成为不少中下层社会人士的终南捷径。杜文玉考察唐代宦官来源，除进献和宦官养子外，另一重要来源便是"良胄入侍"，且京畿周边便于选征而居多。③第五玄昱为扶风人，父祖"皆养素丘园，耦耕畎亩"，与世无闻，其得以征选，当属于"良胄入侍"。此亦可见唐代社会上对宦官职业的认同。

第五玄昱入宫后，"官践朝议郎，行内侍省宫闱丞"。朝议郎为正六品上文散官，为文官第十四阶。内侍省是天子的近侍机构，掌"在内侍奉，出入宫掖，宣传制令"，"总掖庭、宫闱、奚官、内仆、内府五局之官属"；宫闱局设"令二人，从七品下；丞二人，从八品下。内阍人二十人。内掌扇十六人。内给使，无常员。宫闱令掌侍奉宫闱，出入管钥……丞掌判局事"。④"凡注官阶卑而拟高则曰'守'，阶高而拟卑则曰'行'"⑤，第五玄昱以正六品散阶担任从八品下的执事官，故称"行内侍省宫闱丞"，也可见玄宗时期宦官待遇之优厚。第五玄昱"掌判局事"，负责宫闱局的日常事务，相当于宫闱局的办公室主任。

第五玄昱的人生巅峰便是出任监军，长期担任李抱玉的监军使。杜佑《通典》卷二十九"监军"条载："周代齐景公使穰苴将兵捍燕晋之师，穰苴愿得君之宠臣以监军，公使庄贾往。贾不时至，苴斩之，是其始也。汉武帝置监军使者，光武以来歇监诸将，后汉末刘

---

① 〔唐〕林宝. 元和姓纂（卷八）[M]. 北京：中华书局，1994：1242.
② 〔五代〕刘昫. 旧唐书（卷一百八十四）[M]. 北京：中华书局，1975：4754.
③ 杜文玉. 唐代宦官的籍贯分布[J]. 中国历史地理论丛，1998（1）.
④ 〔唐〕李林甫等撰，陈仲夫校点. 唐六典（卷十二）[M]. 北京：中华书局，1992：356、358-359.
⑤ 〔唐〕李林甫等撰，陈仲夫校点. 唐六典（卷二）[M]. 北京：中华书局，1992：28.

焉以监军使者领益州牧。魏晋皆有之……后代多不置。至隋末，或以御史监军事。大唐亦然。时有其职，非常官也。开元二十年后，并以中官为之，谓之监军使。"①监军始于周，盛于唐，玄宗以来多用宦官监军，且往往"权过节度"②，这为中晚唐的宦官专权打下了基础。第五玄昱自"安史之乱"中出任监军，直到大历十二年去世，自从八品宫闱丞官至镇军大将军、行左监门卫大将军、上柱国、扶风县开国侯，去世后更是赠开府仪同三司，可谓荣耀之至。

唐代宦官娶妻养子成风，并由此发展为权宦世家，世代把持内外廷要职，成为宦官专权的又一基础。第五玄昱虽然没有形成权宦世家，但其娶妻养子，荫及子孙。第五玄昱妻子刘氏，封彭城郡；养子第五国进，任太子左赞善大夫，正五品上。又，贞元间有宦官第五守进，与第五国进名字相连，颇疑为第五玄昱之养子。第五守进为内侍省内常侍，贞元九年（793）为宫闱令，十年（794）昭义节度使李抱真去世后奉使昭义，十四年（798）为右神策军护军中尉，赐名守亮。

二、第五玄昱与李抱玉的默契

监军作为皇帝的特派员，具有奏察弹劾的大权③，其地位与节度使并驾齐驱，其作用在于钳制节帅，因此监军与节帅之间的龃龉在所难免。但第五玄昱自"安史之乱"中任李抱玉监军以来，直至大历十二年（777）去世，二人共事20余年，殊为难得。

墓志称："暨贼臣安禄山称兵天阙，凭凌巩洛，涂炭黎氓。圣皇南幸于巴梁，储后北巡于河朔。则谋士展用，忠臣见节焉。先是申命武臣，侠中之贵，分守郡国，以备侵轶。于显南阳，是称雄蕃，势限荆楚，地临肘腋。诏命府君监司徒凉国公李抱玉居之。"《新唐书·李抱玉传》谓："李光弼引为裨校。天宝末，玄宗以其战河西有功，为改今名。禄山乱，守南阳，斩贼使。至德二载……赐之姓，因徙籍京兆……进至右羽林大将军，知军事，擢陈郑颍亳节度使。"④南阳即南阳郡（治所在今河南邓州），属山南东道，与都畿道、河南道接壤，是山南东西两道的门户。安史之乱时，安禄山派兵经略，为鲁炅所阻。《旧唐书·鲁炅传》载："禄山之乱，选任将帅。十五载正月，拜炅上洛太守，未行，迁南阳太守、本郡守捉，仍充防御使。寻兼御史大夫，充南阳节度使，以岭南、黔中、山南东道子弟五万人屯叶县北，滍水之南，筑栅，四面掘壕以自固。至五月，贼将武令珣、毕思琛等来击之……

---

① 〔唐〕杜佑. 通典（卷二十九）[M]. 北京：中华书局，1984：168.
② 〔五代〕刘昫. 旧唐书（卷一百八十四）[M]. 北京：中华书局，1975：4757.
③ 张国刚. 唐代监军制度考论 [J]. 南开史学，1980（2）.
④ 〔宋〕欧阳修. 新唐书（卷一百三十二）[M]. 北京：中华书局，1975：4619.

炅与中使薛道等挺身遁走，余众尽没……炅收合残卒，保南阳郡，为贼所围。寻而潼关失守，贼使哥舒翰招之，不从。又使伪将豫州刺史武令珣等攻之，累月不能克。武令珣死，又令田承嗣攻之……炅在围中一年，救兵不至，昼夜苦战，人相食。至德二年五月十五日，率众持满傅矢突围而出南阳，投襄阳……朝廷因除御史大夫、襄阳节度使。时贼志欲南侵江、汉，赖炅奋命扼其冲要，南夏所以保全。"①鲁炅主导的南阳保卫战与张巡等主导的睢阳之战一样，为遏制安禄山南下经略江淮，保障唐朝经济命脉做出了重要贡献。第五玄昱监军李抱玉驻守南阳，墓志誉美其"墨翟之守，田单之策。贼徒蚁聚，戎马云屯。皆摧其梁丽，挫彼锋镝。孤城坚守，三月不拔"，与南阳保卫战相吻合，则第五玄昱出任监军当在天宝十五年（756，七月改元至德）。

至德二年（757）十月，唐朝收复二京，平定安史之乱取得阶段性胜利，唐肃宗大力犒赏有功之臣。《旧唐书·鲁炅传》称："十月，王师收两京……十二月，策勋行赏，诏曰：'特进、太仆卿、南阳郡守兼御史大夫、权知襄阳节度使、上柱国、金乡县公鲁炅……可开府仪同三司，兼御史大夫，封岐国公，食实封二百户，兼京兆尹。"②当在此时，第五玄昱"迁内侍省宫闱令，赐绯鱼袋"；李抱玉亦有褒赏，赐姓李氏，徙籍京兆，进至"右羽林大将军，知军事"③。监军负有监察职能，"连帅有奇勋殊绩，忠国利人之大节，皆得以上闻"④，李抱玉的褒赏，或许与第五玄昱的"上闻"有莫大关系。

收复两京后，唐肃宗未能乘胜追击，以致逃到邺城（今河南安阳）的安庆绪得以纠集兵力，渐成声势。及至乾元元年（758）九月，始派郭子仪、李光弼、鲁炅等九节度进讨安庆绪；二年（759）三月，九节度大败，溃归本镇。嗣后，重新调整军事部署，以李光弼代郭子仪为朔方节度使、天下兵马副元帅，退守河阳；李抱玉自右羽林将军擢为郑州刺史、郑陈颍亳四州节度使，协助李光弼镇守河阳，大败史思明。《旧唐书·李抱玉传》载："乾元初，太尉李光弼引为偏裨，屡建勋绩，由是知名。二年，自特进、右羽林军大将军、知军事，迁鸿胪卿员外置同正员、持节郑州诸军事兼郑州刺史、摄御史中丞、郑陈颍亳四州节度。时史思明陷洛阳，光弼守河阳，贼兵锋方盛……抱玉出奇兵，表里夹攻，杀伤甚众……固河阳，复怀州，皆功居第一，迁泽州刺史、兼御史中丞。"⑤《新唐书·李抱玉传》谓："史思明已破东都，凶焰勃然，鼓而行，自谓无前。光弼壁河阳拒之，使抱玉守南城。

---

① 〔五代〕刘昫. 旧唐书（卷一百一十四）[M]. 北京：中华书局，1975：3361-3363.
② 〔五代〕刘昫. 旧唐书（卷一百一十四）[M]. 北京：中华书局，1975：3363.
③ 〔宋〕欧阳修. 新唐书（卷一百三十二）[M]. 北京：中华书局，1975：4619.
④ 〔清〕董诰等. 全唐文（卷八百二十一）[M]. 北京：中华书局，1983：8652.
⑤ 〔五代〕刘昫. 旧唐书（卷一百三十二）[M]. 北京：中华书局，1975：3645-3646.

贼急攻，抱玉纵奇兵出，表里俘杀甚众。贼乃舍去，从光弼战大败，因不能西。差功第一，封栾城县公。代宗立，兼泽潞节度使，统相、卫、仪、邢十一州兵。"①《第五玄昱墓志》称："克复关东，抚宁河北，皆府君与凉公左提右挈，前唱后和，举无遗策，动必中规。""克复关东，抚宁河北"，当是指在李光弼的统帅下，李抱玉平定安史之乱，收复河南，镇抚河北等军事行动。李抱玉在一系列战斗中"皆功居第一""差功第一"，这离不开监军第五玄昱的大力支持和默契配合。

李抱玉于宝应元年（762）擢为泽潞节度使、潞州大都督府长史；永泰元年（765）正月复兼凤翔、陇右节度使，后又任河西等道副元帅，长期镇守泽潞、凤翔等地，直到大历十二年（777）去世。《第五玄昱墓志》称："顷岁，西戎国衅，闻我军后，陷我内地，俘我边人……诏命府君与凉公备焉……蕃丑畏威，士卒佚乐，迁镇军大将军、行左监门卫大将军，晋爵开国侯，食邑如故"，署第五玄昱临终官职为"河西陇右副元帅并怀泽潞监军使元从镇军大将军行左监门卫大将军上柱国扶风县开国侯"，可知永泰元年李抱玉以泽潞节度使兼任凤翔、陇右节度使时，第五玄昱依然是监军，一直到大历十二年正月病逝。巧合的是，第五玄昱十二年正月去世，而李抱玉同年三月去世。

自天宝十四年南阳保卫战开始，第五玄昱任李抱玉监军20余年，从南阳到河阳，从河阳到潞州，从潞州到凤翔，书写了监军与节帅的传奇。墓志言第五玄昱在边时"刁斗不警，烽燧无虞。城复隍而更筑，人丧家而皆至。蕃丑畏威，士卒佚乐。"《新唐书》称李抱玉"在镇十余年，虽无破虏功，而禁暴安人，为将臣之良"，信非虚言。

三、墓志所见安史之乱后唐蕃关系

安史之乱是唐朝盛衰的转折，同样也是唐蕃关系变化的关键。为平定安史之乱，唐朝将河西、陇右等地区的边防军尽数内调，吐蕃则趁机东进，尽有河西陇右之地。《旧唐书·吐蕃传》："及潼关失守，河洛阻兵，于是尽征河陇、朔方之将镇兵入靖国难，谓之行营。曩时军营边州无备预矣。乾元之后，吐蕃乘我间隙，日蹙边城，或为掳掠伤杀，或转死沟壑。数年之后，凤翔之西，邠州之北，尽蕃戎之境，湮没者数十州。"②广德元年（763），安史之乱刚刚平定，吐蕃突破泾州防线，直入长安。唐代宗不得不向东撤退，并着手调整军事部署，抽调精兵名将，收复长安，防守泾州、凤翔一线。

李抱玉作为平定安史之乱中崛起的名将，被抽调到凤翔一带驻防。墓志中载："豳岐之郊，植作榛莽；河陇之土，剪为丘墟。诏命府君与凉公备焉。"《旧唐书·李抱玉传》称：

---

① 〔宋〕欧阳修. 新唐书（卷一百三十二）[M]. 北京：中华书局，1975：4619.
② 〔五代〕刘昫. 旧唐书（卷一百九十六）[M]. 北京：中华书局，1975：5236.

"广德元年冬,吐蕃寇京师,乘舆幸陕,诸军溃卒及村闾亡命相聚为盗,京城南面子午等五谷群盗颇害居人,朝廷遣薛景仙领兵为五谷使招讨,连月不捷,乃诏抱玉兼凤翔节度使讨之……旬日内五谷平。以功迁司空,余并如故。时吐蕃每岁犯境,上以岐阳国之西门,寄在抱玉,恩宠无比,迁同中书门下平章事,又兼山南西道节度使、河西陇右山南西道副元帅、判梁州事,连统三道节制,兼领凤翔、潞、梁三大府。"①《旧唐书·代宗纪》:永泰元年(765)正月"戊申,泽潞李抱玉兼凤翔、陇右节度使,兼南道通和吐蕃、凤翔秦陇临洮以东观察处置等使";大历五年正月辛卯,"凤翔节度使李抱玉判梁州事,充山南西道节度使"。②可知,自永泰元年正月起,第五玄昱与李抱玉自潞州调任凤翔,以遏制吐蕃自凤翔东进。二人镇守凤翔10多年,吐蕃屡屡进犯,但难有寸功。主观方面在于二人"禁暴安人"的戍边之策发挥了积极作用,客观方面则在于唐朝平定安史之乱后,调整对吐蕃策略,

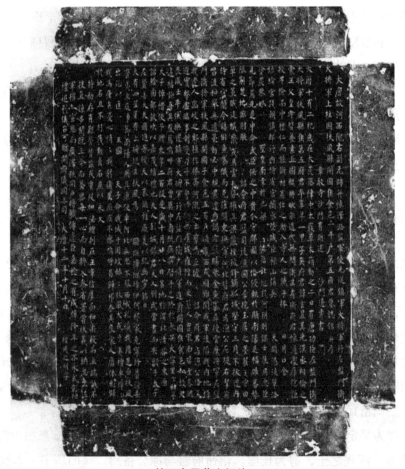

第五玄昱墓志拓片

---

① 〔五代〕刘昫. 旧唐书(卷一百三十二)[M]. 北京:中华书局,1975:3646.

② 〔五代〕刘昫. 旧唐书(卷十一)[M]. 北京:中华书局,1975:278,294.

双方形成了对峙。

第五玄昱作为平民出身的一名宦官，很短时间内便官至左监门卫大将军、镇军大将军，卒后褒赠开府仪同三司，其升迁之快速，其官爵之尊崇，远非一般世家子弟所能企及，唐代宦官在朝廷中的特殊地位，由此可见一斑。第五玄昱作为监军，且长期在李抱玉军中，第五玄昱从监军到监军使、再到副元帅，李抱玉则从裨将到三镇节度、开国公，二人在战斗中不断成长，这是监军与节帅配合默契的典范，也说明监军制度之设计无可厚非，只是在监军遴选上缺乏制度约束，容易所托非人，因人废事。

（指导教师：严寅春）

导师评语

王国维先生慨叹："古来新学问起，大多由于新发见。"新出土墓志是 20 世纪以来最重要的"新发见"之一，也是"新学问"的渊薮与起点。该论文以新出土唐代宦官墓志为基础，对其中所涉及的宦官制度、监军制度、唐蕃关系等重要问题做了初步梳理，提出了一些新的看法，具有一定的研究意义。其中所涉及的问题较为复杂，尚有许多值得进一步梳理的地方。

导师简介

严寅春，山西洪洞人，中山大学文学博士。现为西藏民族大学文学院教授、硕士研究生导师，柳宗元研究会理事，主要从事唐代文学与文化研究、涉藏文献整理与研究。

40 年来国内对《简·爱》中的女性意识觉醒的研究

拉巴卓玛　汉语言文学 2017 级

摘　要：英国作家夏洛蒂·勃朗特的小说《简·爱》，自诞生起就激起了人们对女作家及女性意识等方面的关注，并逐渐被视为一部力在呼唤女性自我意识觉醒的呐喊之作。它以一种超前意识探讨了女性存在的价值，并成为世界文学史上的经典。自 20 世纪 30 年代译介到中国之后，《简·爱》对国内文学批评界和妇女地位等方面均产生了一定影响，及至中国进入改革开放后影响更甚。本论文广泛收集了 40 多年来国内研究界以女性意识觉醒为视角对《简·爱》这部作品展开的研究，重点关注近年来颇有代表性的批评家对女主人公简·爱"女性意识觉醒"方面的关注，并以此为研究线索，从人物形象和思想主题两方面分阶段展开探讨。论文最终落点于对《简·爱》女性意识觉醒研究成果的归纳评述及思想主题方面的相关拓展，期待能以此推动《简·爱》更深层内涵的研究。

关键词：《简·爱》；女性意识觉醒

引言

女性从屈服于男性、男权的附属地位，到在现代社会中拥有一席之地，经历了一段曲折坎坷的过程，这一点中外皆然。英国女作家夏洛蒂·勃朗特于 1847 年创作的《简·爱》，被视为 19 世纪英国乃至世界文学史上的经典著作。小说因其鲜明的自传色彩，一度被视为发出作者本人的内心呼喊和深层渴望之作。主人公简·爱不甘于现状，努力挣脱世俗的偏见，竭力追求幸福的人生，最终获得他人尊重和美好爱情，颠覆了此前文学作品中的女性形象。

小说中，童年时期就失去父母的简·爱，自小面对里德舅妈一家的谩骂羞辱，内心有着独立与反抗精神，这为她后来的"意识觉醒"埋下了种子。即便身处黑暗，仍在黑暗中不服输，寻找属于自己的自由和幸福。这样一个追求自由、平等、独立的新时代女性的出现，像是给长时期作为男性附属物的"第二性"们递上了一把火炬，照亮了一条走向光明的道路。

反抗，不屈服于男权，不再成为男性的附庸，追求思想上的独立、婚姻生活中的独立、社会实践中的独立。充满果敢觉醒意识的《简·爱》，自20世纪30年代被译介到中国之后，引起了一大批国内文学批评界、关心女性社会地位者的反思，并对中国女性群体产生了重要影响。但因为种种原因，直到20世纪七八十年代，随着国内外国文学批评研究的逐渐复苏，关于《简·爱》的研究才日渐呈上升之势。纵观对简·爱形象本身及女性意识觉醒方面的相关研究，大多数和时代、研究者本人的知识背景和身份有一定的关系。理清其中的变化过程和规律，恰是本论文从"女性意识觉醒"角度展开四十年来国内相关研究的初衷。

一、国内《简·爱》和女性意识觉醒研究

（一）国内《简·爱》研究现状

众所周知，自改革开放以来，国内的外国文学研究历经复苏、重建和前进、繁荣，并最终取得了堪称百花齐放的成就。在逐渐恢复的过程中，其研究范式、思维，乃至对象，不仅受国内外文学思潮影响，还被深刻地烙上了时代的印痕。拿《简·爱》来说，其实早在1933年，李霁野先生所译的中文全译本《简·爱》即已问世，虽说一石激起了千层浪，但很快，这股浪潮就因诸多原因被淹没了。直到20世纪80年代，经由上海译文出版祝庆英先生所译简体中文版《简·爱》问世，才再次掀起了对于《简·爱》的阅读风潮。此后更多的译本，更多角度和维度的《简·爱》研究才层出不穷。但纵观半个多世纪来，包括对《简·爱》在内的一系列文本的研究可知，研究者的视野和焦点与当时的时代背景始终无法割离。

其他文本暂不多叙，纵观国内40年来的《简·爱》研究，笔者认为以时代和社会背景的变迁为界，即以1980年之前为第一阶段、1980—1990年为第二阶段、1990—2002年为第三阶段、2002年至今为第四阶段的划分方式较为合理。

早期（即1980年之前）的研究内容中，外国文学研究正在起步，对当时关注度本就不算太高的《简·爱》的研究亦鲜。所以在这一阶段选择研究内容时，笔者采取有什么用什么的原则，并在可获得的研究内容中摘出与女性意识觉醒相关的内容进行分析。值得注意的是：这一阶段的文学研究方式和研究者思维仍受前期时代特征的影响，在诸多方面表现出阶级斗争意识，但也已经出现了一些新的倾向。80年代的第二阶段，由于近代西方女权主义传到了国内，主人公简·爱所具备的内在心理反抗意识和个人形象获得了充分的诠释。1986年，标志着西方激进女权主义思潮的《第二性》中译本问世，国内学术界在女权主义，

特别是激进女权主义对《简·爱》的批评冲击下,"逐渐展开了声势浩大的女权主义视域下的简·爱英雄形象研究。"①在这一阶段,有关"《简·爱》及女性意识觉醒"或以其为主题的研究内容尤多,因此笔者以涉及《简·爱》及女性意识觉醒比重为标准,着重选择了几篇以《简·爱》及女性觉醒为核心话题,或在篇幅中大量提及简·爱女性觉醒的文章作为佐证。在第三、四阶段,在市场经济进一步繁荣、对外开放力度加大、国内院校外国文学研究体系逐步健全、相关研究者日益增多、人们生活水平提高、社会整体对外国文学的接受度升温等多重因素的叠加影响下,《简·爱》及与女性意识觉醒相关的研究进一步繁盛,但也出现了泥沙俱下的现象。既有分析合理、观点新颖的优质批评,也有整篇抄袭、观点老套的"废料",所以在这一阶段中,笔者以引用率高低为选取标准,充分发挥数据库的作用,科学合理地选择研究内容。相对而言被引用次数多,内容研究质量较高,也反映了这两个时期学术界对这一主题的普遍观点,具有较高的研究价值。

总之,本论文没有只关注文本本身,而是在对与本论题相关的研究内容进行合理分析的基础上,综合考虑文学思潮、社会运动、时代背景如何作用于文学批评观点的发生,进一步分析研究者形成此种观点的内在、外在原因,从而解析观点的核心要义。同时,在单个研究对象分析的基础上,着眼于文学研究的传承性,整理新旧研究对象之间的传承和扬弃关系,从而系统地理出国内对"《简·爱》及女性意识觉醒"这一主题的40多年来的研究脉络。

(二)学术批评中的女性意识觉醒视角

虽然直到1971年问世的《女权宣言》才被冠以真正意义上的女权运动宣言,但"意识觉醒"一词最先出现是在《红袜子宣言》(Red Stockings. Manifesto, 1969)一书中。《红袜子宣言》借鉴了马克思主义关于压迫的阶级结构的分析,声称女性是一个由男性规定角色的被压迫阶级。也因此,"'意识觉醒'被界定为个体通过教育,把日常生活中受压迫的经验转化为批判的意识和社会的行动。实质上,意识觉醒揭示了基本的革命策略问题,涉及了意识和物质、理论和实践之间的关系,即意识是如何形成的,以及它如何作用于现实。"②现在,我们大致可以对女性意识觉醒作一个界定:首先,所谓觉醒者即认识到自己是属于相对于男性群体(压迫者)的另一个群体;其次,自身具有的反抗性源自压迫,反抗的也正是压迫;最后它还具有思考和引导的能力,这一特征源自觉醒和反抗意识,且在前两者的基础上做了发展,它会对已受到的压迫进行反省并将得出的经验作为反抗压迫的武器,它还在一定程度上对所有女性发出号召,是具有引导力的,而它的最终追求无外乎女性在

---

① 张文杰. 简·爱形象在中国的接受研究 [J]. 出版广角. 1996 (1): 110-114.
② 戴雪红. 西方女性意识觉醒的发展谱系研究 [J]. 理论月刊. 2016 (05): 172-176.

社会中的平等，以及在此基础上自由地寻求爱情、幸福的权力。如果用简单的"是什么、为什么、怎么样"来演绎女性意识觉醒，那大概是：它因自我认知到女性的身份而反抗，且因男性的压迫而出现，它不仅反抗不公，更在此基础上追求幸福、平等和自由。

出生于1816年的英国女作家夏洛蒂·勃朗特，自幼家庭贫苦，曾任家庭教师，因被视为极具自传色彩的小说《简·爱》闻名于世。作品《简·爱》的主人公简·爱，是一个性格坚强朴实、刚柔并济、独立自主、积极进取的女性，"她对自己的命运、价值、地位的思考和努力把握，对自己的思想和人格有着理性的认识，对自己的幸福和情感有着坚定的追求。"[①]在那个女性处于从属、依附地位的时代，夏洛蒂·勃朗特这部以女性为主人公的文学作品立即引起强烈的社会反响，围绕其产生的关于两性关系的争论一直延续到近代。这些争论中迸发的思想火花成为后世女权运动和女性解放运动的理论来源之一，可以说《简·爱》与本论文的核心研究对象"女性意识觉醒"从一开始就密切相关。

19世纪各种社会运动风起云涌，"女性意识觉醒"概念的出现正当其时，它创造性地将女性视为一个受压迫的阶级，引导所有女性通过接受教育将压迫转化为实现性别平等和具有反压迫的意识，并通过行动破除几千年以来男性套在女性身上的枷锁。作为一种新兴的概念，"女性意识觉醒"在当时乃至当下，都是一种进步。在随后兴起的第二波女性主义运动中，"女性意识觉醒"成为这场运动的四个著名口号之一。目前国内所能收集到的研究文献中，罗薇华最早在《〈简·爱〉女性意识的觉醒》一文中，将著作《简·爱》和"女性意识觉醒"一词联系起来。在这篇文章中，罗薇华创造性地着眼于女性意识觉醒这一《简·爱》研究的新方向，提出了无意识行为和有意识觉醒的概念，进一步明晰了简·爱女性意识觉醒的过程。

二、40年来国内对《简·爱》中女性意识觉醒的研究

（一）1980年之前：阶级视角下对资产阶级简·爱反抗精神的肯定

祝庆英译本《简·爱》在1980年正式发行（鉴于译本的实际完成时间，仍将其归为70年代作品）。彼时，中国正处在改革开放大潮的风起云涌之际，人们的思想进一步解放，对外来事物的接受度提高，"西学热"兴起之时，祝庆英的译本很大程度上反映出男女平等思想早已深入人心，女性在社会上的地位得到明显的提高。

从译介视角出发研究祝庆英与《简·爱》的论文中，大多对祝版《简·爱》予以了极高评价，认为它不仅忠实地再现了原作者夏洛蒂·勃朗特的文蕴，更是让"译文在传达原

---

① 罗月杭.《简·爱》人物形象论述[J]. 广西师范大学. 2013（02）: 22-24.

意的基础上还向读者传递了原著中人物的种种情感，她的性别意识和女性角色在译本中得到显现。"①"祝庆英与原作者夏洛蒂·勃朗特一样都身为女性，并且都具有鲜明的女性主义思想和意识，都可以称作是女性主义的拥护者。"②在祝庆英为《简·爱》所作的译者自序中，我们可以看到她认为简·爱的女性意识有了觉醒，也即简·爱是通过受教育引导所有女性把生活中受到压迫的经验，主动转化为内在的批判意识并落实到反压迫的具体行动当中。这篇自序，也被视为40年来历经10年停滞，外国文学等相关研究重启后，国内学界对《简·爱》研究的首作。这篇译者自序共分三章：第一章节先对夏洛蒂·勃朗特进行简单的介绍，挑选了夏洛蒂·勃朗特人生中发生的一些情节片段和对她后期创作产生重要影响的人生经历；第二章梳理了《简·爱》的故事梗概，将《简·爱》的故事内容分成了三大部分，并逐步展现了简·爱性格思想的成因；第三章则是祝庆英对《简·爱》主题和主人公简·爱的一些看法，篇幅相较前两章较短，却是研究的重点。在译者自序中，祝庆英首先回顾了夏洛蒂·勃朗特短暂且悲惨的一生——家庭贫困、爱情不美满、亲人早逝等，以及作为一名女性作者所受到的压迫，如："夏洛蒂·勃朗特在1836年12月把自己创作的一些诗寄送给著名诗人——罗伯特·骚塞。结果，诗人竟给简·爱回复说："文学不是妇女的事业；在英国没有女作家的地位，又说她没有突出的才能。"③祝庆英对夏洛蒂悲惨生平的描述不仅意在让读者明白简·爱人物形象的内在，更是对当时英国社会的批判。分析时，译者把简·爱树立成追求自由平等、勇于反抗的女性形象。重点以简·爱的一生来回顾反抗意识的形成，并在前四章针对童年经历讲述了反抗的特点，从初遇罗切斯特的简·爱存在反抗精神，到离开桑菲尔德庄园，简·爱的反抗精神达到了高潮。祝庆英对简·爱敢于反抗的性格特点进行了大力赞扬，甚至对简·爱反抗性格出现曲折或妥协时提出批评："作者这样的安排（简·爱在罗切斯特超自然的呼唤中回归桑菲尔德）实在难以令人信服，而且忽视了简·爱作为反抗者要反抗到底的决心。"④

可以说，祝庆英充分关注到了简·爱的反抗性格中的批判意识和反压迫的社会行动，但同时受时代背景的影响，用阶级意识对简·爱的女性身份进行了"阶级对立式"的细分，认为简·爱是一名小资产阶级妇女⑤，从而将简·爱个人奋斗，定义为只是为了在社会上获

---

① ［英］夏洛蒂·勃朗特. 简·爱［M］. 祝庆英, 译. 上海：上海译文出版社, 1980.
② 何渝婷. 女性话语权力在翻译中的争夺——以评析祝庆英所译《简·爱》中文译本为例［J］. 海外英语, 2013（6）：174-176.
③ ［英］夏洛蒂·勃朗特. 简·爱［M］. 祝庆英, 译. 上海：上海译文出版社, 1980.
④ ［英］夏洛蒂·勃朗特. 简·爱［M］. 祝庆英, 译. 上海：上海译文出版社, 1980.
⑤ ［英］夏洛蒂·勃朗特. 简·爱［M］. 祝庆英, 译. 上海：上海译文出版社, 1980. 第三章："简·爱长相平常，一无所有，她之所以光彩夺目，就因为她的不同寻常的气质，她的丰富的感情世界。像简·爱这样的小资产阶级妇女的出路在哪里的问题……"

得平等地位，并没有从广义的角度思考妇女解放的问题，更没有结合起广大的人民群众的力量，提供合理性。如果以这样的标准来要求简·爱，说她只顾个人主义，并不合理。祝庆英甚至评价简·爱为脱离经济困境而接受叔叔遗产的行为，本质上使得她加入原本所敌视的贵族资产阶级行列，这是她和一直以来压迫她的社会的种种秩序作了妥协。

简而言之，祝庆英充分认识到了简·爱人物性格中的反抗意识，并进一步指出这种反抗意识的局限性：缺乏对最广大女性的引导。但受时代背景、女权思潮尚未引进等因素的影响，她一是没能进一步总结出这种反抗意识是女性意识觉醒不充分的体现，也就缺乏对简·爱受到的压迫和反抗意识和反压迫行为之间具体联系的研究；二是过度使用阶级思想对人物乃至作品主题进行研究，从而对简·爱以普通女性身份做出的符合人性本质需求的行为提出批判，一定程度上是失真的，没有进一步考虑到作为女性的简·爱有追求物质丰盈的必要性，割裂了追求平等、自由、美好的精神层面与物质需求之间的关系，但同时也体现了鲜明的时代特点。值得注意的是，这种阶级意识在简·爱研究中并没有消失，我们可以从20世纪70年代的另一篇深受时代影响的简·爱研究论文中看见同样的视角和相似的结论。

如果仅以公开发表在刊物上的论文作为研究内容的唯一选择对象，那么朱虹于1979年发表的《〈简·爱〉——小资产阶级抗议的最强音》可视为国内学界复苏后涉及简·爱研究的开山之作。论文虽然不以女性意识觉醒为主题，但朱虹作了对简·爱人物的观感和对时代背景的大量分析，可以在经过提炼后得到某些与女性意识觉醒有内在关联的内容。

朱虹的论文一开始就提出了一种离经叛道的研究视角：不应当以"反映社会现实"为标准来衡量《简·爱》，因为这种标准在寻求"意义"的同时，漠视了《简·爱》中最具有意义的内容。"退一步说，就算这种描写即使拥有参考文献的价值，请问，后期研究者们直接借鉴史书岂不是更好？"[1]在朱虹看来，小说中最具意义的内容就是"《简·爱》一书的主体和真正价值，不论我们愿意不愿意，承认不承认，这是关于女主人公简·爱一生的故事。"《简·爱》"根本没有试图涉及任何重大题材"[2]。虽然阶级的视角和叙事模式仍是论文的基底，但毫无疑问朱虹注意到了作品《简·爱》的核心——简·爱这个人物本身，从而进一步指出《简·爱》是在"通过一个妇女的命运，对当时的英国社会发出了小资产阶级抗议的最强音"，随后朱虹又结合当时女性的社会生存境况，对这一切不合理处境作了高度集中的概括，并对导致简·爱遭受这种命运的社会秩序提出了强烈的抗议。由此引出了夏洛蒂·勃朗特始终要突出的是简·爱的反抗性格的观点。朱虹渐进性地描述了这种反抗性

---

[1] 朱虹.《简·爱》——小资产阶级抗议的最强音[J]. 读书，1979（05）：31-40.

[2] 朱虹.《简·爱》——小资产阶级抗议的最强音[J]. 读书，1979（05）：31-40.

格的形成过程，通过简·爱在舞会上被求婚，串联起了作者夏洛蒂和简·爱的内在关联，并将这种反抗的最终目的归结于对资产阶级精神价值的鲜明批判，提出"天地间还有一个更高的法则更值得人们尊重，归根结蒂（底），这是西欧文化中人道主义传统在新条件下的继续。"①

总而言之，朱虹的论文相较于祝庆英的序文，明显更为系统、深邃，其中不涉及女性意识觉醒（人物分析）的内容，在某种程度上甚至更值得研究。从以上摘取的聚焦人物形象方面的研究，我们可以看出《〈简·爱〉——小资产阶级抗议的最强音》一文同样涉及女性意识觉醒问题。朱虹注意到了简·爱的女性身份，并由此进一步分析出简·爱遭受的种种压迫与身为女性的身份之间的关联，由浅入深，涉及女性身份的觉醒问题。然而，朱虹也受时代的影响，并没有将简·爱的女性身份、压迫、反抗与男性联系起来，反而认为这是资产阶级内部互相斗争的结果。在指出简·爱性格上的反抗精神时，朱虹渐进地丰富了反抗的内在意义，她认为简·爱是在将受压迫的行为转化为反压迫经验。这其实已经和女性意识觉醒深深关联起来了。同时朱虹也指出在对自由爱情的寻找和幸福人生的追求的设计上，作者为突出简·爱的性格，始终"着重描写她的精神世界，她对自由与幸福的向往"。②而对于主人公简·爱的人生观的肯定，也上升到了对当时整个社会价值评价体系的否定。但朱虹又受时代的影响，将批评的评价体系简单地对等为资产阶级社会的评价体系（但被压迫女性的社会价值体系并不是资产阶级社会特有的）。且同祝庆英一样，朱虹也对简·爱接受遗赠的行为和夏洛蒂这样的叙事安排作了批评。总而言之，朱虹的这篇论文已经由阶级视角萌发出一些个人价值的意识，甚至于出现了"人道主义接续"这样的字眼，其中大量的分析内容可以看出作者尽力跳脱出当时文学研究范式的努力。在进入20世纪80年代后，随着社会风气的焕然一新，旧的研究视角逐渐成为过去式，取而代之的就是本论文所论及的文学的、人性的研究视角。简·爱由小资产阶级人物变为妇女，再由妇女成了女性。

（二）1980—1990年："女权"理论指引下的进一步意识觉醒

时间进入20世纪80年代，这一时期的文学研究界，其中一派重拾60年代的各类源流，接续了当代文学研究的脉络，而另一派则着眼于当时不断传入我国的国外文学研究范式，又一次走上了新文化运动"西化"之路。同时西方女权理论传入。"1986年，《第二性》的中译本问世，标志着西方激进女权主义思潮传入中国，自此开始，国内学术界在西方女权主义，特别是西方激进女权主义对《简·爱》的批评冲击下，逐渐展开了声势浩大的女

---

① 朱虹.《简·爱》——小资产阶级抗议的最强音[J]. 读书, 1979: 31-40.
② 朱虹.《简·爱》——小资产阶级抗议的最强音[J]. 读书, 1979: 31-40.

权主义视域下的简·爱英雄形象研究。"①

在这一时期,有两篇与简·爱女性意识觉醒有关的论文:即1987年朱虹在《河南大学学报》发表的《〈简·爱〉与妇女意识》,及同一年由韩敏中发表的《女权主义批评:〈疯女人〉与〈简·爱〉》②一文。

《〈简·爱〉与妇女意识》完全不同于朱虹在几年前发表的《〈简·爱〉——小资产阶级抗议的最强音》一文。两篇论文虽都以人物形象为中心解析《简·爱》作品的内涵,但研究视角、得出的结论截然不同。这也很深刻地表明了当时社会的变化。《〈简·爱〉与妇女意识》一文主要从阐释男(夫)权社会对文学的垄断开始,引出了"家里的天使"这一试图将所有女性定性为家庭主妇的邪恶概念,指出《简·爱》中的简·爱大声宣布"我不是天使,我就是我自己","联系到英国19世纪的思想背景和对'家里的天使'模式的推崇,便不难看出,从妇女解放角度说来,这话在当时有多么激进,简直是颠覆性的言论。这句话可以说是打开《简·爱》的一把钥匙。"③在经过对情节的深入解析后,又指出"《简·爱》表现妇女意识可以从三个方面去看:揭露、控诉男性的压迫;与"家里的天使"模式针锋相对,塑造作为强者的正面妇女形象,真实地描写妇女的天然感情④。再将为首的压迫者表哥约翰·德里、校长勃洛克尔·赫斯特、男主人公罗切斯特、牧师圣·约翰——罗列出来,详细分析了他们对简·爱施加压迫的原因和表现。提出简·爱的形象完全颠覆了传统意义上女性应该弱小的共识,"树立了女人作为强者的正面形象",且否定了西方男权社会戴在女性头顶的"原罪之帽"。在进一步解释"真实地描写妇女的天然感情"时,指出《简·爱》在女人写女人的女性文学发展史上,时间上处于模仿阶段,精神上却超越了任何的限制,甚至超越"抗议"(女性文学第二阶段的特征)而进入了现代意识上的女性意识,挣脱描写女性的种种限制,以真实而率真的女性情感发展为主。

在《〈简·爱〉——小资产阶级抗议的最强音》一文中,朱虹已经初步地认识到了简·爱因女性身份而遭受到的各类压迫,指出了简·爱对自身女性身份的认识。但她选择将简·爱遭受的压迫归咎为阶级斗争导致的结果,显然算不上充分的身份意识觉醒。而在本篇论文中,她不仅认识到了简·爱受到的是来自男性的压迫,更是对其进行了深层次的原因挖掘。所以她在女性身份觉醒方面是充分的。不仅对传统的男(夫)权社会施加给女性的家庭主妇或"家里的天使"的身份予以完全的否定,将社会无端地要求女性束缚自我,在

---

① 朱虹.《简·爱》与妇女意识[J]. 河南大学学报,1987(5):22-27.
② 这里不得不深表遗憾:韩敏中这篇论文,笔者遍查了文献资料和网络资源,均未能找到这篇文章。
③ 朱虹.《简·爱》与妇女意识[J]. 河南大学学报,1987(5):22-27.
④ 朱虹.《简·爱》与妇女意识[J]. 河南大学学报,1987(5):22-27.

家庭中进行精神和物质上双重侍奉的无形却最有力的压迫点明了出来，更进一步指出简·爱的行为和反抗意识就是对这种"扣帽子"的行为的极端反叛，从而深刻地挖掘了简·爱女性意识觉醒的内在。当然，朱虹的分析并没有止步于此，她在明确指出对简·爱进行压迫的人是男性的同时，肯定了简·爱作为弱势一方、追求美好幸福的一方的正当性，为她的反抗进一步提供了理论基础，显然已经触及了女性意识觉醒的核心，在消解传统社会强行施加给女性的诸多身份限制的同时，也以异常坚定的立场对简·爱追求自由幸福的行为进行了肯定。

（三）1990—2002 年：意识的逐步成熟肯定简·爱女性意识觉醒

进入 20 世纪 90 年代，我国的市场经济进一步活跃，国家间的交流日益增多，文化交流亦日渐频繁，让国内学界与外国学界的沟通往来不断变多，西方各式各样的理论不断传入国内，进一步丰富了学者们文学研究的视角。针对外国文学作品的研究也逐渐呈现出遍地开花的局面，文论家们试图利用最新的研究视角对"老课题"进行翻修，诞生了一批别具特色的文学研究成果。本文挑选的 1990—2002 年的两篇相关角度的研究论文，都具有十分鲜明的特色——由罗薇华撰写的《简·爱女性意识的觉醒》一文，从心理学的角度去分析和阐释简·爱女性意识觉醒的范式、原因和原型；而岸波的《女性觉醒的最先声——谈〈简·爱〉中的妇女超前意识》以四个意识深入阐释了简·爱女性意识觉醒的内在。

在 1995 年罗薇华发表的《简·爱女性意识的觉醒》一文中，从"女权主义批评的视角剖析女主人公简·爱女性意识的觉醒"[1]，并运用了诸多心理学理论进行分析。在分析女性意识觉醒的几个过程时，罗薇华认为简·爱的女性意识觉醒是一个"从无意识变为有意识，从幼稚走向成熟的过程"，她最初的觉醒发生在盖茨赫德府，此时简·爱对抗的是多舛的命运，她在这时已经"表现出了非常有勇气的精神"；少女简·爱的觉醒发生在落伍德学校，在这一阶段她的觉醒"从无意识变为有意识，从幼稚走向成熟"；青年简·爱觉醒的主要标志是开始以实际行动追求她所向往的平等，她不仅走出落伍德，更离开了试图把她置于不平等地位的罗切斯特，两次离开都是简·爱对摆脱世俗约束的有力反抗；简·爱最终的成熟觉醒发生在荒原庄，她在这里找寻到了孜孜不倦追求的平等和爱情。

罗薇华认为，简·爱觉醒的方式就是从无意识反抗过渡到有意识反抗，在年幼时她的反抗是"凡人本能的无意识的反抗"[2]，而当她成熟之后，她的反抗属于"有意识的行为"。罗薇华用弗洛伊德的行为动机心理学中"本我、自我、超我"[3]理论来诠释简·爱女性意识

---

[1] 罗薇华. 简·爱女性意识的觉醒 [J]. 南昌职业技术师范学院学报，1995（4）：34-37.
[2] 罗薇华. 简·爱女性意识的觉醒 [J]. 南昌职业技术师范学院学报，1995（4）：34-37.
[3] 罗薇华. 简·爱女性意识的觉醒 [J]. 南昌职业技术师范学院学报，1995（4）：34-37.

觉醒的原因。她认为在"本我"或原始本能层面，简·爱的反抗是追求向男权社会报复时所获得快乐的一种心理原发力；在"自我"层面，是心理所起的一种自我保护意识、一种有意识的行为或保护个人的心理执法机构导致了简·爱的女性意识觉醒；而在"超我"中，人格力量淘净了简·爱人性中的杂质，使得她最终实现了成熟的女性意识觉醒。在进一步论述简·爱的觉醒原型时，罗薇华使用了荣格的心理分析学，简·爱人格中既存在秉性高洁善良的美好的一面，也存在粗野易怒的黑暗的一面，并且进一步指出"阁楼上的疯女人"其实就代表着简·爱人性中黑暗的一面，而随着桑菲尔德的一场大火，简·爱潜意识中黑暗的一面被毁灭，随之而来的就是美好一面的全面胜利也即女性意识的完全觉醒。

罗薇华对简·爱女性意识觉醒的研究十分全面。成体系的论文结构，构成了从觉醒过程、到觉醒方式、再到觉醒原因、最后至觉醒原型的递进模型。该论文辅以其他科学理论进行主题研究，立足文学本位，在继承前人研究的基础上从非文学视角展开研究。为本文提供了丰富的借鉴。在对《简·爱女性意识的觉醒》进行深度的解析后，我们可以发现此论文中的两个核心要义，它们也是罗薇华在该主题研究中的创新之处。一是指出了简·爱女性意识觉醒的递进过程，即从无意识到有意识，这其中既包含简·爱对自身女性身份的认识，也包括了简·爱反抗意识的丰富；二是对简·爱的行为和人格进行了深度剖析和分层处理。对简·爱反抗行为的内在学理分析科学合理，可以说是一次心理学与文学混合研究成功的典范。同时论文也存在一些问题：论文对简·爱女性意识觉醒过程的递进性分析，无疑是符合女性意识觉醒的一般规律的，但从另一方面讲，它又片面地分割了意识觉醒的进程与遭受的压迫之间的关联，削弱了简·爱反抗的积极色彩。论文中强行将阁楼上的疯女人与简·爱的人格黑暗面牵连并置，生硬地运用心理分析学对文学形象进行剖析，有些难以令人信服。

另一位评论者岸波的《女性觉醒的最先声——谈〈简·爱〉中的妇女超前意识》，在论文开头即提出《简·爱》盛行，或者说"《简·爱》热"产生的根本原因在于：《简·爱》在父权时代，在"女性总体而言处于甘受奴役、压迫和愚弄的不觉醒状态"的时期，"树立了简·爱这一妇女的'新人'榜样"，"批判了腐朽传统观念和不良社会制度"，"表达了妇女超前的进步意识，扬起了妇女觉醒的风帆，推进了妇女意识的进步，为妇女解放形象地发表了最先声的宣言"。[①]岸波将简·爱这一"新人"的新处归纳为"强烈的自尊意识和反抗意识、人格和精神的平等意识、婚姻自主意识和性爱平等意识"等六种意识，这六种意识在岸波看来就是简·爱女性意识觉醒的体现。

---

① 岸波. 女性觉醒的最先声——谈《简·爱》中的妇女超前意识 [J]. 西北民族学院学报（哲学社会科学版），1996（1）：110-114.

岸波认为只有有强烈自尊的人，才会意识到自我人格的尊严，进而产生反抗意识。他详细地阐述了这种强烈的自尊对简·爱反抗行为的影响，在一开始，这种为人的自尊就使简·爱具备了基本的反抗意识。在舅妈一家的虐待下，简·爱的自尊受到严重伤害，开始具有反抗行为；在落伍德学校，简·爱强烈的自尊心及与生俱来的反抗意识和曾遭受过的压迫，让她看透了院长的把戏，也使得简·爱的"反抗精神更加鲜明"；在桑菲尔德庄园，当罗切斯特试图把简·爱置于人格不平等的地位时，简·爱严正拒绝并出走，这是简·爱终极的反抗，也意味着她女性意识的完全觉醒。分析来看，岸波认为，简·爱的自尊意识和人格的觉醒具有绝对的独立性，这是他对简·爱女性意识觉醒的一个发现，简·爱的自尊（人格独立）不仅是一开始就存在着的，更具有某些不变的特征："无论是在险恶的困境里还是在优越的顺境里，她仍然给自己敲响警钟：防止尊严的忘却"，这种强烈的自尊和对独立人格的认知，是简·爱反抗行为的意识支撑，它本身也随着一次次的尊严受挫和人格独立地位受到威胁而得以丰富发展，这就涉及了简·爱女性觉醒的核心之一——思考性，即反抗行为随着反压迫经验的丰富而不断发展直至完全胜利。

"你以为，就因为我贫穷，低微，不美，矮小，我就既没有灵魂，没有心吗？——你想错了！我跟你一样有灵魂，——也完全一样有一颗心！要是上帝曾赋予我一点美貌、大量财富的话，我也会让你难以离开我，就像我现在难以离开你一样。我现在不是凭习俗、常规，甚至也不是凭着血肉之躯跟你讲话，——这是我的心灵跟你的心灵说话，就仿佛我们都已经离开了人世，两人一同站立在上帝的跟前，彼此平等，——就像我们本来就是的那样！"①这是简·爱所发出的众所皆知的著名女权宣言。岸波认为简·爱与传统社会"佳人"的最大区别就在于"既没有穷人的卑贱意识，也没有受雇者的奴仆意识"②，她唯一认同的是"人与人之间精神和人格的平等意识"③，而这种人格平等意识不仅是简·爱的追求，更是她女性意识觉醒的体现，在自我身份觉知、以受压迫经验丰富反抗意识的基础上，简·爱还有对人格平等的追求，岸波在此进一步指出这种人格平等的意识就是最终促成简·爱和罗切斯特结合的原动力，并且简·爱的人格平等意识也促成了岸波所总结的婚姻自主意识和性爱平等意识。前者指的是择爱的自由，是人格平等和女性意识觉醒衍生的重要行为和权利。简·爱拒绝牧师毫无爱意的求婚行为，充分表明了简·爱行使了这项权利，也是女性意识觉醒的具体表现；而所谓性爱平等意识，可以将其解释为"与爱人之间

---

① ［英］夏洛蒂·勃朗特. 简·爱 [M]. 吴钧燮，译. 北京：人民文学出版社，2014：273-274.
② 岸波. 女性觉醒的最先声——谈《简·爱》中的妇女超前意识 [J]. 南昌职业技术师范学院学报，1995（4）：110-114.
③ 岸波. 女性觉醒的最先声——谈《简·爱》中的妇女超前意识 [J]. 南昌职业技术师范学院学报，1995（4）：110-114.

的心灵上的契合和相通"，这是相较于女性个人对自由、平等、美好等追求而言的，是更高一层的追求，在笔者看来，这是更加充分的女性意识觉醒，简·爱这种对婚姻的不将就的态度，在当下也仍然是超前的。

在论文的最后，岸波作了这样的畅想："唯有这些本世纪（21世纪，下同）中叶发端的英国先进妇女的进步意识，也即20世纪当代世界妇女应具有的这些进步意识的增强，妇女的继续觉醒、进步和彻底解放才会加快历史进程；唯有这些超前意识也即本世纪世界妇女应具有的进步意识的广泛认知和增强，妇女的彻底解放、男女真正的平等才能得以实现，这自然也会给未来的人类进步和文明带来辉煌。"[1]这是岸波的研究内容中非常值得关注的一点，他清晰认识到了简·爱女性意识觉醒中所蕴含的引导性，即简·爱的女性意识觉醒不是个人的，不是某个国家和地区的，它的最终目的是引导并解放所有受压迫的女性，由简·爱一人的女性意识觉醒启发其他所有女性，让她们如简·爱一般清晰地认识到自己的女性身份、正在遭受的男权压迫，提供给她们反抗意识和行为经验，告诉她们女性的人生的最终追求是平等、自由，并在这些女性意识觉醒的主要表现上依据自身条件实现更充分的意识觉醒。

（四）2002年至今：人格独立意识的角度肯定女性意识觉醒

正如本论文开头提出的，外国文学研究进入21世纪后，呈现出全面复兴的态势，大量以"简·爱女性意识觉醒"为主题的研究论文被发表，实现了论文研究数量上的飞跃。与此同时，数据库技术的蓬勃发展为论文内容的完整留存、研究引用提供了更多技术支撑，仅在知网一家数据库网站搜索"简·爱女性意识觉醒"，就可以得到大概25篇左右与该主题密切相关的研究论文。在这些论文中，有两篇具有代表性且观点新颖的论文，分别为：马宇的《从小说〈简·爱〉看中国女性独立人格的成长》和贺晓梅《抗争与妥协——〈简·爱〉中女性意识的觉醒与缺憾》。

首先，马宇的《从小说〈简·爱〉看中国女性独立人格的成长》分析了简·爱独立人格的形成时期、发展时期、成熟时期、顶峰时期，由此引导了中国女性独立人格的觉醒、追求独立人格的斗争、独立人格的自觉回归到现实；而贺晓梅的《抗争与妥协——〈简·爱〉中女性意识的觉醒与缺憾》既肯定夏洛蒂·勃朗特塑造了女性意识觉醒的指向标杆简·爱——具有灵魂的当代女性楷模，又指出她终究没能脱离出男权社会下的从属地位。

马宇的《从小说〈简·爱〉看中国女性独立人格的成长》一文在2013年发表于《短篇小说（原创版）》，他从现实意义的角度联系简·爱与中国女性独立人格的成长，马宇提出：

---

[1] 岸波. 女性觉醒的最先声——谈《简·爱》中的妇女超前意识[J]. 南昌职业技术师范学院学报, 1995(4): 110-114.

"简·爱的作为无疑为中国女性追求独立人格作出了榜样,同时也是对中国女性追求独立人格的一种鼓舞。"[1]表明简·爱的成长为中国乃至全世界的女性作出了良好的榜样,对中国女性的独立成长有着十分积极的影响。一个意识的形成必然要经历从量变到质变的积累。马宇首先对简·爱的独立人格进行层层剖析,深入探讨,详细写出简·爱在舅舅家的一系列反抗是出于对不公平的反击,舅妈的沉默使简·爱尝到了胜利的滋味,更是侧面激励了其反抗意识的形成,为人格独立的形成进行了铺垫。在落伍德学校简·爱更是将反抗进行到底,甚至对校长也不退让,最终在进一步追求独立人格的过程中离开了落伍德学校。在桑菲尔德庄园,简·爱将自己的人格独立表现得淋漓尽致,即使面对罗切斯特的爱情,也能够坚决地做到全身而退。在故事的最后,面对需要以舍弃人格独立为条件而继承遗产时,更是直接拒绝。这体现了简·爱优良的品质和坚强的性格,这也是她不因外界影响而动摇人格独立状态的巅峰时刻。女性意识的觉醒是一个长期且坎坷的过程,"工欲善其事,必先利其器",若想赢得实践的成果,务必要先做好充分的准备。女性获得独立的人格是侧面完成意识的觉醒与实现女性社会价值的前提。从分析来看,马宇侧重联系"简·爱"与中国女性独立人格的成长,论文前一大章重点分析简·爱的女性独立人格的历程,后一大章分析中国女性独立人格的历程,既是两个不同的概念,又是内涵与同一层次,我们可以用形成时期、发展时期、成熟时期、顶峰时期一一对应进行分析,需要说明的是,马宇的研究有时脱离了时代题材的研究,但往往只有这样才能得出最本质的内在意义。

贺晓梅的《抗争与妥协——〈简·爱〉中女性意识的觉醒与缺憾》在分析简·爱女性意识时创新地提出了一个词语——"妥协"。何为妥协?妥协是指个体对某一外界不利因素,通过退让的行为,避免冲突与争执。本文的重点是后一段,在利用角色分析、结构分析、内心自卑阴影、迎合行为等,点明简·爱是个具有独立人格意识的女性的同时,指出她很遗憾地陷入了对男权社会的妥协当中,并进一步指出女性意识的觉醒任重而道远。

贺晓梅认为简·爱对男权社会的妥协应从和罗切斯特相遇谈起,第一次妥协发生在罗切斯特摔下马时,简·爱帮助了他却依然遭到戏弄时,简·爱呈现的是温柔可人的形象。第二次妥协发生在梅森纵火时,简·爱及时挽救了罗切斯特的性命,也帮他隐瞒了事情的真相。罗切斯特对简·爱的态度同样耐人寻味。贺晓梅认为,罗切斯特并不喜欢简·爱,他需要的仅仅是简·爱能带给他的帮助。"罗切斯特坦言道,他早就看出,她总会在某个时候以某种方式对他有所帮助。受到梅森的遭击,罗切斯特需要帮手来秘密处理此事时,罗切斯特问是否可以依靠她,简·爱答道:'我高兴为你效劳,先生,只要是正当的事情,我乐意听你的吩咐。'"[2]第三次妥协发生在桑菲尔德庄园遭遇大火被毁时,罗切斯特眼睛变

---

[1] 马宇. 从小说《简·爱》看中国女性独立人格的成长 [J]. 短篇小说(原创版),2013:45-46.
[2] 贺晓梅. 抗争与妥协——《简·爱》中的女性意识的觉醒及缺憾 [J]. 语文建设,2015(08):46-47.

瞎，简·爱获得遗产，按理来说简·爱的个人条件处于绝对优势地位，但最终她以自降身份的姿态回到罗切斯特身边，进而实现两人之间的人格平等对立。这其实是很可悲的，人与人的平等应建立在人格独立的基础上，是作为一个独立的个体去追求灵魂上的独立的。早期简·爱一直遵循着人格上的平等，这种平等是两个个体灵魂上的平等，不受任何外物的影响，但最终她还是没能逃脱借助外在条件赢得平等的窠臼。

三、女性意识觉醒角度研究《简·爱》的意义和总结

（一）女性意识觉醒角度研究《简·爱》的意义

女性意识觉醒是女性在社会生产实践中面对自身处境的一种本能思考，由自身内在心理引发的一系列意识层面的探索。《简·爱》所鞭挞的是一个非常真实的社会现实，描写的是一个表面现象与内在本质具有强烈反差，社会定义与事实真相截然相反的赤裸现实。

在几百年的社会演变和制度变革中，由男性主导、确立的不平等社会制度下，女性的地位越发卑微。当这种卑微使女性失去自由、平等、尊严，丧失话语权时，女性便开始了对社会的观察与思考。观察的行动和精神的思考最终会厚积薄发，但女性内心的渴望和理想却始终无法实现，于是部分先知式的女性便开始尝试着去努力实现自己的理想。而这种因认识到自身的渴望并试图实现理想的灵肉双重行为就是女性意识觉醒。在《简·爱》诞生的社会背景下，生产力已经实现了工业化，如果女性还不思觉醒，那就是作茧自缚，最终导致毫无出路。《简·爱》中的主人公简·爱就是意识已经觉醒的显著代表。这同时也使得《简·爱》的研究与女性意识觉醒的研究之间产生了天然的链接。反过来讲，《简·爱》也以其文学力量强有力地推动了女性意识觉醒，并击碎了当时男权社会里为女性构建的种种框架，在彰显女性自身重要性的同时，重新定义了"存在的女性"，建立起了女性叙述的权威。

《简·爱》中女性自身言语和话语方式的出现，在后世的女权运动中显示出了颠覆性的力量。但在一开始，夏洛蒂·勃朗特就已经通过使用"私下的个人型叙述声音"，表达自己的主张：女性应该开始觉醒，开始对自己的权力和地位有所思考，而非盲目屈从于男权社会。所以，当我们剥去外界试图添加给《简·爱》和女性意识觉醒的种种外衣时，就是发现，两者的内核和唯一主题其实就是在试图告诉我们人的价值是什么。

（二）《简·爱》之于促进女性意识觉醒的贡献

《简·爱》这部著作在推动女性意识觉醒方面起到的作用是毋庸置疑的。书中塑造的简·爱这个经典形象，引起了众多女性的共鸣，促使女性不断思考自身在社会中的地位并意识到，女性在男权社会中并非只能沦为附庸，也可以追求自我价值的实现。这种对自身身份

的跨越性认识,正是《简·爱》为女性意识觉醒吹响的号角。

简·爱追求自由、平等、美好的内在品质,不仅符合独立女性的内心向往,且成为她们要求自己具备的品质。这种塑造充盈了女性意识觉醒,使女性意识觉醒的内在更加丰富。女性也意识到,不应再像男性那样,以外貌美丑来判断女性的好坏,而应正视自己眼中的自己。因此,《简·爱》虽然诞生于19世纪的英国,却仍能让现代社会的女性产生共鸣,正是因为其不断引导女性追求的独立、平等、自尊自爱等美好品质,对于现代女性来说依然重要。所以,《简·爱》中虽没有直接提及女性意识觉醒,但简·爱这个形象本身已经孕育了这股强有力的思想浪潮,启发万千女性在阅读中不断反思,为广大女性点燃了实现平等的希望。同时,也为部分觉醒者照亮了前行的路,指引女性乃至全世界都以自由、平等、独立的姿态步入自己为自己构建的"新世界"。

从21世纪以来的研究方向来看,研究《简·爱》中的女性意识觉醒越来越成为一个热门议题,相关论文不断涌现,正是因为学者们发现了《简·爱》在以一种抵触的姿态看待人类性别悬殊带来的消极影响,追根究底地挖掘强压在女性身上的枷锁,努力建构人人自由、平等、独立的和谐国家,其最终目的是实现完全的男女平等。

(三)国内《简·爱》女性意识觉醒研究总结

纵观40年来国内"《简·爱》女性意识觉醒"的研究历程,不同历史时期的研究成果既有互通的地方,也有自身的特色,按照本论文的四大阶段大致可以得出以下结论:

第一阶段的1980年之前,外国文学及批评研究刚刚复苏。译者祝庆英充分认识到了简·爱人物性格中的反抗意识,并指出这种反抗缺乏对最广大女性的引导,但受时代背景、女权思潮尚未引进等因素的影响,既没有总结出这种反抗意识是女性意识觉醒不充分的体现,也缺乏对简·爱受到的压迫和反抗意识和反压迫行为之间具体联系的研究,过度使用阶级思想对人物乃至作品主题进行研究,使其具有了鲜明的时代特点。而朱虹《简·爱——小资产阶级抗议的最强音》相较于祝庆英的序文,更为系统、深邃、成体系,既继承了先前学者的成就,也提出了新的研究内容,注意到了简·爱的女性身份。由此进一步分析出了简·爱遭受的种种压迫与身为女性的身份之间的关联,研究涉及了对女性身份的觉醒的认识。但又因受到时代影响,并没有将简·爱的女性身份、压迫、反抗与男性联系起来,反而认为这是资产阶级内部互相斗争的结果。但朱虹的论文已经由阶级视角萌发出一些人性和价值观意识,出现了"人道主义接续"这样的字眼,有了不完全的文学的、人的研究视角,在她这里,简·爱由小资产阶级妇女变为女性。

第二阶段1980—1990年,朱虹发表了《〈简·爱〉与妇女意识》,相较于先前发表的《简·爱——小资产阶级抗议的最强音》,虽然都是出自同一个作者,但是完全没有了阶级斗争的立场,得出了截然不同的结论。论文不仅认识到了简·爱受到的是来自男性的压迫,肯定了简·爱作为弱势一方、追求美好幸福的正当性，为她的反抗进一步提供了理论基础，触及了女性意识觉醒的核心，在消解传统社会强行施加给女性诸多身份限制的同时，以异常坚定的立场对简·爱追求自由幸福的行为进行肯定，论文在女性身份觉醒方面的研究是充分的。

第三阶段1992—2002年，罗薇华的《简·爱女性意识的觉醒》运用心理学理论进行了进一步的分析，有两个创新之处：一是指出了简·爱女性意识觉醒的递进过程，即从无意识到有意识；二是对简·爱的行为和人格进行了深度剖析和分层处理，尤其对其反抗行为进行了内在学理分析。前一个创新点既包含简·爱对自身女性身份的认识，也包括了简·爱反抗意识的丰富；后一点上，则提出简·爱女性意识觉醒的过程具有递进性的结论是符合规律的。但不得不说，这种论断片面地分割了意识觉醒的进程与遭受的压迫之间的关联，削弱了简·爱反抗的积极色彩；此外，论文中对于阁楼上的疯女人与简·爱人格黑暗面的相关分析，生硬地使用心理分析学对文学形象进行剖析，也有些令人难以信服。岸波的《女性觉醒的最先声——谈〈简·爱〉中的妇女超前意识》，认为简·爱的自尊意识和人格的觉醒具有绝对的独立性，是简·爱反抗行为的意识支撑。它本身也随着简·爱一次次的尊严受挫和人格独立地位受到威胁，而丰富发展。岸波畅想：20世纪当代世界妇女进步意识增强、继续觉醒和彻底解放才会加快历史进程，才能实现妇女的解放，才会在未来给人类进步和文明带来辉煌，这种对简·爱女性意识觉醒的阐发是相当超前的。

2002年至今，马宇的《从小说〈简·爱〉看中国女性独立人格的成长》，从现实意义的角度联系《简·爱》与中国女性独立人格的成长，提出"简·爱的成长为中国乃至全世界的女性作出了良好的榜样，对中国女性的独立成长有着十分积极的影响。"摆脱了时代题材的研究，得出了本质的内在意义。贺晓梅的《抗争与妥协——〈简·爱〉中女性意识的觉醒与缺憾》在分析简·爱女性意识时，提出了一个新词——"妥协"。贺晓梅对文本作出角色分析、结构分析、内心自卑阴影分析、迎合行为分析等后，指出简·爱虽然是一个具有独立人格意识的女性，但也很遗憾地陷入了对男权社会的妥协当中，因此，女性意识的觉醒任重而道远。这是一种完全不同于以往研究结论的声音，值得关注。

结束语

社会发展到今天，女性受到不公正待遇的事件仍然频现。不久前四川阿坝州姑娘拉姆在家直播时遭前夫唐某用汽油焚烧致重度烧伤的惨剧，侧面反映出男权的蛮横霸道。对女性的压迫、残害，在世界上的任何一个角落都有可能发生。当无法改变社会时，女性首先要做的，就是自我意识必须觉醒。如何通过改变自我、塑造自我、坚定女性意识，最终扭转整个社会的偏见，促进男女平权和社会的进步是女性在现实世界和实际生活中需要不断思考、不断超越自己的过程，也是现代女性在社会中维护自身权利与幸福的过程。精神层面的女性意识觉醒，才是女性走向自由、平等和独立的根本，这也是本论文在不断揣摩小说中的情节与文字的过程中，受简·爱自身的意识觉醒启发，借之探讨国内女性意识觉醒的研究，实现推动女性自我意识觉醒的根本初衷。

本论文将40年来部分具代表性的学者（尤其是女性学者）对《简·爱》研究与时代背景紧密结合，一方面从小说中挖掘女性意识觉醒的更深层内涵，另一方面，以女性意识觉醒为视角，梳理国内研究界之于《简·爱》的研究脉络。最终，以期能通过本论题的探讨，理出外国文学经典作品对国内女性成长、女性地位提升的影响。无论如何，本论文坚持认为，女性只有在精神层面上做到了意识觉醒，才能真正走向自由、平等、独立，不再成为男性的附庸，而《简·爱》某种程度上已成为一把开启蒙昧女性意识觉醒的钥匙。只是希其不要太早生锈而被抛入历史的废物篓。

参考文献

[1]岸波.女性觉醒的最先声——谈《简·爱》中的妇女超前意识[J].西北民族学院学报（哲学社会科学版），1996（1）.

[2]戴雪红.西方女性意识觉醒的发展谱系研究[J].理论月刊，2016（05）.

[3]何渝婷.女性话语权力在翻译中的争夺——以评析祝庆英所译《简·爱》中文译本为例[J].东华大学学报（社会科学版），2013（6）.

[4]贺晓梅.抗争与妥协——《简·爱》中的女性意识的觉醒及缺憾[J].语文建设，2015（08）.

[5]罗薇华.《简·爱》女性意识的觉醒[J].南昌职业技术师范学院学报[J].1995（4）.

[6]马宇.从小说《简·爱》看中国女性独立人格的成长[J].短篇小说（原创版），2013.

[7][英]夏洛蒂·勃朗特.简·爱[M].吴钧燮，译.北京：人民文学出版社，2014.

[8][英]夏洛蒂·勃朗特.简·爱[M].祝庆英，译.上海：上海译文出版社，1980.

[9]张文杰.《简·爱》形象在中国的接受研究[J].出版广角，1996（1）.

[10]朱虹.《简·爱》与妇女意识[J].河南大学学报，1987（5）.

[11]朱虹.《简·爱》——小资产阶级抗议的最强音[J].读书，1979（05）.

导师点评

19世纪英国作家夏洛蒂·勃朗特的小说《简·爱》自20世纪30年代传播到中国以来，影响了一代又一代的中国女性。女主人公简·爱的女性意识觉醒不仅奠定了作品在世界文学界的突出地位，更是发出了女性内心最激烈的呼声。国内研究界也出现了相关研究，并有踪迹可寻。拉巴卓玛的论文正是基于这个角度，展开对国内40年来之于《简·爱》中的女性意识的相关研究，进行资料整理和研究述评。文章将国内之于《简·爱》中的女性意识研究分为：1970—1980 年的第一阶段、1980—1990 年的第二阶段、1990—2002 年的第三阶段、2002 年至今的第四个阶段，并梳理出不同阶段研究的不同特征。论文的亮点在于论文作者较为自洽的逻辑性、写作论文的认真态度及对写作规范的遵守。论文的研究视角虽谈不上独特、新颖，但材料梳理的工作对于本科论文撰写者而言，是项有益的尝试。就整体来看，论文的优点盖过其不足之处。论文作者的民族身份、选题角度，能体现出一些独特的人生思考，尤其对于女性意识觉醒方面，令其在当年同类论文中显得突出。

导师简介

朱丽娟，博士，讲师，研究方向为西方汉学、海外藏学和西藏电影研究。

浅析生命教育在中学教学中的渗透

——以人教版中学语文教材为例

李沁研　汉语言文学（师范方向）2017级

摘　要：在中学教育趋向工具化的教学现状下，中学生普遍面临学业高压与心理问题，中学教师的有些教学方式与以人为本理念背道而驰。实行什么样的教育才能回归教育的初心？生命是教育的起点，教育本质是关注人的全面和谐发展。生命教育就是要帮助学生树立生命意识与正确生命观，让他们学会热爱生命、尊重生命。教师必须在中学教学中实施生命教育，挖掘教材中的生命资源，潜移默化影响中学生身心发展。本文在进行中学教学生命教育研究过程中，主要运用文献分析法和教学案例分析法，通过对人教版中学语文教材中的生命素材进行整理分析，提出建议实施策略，以培养学生健全人格，推进教学人文化发展。

关键词：中学语文；生命教育；人教版教材

引言

（一）国内外研究现状

西方研究起步较早，20世纪50年代中期开始关注并重视生命教育。1964年日本学者谷口雅春的《生命的实相》，首倡生命教育的重要性。近年来日本又提出以热爱生命为主题的"余裕教育"，提倡寓教于乐，知识技能与身体健康并重。

20世纪90年代我国大陆的生命教育研究成为热门议题。1997年叶澜教授以传统教育改革为起点，提出"让课堂焕发出生命活力"的号召。2000—2003年我国大陆掀起了一个生命教育学术传播的小高潮。2010年国务院发布《国家中长期教育改革和发展规划纲要（2010—2020年）》标志着生命教育正式上升为国家教育发展战略。

纵观国内外生命教育研究，可以看出生命教育已经日益得到重视，国内研究虽起步较晚，但也越来越接近完善阶段，21 世纪的教育应当将生命教育与人文社科教育相结合，不断探索生命教育本质，提出实施建议与改革措施，以促进学生全面和谐发展。

（二）研究目的与意义

1. 研究目的

从学生层面讲，使学生学会尊重生命、敬畏生命、热爱生命、珍惜生命，清晰认知自身价值，完善自我，将苦难当成平常事对待，增强抗压能力，能适应未来社会发展。从学科层面讲，促进教育者教学方式转变，使语文课程具有人文色彩，促进素质教育发展。

2. 研究意义

有利于教会学生接受与认识生命的意义，尊重与珍惜生命的价值，热爱与发展每个人独特的生命，并将自我价值与社会价值相联系，使学生树立起积极、正确的生命观，培养社会责任感。学生只有培养起坚定的理想信念，才能以广阔的胸怀和非凡的毅力实现个体生命价值，为社会谋发展，为个人谋幸福。

一、中学生命教育研究缘由

（一）中学生心理极端化，频发社会问题

中国人口众多，教育资源分布不均，应试教育应运而生，在这种教学模式下很多学校只注重教学速度而忽视质量，中学生面临巨大的竞争力与升学压力，心理问题日益突出，自杀、有意伤害他人行为频繁发生。

北京心理危机研究与干预中心发布过一组数据：中国每 2 分钟就有 1 人自杀死亡，8 人自杀未遂，每年至少有 25 万人死于自杀，自杀已成为 15 至 34 岁青少年人口中排名首位的死因。一项全国性的调查数据结果显示：5 个中学生中就有 1 人曾考虑过自杀，占样本总数的 20.4%。此外调查中显示在中学阶段，年级升高与男女生孤独感增强成正比，女生学习压力远高于男生。这表明中学生在极大的心理压力下往往极度渴望理解与尊重，如果身边环境无法给予相应的心理安慰，中学生可能会失去对自我生命价值的正确判断，产生生命困顿感。

网络上近几年也频频出现中学生自杀与故意伤害他人的案例。

2019 年 4 月 17 日上海卢浦大桥上一名 17 岁少年当着母亲的面突然跳桥自杀。

2019 年 6 月 8 日河北省衡水市两名走出高考考场的高三男生发生冲突，其中一人被捅伤后身亡。

2020 年 11 月 12 日南京市第十三中学学生因被母亲辱骂用菜刀将其杀害。

综上所述，中学生进行自我伤害或是有意伤害他人的行动率正在以惊人的速度发展，这一社会现象值得我们重视。

（二）中学教学功利化，忽视学生个性

学校作为教育的主阵地，长期以来注重升学率、校校竞争、精英人才培养，教育功能逐渐工具化，唯分数主义盛行，应试教育泛滥，进而忽视学生身心健康发展，对正确引导生命教育缺乏一定认知。而中学阶段正是学生人格、品德、信仰发展的重要阶段，中学生努力学习的目标是考上一所优秀的大学，完成目的后却无所适从，找不到自身价值。在三观尚未成熟的阶段，中学生的观念往往会被身边人及权威人士影响，那些附加在身上的标签将他们困在一个循环的圈子里，他人走不进自己也摆脱不了。现代教育成功地教给人们必要的技能与基础知识，却无法使他们理解蕴含其中的人文精神与生命智慧。同时，中学教师教学模式僵化，以知识传授为主，着重考试技巧，缺乏人文素质培养，在教学过程中忽视中学生个性开发，"一刀切"现象普遍存在，限制学生自我认识深度，不利于对其进行正确的人生观和价值观引领。

（三）家庭教育畸形化，忽视学生身心发展

家庭教育作为学生最原始的教育，对学生成长具有潜移默化的作用，良好的家庭观念对人格发育会产生重大影响。在中国式家庭中，随着家庭成员的增多，生活负担加重，往往会出现重养轻教的现象。父母面对沉重的工作与家庭责任，无暇顾及学生成长，在疏于管教中家长角色长期缺失，易造成学生性格缺陷，损害人格成长。同时，家庭对学生过度的保护，过度的溺爱关注，包办除学习之外的所有事务，使学生缺乏实践的机会，形成精神上的优越感，不懂劳动的意义，缺乏社会责任感。更重要的是往往在这种家庭环境下成长的学生，面对未来不可知的挑战与挫折，现实与理想巨大的反差下，承受的心理压力会比平常人更大，更易产生不适应或是抵触情绪。此外，家长对学生期望值过高，单纯将自我无法实现的理想与期望强加在子女身上，轻视学生自我意识、人格发展，亲情关怀淡漠的畸形心理会给学生造成无形的精神压力，一旦学生学业上无成，又在家庭中感受不到父母温暖，往往会陷入自卑或者走向极端。

（四）新课改要求，提倡素质教育

为适应基础教育改革需要，我国开始了具有划时代意义的新一轮课程改革，要求树立三维目标观，培养核心素养，加强生活德育建设，提高学生自主学习热情，提高分析解决问题及交流合作的能力，对学生进行全面全过程的综合评价。新课改的要求无一不体现国家对语文学科进行改革的新思想，改变语文学科工具化的狭窄观念，提倡学科人文价值，重视学生主体价值及生命意义以及培养创造意识。

二、人教版中学语文教材中生命教育素材整理与分析

（一）人教版中学语文教材中生命教育素材整理

何为生命？广义上指自然界一切生命存在，狭义上指人的生命，此文主要研究狭义生命。人作为生命体，处于社会之中，精神上是自我意识发展的载体。个体生命是有限与无限、依存性与独立性的矛盾统一，要实现整体和谐，必须由内向外处理好与自我、自然、社会的关系。

教育的实质是生命的成长与发展，随着学界对生命教育研究的深入，研究者对生命教育的概念有不同侧重点。从价值取向上看，倡导教育回归与重塑生命本质。刘济良、李晗认为："所谓生命教育，就是指引导学生正确认识人的价值、人的生命，理解生活的真正意义，培养学生的人文精神，培养学生对终极信仰的追求，培养学生的关爱情怀，使他们学会过现代文明生活。"[1]；从教育内容来看，强调生命的真正价值，学生形成健全人格，实现人生价值。许世平提出："生命教育就是指个体从出生到死亡的整个过程中，通过有目的、有计划、有组织地进行生存意识教育、生存能力培养和生命价值升华，最终使生命质量充分展现的活动过程。"[2]从方法论来看，注重知情意行合一，开展具有生命色彩的教育实践。综合来看，生命教育有广义与狭义之分。广义上生命教育指一切与发展生命相关的教育，着重人的全方位发展。狭义上指以生命本体为对象，让学生感悟生命的有限性、多样性，思考生命意义，在实践中实现人生价值。

中学教材作为重要的教学资源，选文中往往彰显着丰富的生命教育色彩，经过对人教版初中语文教材及高中必修教材中蕴含的丰富生命教育素材进行整理后，发现在人教版初一教材中生命教育题材篇目25篇，占总篇目比例为41.67%；初二教材中16篇，比例为26.67%；初三教材中12篇，比例为41.38%；高中语文必修一中4篇，占总篇目比例为33.33%；高中语文必修二中5篇，占比为38.46%；高中语文必修三中5篇，占比为35.71%；高中语文必修四中5篇，占比为38.46%；高中语文必修五中5篇，占比为38.46%。可以看出，在中学教材中拥有较多可挖掘的生命教育资源，教师可利用素材进行生命教育，进而提升学生生命意识，促进健全发展。以下将整理成果分为三个专题："人与自然""人与社会""人与自我"。

---

[1] 刘济良，李晗. 论香港的生命教育 [J]. 江西教育科研，2000 (12).
[2] 许世平. 生命教育及层次分析 [J]. 中国教育学刊，2002 (4).

表1 人教版中学语文教材中的"人与自然"专题

教材	篇目
七年级上册	《紫藤萝瀑布》《春》《济南的冬天》《生命生命》
七年级下册	《珍珠鸟》《羚羊飞渡》《华南虎》
八年级上册	《三峡》
八年级下册	《海燕》《敬畏自然》《罗布泊——消逝的仙湖》
九年级上册	《外国诗两首》——《蝈蝈与蛐蛐》《夜》
九年级下册	《那树》《地下森林断想》《谈生命》
高中必修一	《小狗包弟》
高中必修二	《囚绿记》
高中必修三	《登高》
高中必修四	无
高中必修五	《边城》《滕王阁序》《归去来兮辞（并序）》

表2 人教版中学语文教材中的"人与社会"专题

教材	篇目
七年级上册	《散步》、《诗两首》——《金色花》《荷叶 母亲》、《走一步，再走一步》
七年级下册	《爸爸的花儿落了》《最后一课》《木兰诗》《艰难的国运与雄健的国民》
八年级上册	《亲爱的爸爸妈妈》《阿长与山海经》《背影》《台阶》《信客》《老王》
八年级下册	《我的母亲》《藤野先生》
九年级上册	《傅雷家书两则》
九年级下册	《祖国啊，我亲爱的祖国》
高中必修一	《包身工》《大堰河——我的保姆》
高中必修二	无
高中必修三	《祝福》《师说》
高中必修四	《父母与孩子之间的爱》
高中必修五	《陈情表》

表3 人教版中学语文教材中的 "人与自我" 专题

教材	篇目
七年级上册	《在山的那边》
七年级下册	《音乐巨人贝多芬》《闻一多先生的说和做》《邓稼先》《安塞腰鼓》《伟大的悲剧》《荒岛余生》《真正的英雄》《假如生活欺骗了你》
八年级上册	《陋室铭》
八年级下册	《再塑生命》《五柳先生传》《送东阳马生序》
九年级上册	《孤独之旅》《出师表》《唐雎不辱使命》
九年级下册	《热爱生命》《人生》《鱼我所欲也》
高中必修一	《记念刘和珍君》
高中必修二	《离骚》《短歌行》《赤壁赋》《我有一个梦想》
高中必修三	《老人与海》《劝学》
高中必修四	《定风波》、《短文三篇》——《热爱生命》《信条》《人是一根能思想的苇草》、《苏武传》、《廉颇蔺相如列传》
高中必修五	《逍遥游》

（二）人教版中学语文教材中生命教育素材分析

1. 人与自然和睦共处

人对自然的态度，由原始社会天然的畏惧到渴望控制再到与自然协调共处。在人类不断进化过程中，对于自然界的认识也由迷信发展为理性。随着科技进步，我们不断探索自然界的奥秘，发现自然界的规律，有意识地利用规律发展自身，在能力不断增长下一种"操控"意识衍生出来。一次次自然灾害告诉我们，只有敬畏自然、尊重自然才可能得到自然的馈赠。

自然界的四季犹如人的生命长河，绚烂且静美，春日草长莺飞，夏日荷花飘香，秋日银杏漫地，冬日银装素裹，每一次花开花落都令人别有一番滋味在心头。而现实生活中往往缺乏发现美的眼睛，学生一心只读圣贤书，不问春夏与秋冬，有时连基础的自然常识也不熟知，对身边环境冷漠甚至出现随意伤害生物的案例。在中学教材中蕴含许多关于自然四季的素材，教师可以引导学生在《春》中感受明媚秀丽的春意，在《三峡》中感受四季不同光景。此外不乏对大自然生命进行赞叹的篇目，《海燕》中海燕不畏狂风暴雨搏击长空的英雄气概，《生命生命》中飞蛾扑火只为渴望光明的决绝气魄，学生可以从中领悟生命的顽强与不屈，找寻人生的信仰。教材中也有对人与自然关系的审思，《小狗包弟》描写了作者因担心受到政治迫害而舍弃家中小狗后的自责心理，《囚绿记》中表达了作者对"囚禁"下的常春藤永不屈服精神的敬畏。

教师对于教材中的自然素材解析不应单单停留在对字词句的工具性理解，要与人文角度结合，在缤纷的四季万物中引导学生感知自然，利用实践活动亲近自然，尊重自然生命，教会他们生命的真谛。

2. 人与社会关心互助

人是处于社会错综复杂关系中的，人与人之间最重要的关系莫过于：亲情、友情、爱情。在当今社会，人类从生理角度是平等而独立的，彼此间的情分是相对的。"中国人是没有'自己的'。一个人，他是父母的儿女、儿女的父母，他是长官的部下、部下的长官，他是老师的学生、学生的老师。"[①]人作为社会关系的总和，在社会中要承担作为公民应尽的责任，在家庭中要扮演好父母子女的角色，在与他人相处中要注重诚信友爱、互助和谐。

如何引导学生在不同社会角色中承担重任与尊重他人生命是教师进行生命教育的重点。中学教材中有很多描绘亲情的篇目。《我的母亲》表现母亲对子女的舐犊之情，《金色花》里顽皮的小孩与母亲嬉闹的场景，无一不激起学生对母爱的感恩。如果说母爱如涓涓细流淌徉心间，相较下父爱便是无言的，是一次次沉默的驻足凝望。《背影》中描写了笨拙翻越铁道爬月台的父亲与偷偷擦泪的"我"，"抗拒父亲的爱是毫无愧色地流露出来的，而为他的爱感动落泪却是秘密的。"[②]但现在有些中学生因文中父亲违反交通规则对文章加以批评，这是一种从实用价值出发的视角，而这篇文章的经典之处恰恰在于美学价值，一种亲情错位下的矛盾。面对这种情况，教师应当引导学生进入文本情境中，与生活实际相结合，感悟矛盾表面下的深厚亲情。

在中学教材中也有对社会及他人的关注。《祝福》中对封建礼教制度杀人的讽刺，《包身工》中对下层工人群众的同情，《大堰河——我的保姆》中勤劳淳朴的保姆与乳儿的真挚情感，《祖国啊，我亲爱的祖国》中华夏子女对祖国母亲的脉脉深情。

教师通过指导文本阅读，带领学生感知一个个鲜活生命，让学生学会理解与宽容、爱与尊重，促进亲子沟通，培养良好人际关系，发展社会意识。

3. 人与自我和谐尊重

认知自我价值，一直是人类不断追问的命题。"关系到自我统一的问题，通过'修'体现出来，体现个人的可塑性和发展性，反映个人要求实现自我统一的主观愿望。"[③]首先，

---

① 张立升. 社会学家茶座（精华本）[M]. 济南：山东人民出版社，2008.

② 孙绍振. 名作细读[M]. 上海：上海教育出版社，2009.

③ 刘恩允. 大学生生命教育研究[M]. 北京：中国社会科学出版社，2012.

我们不同于动物，是有主观能动性、理性与情感的高级生物。其次，我们是独一无二的个体，每个人都有个性，对自我认识是发展的。每个人在欲望森林中找寻与迷失，在过程中我们极易丧失对自身理性的认识，沦为乌合之众，在身上贴上他人赋予的标签，在生命的苦难与折磨中惶惶度日。面对生命价值缺失，教师应该教会学生直面问题，不妄自菲薄，将苦与乐看作平常事，让学生接受自己，达到与自我的和解，更加尊重自身生命。

在中学教材中有很多与苦难抗争、散发生命光辉有关的人物篇目，《老人与海》告诉我们"一个人并不是生来就要给打败的，你尽可以把他消灭掉，可就是打不败他。"，硬汉精神永不朽！《离骚》中屈原面对自身不幸的遭遇，仍然坚持高洁理想，"亦余心之所善兮，虽九死其犹未悔。"选文中还有对自身生命的热爱与尊重，《假如生活欺骗了你》蕴含未来可期的美好愿望，《邓稼先》展现了自我价值与社会价值的结合与实现。也有《五柳先生传》避居山野，守一方心灵净土的岁月安好，《闻一多先生的说和做》强调知行合一，克己慎行，《赤壁赋》中作者感叹岁月易逝，将生命中的变与不变都寄托于清风明月之中的豁达乐观。

教师在选文教学中，应联系作者背景，由人到文剖析写作缘由，知人论世。教师还应重视学生的个性，让学生学会正视自我价值，平等对待自己，尊重自我生命，培养积极的人生态度与理想观。

三、生命教育在中学教学中的实施策略

（一）对生命教育实施者的建议

教师作为教学的实施者、教育活动的组织者、家校联系的纽带，对学校、学生、家长思想发展具有重大作用，教师应加强自身素质建设，深入探寻生命价值，知行合一、言传身教，让学生学会爱自己、爱他人、爱社会。

1. 重视发挥自身示范作用，更新生命教育观念

教育是一种直接对教育对象产生影响的活动，教师的观念以及行为会在潜移默化中传授给学生，且中学生极具有模仿能力，因此教师在教学中应该注重自身示范作用。首先，教师在进行生命教育之前，应深入研究"生命教育"内涵并形成符合规范化的认知，内心建构强烈的生命意识，并在日常学习生活中体现出来。其次，教师应该拥有乐观豁达的心态，树立自尊、自信、自强的自我意识，不断更新教学观念，热爱教育事业，拥有人文精神。学者叶澜说过："每一个热爱学生和自己生命、生活的教师，都不应该轻视作为生命实践组成的课堂教学，从而激起自觉上好每一节课，使每一节课都能得到生命满足的愿望。"[①]最后，

---

① 叶澜. 教育科学论坛 [J]. 四川省教育科学研究所，2004（1）.

教师要加强心理健康培训，能对学生进行简要的心理疏导，并树立生命系统全局观，让学生学会全面认知、辩证看待事物。

2. 加强家校联系，促进亲子间交流理解

青少年心理咨询中的数据显示，很多学生的心理问题最初来源于家庭教育，长期缺失或是不当的家庭教育会对学生的身心产生持久的不良影响，甚至需要一生的时间去治愈。每个人都有以血缘为纽带而形成的家庭角色与责任担当，中学生尚未脱离父母照顾，对家庭有本能的归属感，家庭角色任何一部分的缺失对于他们来说影响都是深远的。

教师作为家校联系的纽带，应该在课下多与家长交流，让家长了解学生在校情况，增进相互沟通理解。首先，要促进家长成才观的转变，以真实教学案例引导家长关注学生个体发展，平等对待学生，而非一味苛责学习成绩好坏。"家庭生命教育的目的就是要引导子女获得生命的智慧，不仅要懂得生命的意义，还要有积极的生命态度，自如应对生命旅途中的种种遭遇，家长应按照生命发展的规律对子女进行有关生命的教育。"①其次，鼓励开展亲子活动，比如布置《一封家书》的作业，让学生在写作时回忆与家长相处的温情画面，激发内心深处的感恩与理解，在实践中增进彼此情感。最后建立家长群，召开家长座谈会，开通家校联系渠道，让家长之间能随时进行沟通，在汲取经验的同时提升家庭教育水平。

3. 创设课堂情境，引导学生认知体验

"语文的人文性在于把人格与精神的教化作为教育核心，通过语文所特有的文化内涵来陶冶人性，从而塑造人的灵魂，促进个体生命的成长。然而，在现实中，我们的语文教育遗忘了挖掘语文中的文化内涵，遗忘了人文精神对人的影响，从而塑造了一大批思想浅薄、精神庸俗、生命意义缺失的学生。"②教师在真实教学中，应该引导学生走进教材课本中，让学生身临其境感知人物形象与感人事例，挖掘平凡中的伟大，最后回归课堂进行体验实践，进而使学生学会热爱生命，尊重生命。首先，教师要尊重学生的主体地位，课堂评价以表扬激励为主，肯定学生对文本的不同解读，创设情境让学生融入文本语境，感知生命的伟大。例如教学《那树》，让学生假设自己变成一棵树，目睹"亲人"不断倒下并对此发表感想。教师以角色互换的形式，让学生作为"被害者"一方，身临其境地感受自然与人类之间的不平衡关系，使学生自觉承担保护自然的责任，尊重自然生命。其次，教师要加强与学生的交流，多关心、观察学生的学习生活，并通过一系列活动让学生认识自我与他人的关系，例如让学生记录身边温暖的瞬间，体会他人温情。

最重要的一点，提倡适度的挫折教育。在无条件的守护与鼓励中让学生勇于突破自我变得自信、自强，相信世间的美好，相信幸运与苦难在人生中的普遍性。不可否认，中学

---

① 马兰霞. 让生命教育走进家庭 [J]. 家庭教育，2004（1）.
② 邹鹏. 中学语文教学中的生命教育研究 [D]. 湖北科技大学，2011.

生在面对现实与理想的巨大差距时往往会惶恐与退避，在潜意识中认为自己无能，如果问题没得到解决，这种心理定式会让他们在屡次失败后形成惯性无助感，从而丧失信心，产生内疚自卑感或将失败归咎到他人身上。有时候失败其实并不可怕，可怕的是放弃。教师需要培养学生的抗压能力，激发学生的潜能，以平常心去对待苦与乐，找到适度的解压方式，在实践中锻炼学生心智，让学生真正认知自我的生命意义，认可与坚定生命价值。

（二）对学校的建议策略

学校作为育人的正式场所，通过开展各类显性与隐性的课程，在人文氛围中使学生形成健全人格，促进全面发展。首先，学校要坚持"以人为本"的理念，以德育建设为主，杜绝学校间升学率的盲目攀比。其次，学校应健全鼓励机制，加强教学监督，激励开展师生实践活动，对学生进行全面、全过程评价跟踪，建立学生成长档案，记录身心发展历程。再次，建立特色生命教育课程体系，将生命教育以选修课形式纳入中学课程，如地方课程、校本课程，保证一定课时数目，制定专门教材。更重要的一点，建设专门心理咨询室，引进一批专业心理教师，在有条件的情况下每学年对学生进行心理测试，有利于学校及时发现学生的心理问题，并有针对性地进行心理辅导。该建议目前在部分学校得到有效推进，例如某中学设置情绪宣泄室，布置沙盘、涂鸦墙、呐喊宣泄系统等帮助学生疏解学业压力，放松心情。最后，教给学生生存技能，培养学生自护自救能力，提早树立生命安全防范意识，加强消防演练，杜绝随意下河游泳，正确处理救人与自救关系。

（三）对社会的建议策略

任何个体的发展都离不开社会环境。"思想、观念、意识的生产最初是直接与人们的物质活动，与人们的物质交往，与现实生活的语言交织在一起的。"[1]社会要树立人文关怀，健全法规制度，积极发挥团体组织作用，促进人思想的健全发展。首先，社会要以线上线下形式进行生命教育，线下进行展板宣传与专业咨询，线上进行资源共享并创建社区以匿名形式讨论互动，拓宽生命教育渠道。其次，社会可以建立生命教育基地，开展各项社会实践、公益活动丰富学生的生命观。例如参观医院产房、康复中心，了解生命的伟大与不易。更重要的一点，社会要培养良好的价值取向，避免片面"成功观"，倡导实现独特生命价值。中学生面临的生命迷失，一部分来源于升学压力，溯其根本是社会刻板的"适者生存"的意识。"由于这种非人化的机械和机械主义，由于工人的非人格化，由于错误的分工经济，生命便成为病态了。"[1]故建立人人平等，职位不分贵贱的观念有利于学生明确生命的目的与意义，提供更大的职业选择空间，培养广阔的人生格局。最后，调动资源培养专

---

[1] [德] 马克思, 恩格斯. 马克思恩格斯选集 [M]. 北京：人民出版社，1960.

业水平高、素质优良的师资队伍，推动成立生命教育机构，健全教育设施与条件，加强理论实践研究，建设优秀教育示范基地。

结束语

我国生命教育研究历史已有 20 多年，在不断更新的教学观念下，教育荒原仍然存在，很多中学生缺失生命意识并走向极端，我们不断反思，生命教育应该如何落到实处？本文针对生命教育在中学语文教学中的渗透现象，通过整理分析人教版中学语文教材篇目，挖掘丰富的生命教育资源，向教师提出提升专业素养与人文精神、加强家校联系、引导学生融入文本情境的建议措施，向学校、社会大环境提出营造平等关爱的人文环境的建议要求。总之，通过本文调查研究，可以为中学语文生命教育的改进提供参考，希望通过多方努力可以让中学生认知与尊重生命价值，实现生命意义，推进教师人文关怀培养。由于笔者学术水平有限，文中对于教材中的生命素材的分类和建议措施还有待完善与提升，这些将是我今后需要不断深入研究的课题。

（指导教师：于宏）

导师点评

该论文通过对当下中学生心理问题的分析，指出中学生中存在的很多心理问题的根源在于生命教育的缺失，提出社会和学校应该重视中学生的生命教育，并融入到具体的学校日常教学中。论文对人教版中学语文教材中的生命素材进行整理分析，认为在中学教材中拥有较多可挖掘的生命教育资源，教师可利用素材进行生命教育，进而提升学生生命意识，促进健全发展。并根据当下中学生的生命教育现状，提出合理化建议和实施策略，来培养中学生健全人格，推进教学人文化发展。

该论文选题具有较强的现实性、针对性和实用性。重点探讨分析中学生生命教育的问题及原因，然后针对问题提出一些具有可操作性的对策。结构安排科学合理，思路清晰，层次分明。各部分之间的联系比较紧密，观点表述也基本准确，论证内容比较具有说服力。论证方法合理，用了大量的数据来论证，更增加了论证的可靠性。

导师简介

于宏，博士，教授，硕士生导师。研究方向为当代藏族汉语文学、女性文学。

---

① 冯建军. 当代主体教育论 [M]. 南京：江苏教育出版社，2001.

会展活动中的语言服务问题初探
——以藏博会为例

问羽欣　汉语言文学 2017 级

摘　要：语言服务是语言生活的重要体现。文章以中国西藏旅游文化国际博览会为例，对藏博会上的语言服务项目进行分析，总结出语言服务项目较为全面、藏汉英三种文字齐全和语言服务形式多元化的特点。同时针对藏博会语言服务活动中语言使用不合理、不规范的问题，从个人、教育和主办方三个角度提出相应的建议，从而有助于提升语言服务能力，为西藏自治区其他大型活动中的语言服务提供参考。

关键词：会展活动；语言服务；藏博会；旅游文化产业

语言服务是指应用语言、语言文字知识以及语言技术，以各种形式来满足人们各项需要而进行的一系列行为和活动。近年来，有关语言服务的研究成果相继问世，形成了相互支撑的学术格局。李宇明评价《中国语言生活状况报告（2009）》时指出："语言服务"是逐步受到社会重视的理念之一。目前，西藏旅游文化国际博览会（以下简称藏博会）在西藏自治区已经成功举办四届，大型活动的举办离不开人的参与和协调，只要有人参与的活动，语言服务便必不可少。但是，对于藏博会上的语言服务问题的相关实证研究较少，藏博会上都包含有哪些语言服务项目，语言在其中如何发挥作用，仍存在许多值得探讨的问题和必须思考的要素。

一、会展活动中的语言服务项目

会展业即会议与展览行业，是为获取一定的经济效益和社会效益而举办的一系列会议和展览展销活动。简单来说，会展业属于会议和展览展销范畴。凡是会议，必将是众多人参与的活动，凡是展览，必然会云集国内外众多游客前来参展。因此，语言服务在会展活动的各个阶段都发挥着独特的作用，贯穿于会展活动始终。

现阶段，会展活动逐步发展，语言的使用范围也在不断扩大，语言在会展活动的各个阶段的使用方式和特点不尽相同，使用形式更加新颖、更加多样化。在会展活动中，活动标识逐渐增多且逐渐标准化，现场解说日益规范、翻译服务逐步向信息化过渡，这些发展势头为现代会展业增添了一抹亮色。以下将从图案标识设计、文字材料、翻译等方面对会展活动中的语言服务内容予以分述。

（一）图案标识设计

会展活动的成功举办，离不开一套独具特色的图案标识。会展活动中的图案标识将文字与图形结合起来，通过简洁、形象的视觉语言传播展会信息。与其他语言形式相比，图案标识将复杂、烦琐的展会信息转换为简单易懂的视觉语言，能够起到更好的传播和服务效果。在会展活动中，图案标识设计主要包括场地标识的设定和会标会徽的设计。

会展活动具有场地大、人员多的特点，大多数前来参展的人员对场地的熟识度不高，故场地标识在会展活动中发挥着十分重要的作用。会展场地标识包括方向指引标识、安全标识等。其中，方向指引标识往往以箭头的形式成套出现，并配上目的地的文字说明，辅之以不同语种的翻译，以服务于更多参展人员；安全标识主要是对"安全出口""消防栓"等的标示，采用国际通行的图标与文字，且配有相应的英文翻译，以提供更为全面的服务，为人们提供了诸多便利。

会标、会徽是会展活动中最具代表性、最直观的符号标志。任何一场成功的会展都离不开主题鲜明、简明有力的宣传语，以及配套的会标和会徽。会标、会徽作为一种多模态的话语形式，把语言和其他相关的意义表现形式结合起来，将所需传达的信息通过语言、图像、声音等形式表现出来，使得参展人员能够更加直接地了解展会的相关信息，克服话语分析的局限性。会徽是会展活动的重要标志，在设计上需要涵盖会展活动的方方面面，如会展主题、举办地、举办时间、举办国（区、单位）等内容。会标、会徽反映着举办此次会展活动的主要信息，以此来获得参展人员的反馈，参展人员接收到会徽中所提供的信息，便能够了解到此次会展的相关情况，从而对本次会展活动有一个初步的认知。因此，从语言这一角度来说，会标和会徽作为一种多模态的话语形式对会展活动的整体概况提供了一定的服务。

（二）文字材料

会展主题词、宣传语是会展活动所需要的一种文字材料，在一定程度上承担了广告的角色，贯穿于会展活动的全过程，是会展活动的主线索。鲜明的活动主题是会展理念和特色的体现,也是会展活动成功举办的基础。

会展文案因会展活动的需要而产生,并为会展活动服务,在会展管理和举办过程中使用,以语言文字为主要工具记载会展信息。会展信息的载体多种多样,若用电子或纸质载体记录文字和图表类会展信息,就形成会展文案。会展文案包括项目申请报告、会展简报、会展纪要、新闻发布稿、广告、海报、标语、招标书、会展活动的行政法规、规章、章程等。

(三)翻译

语言翻译服务贯穿于会展活动始终,会展活动中的语言翻译包括文字材料的翻译、公示语的翻译以及会议论文的整理和翻译,是会展活动语言服务项目的重中之重。

现代会展活动包括国内博览会、国际博览会两种,其中以国际博览会居多。无论是国内的还是国际性的博览会,主办方都不得不考虑到语言翻译这一问题,但侧重点有所不同。国内博览会需要考虑本地方言与其他地域方言之间、与普通话之间,其他地域方言与普通话之间、少数民族语言与普通话之间的转换和翻译问题。国际博览会除考虑上述区际之间的语言翻译服务外,还需要考虑到世界各国与本国语言之间、世界各国语言与国际通用语言之间的转换和翻译问题。

会展活动一般包括会议和展览展销两大范畴,会议是会展活动中的重要组成部分。会议即由众多人聚集在一起,针对某一问题进行讨论和交流的活动。会展活动中的会议部分是在展示当地特产及特色文化的基础之上,由国内外的专家、学者以及各企业代表汇集在一起研讨有利于当地、有利于自身发展的双赢发展策略。因此,为了会展活动的顺利进行,更好地促进双方的经贸洽谈,主办方就不得不考虑国际、区际、族际之间的语言差异问题。由此可见,会议中的语言翻译服务也显得尤为重要。

二、藏博会上的语言服务项目

藏博会是向社会全面展示西藏自治区自成立以来所取得的辉煌成就、展现西藏独具特色的自然景观、藏族独特的文化底蕴、展示新西藏伟大成就的重要平台和载体。藏博会不仅在展示西藏自治区自然景观和人文风情方面发挥着重要的作用,而且也起到了招商引资的作用,拉动了自治区经济的发展。截至目前,藏博会已成功举办四届。

2014年9月,以"人间圣地天上西藏"为主题的藏博会在拉萨市成功举办,成果丰硕。这次藏博会促成了33个经济合作项目的集中签约,总投资共达387亿元。2015年9月28日,第二届藏博会在拉萨市开幕,进一步深化和拓展了"人间圣地天上西藏"这一主题,邀请了763名中外嘉宾和行业协会代表,共签署项目合同132个,总投资额达到756.45亿元。2016年9月10日,第三届藏博会在拉萨市开幕,此次藏博会再次凸显"人间圣地天上西藏"这一主题,邀请嘉宾3000余人,文艺展演参加人数高达3万余人,展览展示参加人数达到20余万,社会各方参与度创历史新高。与此同时,招商引资取得了重大成果,签署投资项目146个,合同投资额1084.3亿元,签约重点项目16个,投资总额近100亿元。2018年9月7日至11日,以"畅游新西藏·守护第三极"为主题的第四届藏博会成功举办。第四届藏博会邀请接待1597名嘉宾参加,其中外宾256人。本届藏博会签约合同类项目108个,总投资540.82亿元。同时,这届藏博会在林芝设立分会场,分会场承办和举办了15场分项活动,进一步丰富了藏博会的深刻内涵,全面系统地展现了西藏自治区的特殊自然风貌和融合西藏元素的特色文化。纵观前四届藏博会,可以发现藏博会是云集区内外、国内国际嘉宾、参展企业以及专家学者的一场高原盛会,参展人数与签约经济合作项目数量以及总投资额基本呈正比例关系。(如图1所示)

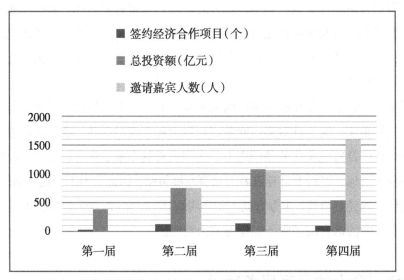

图1 签约经济合作项目数量、总投资额与邀请嘉宾人数情况

藏博会的成功举办,离不开人的参与和协调,语言服务在其中也发挥着不可估量的作用。藏博会中的语言服务相较国内其他博览会而言,具有较大的特殊性。因此,以下将依据会展活动中的图案标识设计、文字材料的准备以及翻译等语言服务项目对藏博会上的语言服务问题展开分析,为其他大型活动的举办提供参考。

(一)藏博会上语言服务的特点

1. 语言服务项目较为全面

藏博会上的语言服务项目包括:会标、会徽的设计,场地标识的设定;主题词、宣传语以及会展文案的整理;会议中的语言翻译服务、公示语翻译以及会议论文的整理与翻译。

从藏博会前期的准备到后续会议论坛文集的编纂，语言服务均贯穿于活动始终，形成了一套完整的体系，都较为全面地服务于各类参展人员。

2. 藏、汉、英三种文字齐全

西藏自治区是以藏民族为主体的少数民族聚居区，自治区政府大力推行藏汉双语政策，因此在面向区内外、面向国际的藏博会举办之时，对藏博会上的语言服务就提出了更高的要求，藏、汉、英三种文字齐全是藏博会成功举办的必备要件。而在藏博会的语言服务项目中，所有项目均使用藏、汉、英三种文字，如会徽（如图 2 所示）、主题词（如图 3 所示）、会议论文集均由汉语、英语和藏语三种语言构成，三种语言在藏博会的文字材料中同时呈现，能够更好地服务于各类区内外以及国际参展人员。

图 2　中国西藏旅游文化国际博览会会徽

图 3　前三届藏博会主题词

3. 语言服务形式多元化

在藏博会举办过程中，图案标识的设计将文字与非文字形式的相关元素结合起来，采用视觉语言的形式，更为清晰明确地展现了西藏自治区独特的自然景色和人文风情。文字材料的准备均与旅游文化相契合，更好地展现藏博会的重要元素——旅游文化。语言翻译服务采用现代化的形式，利用 AI 智能语音识别翻译系统对会议内容进行翻译，转听为写，对于西藏自治区其他大型活动的举办具有一定的借鉴意义。与此同时，还推出了藏博会手机轻应用，360°全景呈现藏博会的路线及主要展区。

由此可见，藏博会主办者不仅是将语言和图标等元素结合起来，在一定程度上充当语言的角色，为藏博会提供一定的服务，而且在藏博会举办过程中，也将现代化和信息化技术手段与语言服务相结合，让语言服务体现现代化元素。另外，在藏博会期间，礼仪工作组也通过翻译等形式为藏博会提供一些服务。无论是采用传统的语言服务还是融入现代化元素的语言服务，都呈现出多元化的趋势。

（二）藏博会语言服务项目上的不足

基于西藏自治区对于语言的特殊性要求，在藏博会举办前期、当期和后期的语言服务项目中，无论是图案标识的设计、展览展销过程中的正常交际还是文字材料的准备以及文本的整理，均采用藏、汉、英三种语言对其进行翻译，但是在翻译过程中仍然存在一些不规范和不合理之处，主要体现在对公示语的翻译上。如对于汉译英公示语拼写错误，"Tibet Department store"之中就将"Department"写成"Departmont"。对于一些本该有间隔的英语短语合写在一起，如将"Please Come This Way"中的"This way"合写为"Thisway"。又如对于动名词词性的混用，这主要体现在对于垃圾桶上"回收"与"不可回收"的标示，将其分别翻译为"Recycled"和"Organism"。从词性的角度来讲，"recycled"是动词形式，本意即为回收利用、再利用。而"organism"为名词，本意是指生物、有机体，尤指微生物、有机组织、有机体系。通过转换和进一步的思考，且需要与"recycled"进行对比才可得知"organism"在这里表达的是"不可回收"之意。从词性的角度来说，动词和名词混用在一起，会给国际游客一种奇怪的感觉。再如在藏博会展区某卫生间将"小心地滑注意安全"翻译为"Careful Land-slip, Attention Security"，就给人一种生搬硬套的感觉，是一种标准的中式英语写作方式。语言翻译的初衷就是给广大国内国际游客提供服务，方便参展人员行动。而在藏博会中诸如上述不合理、不规范的语言翻译，在一定程度上或需要国际友人用中国式思维思考这个词或者是这句话所要表明的意思，或需要对其本义进行分析和对比才可得知所要表明之意。公示语翻译的目的实则就是用最为快速、最为简单明了的方式给游客提供服务，但是在这些公示语的翻译中国际游客需要进行进一步的转换和思考，无疑给国际游客增添了不必要的负担，使得会展活动期间的语言服务大打折扣。

三、建议

针对藏博会公示语翻译之中存在的不规范和不合理之处，结合语言理论的研习和语言应用理论的研究，以下将从个人、教育和主办方三个层面提出相应的建议。

（一）个人层面：对语言本体知识的习得

公示语翻译以文字的形式呈现出来，这就对语言翻译服务提出了更高的要求：不仅要搞清楚、弄明白这句话的英语如何说，更要清楚是如何写的。针对藏博会中所出现的"中式英语"、单词拼写错误以及动名词混用等问题，从个人角度来讲，对于语言本体知识习得最行之有效的方式就是听、说、读、写，并反复加强练习。在藏博会期间，公示语翻译主要以文字的形式呈现出来。因此，在学习英语基础知识的过程中，首先要牢固掌握英语单词的拼写方式，避免单词拼写这一类错误再次出现。其次，要加强对词法、句法的理解，辨析词性，从而避免词性混用导致表述不清晰的现象。最后，要熟练运用英语的句法表达模式，尽量做到汉译英的精确表达。

（二）教育层面：注重翻译人才的培养

翻译人才是大型活动翻译中的主心骨，藏博会公示语的进一步标准和规范，不仅需要熟知藏汉英三语的复合型人才，而且需要对西藏自然风景、人文风情具有全面深刻认识的综合性人才，这样，才能在藏博会展区的公示语翻译活动中展现西藏特色，避免一些不必要的失误。高校是人才培养的主体，应鼓励高校对翻译相关专业学生制定独特的培养方案，鼓励高校积极引进外语教学人员，使学生在英语环境的熏陶下掌握标准、地道的外语，以有助于为藏博会服务、为西藏地区其他大型国际活动服务。

（三）主办方层面：加大对语言服务的核查力度

藏博会上的语言服务是一套完整的服务体系，各环节环环相扣，任何一个环节都不能出现漏洞。对于藏博会公示语翻译中出现的错误，主办方不仅需要从翻译本身发现问题，而且需要对所出现的问题加以总结和归纳，以避免类似的错误和尴尬再次发生。首先，主办方可以从语言维的角度出发，把握用词的准确性和语法的规范性，以排除单词拼写错误、前后词性不符合语法错误的问题。其次，可以从文化维的角度出发，把握中外文化和中外语言习惯之间的差异，核查是否存在生搬硬套、强制翻译的中国式英语。最后，可以从交际维的角度出发，把握英语表达的准确程度，核查是否存在语意模糊、模棱两可的表述问题。

总体来说，语言服务在藏博会上发挥了重要作用，带来了一定的经济效益。但仍然存在语言使用不合理、不规范等问题，这就使得语言服务大打折扣。因此，制定适用于藏博会的语言服务策略，对藏博会上的语言服务体系加以完善，使语言服务标准化、规范化，以发挥语言在藏博会上的经济价值，从而为其他大型会展活动提供借鉴，是会展领域中的语言服务需要努力的方向。

参考文献

［1］屈哨兵. 语言服务引论［M］. 北京：商务印书馆，2016.

［2］过聚荣. 会展导论［M］. 上海：上海交通大学出版社，2002.

［3］刘立春. 多模态话语意义建构——以 2022 年北京冬奥会会徽为例［J］. 现代交际，2019（01）：87-88.

［4］孙毅. 多模态话语意义建构——以 2011 西安世界园艺博览会会徽为基点［J］. 外语与外语教学，2012（01）：44-47.

［5］龙志勇，徐长勇，尤璐. 商务英语翻译（第 3 版）［M］. 北京：对外经贸大学出版社，2019.

［6］张玉明. 会展服务管理（第二版）［M］. 广州：中山大学出版社，2016.

［7］首届藏博会落幕签约33个落地项目投资达387亿元［EB/OL］. 人民网. http://xz.people.com.cn/n/2014/0927/c138901-22459349.html.

［8］第二届藏博会成就巡礼［EB/OL］. 西藏日报. https：//www.sohu.com/a/113843025_160909.

［9］西藏举行第三届藏博会成果展示暨情况总结发布会［EB/OL］. 中国西藏新闻网. http：//www.scio.gov.cn/xwfbh/gssxwfbh/xwfbh/xizang/Document/1491465/1491465.html.

［10］第四届藏博会新闻发布会闭幕式侧记［EB/OL］. 中国西藏新闻网.http：//www.xzzw.com/xw/201809/t20180912_2364140.html.

［11］盘点第四届藏博会：高原盛会硕果丰［EB/OL］. 中国西藏之声网.http：//www.vtibet.com/xw_702/yw_705/201809/t20180919_747855.html.

［12］胡冰洁，付志晨. 生态翻译学视角下的公示语翻译——以中国西藏旅游文化国际博览会主题标语为例［J］. 海外英语，2016（21）：113-114.

（指导教师：王宝红）

导师点评

论文立足于所学专业，立足于学校特点，选题紧贴语言研究的前沿热点问题与现实问题，选取历届藏博会活动中的语言服务状况，对会展活动中的语言服务项目——图案标识设计、文字材料及翻译三项的基本要求与存在的问题展开论述。在对藏博会语言服务项目的不足之处进行分析的基础上，总结了会展活动中语言服务应从强化语言服务意识、提供多元化的语言服务形式两个方面进行加强。并进一步建议，应从个人、教育及主办方三个层面加强语言服务。论文作者勤于思考，善于学习，能够运用语言服务的相关理论知识对现实问题进行思考，行文思路清晰，论述有理有据。既有对问题现状的分析，又有解决的对策与思考。研究对于促进语言教学、提高会展业中的语言服务等有帮助作用。

导师简介

王宝红，博士，教授，主要研究方向为语言学与近代汉语词汇。

张爱玲小说中的女性形象分析

张悦　汉语言文学 2017 级

摘　要：作为 20 世纪中国最负盛名的女作家之一，张爱玲是现代文坛上独树一帜的"传奇"作家。复杂的成长经历赋予了她远超常人的思考力与洞察力，她以自己独特的视角与眼光，塑造了众多栩栩如生的人物形象，勾勒出新旧交替时期，女性艰难的生存状态。她站在女性的立场来审视女性，凄清苍凉是她作品的基调。张爱玲用冷静到近乎残酷的笔墨，绘制了一幅挣扎于父权文化与封建制度下的鲜活女性长卷。本文立足于张爱玲的小说，分析其主要作品中的女性形象，归纳总结物质欲望、爱情与命运对她们的巨大影响。并从作家自身的经历与爱情观、社会主要思想与价值观以及女性自身的缺陷三个维度出发，探索张爱玲笔下女性形象悲剧命运产生的原因。揭露新旧交替时代女性悲惨的生存状态和被扭曲的心理。

关键词：张爱玲；女性形象；悲剧

引言

张爱玲是盛放于 20 世纪中国文坛的一朵奇葩，这个奇，主要体现在以下三个方面：一是她出身奇；二是她情感经历奇；三是她的作品奇。她出身名门望族，赫赫有名的李鸿章便是其曾外祖父。但这看似显赫光鲜的背后，隐藏着大厦将倾的衰态。她的父亲是典型的贵族纨绔，对子女自私冷酷，一心沉迷鸦片与声色享乐。母亲虽是受过西式教育的进步女性，但对女儿张爱玲给予的关爱甚少。在亲情缺失的成长氛围中，童年的张爱玲"过分沉默，不说话，不交朋友不活动，精神有些萎靡不振"。但是，缺少爱并不等同于否认爱，这样的成长经历对张爱玲成年后的爱情经历产生了润物细无声的影响。在她公开的两段恋情中，胡兰成与赖雅都与张爱玲有着不小的年龄差距。由此可见，父母关爱的缺失，使得张爱玲向往一份稳定成熟的感情。这样的爱情观，映射到张爱玲的作品中，为其作品打上了深刻的烙迹。她用冷峻的文笔、超然洒脱的文字，写出了一系列真实而深刻、具有感染力与穿透力的作品。笔者以张爱玲小说中的女性形象为探究对象,通过对这些女性的病态心理以及悲剧命运进行分析,力图反思社会与人生。

一、张爱玲小说中的女性形象

张爱玲小说中的女性,并非时代的弄潮儿,相反,她们总是处于新旧时代接轨的夹缝中,被物质、情欲与命运裹挟着浮浮沉沉。在这千疮百孔、死气沉沉的世界里,母亲不一定是慈爱的,女儿不一定是天真的,妻子不一定是贤良的,姐妹也不一定可亲的。张爱玲将女性在艰难困境中的挣扎与异变毫不隐讳地揭示出来。

（一）物质牢笼中的女性

1. 利欲熏心的风尘女子

诗人杜牧夜泊秦淮,看两岸歌舞升平,发出了"商女不知亡国恨,隔江犹唱后庭花"的感叹。古往今来,风尘女子似乎一直是被作为薄情放浪的代名词。同时也被赋予身世凄凉、自甘堕落的标签。在张爱玲的小说中,女性大多身处浊世,而又自我认同感低。许多女子幼时养在深闺,成年后即使走出闺房,也缺乏自主生存的能力。脱离闺房那一方小天地的只是身躯,思想几乎时刻安于传统封建文化与社会观念的压制。在这样的背景下,一些女性甘于贬低自己,不断在困境中逆来顺受,沦为男性与金钱的附庸。更有甚者,出卖肉体与尊严,只为换得优渥安逸的生活。

《沉香屑·第一炉香》中,葛薇龙的姑母梁太太,年轻时不顾家人反对,一意孤行嫁给一位风烛残年的老人,所求不过是待其死后瓜分遗产。然而真的牺牲青春年华与色相换来一大笔遗产后,又时刻担心坐吃山空。为了守住这一份富贵,她不惜放弃声誉继续游走于多名男性间,利用自己及身边年轻美貌的女孩做着暗娼的肮脏勾当。对于金钱无休止的欲望使人疯狂,并且逐渐扭曲丧失人性。梁太太为了讨好、引诱身边的男性,不惜威逼利诱自己的亲侄女一同堕落,让她也成为自己赚钱的工具,成为浸淫物欲的交际花。物欲面前,亲情、爱情都被无情地抛诸脑后,何其惨痛。

金钱,时常以明显或不明显的方式在张爱玲的作品中,贯穿小说情节发展。许多女性的悲剧,看似各有其不同的直接原因,但是仔细思考,归根结底其祸患都与金钱挂钩。尤其是许多出身不高但又一心渴求优渥生活的女性,她们为金钱所影响、所奴役的心理更是在张爱玲冷峻的文笔下无所遁形。

2. 攀缘富贵的婚姻赌徒

在《传奇》中,除了出身低微自小便挣扎在生存泥沼中的底层女性,更多的是生活在新旧时代更迭中的没落淑女。在动荡不安的年代,她们为了维持生活的需求,不惜以自己为筹码、以婚姻为赌局，将结婚作为攀高枝的跳板。虽身处新的时代潮流中，但脑子里旧思想根深蒂固。接受新式教育也只是为自己披上一层有文化的外衣，缺乏自主自立面对生活的决心与勇气。

《倾城之恋》中的白流苏便是很好的例子。由于丈夫风流成性，而自己娘家家道中落无人撑腰，白流苏在倍感生活艰难后离婚归家。相比起许多女性一生困于一段不幸的婚姻，她勇敢地跳出了破败的环境。但她对于不幸婚姻的反抗，也仅是熄灭了追求爱情的火苗，将目标瞄准了下一段婚姻。由谋爱到谋生，白流苏身上具有一定的女性独立精神，但她的反抗又是不彻底的。因为对男性的依附心理，她抗争的目的也只是由一段婚姻到另一段婚姻。大好的青春年华，却只想着利用自身"最后一些资本，吃一次倒账，去寻求一些新鲜，找寻一些温存"。这种为了寻求经济依靠，将婚姻视为需求交换的行为，令人惋惜。

同样，《心经》中的段绫卿也是将嫁人作为改善生活条件的捷径，沦落成了利益出卖自身的可怜人。与女儿陷入不伦爱恋的许峰仪是否是出于爱情才与她一同逃离，答案不得而知。但窘迫的生活使她无暇顾及太多，她所求也不过是安稳舒适的生活。一个为了远离阴郁、拮据的原生家庭，一个为了逃离为世俗难容的不伦之恋，这场私奔不过是两个利己主义者的不谋而合。正如段绫卿自己所说，"她是人尽可夫的"。为了拥有一份稳定的"长期饭票"，这些女子甘愿牺牲青春与爱情。最终与她们漫长灰暗的人生路相伴的，只有冰冷的金钱与变质的婚姻。

（二）情欲枷锁内的女性

1. 真情难觅的青年女性

在张爱玲的作品中，真情与真爱似乎是稀有物，更多的只是无尽的怅然与悲凉。无论是嫁给家产的曹七巧，还是自甘堕落的葛薇龙，抑或寻求长期饭票的段绫卿，每个人都心怀鬼胎，带着对爱情真真假假的向往，从鲜活迈入僵化。在《传奇》中，张爱玲常以反讽的方式昭示女性困难重重、徒劳无益的爱情，塑造了许多孤寂、真情难觅的青年女性形象。

张爱玲曾说过，一个女人太过镇静，那就欠缺可爱。《封锁》中的吴翠远，就是这样一个平稳到近似寡淡的女子。她相貌普通，打扮也中规中矩。成绩优秀，工作稳定，是家里的好女儿。但因为未能如父母之愿觅得一个金龟婿，渐渐被父母轻视。在《倾城之恋》中，一场战乱成全了白流苏与范柳原，使得这两个步步为营的人在危急的情境下吐露真情，走到了一起，但《封锁》中的吴翠远就没有这样的"好运"了。一场短暂的封锁，一辆封闭的电车，给了吴翠远与吕宗桢一次偶然的邂逅。但他们并不像爱情话本中的才子佳人，满怀真诚与相见恨晚的情愫。相反，在最初见面时吕宗桢并没有看上外表素淡的吴翠远。他忽然靠近搭讪吴翠远只是为了躲避多话的亲戚，但他漫不经心的花言巧语竟在一向安静规矩的吴翠远心中漾起了涟漪。于是，这个生活中循规蹈矩的安静女子，忽然感受到了炽热、快乐。吕宗桢也渐渐对这个近在咫尺的女子产生了超越理智的好感。二人在封锁的车厢内，褪下了平日千篇一律、循规蹈矩的面具，忽然解放了自己，像无数青年男女一样开始了恋爱。

在这个过程中，吕宗桢重拾了对婚姻的热情，而内心贫瘠、空白的吴翠远，忽然感受到了来自异性的关注。她单调的生活，忽然有了色彩。于是，他差一点为了这个一面之缘的女人出轨、背叛家庭，而她也开始设想万不得已给他做妾。但是封锁只是暂时的，待到电车开动，这段短暂的恋爱也在吕宗桢的忽然清醒下宣告结束。相比吕宗桢的迅速回归状态，吴翠远在这段邂逅中显得有些左支右绌，深陷其中。或许对她而言，这段封锁电车内的神秘邂逅，是一场不可多得的真实心动。但镜花水月终究是一场空，电车上吕宗桢给她的这段短暂的梦还是会在现实的铃声中醒来。她终究还是逃不过现实，逃不过婚姻，逃不过父母为她安排规划好的人生。她只是一个短暂挣扎过的失败的突围者。

2. 插翅难飞的笼中之鸟

在大部分文学作品中，母亲一向是温柔、慈爱、善良与无私的。但在张爱玲的小说中，母亲的形象多与自私贪婪挂钩。"张爱玲的小说颠覆了传统的母爱神话"，在她的笔下，母亲的形象不再单一扁平。在其作品中，常见的母亲角色大致分为两类，一类对于金钱与感情都保持着强势的统治与控制。另一类则谨小慎微，始终处于弱势与被支配地位，在以男权为中心的环境中，仿佛可有可无的配角。二者虽然地位大不相同，但在婚姻与爱情的世界中，无一幸免困于婚姻的牢笼。她们是婚姻的受害者，同时也是子女婚姻的加害者。

《金锁记》中的主角曹七巧便是这第一类残酷的母亲。麻油店出身的她，为了钱财嫁入姜家，做了身有残疾的二少爷之妻。她也曾美丽青春过，明眸善睐，引得不少男子为她倾倒。但为了荣华富贵，宁愿嫁给一个常年卧床的软骨病人。自此，一段没有感情的婚姻开始了，同时七巧作为少女追求爱情的门也被关闭。锦衣玉食的外衣下，是被轻视的黑暗内里。她低微的出身，不光姜家人嗤之以鼻，就连伺候人的丫头也敢在背地里对她指指点点。长期处在没有尊严、没有爱情的生活中，她逐渐变成一个势利、爱搬弄是非的狠毒妇人。浪子三少爷点燃了曹七巧对于爱情的渴求，但碍于伦理，也只敢止步于对曹七巧言语上的轻薄。曹七巧对爱情的追求得不到满足，只能在压抑、屈辱中，以青春与婚姻作为牺牲品，熬到丈夫去世，从而瓜分姜家的家产。她为了金钱牺牲了一生的幸福，因此在掌握了经济权后，愈发刻薄吝啬，从前所忍受的种种，她都原封不动地施加于周围人身上——带着儿子抽大烟，调笑引诱儿子分享与妻子之间的私密生活，从而达到在大庭广众之下折辱儿媳的目的。最终，儿媳被折磨致死，儿子也变成了沉迷抽大烟逛窑子的废人。对女儿长安，她更是将妒忌与报复发挥到了极致。强行给长安裹脚，在长安的学校闹事让长安抬不起头来，只能退学。当女儿有了适婚对象时，她多次挖苦讽刺，最终断送了女儿的姻缘。她用青春换来黄金的枷锁，将自己困于其中，同时也折磨葬送了孩子们的一生。

《沉香屑·第二炉香》中的蜜秋儿太太，则是第二种母亲的代表。她外表柔弱，早年守寡后便独自抚养三个女儿长大。蜜秋儿太太不光掌控着女儿的经济权，同时也对女儿的社交严格把控，就连看的报纸都要由她审核挑选。在这样的背景下，直到结婚，两个成年的女孩都不知道正常的生理常识。她表面上像是女儿的避难所，在女儿陷入婚姻困境后慷慨包容，重新接纳她们回到家庭的怀抱。但实际上，她对女儿们过强的控制欲，正是这些女孩爱情遭遇不幸的主要原因。作为三个孩子的母亲，她将女儿培养成一点正常性教育都没接受过的"纯洁的孩子"，在她们结婚后与丈夫发生误解时，也守口如瓶，继续做"沉默温柔"的母亲，以此达到让女儿都回到自己身边的目的。

这两位母亲虽然性格迥然：一个强势凶悍，一个温和内敛，但二者对于子女变态的占有欲如出一辙。她们自身对于爱情的渴望得不到满足，便将子女也一并封锁起来，亲手导演了下一辈的苦难人生，令人不寒而栗。

（三）命运捉弄下的女性

1. 沉默无助的卑微女性

张爱玲笔下的人物，大多生活在20世纪三四十年代的上海、香港。在那一特殊时期，社会是动荡混沌的。张爱玲曾说："这时代，旧的东西在崩塌，新的在滋长中。人是生活于一个时代里的，可是这时代却在影子似的沉没下去，人觉得自己是被抛弃了。"新事物的涌入与旧思想的冲突，使得身在其中的人们承受着巨大的冲击，不论是大人物还是小市民，都逃不开在夹缝中求生存的窘境。在这样的背景下，张爱玲笔下的女性形象，大多是非常复杂立体的。她们身上有着时代变迁冲刷下的新特征，但千百年来传统思想文化的烙印亦难以抹去。命运像一双无形的大手，不断搅动稀薄的空气，挤压蹂躏着这些处于艰难夹缝中的平凡女性。

在前文中，笔者总结过张爱玲小说中的一些典型母亲形象，她们大都在男权世界中被边缘化，慢慢走向了自私黑暗的疯狂与畸变。但同时也有一些母亲，生性温和沉默，在命运的闹剧中卑微平凡，但又有着传统女性的坚韧力量。

发表于1943年7月的短篇小说《心经》，描述了一个具有"厄勒克特拉情结"的女孩复杂暧昧、痛苦纠结的故事。在这篇小说中，许太太所占篇幅与笔墨并不多。张爱玲对她，正如其在婚姻中所占的地位一样，没有什么生动具象的描写，甚至连她的名姓，读者都不得而知。许太太就像这个家庭中不可或缺同时也籍籍无名的一个构件，连称谓也只是依附于丈夫许峰仪，被给予一个"许太太"的头衔。从始至终，这位许太太都没有太多的话语与存在感，即使她明知这个家庭并不像表面那样和谐。觉察到丈夫出轨、女儿与丈夫之间可能存在别样的情感，甚至女儿把自己当作假想敌，对自己持有敌对的态度，她都以家庭的完整为重，默默隐忍。她与丈夫许峰仪间，似乎并没有太多的爱情，或者说，在多年沉闷死寂的婚姻生活中，那为数不多的爱意，在丈夫的倦怠与女儿的离间下，逐渐消逝了。

许太太在婚姻中，是无助卑微的，因为"她是一位传统的女性，一位在传统的遵从男性话语权环境下成长起来的女性形象"。相夫教子的思维约束着她，使她自觉成为这个家庭的黏合剂，她一直选择以背离本心的方式维护着岌岌可危的婚姻。同时母亲的身份，也让她对于女儿的背叛选择了谅解与宽容。最终，在丈夫和情人私奔出走后，这个在这段变故中受伤害最深的人，对女儿做出了坚定而又温情的许诺。

2. 抗争命运的独立女性

张爱玲曾将生命比作一袭华美的爬满了虱子的袍子，她笔下的现代都市女性，情感生活大都具有曲折、悲剧的特点。她从女性的视角进行创作，塑造了许多具有独特个性的女性形象。张爱玲的作品中政治色彩很淡，正如她所言"我没有写历史的志愿，也没有资格评论史家应持何种态度，可是私下里总希望他们多说点不相干的话。"与同时期其他的女性作家相比，张爱玲似乎对爱情与悲剧更关注，也更有自己独特的见解。她笔下的女性，或在婚姻中步步为营充满算计，或被禁锢于婚姻的牢笼无力反抗苦苦挣扎。但也有一些女性，被张爱玲"偏爱"，被赋予了女性意识的萌芽。虽身处强大的男权话语下，命运卑微渺小，但已经初步具备了反抗意识与反抗精神。长篇小说《十八春》，便是其中的代表。

《十八春》的故事，在正处于两个时代更迭中的上海展开。围绕沈世钧与顾曼桢两个年轻人的爱情，穿插入顾曼璐、祝鸿才、张慕瑾、石翠芝、许叔惠等人剪不断理还乱的爱情纠葛。展示了在新旧交替时期人性的发展历程，以及女性渴望逃离封建家庭的思想。

文中最具有反抗精神的当属顾曼桢，她家境并不富裕，父亲去世后姐姐为承担起一个大家庭的开支，牺牲自己的尊严与肉体，做了舞女。曼桢珍惜学习的机会，学成毕业后出去工作，从而结识了沈世钧与许叔惠。为了减轻姐姐的负担，她同时做几份工作来补贴家用。她与沈世钧的爱情，一反张爱玲往常小说中充斥着的畸形与物欲色调，平淡温馨。他们二人因缘相遇、相知、相恋，虽然没有什么轰轰烈烈与山盟海誓，但这样平凡的爱情，不带任何功利色彩，令人动容。可是天不遂人愿，曼桢的姐姐在婚姻的重压下逐渐走向了畸形与扭曲，她自己不能生育，便不惜以折磨迫害妹妹，来达到巩固自己与祝鸿才岌岌可危婚姻的目的。但这样抱薪救火的举动，最终也没能留住风流浪子祝鸿才。或许就如《红玫瑰与白玫瑰》中所说，得到了白玫瑰，久而久之也只成了白饭粒。曼桢被姐姐设计陷害，遭到人面兽心的祝鸿才的玷污，但她并没有放弃，最终竭尽全力逃脱出来，这种逃离中蕴含着她对自由爱情的向往与希望。但令人唏嘘的是，在这一过程中，沈世钧因为误解黯然离去，最终回到了南京，娶了爱慕许叔惠的石翠芝。而曼桢也因为舍不下年幼的孩子，屈辱地嫁给了导致自己爱情悲剧的罪魁祸首祝鸿才。真心相恋的两个年轻人，就这样被分开。

在张爱玲的爱情观里，人生在世没有一段感情不是千疮百孔的。《十八春》中的曼桢与世钧也未能幸免，但不同于白流苏、曹七巧等女子在爱情的幻想破灭后逐渐走向沉沦。顾曼桢理智坚强，在经历了那么多磨难后仍然独立真挚，保持了对生活的善意与热情。故事的最后，这群年轻人聚集到了东北，为国家建设贡献了自己的一分力量，让读者眼前一亮，这是张爱玲"苍凉美学"中的一个具有光明尾巴的小幸运。

二、女性悲剧命运产生的原因

通过对张爱玲《传奇》中的女性形象进行分类分析，我们可以看出在张爱玲的文学世界里，女性尽管各自有着不同的身世与性格，但无一例外都为了谋爱、谋生存受尽苦楚，最终一步步走向了没有光的存在。世俗的宿命如同沉重的枷锁，任她们如何哭喊挣扎，都难以打碎，没有方向、没有出路。那么，造成这些女性悲剧命运的原因到底是什么呢？

（一）作家自身经历与爱情观的影响

1. 张爱玲的成长经历

一千个读者有一千个哈姆雷特，但哈姆雷特的创造者只有一个。张爱玲笔下人物形象的塑造，与其自身的经历有着千丝万缕的联系。她出身显赫但又家道中落，这样兼备贵族遗少气息与现代文明思想的特殊土壤孕育了不平凡的张爱玲。她见证了太多封建大家族中荒唐腐朽的内里，同时也切身感受着现代文明、思想对人的冲击。父亲的冷漠古板、母亲的自私冷酷，无一不对张爱玲的性格产生了重要影响。即便她年少成名，但仍然如浮萍一般颠沛流离。因为父母关爱的缺失，她的性格是孤傲冷清、纤细敏感的。这样的性格反映在写作中，便为其作品渲染了一个悲凉的底色。她笔下那些女子在生活、爱情中的痛苦迷茫，也蕴含着作家个人真实的思想情感。她毫不避讳地将女性身上不完美的意志、不完美的品格，以及她们所做出的不完美的反抗都向世人展露出来。她不屑于作出呼吁、作出评判。只是用冷漠的眼光与尖锐的笔法写下一系列充满血泪甚至是有些阴暗的故事。

2. 张爱玲的爱情观

张爱玲的作品细腻尖刻，以独到的视角、深沉的人文情感描绘与勾勒出人物千姿百态的爱情经历。在她的作品中，以人为载体的人性占据了重要地位。她对人性的审视，无疑是冷酷毒辣的。张爱玲的作品中很少有大爱无私的高尚形象，多的是在苦难中挣扎的贪婪、冷漠、自私的"小人"。但这种对人性的悲观，并不意味着她对于拥有卑劣人性的人都持否定态度。相反，她对于那些有缺陷、不完美、不高尚的人物的描写，带有"怒其不争，哀其不幸"的凄凉与叹息。这种独特的气韵，笔者认为与其曲折艰辛的爱情经历有一定程度的关联。

张爱玲公开的两段恋情中，她与"汉奸文人"胡兰成的乱世恋情最令人叹息。胡兰成的《今生今世》中有记载，在他与张爱玲交往初期，张爱玲曾对其"因为相知，所以懂得"的寄语，给出了"因为懂得，所以慈悲"的回应。才女张爱玲，像一株孤高的空谷幽兰，聪慧的她对世人的缺陷早就洞若观火。过度的理性往往导致离群索居，所以张爱玲是孤独的。但她在情窦初开时遇到了那个知她懂她的胡兰成，所以对于这个人她毫无保留地倾注了所有的热情与真心。张爱玲陷入对胡兰成的爱意泥沼中，将自己的爱无限地输送给了胡兰成。但风流才子招蜂引蝶已成习惯，两人的一纸婚约终究敌不过三番两次的出轨背叛。她并非沉湎旧事优柔寡断之人，在经历过真诚的付出与深刻的伤害后，张爱玲以一封决绝的分手信与附赠的30万元，斩断了这场纠缠痛苦的乱世情缘。

"既然没有爱不如就此放弃，绝不回头"，张爱玲与胡兰成的爱情美好却短暂。现实生活和美好理想相交，这种相悖给了在爱情中苦苦挣扎的她，关于创作的新感悟——她知道人性大多时候并不是美好的，因为就她自己而言，也具有"小市民"的市侩、冷漠、自私的缺陷。但她对于爱情、对于人性只是看透但并不失望、厌弃。她明白人性经不起考验，也经不起磨难。胡兰成在和平时期也能像翩翩公子对她浓情蜜意，但一面对逮捕成为汉奸导致两人分别的情境，自身薄情、始乱终弃的缺陷便暴露无遗。在这种观念的驱动下，张爱玲笔下的角色多少都有些在爱情与环境中异化的倾向。为挽留丈夫牺牲妹妹的顾曼璐，罔顾亲情牺牲侄女的梁太太，折磨拆散儿女婚姻的曹七巧等，她们曾经也是单纯平凡的普通女性，但凡生存的环境正常平和一些，她们也可以像许多普通家庭的女孩一样，拥有朴素庸碌却具有温情的生活。可是，在环境的折磨考验下，她们逐渐走向堕落，甚至无意中成为其他人悲剧命运的加害者。张爱玲这种凉薄与绝望的认知中，蕴藏着对人性、对爱情积极深刻的理解，这种看透后的仍然保留的"慈悲"，归根究底，还是这位孤独且自由的才女对自己、对他人、对社会的"懂得"。

（二）封建思想观念的影响

1. 封建思想对女性的禁锢

在中国传统文化中，女性是一个神秘而暗含悲剧性的群体。自社会由母系氏族社会发展到父系氏族社会，女性的地位由支配转为了被支配。男子借助其体力的优势，逐渐在生产劳动中成为主力，并在社会政治、经济、文化体系中占据了绝对的优势地位，建立起一套以男性为中心的话语体系。女性的生存空间与话语权逐步被压缩，最终被迫退居二线，被禁锢于相夫教子的狭窄领域。

从中国古代起，封建思想就如同一把把沉重的枷锁，套住了千千万万的女性。无助与被动是女性命运的基调，加之封建礼教对女子的束缚与规范，女性的思想与行动权都不再属于女性自己，而是要受到男性与社会的审视与限制。封建思想对女性是极其残忍与不平等的，男性可以三妻四妾、女性却只能三从四德。因而女性的人生是凄苦被动的，面对悲惨的人生与命运只能接受却无力左右。这种被动与身不由己，在张爱玲的作品中比比皆是。

如《创世纪》中的紫薇，颠沛流离之下生身父亲关心的也只是自己的名声。把女儿的贞洁与自己的面子看得比孩子的生命还重，这种"饿死事小，失节事大"的观点，反映了女性从精神到肉体的被掌控局面。在这种思想的统治下，一个不屈从于男性权威的"叛逆"女性，是得不到社会的包容与接纳的，女性仿佛已经不是一个独立的个体，而是成为男权社会的附庸。虽然历史发展到张爱玲所处的半殖民地半封建社会阶段，资本主义文化已对传统封建思想产生了一定的冲击，但千百年来，男尊女卑的思想根深蒂固，不是短时间内就可以改变的。封建思想统治下的社会风气与社会习俗，为女性的命运蒙上了一层阴霾。

2. 膨胀物欲对女性的冲击

张爱玲小说的创作背景定位在 20 世纪二三十年代的中国，在那个新旧交替的时期，很多女性自身的平等意识还未觉醒，她们在承担着来自外部男权压力的同时，内心逐渐臣服，自我贬低与自我怀疑时刻煎熬着她们。在男权社会中，女性是所谓边缘公民，是所谓少数人集团，少数人集团是就其社会地位而言的。女性在阴森的社会环境中，像没有人格尊严与自主权利的附属品，她们被打入社会的最底层。人格无法独立，社会价值也得不到实现，因而在经济上也只能受制于男性。这种无法得到认同、卑微的处境，导致了女性安全感的严重缺失。

因此，在张爱玲的笔下，缔结婚姻的前提与原动力也不再是爱情，而是更为实际的财富与地位。女性安全感的缺失需要来自金钱的慰藉，虚荣心也需要大量金钱来满足。为了更为优渥舒适的生活环境，女性对金钱萌生了偏执、狂热的渴望。例如《沉香屑·第一炉香》中的葛薇龙，对读书求学的向往，终究是败给了纸醉金迷的奢靡生活。年轻的葛薇龙像是一朵带着朝露的蔷薇，为了栖身上流社会的沃土，狠心放弃了理想与爱情，拔去一身骄傲的茎刺，成为姑母梁太太富丽堂皇花园中的一朵。最终沦为丈夫与姑妈捞钱、吸引男性的"头牌"。自身经济上的匮乏与声色犬马生活所需的矛盾，成为葛薇龙出卖自己的诱因。在面对爱情与物质的权衡时，像葛薇龙一样的女性数不胜数，这种日益膨胀的对金钱的渴望、对物欲的贪求，造成了更为深重的女性悲剧。

（三）女性自身的缺陷与心理异化

1. 女性意识的缺失

"女性并不是生就的，而宁可说是逐渐形成的"。波伏娃一针见血地指出了女性边缘化地位的原因是多方面的，女性被贬至社会的底层，除了男权的压制，与其自身意识的沉沦也有很大关系。女性长期身处被支配、被主导的处境中，对自身的生活与命运丧失了主导的权力。这种外力的约束与控制，长此以往便会内化至女性的内心，使她们也逐渐认同了这种统治。

在以男性话语为中心的社会文化中，她们生来就只能在家宅中围着孩子与锅碗瓢盆忙碌，在其他的社会领域根本发挥不了什么实质性的作用。同时面对享有更多自主权力、处于统治地位的男性群体，女性就应该保持服从与尊崇。在这样的背景下，女性很容易就逐渐盲从于社会的主流思想，失去对自身价值的肯定。为了取悦讨好处于优势地位的男性，女性不自觉地开始以男性对女性的观点来要求自我，独立的人格被女性放弃，自尊自爱的品格更无从说起。《红玫瑰与白玫瑰》中的孟烟鹂，尽管受过高等教育，仍然逃不开盲从依附男性、轻视自我的怪圈。丈夫对她的冷落与不闻不问，也打击不了孟烟鹂对这段没有爱的婚姻的热情。她在苦闷的生活中逆来顺受、尽力保持住身为妻子的端庄大气，并以此为傲。毕竟在她嫁鸡随鸡、嫁狗随狗的传统爱情观下，对丈夫的臣服和对自我的压抑，是她的使命与责任。同样的，《连环套》中的霓喜在谋求婚姻的路上屡屡碰壁，但这并没有唤醒她自强自立的决心，相反的，她对借助男性谋求优渥生活的信念更加强烈。霓喜用尽心机使尽手段，却还是一次次陷入被利用过后就被抛弃的恶性循环。这种自私、卑微、不自爱，成了她们悲剧命运的催化剂。

2. 女性心理的异化

在强大的男权压制下，女性的生存空间狭小而污浊。她们得不到尊重与爱护，在失去自我的过程中痛苦。同时这种痛苦也逐渐侵蚀了她们，让她们失去了同情与善良的品质，变得日益麻木与冷酷。并且，这些女性一旦有机会获得权力，男性惯用的欺凌、排挤便会成为她们伤害弱势女性的利器。她们自身处于被压迫、被统治的黑暗之下，却又在对逆境的忍耐与屈服中，逐步扭曲自我成为男权的代言人。俗言道：女人何苦为难女人，但正是这些经历过折磨的女性，她们不放过自己更不放过别的女性。自身受过的苦难像刀锋般刺入她们的内心，使她们在无意中也逐渐变得尖刻、冷酷，对其他女性相似的痛苦选择视而不见，更有甚者直接或间接推动了其他女性命运悲剧的发生。

《金锁记》中的曹七巧，用青春换得嫁入富贵人家的机会。年轻时在府中受尽冷眼与排挤的她，非但没有对同处弱势的女性有任何的同情心，反而利用自身的钱财与权力，恣意破坏儿女的婚姻。她逼得儿媳含恨离世，女儿也逐渐被她折磨成另一个麻木刻薄的"曹七巧"。《十八春》中的顾曼璐，为了支撑一个家庭的生计迈入风尘，对亲人的奉献令人唏嘘。但在生活得到改善后反而变成了一个冷血无情的"坏人"，为了维护岌岌可危的婚姻，狠心牺牲妹妹的姻缘，亲手把妹妹送入禽兽丈夫口中。

曹七巧与顾曼璐，哪一个不曾是对爱情充满向往的纯真善良女性。但在被压迫、折磨的过程中，她们的心理都发生了异化。曾经的弱势给予她们的，并不是对他人、对世界的慈悲与怜悯，而是对这种无能为力处境的愤恨以及对周围人的嫉妒与憎恶。过往种种，她们都变本加厉施加在了比自己更弱势的女性身上。最终，她们不是成了独立、自尊的女性，而是效仿了曾经压迫、统治她们的男性，转而变成了他人的苦难制造者。这种角色的转换，也是导致女性悲剧命运循环往复的一个重要原因。

三、张爱玲小说中悲剧女性形象的意义

张爱玲以女性视角审视社会与人生，塑造了一大批有血有肉、形象鲜明的女性形象。这些人物的身世、性格、经历各有其不同的特点，但同时也有着相同之处，那便是她们最后都没能彻底走出时代的禁锢，都还是沦为了男权社会的牺牲品与附属品。在生活这场没有硝烟的厮杀中，纷纷败下阵来，自我、尊严与青春，都渐渐被消磨殆尽。这些扭曲、病态、不完美的女性，用自己的经历将那个时代中女性真实的生存状态无情披露了出来。张爱玲用自己的文字，让读者对封建思想、男权统治有了更为直观深刻的了解，具有深远的文化与现实意义。

（一）文化意义

张爱玲笔下的女性，不同于往常其他作家笔下那般温柔、善良、柔弱，相反的，她们像在暗处生长的附生植物，对一切有利的阳光雨露条件贪婪、自私、占有欲十足。她们的生存空间是逼仄的，只能依附于男性这棵大树才得以向上攀缘。她们在攀缘中与同类残忍厮杀，争夺生存的空间。在张爱玲的书写下，女性为了谋生、谋爱而不择手段，人性中美好温情、善良的一面，都渐渐在污浊环境中被腐蚀弱化。这样毫不留情的揭露中，蕴含着作者的文化批判思想。

女性自私、畸形的心理让人不寒而栗，但造成这些女性同化、畸变的封建思想更是罪孽深重。除却女性自身性格、意志的缺陷，她们的悲剧命运，更多的是来源于占据了话语中心的男性的迫害。张爱玲通过鞭辟入里的剖析，真实再现了女性艰难、卑微的处境，同时对无情冷血的男权文化进行了批判。

荒凉的乱世与曲折的童年成就了张爱玲的文学创作，出身没落贵族的她遍尝人间冷暖。她的作品糅合自己的经历与所见所闻，笔下尽是人性的假恶丑，打破了人们对那个新旧交替时代的幻想与美化。男性在她的笔下大多是始乱终弃、自私残酷的压迫者与统治者。但是，她在严苛批判的同时，也细腻包容地对那些人性扭曲的女性抱以同情与关怀，使读者不禁思考：造成这些女性逐渐麻木、冷酷的，究竟是女性本身，还是这个光怪陆离、充满恶意与压迫的大环境。

（二）现实意义

鲁迅先生评论《玩偶之家》时说道："娜拉出走后只有两条路，堕落或回来"。张爱玲笔下的女性也是如此，偶尔有一两个鼓起勇气与命运抗争的，也不过是螳臂当车，惨淡落幕。她描绘了沉浮欲海的众生百态，真实地还原与呈现了那个时代女性的穷途末路。但却

未能在揭露过后为这些心酸、迷茫的女性指出一条实际的前行道路。确实，在那样的背景之下，能摆脱自身的局限，清醒认识到女性生存的困境并揭露，已经是超越时代的表现。这些直观的呈现对警醒世人、呼吁迷茫中的女性自我意识觉醒具有珍贵的现实意义。

透过那些失意困窘女性的经历，可以看出，只有通过内外两个方面的共同作用，女性才能彻底摆脱生存的困境。一方面，是社会大环境的改变，只有社会中以男性话语为中心的封建思想得以瓦解，社会价值观向着健康向上的方向发展，在这一环境中被压迫、统治的女性才有机会扬眉吐气。只有女性和男性一样享有了自由平等的权利，女性才能够"活起来"，不再是任人摆布、苦苦挣扎的边缘群体，女性的创造力与价值才能更好地得以彰显。另一方面，则是女性需要摆正自己的心态，认识到经济独立、个性解放的重要性。女性与男性社会地位上的不平等，造成了经济的失衡，女性为了获得安身立命的经济支撑，只能向男性投诚，通过牺牲自己换取物质保障。但婚姻与男性的不稳定性，注定使女性通过婚姻谋取经济支撑的梦想摇摇欲坠。女性要获得真正的平等与独立，必须将自己的思想，从过去三从四德、相夫教子的狭窄路径中解放出来，应当具有更高的理想追求，不能自甘堕落做男权的附庸。

笔者认为，实现这两方面的改变，离不开教育的支撑作用。善读可以医愚，只有通过开明、平等、完善的教育，使得女性提升自我的认知能力、生存能力，女性才能摆脱"第二性"的尴尬地位。整个社会中封建思想的残毒被先进教育涤荡干净，来自男性的阻力与恶意才能减少。当女性认清自我价值、不再为过往的奴性教育所束缚，女性才能真正独立起来。女性生存的困境，才能逐步被摆脱。

结束语

20世纪二三十年代的中国，女性在封建思想与资本主义的双重冲击下艰难探索，每一步都险象环生。不同于人们对传统女性柔和美的理想认知，张爱玲执笔为剑，冷酷揭穿男权压制下女性的真实面貌。她从女性的视角审视女性，在深切体会女性真实情感与困境的基础上，引导人们在看清她们悲剧命运的同时，思考造成这些悲剧的根源。在张爱玲笔下那个看不到光、看不清前路的世界里，女性为了自我保全，不得不变成男权的附庸、甚至沦为残害、挤压、虐待同性的帮凶。

"悲剧就是把人生的有价值的东西毁灭给人看"，我们透过这些现实的丑恶与理想中的美好的对比，进一步体味张爱玲对于人性的思考与感悟。张爱玲书写的女性的悲剧，是那个特定时代下女性的艰辛境况，但也是今天女性应当加以警戒与思考的。在畸形病态的社会中，女性的扭曲不光是源于自我意识的薄弱，更是对那个社会大环境的屈服。女性要真正成为一个有价值、有尊严、独立的人，不仅需要女性自身的觉醒与反抗，还需要社会提供公平、善意的生存环境。张爱玲的小说，带给读者的不仅是女性文化的内涵，还具有文化批判的意蕴。

参考文献

［1］沈丽莎. 张爱玲作品中女性病态现象研究［D］. 湖南师范大学，2012.

［2］张爱玲. 倾城之恋［M］. 北京：北京十月文艺出版社，2012.

［3］李炎超. 凄清苍凉的人生——析张爱玲小说中的女性形象［J］. 白城师范学院学报，2017，31（09）：45.

［4］张爱玲. 流言——自己的文章［M］. 广州：花城出版社，1997.

［5］贾子璇. 精神分析学视角下《心经》中的女性形象［J］. 文学教育（下），2019（01）：121-122.

［6］张爱玲. 流言私语［M］. 南京：江苏文艺出版社，2005.

［7］刘畅. 浅析张爱玲的爱情观［J］. 文教资料，2009（12）：47-49.

［8］［法］西蒙娜·德·波伏娃. 第二性［M］. 上海：上海译文出版社，2011.

［9］鲁迅. 鲁迅全集第一卷［M］. 北京：人民文学出版社，2005.

（指导教师：卢顽梅）

导师点评

张悦毕业论文《张爱玲小说中的女性形象分析》选题有意义，文献材料收集翔实，阅读充分。论文结构设计合理，逻辑层次非常清晰，观点明确，论述充分，语言表达流畅，论文格式符合规范。能够看出，她为撰写该论文下了不少功夫，对张爱玲作品比较熟悉，她的论文不仅论及读者耳熟能详的张爱玲小说，如《金锁记》《倾城之恋》《红玫瑰与白玫瑰》《沉香屑·第一炉香》等，亦论及张爱玲小说《心经》《封锁》《沉香屑：第二炉香》《创世纪》《连环套》《十八春》等。论文第一部分分类论述张爱玲小说中的女性形象，第二部分探究张爱玲小说中女性悲剧命运产生的原因，第三部分则进而指出张爱玲小说中悲剧女性形象的意义。张悦能够准确地把握张爱玲小说的思想精髓，文本分析细致、准确，能够提出自己的观点与看法，言之成理。

导师简介

卢顽梅，博士，副教授，硕士研究生导师，研究方向为中国现当代文学与当代藏族文学。

先秦诗歌在中学语文中的德育价值
——以《诗经》《离骚》为例

谭雪梅　汉语言文学（师范）2017级

摘　要：追溯中国文学的源头，不少学者认为先秦文学是中国文学的滥觞。《诗经》《离骚》是先秦文学中两颗璀璨的明珠，在整个中国文学史上占有极其重要的地位。《诗经》《离骚》展现了中国语言文字的神奇与魅力，是中华民族应当继承和发扬的优秀传统文化，当中的许多思想也与我们社会主义思想道德一脉相承，具有丰厚的德育价值。因此，本文主要浅谈先秦诗歌在中学语文当中的德育价值，以最具先秦诗歌代表性的《诗经》《离骚》为例。运用文献研究法、调查分析法、系统方法等研究方法，通过研究发现诗歌与中学德育教育关系密切。《诗经》《离骚》在中学语文当中的运用虽然有成功之处，但依然存在一些问题，比较突出的是教师在课堂上对作品产生的时代背景介绍不够充分、学生课堂积极性不高、课堂参与度低，《诗经》《离骚》在德育教学中面临四大困境：德育价值发掘少、德育教育力度弱、教学方式单一、教学观念陈旧。文章认为，提升教师专业素养、积极发掘和把握德育价值、运用多种教学渗透法、课外拓展法、积极转向创新型教学观念，能改善当前《诗经》《离骚》的德育困境，促进其在中学语文中良性发展。

关键词：《诗经》；《离骚》；中学语文；德育价值

绪论

（一）选题依据

长期以来，学校作为德育教育的主阵地，常常是重"智"轻"德"，因此学生的德育教育任重而道远。作为未来的教育工作者，我们更应该秉承立德树人的原则，培养德才兼备的栋梁。所幸的是，当今教育正在由应试教育向素质教育转变，坚持以学生为主体，促进学生德、智、体、美、劳全面发展。在这一教育大环境下，德育的重要性也更加显著。在源远流长、博大精深的中华文明当中,早在原始社会就产生了德育,那时德育的价值主要是一种生活教育,维系着人们的生产与生存,维系民族文化的发展,并且起到安定人心的作用。到了夏商西周时期,德育的主要作用是稳定社会、约束人们的言行、协调人与人之间的关系。春秋战国时期的德育主要是对夏商周时期德育的继承和发展,并且这一时期的德育思想对后世影响深远,延续至今。在推行现代化教育的今天,我们要发展现代德育,就必须对中国古代的德育有所研究。孔子在《论语·阳货》中说:"《诗》,可以兴,可以观,可以群,可以怨。迩之事父,远之事君。"《离骚》是爱国主义诗人屈原的自白书,文学成就极高,与《诗经》并称"诗骚"。这两部作品丰富地展现了其所处时代的德育思想,具有重要的德育价值。在中学语文教学过程中,我们应当不断挖掘它们的德育价值。

(二)研究背景和现状

1. 研究背景

《普通高中语文课程标准》(2017年版)(以下简称"《课程标准》")一再强调要在学科课程当中落实立德树人,发展素质教育的育人价值,党的十九大更是明确要求,"落实立德树人""培养德智体美劳全面发展的社会主义建设者和接班人"[1]。《课程标准》在"学习任务群8"当中明确提出"中华传统文化经典研习",以增强文化自信、民族自信。

随着中国特色社会主义步入新时代,踏上新征程,在培养和发展新德育的同时我们必须对传统德育有所继承和发展,"取其精华,去其糟粕"。《诗经》《离骚》是我国古代最负盛名的两部文学作品,在历朝历代的文人当中备受推崇,影响了千千万万的文人雅客。它们所蕴含的德育价值也随着朝代更迭而发展变化。因此,挖掘和发展《诗经》《离骚》在中学语文当中的德育价值是十分有必要的。

2. 研究现状

我国中学德育教育主要有爱国主义教育、集体主义教育、马克思主义常识和社会主义教育、理想和道德教育、劳动和社会实践教育和个人品德教育。

中国自古重视德育教育,但近几十年来随着经济迅猛发展,德育教育也存在许多问题。冯运红在《〈诗经〉中隐藏的德育思想及当代意义》中就指出现阶段中国面临的德育问题:第一,德育教育中道德底线"破碎化"趋势显现。第二,"自身"教育缺失。第三,德育教育缺少体系化的文化传承。第四,德育教育缺少"第三种驱动力因素"[2]。

焦传凤在《中学德育存在的问题及对策研究》一文中详细分析了中学德育的现状——在德育教材、德育队伍、德育手段、德育的教学模式以及评估标准方面有所进步。然而,

---

[1] 普通高中语文课程标准(2017年版)·前言[S].北京:人民教育出版社,2018:1.
[2] 冯运红.《诗经》中隐藏的德育思想及当代意义[J].长沙大学学报,2019(03).

当前德育依然面临许多问题，例如学校安排的德育课程效果并不显著，德育工作难以落实，德育活动形式呆板缺乏新意。此外，学生自身也存在诸如功利化的价值取向、淡化的价值观念、脆弱的心理承受力以及部分学生缺乏文明行为等问题。①

贺优琳在《中学德育的新探索》中谈到，应该注重文科类课程的德育功能，通过调动学生的思想情感来提高学科教学的格调。他认为，"一门好的文科课程不应该停留在认'字'辨'词'上面，而应该使学生感受到课程当中内隐的思想，激发学生的情感。"②

《语文：教文育人的沃土》一书清晰指出在语文教学过程中的德育目标："激发和培养学生热爱祖国语言文字、热爱中华民族传统文化，培养社会主义思想道德和爱国主义精神。"③

王进选也在谈到利用诗歌进行德育渗透时提及，诗歌是凝练的、优美的、富有强烈情感的，它通过一定意象创造出深邃的意境，让同学们在欣赏诗歌的同时，情感受到熏陶，情操得到陶冶，灵魂也得到净化，如此一来在诗歌教学的过程当中渗透德育是水到渠成的事。④

综上所述，对诗歌中所蕴含的德育价值的研究（以《诗经》《离骚》为例）可以挖掘其德育价值，并根据当前语文课堂出现的不足，提出应对举措，提高教师研读教材的能力与渗透德育的技巧，从而促进学科德育的发展与进步。

（三）研究的目的及意义

1. 研究目的

《中小学德育工作指南》明确指出学校要以"课程育人"，也就是说要将德育工作落实到具体的课程当中，渗透到各个学科，任何一门学科的教学目标都应该有德育的因素，任何一个老师都有在课堂中进行德育的责任。研究《诗经》《离骚》所蕴含的德育价值的最终目的还是在于服务中学语文教师，帮助他们发掘相关诗歌所蕴含的德育思想。

2. 研究意义

首先，在我国对利用诗歌来渗透德育教育的研究并不多见，研究《诗经》《离骚》在语文教育中的德育价值的更是少之又少。研究先秦诗歌在中学语文中的德育价值，厘清诗歌与中学德育的关系，找出《诗经》《离骚》在中学德育教学中的困境并提出切实可行的措施，不仅可以丰富相关研究，还能为一线语文教师提供参考。

---

① 焦传凤. 中学德育存在的问题及对策研究 [D]. 吉林农业大学，2016.
② 贺优琳. 中学德育的新探索 [M]. 上海：华东师范大学出版社，2004：72.
③ 于漪. 语文：教文育人的沃土 [M]. 上海：上海教育出版社，2017：34.
④ 王进选. 在美的享受中让精神升华——浅谈如何利用诗歌鉴赏进行德育渗透 [J]. 甘肃教育（语文教学），2006 (23).

其次，以传统文化（诗歌）为载体挖掘其丰富的德育内涵，并将其与中学语文课堂相结合，利用多样的诗歌教学方式，既有利于诗歌在新时代的继承和发展，又有利于让语文课堂活起来。在诗歌教学中，学生掌握基本的字、词、意象、意境、情感是低层次要求，通过学习这些诗歌达到陶冶情操、净化心灵、升华情感、树立正确三观（世界观、人生观、价值观）则是语文课的高层次要求也是语文课程的应有之义。

（四）研究方法

1. 文献研究法

广泛搜集与《诗经》《离骚》的德育价值、《诗经》《离骚》在中学语文中的选篇、诗歌教学以及中学德育相关的文献，并认真研读。如《中学德育存在的问题及对策研究》（焦传凤）、《〈诗经〉德育思想及其当代启示》（吴娇健）、《论〈诗经〉对我国传统德育发展的影响》（张大民）、《〈离骚〉与高中语文学科教学中的无痕德育》（闫达尉）、《新课改背景下高中古典诗歌教学策略研究》（秦丽）、《德育功能论》（王仕民）、《中国教育改革40年学校德育》（冯建军）。充分利用期刊网以及各数据库的资源，如CNKI、《中国人民大学复印报刊资料》、中文科技期刊数据库、万方数据库、超星数字图书馆。

2. 调查分析法

笔者于2020年9月到12月在中学实习期间通过与师生的交流、走访，对中学语文课堂中的德育教育有所了解，笔者本着认真负责的态度，尽可能客观地将实习期间积累的知识运用到文章中来，提出了《诗经》《离骚》在德育教学中的困境这一问题，又通过研究与实践给出了一些解决措施。

3. 系统研究法

马克思主义的唯物辩证法认为世界是普遍联系的，各个现象和方面并不是孤立存在的，而是有着一定的内在联系，是处于一个多层次、多结构的系统之中的。因此，我们研究《诗经》《离骚》在中学语文中的德育价值便不能用形而上的观点和方式，而应该坚持系统方法。

（五）相关理论分析

1. 先秦诗歌

先秦诗歌特指秦朝统一六国之前的诗歌。主要囊括了《诗经》《楚辞》，上古歌谣以及春秋战国时的某些传统民歌。诗歌是我国最古老的文学形式之一。纵观整个中国古代文学史，诗歌占有举足轻重的地位。而先秦诗歌则是我国传统诗歌的滥觞，我国现实主义诗歌以《诗经》为源头发展而来，浪漫主义诗歌则以《楚辞》为源头发展而来。因此，先秦诗歌在中国文化中的重要性也就不言而喻。

《诗经》中真诚乐观的人生态度、强烈的道德意识、对现实的关注、对政事的关怀形成了影响后世千万文人的风雅精神，这也是本文在讨论《诗经》时的主要关注点。

相比于《诗经》，《离骚》出现时间稍晚。作者是战国时期的屈原，当时的楚国面临内忧外患、日渐没落。《离骚》全文370多句，近2500字，内容丰富，既有作者对自我身世的感慨，又有对理想政治的追求；既有高洁坚贞的人物形象，又有强烈的忠君爱国思想；手法上运用香草美人的比喻象征，形式上长短不一，语言颇具楚地特色。其香草美人的比喻、象征手法影响了整个中国文学史。

2. 德育

德育是教育者根据一定社会的要求和受教育者的需要，遵循品德形成规律，有目的、有计划、有组织地对受教育者施加影响，促进其转化，发展其政治、思想、道德和心理品质等素质的系统活动①。

德育主要有两大功能，一个是社会性功能，其中涉及政治、经济、文化三大功能；另一个是个体性功能，其中有个体品德发展和个体智能发展两大功能。

我们在语文教学过程中利用具体文本渗透德育时需兼顾社会性功能和个体性功能。

3. 诗歌与中学德育教育的关系

中国自古以来就有诗教传统，即通过诗歌来教导民众，包括智育和德育。诗教传统源于孔子，目前发现的最早记录"诗教"的是《礼记·经解》，当中引用了孔子的诗教观点："入其国，其教可知也。其为人也温柔敦厚，诗教也。"到了一个国家，就能够知道他们接受的是什么样的教育。人们温柔敦厚，是受到了《诗经》的教化。"温柔敦厚"是我国古代的道德规范之一，这也不难看出诗歌教育在德育中的重要作用。

与西方注重外在超越不同，中国自古注重人的内在超越，追求自省，讲究人的精神气质、德行修养，这在中国古典诗歌中展现得淋漓尽致。中国古代有"诗言志"的传统，这种"志"是与"诗言情"当中的"情"相对应的，"情"侧重于个体情感感受，而"志"则侧重于个体的思想、理想、志向。因此，在诗歌中时常有"志"的表现，而这种"志"往往与德育联系。

一、《诗经》《离骚》在中学语文中的发展状况

（一）《诗经》在中学语文中的运用

《诗经》是中华文化的瑰宝，对中国古代文学和文人都影响深远，在中学课本当中自是不可缺席。在初级中学语文课本中选录了《关雎》《蒹葭》，高级中学语文课本中选录了《氓》《采薇》。

---

① 王仕民. 德育功能论 [M]. 广州：中山大学出版社，2005：8.

据笔者在中学实习期间的观察并结合相关资料，发现目前中学教师在教授《诗经》选篇时通常是三步，第一步是介绍《诗经》，第二步是疏通文义，第三步是分析诗歌的艺术手法。仅小部分老师会根据课程进度，安排一堂关于所学内容的讨论课，书本联系实际，让同学们结合自身的价值观畅所欲言。

在这样的教学模式下，学生的确在一步一步地走进《诗经》，了解中华文化的魅力。但是，这当中也出现了不少问题。首先，大部分教师在向学生介绍《诗经》时只是大概介绍其体例，对于其他诸如《诗经》各篇题目的由来、作者、时代背景、产生地域等的介绍都一言带过，有的老师甚至不提。其次，《诗经》年代久远，其中所用词汇与所提到的习俗都与我们的生活相差甚远，虽然教材选录了一些较为容易的篇目，但学生理解起来依然有些困难。当然，针对上述两大问题，笔者将在下文提出解决办法。

（二）《离骚》在中学语文中的运用

《离骚》极具教学价值，与《诗经》一样，年代久远，加之多生僻字、多楚地方言、选用的意象在当今也十分少见，不仅对于高一学生来说掌握起来难度较大，就是对不少高中语文教师来说，要讲好《离骚》这首诗也是有一些挑战的。在具体的教学实践中，教师主要采用以下四种方式。

第一，在教学时相比于其他文言作品，教师通常会更加注重课文字词梳理。《离骚》生僻字繁多，虽然课文只节选了其中两段，仅300余字，但依然有许多生僻字，一些字音字形的辨识度较低，外加一些词有古今异义，因此字词梳理尤为重要。

第二，诵读法。诗歌句式整齐，有节奏，有韵律，富有诗人深厚的情感。教师在讲《离骚》这篇课文时通常会让学生反复诵读，通过"因声求气"的方式提升学生对诗歌的初步感知。

第三，艺术手法的讲解。《离骚》中的"香草美人"是对《诗经》的继承发展，并影响了中国文坛两千余年。学《离骚》，无论是什么样的语文老师，其艺术手法一定是必讲内容。

第四，理顺情感。厘清诗歌脉络，梳理诗人情感线索。《离骚》富有多种情感，成功塑造了品行高洁的诗人形象，教学中对这一点的讲解也是不可或缺的。

上述方式是非常符合学生学情的教学方式，对于高一的学生来说，学习《离骚》不是一件容易的事，大部分教师也意识到了这个问题，在教学过程中采取"深文浅教，难文易教"的策略，先从简单问题着手，消除学生的畏难情绪，再一步步深入循序渐进[①]。

虽然《离骚》的教学有许多成功之处，但也存在一些不足。首先，和《诗经》教学存在一个相同问题，教师在上课时对《离骚》产生的时代背景介绍不够充分，导致学生在理

---

① 陈德收.《离骚（节选）》教学三题[J].语文教学通讯，2020（01）.

解的过程中有一定难度。其次,由于课程难度较大,在具体教学过程当中,学生的积极性不高,与教师互动不够积极。

(三)《诗经》《离骚》的德育价值

《诗经》《离骚》流传两千多年,无数文人为之作注,其中大部分原因就是其丰富的德育价值,德育与智育并行,二者相辅相成。

人教版九年级下册语文选录了《关雎》《蒹葭》,虽然这两首诗都是描写爱情的,但它们依然与德育紧密联系。首先说《关雎》,孔子在《论语·八佾》有言:"《关雎》,乐而不淫,哀而不伤。"[1]这是说《关雎》的"乐"与"哀"恰到好处,不至于过分放纵也不至于过分伤痛。主人公在求而不得时也只是"辗转反侧",这几乎是对社会毫无危害的事。

《蒹葭》通过意境美、音乐美、含蓄美表达出诗歌主人公为追求心中伊人不停追寻、坚持不放弃的至诚。若我们把"伊人"只是当成"伊人",那么我们对于这首诗的理解也太过狭隘了些。"伊人"可以指人类的无数愿景,而人生中因受到阻碍而可望难即的愿望皆是"在水一方",那河水便是各种阻碍与羁绊。

初中生正处于青春期,第二性特征刚刚形成,生理变化引起性心理的微妙变化,导致出现早恋现象[2]。学习这两首诗时,教师可以顺势引导同学们的早恋心理,在这样青春的年华,爱慕上某个男孩女孩是一件正常的事,但喜欢不一定要得到。"求之不得"时也不必太过悲痛,在自己学业有成时总能遇到自己的"伊人",在对的时间总会有"琴瑟友之""钟鼓乐之"的机会。

高一必修2语文选录了《氓》《采薇》,《氓》讲了一个弃妇的爱情悲剧,与此同时又是一首女性赞歌。女主人公在遭遇婚变时毅然决然地选择果断离开,从曾经的痴情单纯、任劳任怨、重情义成长为一位果敢独立、理性坚强的女性[3]。在这里我们又可以积极地引导学生有意识地培养自己果敢、独立与情感节制的能力。《采薇》虽描写了边关将士的疲惫与思乡心切,但在国家危难之际,这种情感又立即升华为强烈的责任感与激昂的爱国之情。在学习这篇课文时,教师可以顺势引导学生,增强学生的责任意识和爱国情怀。

在高级中学必修2语文(人教版)中有《离骚(节选)》,"长太息以掩涕兮……岂余心之可惩?"这一部分体现了诗人忧国忧民、高尚的德行、为追求理想九死不悔、疾恶如仇、洁身自好和强烈的爱国主义情感,具有丰富的德育价值。

---

[1] 钱穆. 论语新解 [M]. 北京:生活·读书·新知三联书店,2012:68.
[2] 张芸芸. 初中生早恋的心理动因特征及辅导 [J]. 校园心理,2019(04).
[3] 程丽华.《诗经》作为语文教材的德育价值 [J]. 中学语文教学参考,2020(31).

二、《诗经》《离骚》在德育教学中的困境

（一）德育价值发掘少

诚如上文所述，《诗经》《离骚》在中学教育中具有丰厚的德育价值。然而，在具体的教学实施阶段，我们不得不承认的一个问题便是一线教师对这些诗歌的德育价值发掘甚少。笔者通过翻阅大量资料再结合自身实习经历发现：大部分教师在课堂中主要拘于课本，一部分老师能够从课文延展到传统文化，延展到生活，只有一小部分老师会扩展到课文中蕴含的德育价值。这一现象在高中阶段体现得非常典型，整个高中都是在为高考做准备，各科课程都十分紧迫，不少学校为了获得更多集中复习的时间通常会提前完成新课讲授计划。因此，教师在教授新课时常常会出现"赶课"现象，由于时间紧迫，老师自然也就没有太多时间去和学生研讨文章的德育价值，于是对文章德育价值的挖掘自然也就少了。

此外，老师在选择诗歌教学内容时主要还是以考试内容为依据，往往忽略学生的实际需要。这样一来对德育价值的挖掘就更少了。

挖掘课文的德育价值对教师来说也有一定挑战性，这要求教师有过硬的专业素养，对作品的出处、背景、内容、情感以及后世评价都有深入了解，同时这也意味着教师要有发现作品新价值的敏锐性，具有挖掘作品德育价值的意识和能力。教师如若不具备上述条件是很难发掘出《诗经》《离骚》中新的德育价值的。

（二）德育教育力度弱

《普通高中语文课程标准》（2017年版）明确指出："语文课程是一门学习祖国语言文字运用的综合性、实践性课程。工具性与人文性的统一，是语文课程的基本特点。"[1]在严酷的高考压力下，中学语文教师更加注重的是语文课程的工具性特点，而对人文性有所忽视。面对改变人生轨迹的高考，在时间短、任务重、压力大的情况下，不论是教师还是学生都面临不小压力，教师在上课时主要以帮助学生获得知识上的进步提高分数为目的，德育渗透减弱教育力度也就减弱。

由于中学生已经具有一定独立思考问题的能力，且整个中学阶段都有专门的思想品德相关课程，语文教师在教学过程中常常会误认为有些道理是学生已知的或者在其他相关课程中学生已经学过，因此自己在课堂中无须多言以免引起学生反感，这也是造成德育教育力度弱的原因之一。

---

[1] 教育部普通高中语文课程标准（2017年版）[S]. 北京：人民教育出版社，2018：1.

（三）教学方式单一

随着信息技术的不断发展和课程改革的不断深化，当前的语文教学方式较传统教学方式而言已有所进步，但不少地区和学校的教学方式依然相对单一。

第一，相对于高中阶段来说，初中阶段师生压力较小，且学习时间充裕，大部分学校的语文课堂还是会运用多种教学方式，诸如小组合作学习、语文课外探究、翻转课堂等。高中阶段语文课程受高考压力影响，加之英语、数学难度更大，学生花费心力更多，为了节约时间减轻学生负担，不少教师会采取传统的以教师"讲"学生"听"为主的教学方式，以教师为主体而忽略学生的主体性地位。

第二，许多老师在诗歌教学过程中运用散文的教学方法，只看到了诗歌与散文的共性而忽略诗歌的个性，没有凸显出诗歌自身特点。再者，在讲授诗歌时一些老师太过注重所谓的标准答案，运用标准化和单一化的阅读方式，既忽略学生对于诗歌的个性化理解又打击了学生的主观能动性[1]。

第三，一些教师在诗歌教学过程中只是一味地让学生背诵，课堂死板无生气，无法带动学生的情绪。这部分老师在讲授诗歌时奉行"读——写——背"原则，死读、死背、默写。这样的教学方式单一又呆板[2]。

（四）教学观念陈旧

受传统教学观念影响，许多教师依然认为，课堂教学就是将课文中的内容，完整、系统、高质量地传授给学生[3]。在这种观念支配下，教师是课堂的主导者、执行者，是知识的传递者，学生对于知识的接受则完全是被动的。不可否认，这种观念有一定合理性，但违背了"以学生为主体，教师为主导"的教学原则。课堂教学不是简单地将课本知识一滴不漏地灌输给学生，教师也不该只是知识的搬运工，教师是学生学习的引导者、组织者和合作者。学生是独立的人，他们是独立的个体，具有独立的思考、独立的倾向、独立的要求和独立的学习能力。因此，在课程学习中处于被动地位不仅会打击学生对语文课堂的积极性，还会压抑他们的创新型思维，这既有害于当前学习，又不利于学生的长期发展。由于时间久远、风俗更替、古今文化差异等原因，学生对《诗经》《离骚》比较陌生，加之课文本身存在一定难度，所以传统的教学观念与方式更加行不通。

一些语文教师在进行教学设计时以自己为教学主体，把知识讲解作为线索并围绕这一

---

[1] 吴珊珊. 新课程标准下高中诗歌教学研究［J］. 课外语文，2017（21）.
[2] 孙科. 古典诗歌教学的问题与策略浅谈［J］. 才智，2017（13）.
[3] 赵娜娜. 高中语文诗歌教学中德育渗透的途径与方法［J］. 新课程，2016（08）.

线索展开注入式、练习式等封闭性的教学程序。部分语文教师在讲解《诗经》《离骚》时主要以自我讲述为主，和学生互动较少，讲完课就让学生背诗、做题、默写，整个教学过程显得机械化。面对这样的教学行为，学生自然会降低对《诗经》《离骚》的热情，从而影响了学生对《诗经》《离骚》精髓的吸收。

在这种教学观念支配下，语文教师在进行《诗经》《离骚》教学时只是在一味向学生输入课本知识，缺少对德育渗透的热情，也没有挖掘《诗经》《离骚》德育价值的能力。

三、《诗经》《离骚》在中学德育中的发展措施

（一）积极发掘和把握德育价值

《诗经》《离骚》具有丰富多样的德育价值，中学阶段的课文选篇符合语文课程工具性与人文性统一的特点。诚然，高中学习时间紧迫，教师在学校指标的影响下讲解《诗经》《离骚》时以考试内容为主是无可厚非的，但是作为一门人文性十分突出的课，语文教学中的德育渗透不容忽视。党的十九大明确提出立德树人在教育中的地位和作用，学生通过语文学科的学习树立正确的价值观是语文课程的要求之一。因此，尽管学校和教师面临着不小的高考压力，还是应该注重语文学科的德育渗透。

高中时间紧迫、课程紧张、任务繁重是事实，但在课堂中将德育渗透运用得当既能发展德育，又能加深同学们对诗歌的理解。比如说在讲解《离骚（节选）》时，为了加深同学们对屈原"长太息以掩涕兮，哀民生之多艰"的理解，可以和已学作品联系，诸如杜甫的《春望》（部编版八年级上）、《茅屋为秋风所破歌》（部编版八年级下）、李贺的《雁门太守行》（部编版八年级上）、范仲淹《岳阳楼记》（九年级上）以及《诗经·采薇》。通过回顾所学诗文，学生能够找到《离骚》与它们的共性——爱国忧民，从而加深对屈原忧国忧民的理解。除此之外，学生通过感受不同文人的爱国忧民之心，可以在不同作品的区分中找到《离骚》的独有特征，增进对传统文化的认识。因此，面临高考压力，语文教师不应以节约时间为由减少德育渗透。

除此之外，教师应该始终坚持终身学习，沉淀知识，进一步提高业务水平，专业水平过硬才有可能挖掘内隐于诗歌背后的德育价值，而非流于表面。教师要有意识地促使自己成为研究型教师，成为有思想的教师，这样才会更善于发现新知、敢于挖掘新知。

（二）多种教学渗透法

语文教师在《诗经》《离骚》的具体教学过程中可以采用多种教学方式来对学生进行德育渗透。

第一，在讲解诗歌内涵时，一语道破，达到一语惊醒梦中人的效果。例如，在讲解《诗

经·蒹葭》中主人公不顾艰险始终追寻"伊人"时,可以告诉他们"伊人"不只是"伊人",它可以是任何我们正在苦苦求索的东西,譬如我们的理想,以及我们在人生不同阶段的目标。人生,当执着时要执着,该坚持时绝不轻言放弃。

第二,通过设计语文活动来发展诗歌中的德育价值。以《诗经·氓》为例,这首诗对于引导学生正确的爱情观、养成理性果敢的性格具有重要价值。笔者在中学实习期间,有一位语文教师在带领学生学习完《氓》这首诗后,又上了一节意义非凡的讨论课,其将课堂内容与实际生活联系起来,让同学们都能参与到讨论中来,既贴近生活,又生动有趣,整节课同学们热情高涨。老师将《氓》这首诗中女子从恋爱到成婚再到被弃,与曾经在某相亲节目中有一女子扬言"宁愿坐在宝马车里哭,也不愿坐在自行车后笑"两者联系起来,问了同学们一个问题:"你们觉得什么样的爱情是美好的?"同学们都踊跃地回答问题,有同学说像木心诗里写的那样"从前书信很慢,车马很远,一生只爱一个人";有同学说要像李清照和赵明诚那样"赌书消得泼茶香";也有同学说,自己宁愿做一个花瓶,当然这一观点遭到了不少同学的反驳,同学们也就这一观点进行了激烈的辩论。通过这次讨论课,可以明白学生的一些想法,拉近师生之间的距离,教师在课堂结束前一一点评引导同学们树立正确的爱情观。这一节课不仅坚持了立德树人这一根本任务,还弘扬了中华优秀传统文化,极大地凸显了育人功能。

第三,布置作业。让学生在完成作业的过程中有所领悟。例如,在上完《离骚(节选)》之后,可以布置一个小作业让学生写一段关于《离骚》所表达的情感与塑造的人物形象的感悟,不少于200字。学生在动手的过程中会进一步深入思考诗歌的内涵,体悟其中的道理,而在这一过程中德育渗透也就润物细无声地发生着作用。

(三)课外拓展法

在中学语文课程中发展《诗经》《离骚》的德育价值,课堂中的教学是一重要方面,课外拓展又是另一重要方面。在课外拓展这一环节中,学生通过直接经验与间接经验相结合的方式进行德育的自主学习、自我教育。课外拓展方式多种,形式多样,粗略列举如下:

第一,课外阅读。《诗经》共305首,内容丰富广阔、包罗万象,而我们中学语文课本选录的数量却是屈指可数。《离骚》全文近2500字,课文只是节选了其中一小部分。不论是从传播优秀传统文化的角度考虑,抑或是从激发同学们对优秀传统文化的热爱以达到德育效果方面出发,《诗经》《离骚》的课外阅读还是很有必要的。在学习《关雎》《蒹葭》时,教师可以向学生推荐《诗经》中的其他爱情诗,譬如《月出》《摽有梅》《静女》《山有扶苏》《汉广》《女曰鸡鸣》《野有蔓草》;在学习《氓》这首诗时,教师可以向学生推荐《诗经》中其他的弃妇诗,例如《柏舟》《日月》《谷风》;在学习《采薇》时,教师可以向学生推荐关于战争和爱国题材的诗,如《击鼓》《六月》《小戎》《出车》。

第二，影视文学。在繁忙的学习当中，学生也应该做到劳逸结合。在放松的时候可以看看关于《诗经》《离骚》的影片，在放松的同时也进一步认识认识那个时代的文化背景，加深对优秀传统文化的理解。相关影片主要有以《诗经》内容为题材的电影《关关雎鸠》、"诗经系列微电影"以及改编自郭沫若同名话剧的《屈原》。

第三，创作大赛。开展以《诗经》《离骚》为主题的校级或班级创作大赛并予以一定奖励，学生在自我创作的过程中联系生活，不断增进新知提高领悟。

第四，校外采风。学生在生活中收集关于《诗经》《离骚》的商品名称、店铺名称甚至是人名，分析这些词汇的美感，在实践中体会优秀传统文化的魅力。

（四）积极转向创新型教学观念

目前的中学语文教育在学习《诗经》《离骚》过程中主要体现的是对其继承的一方面，课本中的考点是教师的教学依据，也是教师教案设计的参照，学生能够较好地接受教师传递的知识便能取得一个不错的分数。这种教学观念既不利于《诗经》《离骚》的继承，又不利于《诗经》《离骚》的发展。填鸭式教育限制了学生的能动性，降低了学生对诗歌的兴趣，而学生在被动接受的过程中又缺乏对诗歌内涵的深入思考和个性化的解读，这不利于《诗经》《离骚》在当下环境中的发展。在这种情况下，《诗经》《离骚》的德育价值也大打折扣，因此，传统教学观念向创新型教学观念转变是大势所趋。

向创新型教育观念转变主要有两个主体，一个是教师，一个是学生，教师在教学中需要开拓创新的精神，不断探索创新型教学方式；学生则需要在学习当中提升自己探寻新知和增强自身能力的愿望从被动接受向主动学习转变①。在这一过程中教师起着重要作用，教师可以通过课堂教学引导学生向创新型发展。

第一，制定适合学生的教学策略。教师始终坚持以学生为教学的主体，营造良好的新型师生关系，充分考虑学情因材施教地制定教学设计。

第二，现代化解读。在讲解《诗经》《离骚》时，教师引导学生加入现代化的解读，既有利于优秀传统文化的继承，又有利于优秀传统文化的发展，并促使其在新时代焕发生机。同时，学生在现代化解读的过程中往往会更加紧密地联系生活，易于感受其中的文化魅力与德育价值。

第三，翻转课堂。翻转课堂即学生在上课之前先自行学习并完成相应的学习任务，通常来说在他们出色地完成任务后，会有一种成就感，自信心也会随之增强。②以《离骚》为例：

---

① 高兴超，杨秋霞. 关于目前我国高等学校创新型人才培养的几点思考［J］. 河北农机，2020（09）.
② 吴素芳. 以《诗经》教学为例的高中语文翻转课堂初探［J］. 中国信息技术教育，2018（08）.

（1）用旧知识作为切入点，确立学习主题。小学课文《端午节的由来》塑造了一个忠诚爱国的屈原形象，加之我国对传统节日的宣传保护，学生对屈原可谓是十分熟悉，教师以此为切入点导入《离骚》可谓是水到渠成。

（2）制定目标，创作微课短视频。教师先布置学习任务，再录视频辅助学生完成任务。比如说任务中需要学生有感情地朗读课文或熟读课文，那么视频中也应该有关于《离骚》的朗诵视频或音频，以帮助学生把握诗歌字音与节奏。

（3）小组合作探究，将知识内化于心。在学生完成学习任务后再完成相关测试以检查学生的学习情况，教师也可根据学生的测试来了解学情。

第四，生长式语文课堂。这里的"生长"指的是学生在已有发展水平的基础上向上生长[1]。教师通过分析学生的课前学情，找出学生在预习课文时所出现的困难与疑惑——具有教学意义的"生长点"[2]。教师在课堂中和学生一起解决课前疑惑，学生也就达到了"生长"目的。

结束语

本文通过文献研究法、调查分析法、系统方法等研究方法，首先，明确选题依据、研究背景和现状；其次，对"先秦诗歌""德育""诗歌与德育的关系"等名词进行了相关理论分析；最后，具体分析了《诗经》《离骚》在中学语文中的德育价值的发展现状、《诗经》《离骚》在德育教学中的困境、《诗经》《离骚》在中学德育中的发展措施。笔者通过研究得出以下结论：

第一，诗歌与中学德育教育关系密切，《诗经》《离骚》作为中国文学现实主义与浪漫主义的两大源头具有丰富的德育价值。

第二，《诗经》《离骚》在中学语文当中的运用虽然有成功之处，但依然存在一些问题，比较突出的是教师在课堂上对作品的时代背景介绍不够充分、学生课堂积极性不高、课堂参与度低。

第三，《诗经》《离骚》在德育教学中面临四大困境：德育价值发掘少、德育教育力度弱、教学方式单一、教学观念陈旧。

第四，解决上述第二、三点问题的措施主要有：提升教师专业素养、积极发掘和把握德育价值、运用多种教学渗透法、课外拓展法、积极转向创新型教学观念。

---

[1] 贾桂强. 生长式语文课堂 [M]. 北京：中国人民大学出版社，2019.

[2] 贾桂强. 生长式语文课堂 [M]. 北京：中国人民大学出版社，2019.

参考文献

[1] 陈德收.《离骚（节选）》教学三题[J]. 语文教学通讯，2020（01）.
[2] 程丽华.《诗经》作为语文教材的德育价值[J]. 中学语文教学参考，2020（31）.
[3] 冯运红.《诗经》中隐藏的德育思想及当代意义[J]. 长沙大学学报，2019（03）.
[4] 高兴超，杨秋霞. 关于目前我国高等学校创新型人才培养的几点思考[J]. 河北农机，2020（09）.
[5] 贺优琳. 中学德育的新探索[M]. 上海：华东师范大学出版社，2004.
[6] 贾桂强. 生长式语文课堂[M]. 北京：中国人民大学出版社，2019.
[7] 焦传凤. 中学德育存在的问题及对策研究[D]. 吉林农业大学，2016.
[8] 普通高中语文课程标准（2017年版）[S]. 北京：人民教育出版社，2018.
[9] 钱穆. 论语新解[M]. 北京：生活·读书·新知三联书店，2012.
[10] 孙科. 古典诗歌教学的问题与策略浅谈[J]. 才智，2017（13）.
[11] 于漪. 语文：教文育人的沃土[M]. 上海：上海教育出版社，2017.
[12] 王进选. 在美的享受中让精神升华——浅谈如何利用诗歌鉴赏进行德育渗透[J]. 甘肃教育（语文教学），2006（23）.
[13] 王仕民主编. 德育功能论[M]. 广州：中山大学出版社，2005.
[14] 吴珊珊. 新课程标准下高中诗歌教学研究[J]. 课外语文，2017（21）.
[15] 吴素芳. 以《诗经》教学为例的高中语文翻转课堂初探[J]. 中国信息技术教育，2018（08）.
[16] 张芸芸. 初中生早恋的心理动因特征及辅导[J]. 校园心理，2019（04）.
[17] 赵娜娜. 高中语文诗歌教学中德育渗透的途径与方法[J]. 新课程，2016（08）.

（指导教师：陈荣泽）

导师点评

德育有广义和狭义之分。这里的德育是指狭义的德育，特指学校德育。课程德育是学校德育的重要组成部分，是系统地对学生形成思想、政治和道德等影响的重要途径和有效手段。该论文属于课程德育方面的研究，将课程教学与德育结合起来，寓德于诗，挖掘先秦诗歌的德育价值，以《诗经》《离骚》为例来探讨先秦诗歌在中学语文教学中的德育价值，指出当前在诗歌教学中融入德育教育中存在的问题，并提出一些措施。对中学诗歌教学中进行德育进行了有益探索，对推进课程德育教学具有一定参考价值。论文的核心是德育价值，虽然作者已清醒地意识到在中学语文教学中《诗经》《离骚》的德育价值发掘不够，但是论文没能对其德育价值进行系统而全面的梳理，以至于实施诗歌课程德育的一些方法、措施与一般的语文教学同质化，缺乏更强的针对性。

导师简介

陈荣泽，博士，教授，硕士生导师，全国汉语方言学会会员、中国民族语言学会会员，兼任中国民族语言学会汉藏语言文化专业委员会副主任，主要从事汉、藏语方言研究。

浅析朗顿·班觉的《绿松石》

格桑曲珍　汉语言文学 2018 级

摘　要：《绿松石》①是西藏当代文学史上第一部用藏文撰写的长篇小说，作为西藏传统文学与现代文学的分水岭，在西藏文学界有着重要的地位。朗顿·班觉以藏民族日常生活中常见的绿松石为核心，串联起社会的各个阶层，描绘出上至贵族噶伦下至普通农奴的生活，刻画了西藏旧社会不平等的阶级关系，批判了封建农奴制社会的黑暗，抨击了出身歧视、婚姻不自由等陋习。作品充满浓郁的民族风情，从侧面展现了 20 世纪二三十年代旧西藏的风俗礼仪。本文主要从主题意蕴、艺术特色以及价值来分析《绿松石》这部作品。

关键词：《绿松石》；主题意蕴；艺术特色；价值意义

引言

《绿松石》是西藏当代文学史上第一部用藏文撰写的长篇小说。小说以 20 世纪二三十年代的西藏社会为背景，描写农奴班典在亲人陆续为祖传的绿松石而丧命后，得知绿松石背后的故事，开始寻找仇人，最终复仇的故事。

故事发生在西藏旧社会封建农奴制时期（1920 年左右），主人公班典的爷爷年轻时去岗仁波齐朝拜，从玛旁雍错神湖捡到了一颗精美的绿松石，成家后送给班典的奶奶，后作为传家宝传到班典母亲的手中。但新上任的宗本却想将这颗精美的绿松石据为己有，班典一家遭受到各种陷害，不得不背井离乡逃到了德格，在德格安定下来后不久阿妈宗巴离开了人世，唯一的遗愿便是把祖传的绿松石献给佛祖。为了完成阿妈宗巴的遗愿，阿爸平措带着班典来到拉萨。父子俩完成阿妈宗巴的心愿后居无定所，只能四处乞讨，机缘巧合下

---

① 需要说明的是，本文关于《绿松石》参照的是藏文版本，可能有些词汇和已出版的汉译本不一致，藏语言的一些词汇，翻译成其他民族的语言还是存在一定的争论，在此引用的原文都是以笔者自己的理解方式翻译的。

遇到了阿爸平措 15 年前的好友扎拉。班典父子俩被扎拉收留，成了扎拉家的奴隶。阿爸平措的伤势逐渐恶化，他跟班典讲述了绿松石背后的故事后就去世了，复仇的信念在班典的心底开始涌动。一次偶然的机会，他在贵族的家宴上听到了一些关于那颗绿松石的对话，并在扎拉女儿益西康珠手中看到那颗绿松石后，他开始查找当年的真凶。扎拉的妻子色珍与代本偷情，代本正是当年的宗本。为了铲除后患，代本和色珍联手诬陷班典偷了绿松石并把他关进了监狱。在贫苦出身的姑娘德吉的帮助下，班典逃出魔掌。当班典知道自己一直敬仰的代本大人就是当年追杀他们全家的宗本时，走向了复仇之路。小说最后绿松石重新回到班典的手中，并作为定情信物送给了德吉，两个有情人终于走到了一起。小说以"绿松石"来结构全篇，它本是家族的唯一财产，却变成了农奴主欺凌他们的筹码。驾驭不了的财富，终究是一场致命的灾难。

一颗绿松石，不仅映照出了农奴主的贪婪、歹毒和不择手段，更彰显了何为正义、何为尊严，在它的身上寄予了作者对年轻一代人格觉醒的殷切希冀。

一、《绿松石》的主题意蕴

（一）对封建农奴制社会的批判

在西藏民主改革前，长期实行的是政教合一的封建农奴制，这一制度让上百万农奴处于被剥削被压迫的痛苦境地，过着暗无天日的生活。当时农奴占藏族总人口的 95%，他们被农奴主当作私有财产进行买卖、转让、赠送、抵债和交换，衣不蔽体、食不果腹，更遑论人权和自由，这项残暴且黑暗的社会制度在藏民族通行了数百年，没有希望，没有光明，也没有未来。《绿松石》在西藏当代文学史上具有独特的价值和意义，它关注普通农奴的不幸和痛苦的命运，并对当时的黑暗社会进行了批判。

1. 对封建农奴制黑暗社会的批判

农奴制是封建社会中剥削奴役农奴的经济制度，又称"封建领主制"。农奴制在旧西藏通行了几百年，百万藏族人民在农奴制下没有任何权利和自由，农奴主以野蛮、残酷的刑罚维护封建农奴制度，动辄对农奴和奴隶实施骇人听闻的酷刑，农奴们在被完全剥夺了人身自由和政治权利的情况下噩梦般了却残生，他们的死亡在农奴主眼中，无异于一只蝼蚁的消失，心中泛不起半丝涟漪。对底层社会奴隶实施残忍酷刑的证据至今仍保留在布达拉宫底下的"雪监狱"以及西藏博物馆里，对西藏的很多老人而言，那时的日子仿若梦魇，映照之下，今天藏族人民的生活安乐且富足，祥和又多彩。

《绿松石》生动地写出了当时黑暗、残酷的封建农奴制，且更突出地描写了高层领主在财产和利益面前暴露的野性。虽然没有把班典所受的苦写得那么悲天悯人，但是也很明显地把代本等人唯利是图、诡计多端的贵族形象凸显了出来。在原文中："班典因为办完差事没有按时回来，惨遭色珍的毒打，色珍在殴打班典的时候，不小心把班典的藏袍拽了下来，而代本赏赐的钱财和信件也都纷纷掉了出来，色珍看到后不听班典的解释，执意要说班典是小偷……"①表现出奴隶连私有财产权和人身自由权等最基本的权利都没有。《绿松石》中对农奴主、地主、贵族等的描写不仅批判了历史上黑暗的农奴制，而且揭示了心狠手辣、贪婪无比、狼狈为奸、贪赃枉法的丑陋人性；主人公班典贫穷、艰涩、难以为继的生活是旧西藏百万农奴暗无天日生活的缩影；同时，班典还代表着伸张正义、维护尊严、惩恶扬善、勇敢无畏、开启西藏新生活的年轻一代，他们勇于突破，敢于反抗，在黑暗无边的农奴制的迫害中坚定地走向了未来。黑暗的封建农奴制不仅给西藏百万农奴造成了严重的心灵创伤，还影响了西藏的经济、社会制度及文化的改革与发展，因历史上封建农奴制的长期影响，现在西藏的很多方面都落后于内地其他省市。朗顿·班觉以笔为武器，批判封建农奴制，将那个充满黑暗和不公的旧西藏展现给了万千读者。

《绿松石》不仅批判了封建农奴制，还揭示了西藏旧社会残存的陋习。出身歧视是其中最严重的陋习。十世班禅大师也重点强调过一个民族最需要的是团结，而不是分为高低贵贱来破坏民族团结。这种出身歧视的观念在传统的藏族人民的思想中根深蒂固，他们认为手工业者（如：金银刻画师、铁匠等民族传统手艺者）都是出身低微的。我们作为西藏接受过良好教育的新青年，尽管从小被这种陋习环绕，但有新的知识和价值观作为引导，必不会被此种陋习所影响。《绿松石》中的班典不仅代表的是西藏的年轻人，而且还代表了西藏新文学时期作家心中理想般存在的人，因为在 20 世纪 80 年代，这种出身歧视的陋习在藏地仍然存在，具有现代思想的知识分子都希望这种观念在西藏完全消失。朗顿·班觉虽出身贵族家庭，但《绿松石》依然是抨击出身歧视思想的有力武器，《绿松石》所蕴含的思想并没有被作者的出身所限制，这也成为《绿松石》被读者们追捧的重要原因之一。在这部小说中强调出身歧视的部分虽然只有极个别之处，如：色珍禁止让自己的女儿益西康珠和底层社会的班典和德吉一起玩耍，以及在撮合益西康珠和地主少爷晋美扎巴时也跟益西康珠强调了出身高贵的重要性，还有晋美扎巴的父亲在得知色珍的野心后说："初生狮子再弱小也是狮子，哈巴狗的毛再长也是狗，出生贫贱的人好比猴子，门第高低不同不能通婚"②等，但是除了抨击黑暗的封建社会，我认为抨击出身歧视应放在重要地位来论述，一是为总结藏族曾经错误的思想，二是为促进西藏地区民族手工业的发展。只有人人平等的观念深入人心，未来西藏地区的经济才能更好地发展。民族手工业不应该被出身歧视这种陋习所局限，我们应当继承优秀的传统手工技艺及文化。消除出身歧视的陋习观念更是我们年轻一代的责任。

---

① 译自朗顿·班觉. 绿松石［M］. 拉萨：西藏人民出版社，1985：33.
② 译自朗顿·班觉. 绿松石［M］. 拉萨：西藏人民出版社，1985：152.

自从改革开放以来，在党的光辉照耀下西藏有了翻天覆地的变化。在经济方面，无论是人民的生活质量，还是西藏整体的 GDP 指数都有了突飞猛进的发展；在教育方面，从普及九年义务教育到落实 15 年义务教育，西藏人民的受教育水平以及全民素质都在逐渐提高。这一切无疑得益于前代人不懈的努力和奋斗，而以班典为代表的青年人则是底层民众觉醒的引航者，小说最后，班典他们走向了光明的道路，至此也展现了西藏百万农奴的解放。

2. 对传统宗教观念的审视与批判

宗教是一把双刃剑，一方面宗教在藏族社会的发展历程中曾经起过积极的作用；另一方面宗教又是有权有势者对广大无知百姓加以操控和奴役的工具。在《绿松石》中，作者审视与批判了西藏的传统宗教观念。

20 世纪二三十年代，宗教势力依然很强大，位高权重的僧侣作为三大领主之一参与了对底层民众的压迫与剥削，作者对这种社会现象是批判的。《绿松石》中关于"绿松石"的叙述，也带着藏民族传统的民俗和宗教信仰的影子。在藏传佛教和传统民俗的熏陶下，藏族人民认定绿松石戴在脖子上可以固魂，所以几乎所有家里的男丁都有一颗绿松石，小说中的第六章"盛宴与眼泪"中也提到，贵族老爷想要一颗精美的绿松石固魂来为儿子驱赶病魔。宗教不完全等同于迷信，它需要放在不同的角度上进行分析。在佛教兼容并包、促人向善的维度上，作者对它的态度并不消极，如在作品中写出了阿爸因宗教的指引而展现出的良善和坚韧。但在《绿松石》中，作者对宗教的态度还有审视和批判。对贵族老爷来说，宗教是他们欺骗人民的虚伪的面纱，他们巧取豪夺，"绿松石"是他们权势的象征和利益的交换品；对阿爸平措、阿妈宗巴、班典爷爷等老一辈的人们来说，宗教是他们的信仰，"绿松石"是上天赐予的财产，认为只要把它献给了佛祖就能脱离苦海，展示了穷苦藏族人虔诚的心灵，这是他们发自内心的善良和虔诚，就算生活再贫苦，也只愿换取一个愿望，因为他们都认为信仰是以善良和虔诚为本，他们坚信会被佛祖保佑；对于以班典为代表的年轻人来说，虔信宗教并不能带来美好的生活，"绿松石"是复仇的线索，也是遏制陈规陋习的武器、觉醒新时代的动力；而对于我们来说，《绿松石》这部小说以及"绿松石"所蕴含的传统文化都是回顾历史的镜子和必须要学习和传承的民族文化和民族习俗，辩证唯物主义与历史唯物主义是指导我们揭示宗教本质的唯一科学的世界观。

3. 对婚姻不自由现象的揭示

中华人民共和国成立前，不只是旧西藏，很多地方都存在父母之命、媒妁之言的封建婚姻习俗，有些民族以及地方至今还保留着这种陋习。西藏不止有婚姻不自由的现象，还存在一妻多夫制的陋习，但是在小说中并未提及关于一妻多夫的表现，所以本篇论文着重论述有关婚姻不自由的现象。

《绿松石》在抨击出身歧视的同时还着重强调了婚姻不自由的现象，色珍虽然知道益西康珠和晋美扎巴是同父异母的兄妹而不能近亲结婚，但为了虚荣心还是对益西康珠灌输一种只有跟出身高的人结亲才能让他们的家族跻身上流社会的思想,益西康珠也违背自己的意愿处处忍让着她的母亲,差点沦为了夹杂在父母的利益和名誉之间的"婚姻的奴隶"。这既抨击了出身歧视,还揭示了婚姻不自由现象。主人公班典则不一样,虽然在小说中他身份低微,但他勇敢地反对了婚姻不自由的陋习,不受传统的束缚成了敢爱敢恨的第一代。次仁顿珠在《评析长篇小说〈绿松石〉》①中认为,作者在写这篇小说中唯一的不足就是没有把益西康珠婚后的不幸或有幸表述清楚。在父辈们的强力干预下,在男尊女卑的大环境的影响中,益西康珠婚后的生活可想而知,虽衣食无忧,却是关在笼子里的金丝雀,一点一点消磨生命的活力。旧西藏婚姻不自由的原因除了出身问题,偏僻地方还存在父母包办婚姻现象,他们剥夺了儿女的受教育权,让他们还没开始受教育就早早成家。而婚姻不自由的原因无非是长辈们落后的思想,他们认为身份悬殊不能结亲,更认为早当家比学知识更重要。总而言之,作者在这部小说里抨击的不只是过去黑暗的封建社会,而且还揭露了旧西藏最严重的两大问题:即出身歧视和婚姻不自由。

(二)书写年轻一代的觉醒和反抗

青年是时代的觉醒者,是引领一个时代正确发展的促进者和接班人;青年是民族的脊梁,是一个民族长盛不衰的继承者和发展者。在《绿松石》中,班典和德吉都是那一代风华正茂的青年,他们认知到了人人平等的观念以及统治阶级的残忍,他们的反抗为黑暗旧社会迎来了一丝曙光,也预示着时代的发展最终会推翻封建农奴制。年轻一代是一个时代的希望,他们不能在无知和愚昧中沉睡,必须为了时代的改革而觉醒与反抗,思考能力和生存能力应是年轻一代从噩梦中觉醒与反抗的武器。在小说中年轻一代的醒悟分成了以下三个阶段:

第一是思想觉醒。在《绿松石》的第二章中,色珍因为过度重视出身高低,不允许益西康珠跟出身低微的班典他们一起玩,从而在班典的脑海里涌现出了一个对于那个时代来说特别难得且勇敢的思想就是:"为什么年龄相仿且思想一致,却还要分高低贵贱呢?"②他能初步认知到人与人之间的关系是平等的,这种觉悟代表着他对祖先制定的这种不平等关系的一种质疑以及想要打破这种思想的冲动。思想的觉醒为年轻一代的彻底觉醒奠定了一定的基础,这样的觉醒让传承了百年的农奴制出现了裂缝,随着越来越多人的觉醒,这条裂缝会越来越大,最终成为扳倒农奴制、迎来农奴解放的光明之缝。

第二是文化觉醒。小说中的第四章,班典成了益西康珠的陪读,他跟阿爸平措承诺一定会踏实努力,好好学习,做个有出息的人。他认知到了文化可以丰富人的精神世界、促

---

① 次仁顿珠. 评析长篇小说《绿松石》,[D]. 西藏大学硕士学位论文,2010.
② 译自朗顿·班觉. 绿松石[M]. 拉萨:西藏人民出版社,1985.

进人的全面发展。文化的觉醒为年轻一代的彻底觉醒起到了重要作用，因为文化是一个民族的灵魂，它孕育着一个民族的生命力、凝聚力和创造力。思想的觉醒促使班典开始寻找光明，文化的觉醒则是他能走多远的动力。

第三是信念觉醒。父亲去世时的遗言，激发了班典复仇的决心。他在释迦牟尼佛像前发誓一定会找到当年的仇人报仇，即使仇人的势力远在他之上，也毫无畏惧进行复仇。志当存高远，只要心中有信念，就离成功接近了九十九步，哪怕再渺小的生命，信念给弱者以勇气，给气馁者以希望，给了那些强者更大的力量，只要有信念，那必定会成功且坚强地活着，主人公班典也不例外。信念的觉醒更进一步地促进了年轻一代的彻底觉醒。

最后，年轻一代开始反抗。在班典得知一直仰慕的代本大人是自己一直寻找的凶手时，既失望又愤怒，就算对方的权势和地位再高，就算自己能力再弱小，他都没有再胆怯和忍让，而是进行了反杀，最终复仇成功。在最后一章班典把绿松石当作爱情信物送给了德吉，他跟德吉说："你看向远方，乌云总会散去的，他们相信真理的存在，而不是永远活在别人的脚下，既然生在这样一个社会，那我们得学会反抗，而不是委曲求全而让那些恶人变本加厉。"① 终于，年轻一代彻底觉醒，成功地进行了反抗。而他们的觉醒与反抗拯救了那个盲目、黑暗的西藏旧社会。平凡铸就伟大，每一个平凡的角色都能让一个时代觉醒与发展。每一个时代也一定需要这样几个平凡的人带领广大群众从盲目愚昧中觉醒以及学会反抗。在西藏旧社会，有权力最高的噶伦，也有卑微的奴隶班典，但是小说中偏偏班典的反击和复仇让更多的人觉醒，让他们在压抑和束缚中找到了一丝光芒，对自由的向往变得越深。也会有人学习班典的胆量试着在传统的束缚中进行反驳，每一个时代都有"班典"，每一个时代也需要"班典"，为了脱离传统的束缚，为了人民利益。年轻一代应努力摆脱传统陋习，积极传承优秀传统文化，"取其精华，去其糟粕"，引领一个美好而不断发展的时代。

二、《绿松石》的艺术特色

"没有认真而精巧的艺术构思，就无法进入实际的创作过程，或者即使作者模拟现实生活中发生的事情写出了被称为小说的东西，也很难成为一篇好的小说……创作需要灵感，但是灵感不能代替构思。"② 所以一部小说的艺术构思和技巧运用尤为重要，就像人的衣服和树木的皮。在这里，笔者主要从人物形象塑造、语言艺术及民俗特色三个方面分析《绿松石》的艺术特色。

---

① 译自朗顿·班觉. 绿松石 [M]. 拉萨：西藏人民出版社，1985.
② [美] 约翰. 加德纳 [M].《小说的艺术——写给年轻作家》王威，译. 北京：中国人民大学出版社，2021：58.

（一）典型人物形象的塑造

小说的灵魂就是人物形象的塑造，《绿松石》抨击了西藏旧社会的黑暗，呈现了在一颗不属于任何人的"绿松石"面前每个人暴露的人性。人物是一部小说中主要的构成元素，事件的安排、情节的进展都围绕着人物进行，人物形象刻画的好坏决定着作品质量的好坏。《绿松石》中，朗顿·班觉运用多种手法，从外貌描写、语言描写和心理描写等不同方面刻画每一个人物。

无论主要人物还是次要人物，生动的人物语言和动作描写是《绿松石》的重要特色，如：第一章中，对阿爸平措父子俩去拉萨的途中的外貌和穿着是这样描写的："一位如饥似渴、筋疲力尽的瘦弱老人抱着一个小男孩，父子俩紧紧抱在一起蜷缩在角落里"，以及"阿爸平措的长袍布满补丁，两膝都漏在裤子外面，鞋底磨损得脚都触到了冰冷的地面，而那男孩非但没穿鞋，连裤子都没穿，只穿了一件破破烂烂的布衣，头上的辫子绑得太久都结块了，他的脸像涂满了煤灰般布满搓泥，从两个鼻孔流出少许鼻涕，随呼吸在口鼻间上蹿下跳。"①从父子俩的外貌描写可以看出他们的生活处境的惨淡。后来在扎拉家里，色珍殴打班典的动作描写以及色珍此时的外貌描写："色珍骂班典的同时揪着他的头发，不断地打几个巴掌以及拧着班典的屁股，她自己被气得脸都变得红彤彤的，刚洗过的头发也乱得披在半边脸和上半身，因愤怒和冲动呼吸急促且发出微微颤动的吼声。"②色珍的凶狠的本性以及狼狈的外貌都描写得淋漓尽致。不只是阿爸平措父子以及色珍，还把代本、德吉、益西康珠等人物形象刻画得十分到位。如代本，他的每一个动作描写显现出他是一个贪图眼前利益而不择手段的人，而德吉是一个心地善良且聪明果敢的一个青年女性，益西康珠则是一个渴望人人平等的富家小姐，作者把旧社会中存在的人都归结到这部小说里，既表达着对旧社会中存在的恶人的憎恨，也表达出对受尽折磨的农奴的同情。我认为作为贵族出身的朗顿·班觉，他在小说中的化身就是益西康珠。他渴望人人平等，渴望婚姻自由，渴望没有高低贵贱之分。同时，他把旧西藏的冷酷残忍写进了书中，证实了三座大山压在人民头上的丑恶本质。站在高位却能体察下情，关怀在泥泞中挣扎的如蝼蚁般的小人物，朗顿·班觉的人格魅力同样值得我们学习。

塑造丰富而意蕴深厚的人物形象是作者写好一部小说的关键，带着历史背景去阅读这部作品，体味丰厚的人物内涵是把握这部作品的基础，而正确地结合历史背景来全面诠释这篇小说是笔者写作此篇论文的出发点。

---

① 译自朗顿·班觉. 绿松石 [M]. 拉萨：西藏人民出版社，1985：3.
② 译自朗顿·班觉. 绿松石 [M]. 拉萨：西藏人民出版社，1985：33.

（二）卓越的语言艺术

朗顿·班觉使用藏语撰写《绿松石》，在叙述方式上第一次运用了白话文，同时在小说中运用了藏族民歌及藏族民间谚语和一些常见的修辞手法。藏文字是吞米桑布扎在吐蕃松赞干布时期创立的文字，是依照梵文创立的，经过精细加工渐渐简写的，就像汉字从甲骨文到现在的简体字，虽然没有那么烦琐，但在字体上渐渐有了变化，分成了乌金体、珠擦体、簇仁体、簇通体、簇玛丘体等书法体，藏文一共有30个辅音字母、4个元音字母。作者熟练地运用藏语创作了这部小说，作品语言流畅，婉转优雅，描写绘声绘色，显现了藏语言的魅力。此外，藏族民歌及藏族民间谚语在作品中的多元运用使得作品充满了浓郁的民族特色。

在小说中出现了很多的谚语及格言、民歌，使《绿松石》的内容得到了充分的修饰，让小说更具民族特色和文化意蕴，比如谚语："ཨོཾ་མ་ཎི་པད྄་མེ་ཧཱུྃ།"①意思就是在主要与次要之间应当注重主要，应主次分明。在对话中还引用了格言："མི་ཞིག་བློ་ལྡན་མཁས་པའི་དྲུང་དུ་ཕྱིན་ཡོད་ཀྱང་དེ་ལས་ཤེས་རབ་བགྲུབ་པར་བྱ་བའི་ཡང་དག་པའི་མཛད་པ་མ་སྤྱད་ན།"②意思就是明明有机会可以向智者学习，要是不认真从智者那里汲取知识的话，不是着了魔，就是病重。这些谚语充满了哲理。再如："ཀང་ཀང་པོ་ཡི་ཞི་རྩི་གྱེན་གུས་ལ་སྐྱེ་པའི་ལས་དེ་དེ་འདྲ་མིན་པར་རང་ངེས་ངེས་སྦྱངས་འབས་ནས་དུ་ངུ།"③这首诗的前两行的前两个字都是重叠字，韵律方面的构词跟两汉时期的《迢迢牵牛星》的前四句比较像，大致意思是勤奋好学。藏族民歌方面主要有表达男女情感以及对生活不满的情绪、劳动的歌谣等。文中德吉表达情绪大多都是用歌曲的形式唱出来，如班典第一次认识德吉是因为美妙的歌声，歌词里表达着德吉的诉求，对老天爷安排的命运不满。关于修辞手法，小说中运用了比喻、拟人等修辞手法，如："ཞི་མི་ཆེ་ཞེན་ཐ་ལ་འདག"④比喻人生短暂，就像猫打的一场哈欠；初生狮子再弱小也是狮子，哈巴狗的毛再长也是狗，运用了比喻的修辞手法。《绿松石》运用了藏民族特有的写作手法以及一些民俗谚语、修辞手法等，充分地体现了一个民族文化中卓越的语言艺术。

卓越的语言艺术可以充分地传达作者的创作意图，让读者更深一步了解其所创造的独特的文学世界及其所展现的深厚的文化内蕴，而《绿松石》所展现的民族历史风貌以及民族文化、民族习俗都能让读者更进一步地了解藏民族。

（三）鲜明的民俗意味

民俗文化又称为传统文化，是民间民众的风俗生活文化的统称。也泛指一个国家、民

---

① 朗顿·班觉. 绿松石 [M]. 拉萨：西藏人民出版社，1985：51.
② 朗顿·班觉. 绿松石 [M]. 拉萨：西藏人民出版社，1985：55.
③ 朗顿·班觉. 绿松石 [M]. 拉萨：西藏人民出版社，1985：58.
④ 朗顿·班觉. 绿松石 [M]. 拉萨：西藏人民出版社，1985：53.

族、地区中集居的民众所创造、共享、传承的风俗生活习惯。朗顿·班觉写的这部《绿松石》比较贴合于西藏地区的生活习俗，小说中的细节中提到的民俗意味也都很浓重，涉及西藏的饮食文化以及服饰文化、信仰习俗、节日文化、游艺习俗等。具体如下：

关于饮食文化，小说中提到最频繁的是饮食习俗。阿爸平措父子俩去拉萨的路上乞讨时，别人好心给他们施舍了一点糌粑，以及班典在扎拉家当奴隶时，也只有一点点糌粑作为酬劳，后面的大型贵族家宴中的主食也是糌粑，所以在西藏旧社会，人们的主食几乎只有糌粑。虽说文成公主进藏后带来了五谷造福了雪域高原的子民，但是在西藏因气候和生产技术的原因，人们的主粮还是石具磨出来的糌粑。酥油茶是广大藏族地区比较统一的饮品，因为是不可缺少的饮品，所以在牧区很多人家至少会养一头母牛来供酥油。虽然对这些饮食习俗的描写只是为了衬托小说中的人物及情境，但是也无时无刻不在提醒着糌粑和酥油茶在藏区饮食结构中不可缺少的地位。

关于游艺习俗，《绿松石》中在引出贵族们悠闲生活的同时也描写了西藏最日常的娱乐游戏——玩骰子，在玩骰子时也会说一些非常有趣且富有内涵的解释，为自己想要的数字加运气，不止小说中提到的这个娱乐游戏，西藏还有赛马、射箭等丰富多彩的娱乐游戏。

关于建筑文化，用班典进入噶伦府时的所见来详细地描写了藏地房屋建筑由外到内的风格，西藏的建筑最特殊且最具艺术风格的是房屋的色彩装饰，在梁柱上刻画了雍仲符号、龙等来做修饰，在墙上会刻画吉祥八宝、蒙人驭虎等具有民族历史文化象征意蕴的吉祥彩绘图。藏民族信仰藏传佛教，所以在房屋上刻画的吉祥图大多与佛教有关。

关于服饰文化，在班典第一次遇到德吉时，德吉穿着乌黑的无袖氆氇，后面益西康珠准备参加噶伦家的宴会时穿上了一个紫色金边的内搭，浅绿色的藏袍上用金银线绣出了精致的花朵，脖子上戴上了西藏特有的饰品——"卡欧"，虽然德吉和益西康珠的穿着上有很大的差距，但是终归到底都是具有西藏特色的民族服饰，作者很细心地描写了藏袍的多样性，用服饰的区别来凸显了西藏各阶级的生活差距。

《绿松石》在批判封建农奴制的主线中，细致地介绍了西藏的风土人情，使文本既具有极高的文学特色，又有丰富的民俗学价值。民俗文化既丰富了人们的生活，又增加了民族凝聚力，具有物质生活价值、精神生活价值和社会生活价值。《绿松石》描写了多元的民俗生活，展现了独特的文化魅力。

四、《绿松石》在当代藏族文学史上的价值和意义

文学可以连接历史与现在。朗顿·班觉的《绿松石》是西藏民主改革以后，用藏语言创作的第一部长篇小说，也是我读过最早的也是最精彩的一部小说。《绿松石》在西藏现代文学史上起着承上启下的作用，是西藏传统文学与现代文学的分水岭，小说在叙述方式上第一

次运用白话文，淡化了传统藏族文学中过分强调语言华丽的文风。着力追求语言的朴实、真挚、简明、生动。尤其是人物的对话，以拉萨口语为主，又通过精心的锤炼，使其成了较为优美的文学化语言，凸显了作品的真实感和通俗性。小说运用现实主义手法，将时代大背景同人物的命运紧密联系，注重塑造典型形象、典型环境，来揭示当时社会的主要矛盾。更为重要的是，作者根据丰富的生活阅历和广博的知识，将那个年代西藏社会上至噶伦下至乞丐的生活以及藏族传统的风俗礼仪等，进行了细致入微的刻画和描绘，向读者展现了一幅旧西藏社会世俗生活的画卷。展现出一个已经逝去的时代的真实生活图景，传达出对社会发展趋势的正确判断，再现普通人物对美好社会的探求，也许就是文学存在的意义。

《绿松石》发表后，在整个藏族文学领域引起了较大的反响，成为藏语现代文学创作的典范之作，也成为西藏传统文学与现代文学的分水岭，具有里程碑式的意义，它开辟了现代藏语文学创作的先河。朗顿·班觉的这部小说不仅让我们了解到了西藏旧社会的黑暗，更向我们证明了我们现在幸福生活的来之不易。这部小说里不仅描写了爱情也描写了复仇，若与万玛才旦的影视相结合，或许会有更大范围更深层次的传播。《绿松石》的出现影响了很多藏语作家的创作，一定程度上引导作家关注现实生活，从民族文化中吸取营养。很多后来的作家注重从现实生活中取材，注重民族谚语、民歌等在作品中的使用，如《普通家庭的生活》等藏语文学作品均显现了这方面的努力。《绿松石》可以算是一部具有启发性的文学作品，启发了很多藏地作者，将西藏的真实生活和历史事实相结合。这部小说对西藏汉语作家的写作风格也有很大的影响，如白玛娜珍、次仁罗布等，都紧抓着旧西藏过渡到新西藏的时间背景来展开文学想象。《绿松石》是藏语新文学的开端，也是对藏语旧文学的继承和发展。关于《绿松石》这部小说的意义，主要有以下三个方面：

第一，具有启发性和真实性。这部小说用藏语白话文的形式描摹生活，通俗易懂，开辟了西藏藏语新文学，启发更多的藏族文人大胆地用本民族语言写出白话文小说。同时这部作品因为真实地描写旧西藏，呈现出了一个逝去时代的真实图景，展现出了肉身的记忆，让一个个远去的灵魂鲜活起来，也让曾经的民俗生活风貌得以再现。《绿松石》对年轻一代作家所带来的启示，对西藏文学的发展具有特殊的价值和意义。

第二，具有批判性和回忆性。《绿松石》批判了过去的封建农奴制的罪恶，展现了西藏旧社会的残忍，让广大的年轻人回顾历史，铭记今日美好生活的来之不易。这部作品具有丰厚的内涵，既是言情小说，也是复仇小说，同时更是耐人深思的回忆性历史小说，让我们领悟到历史的真实与残酷。

第三，具有丰富的文化内涵和哲理性。作品显示了西藏传统文学的写作手法及写作特征，此外，格言的运用展现了民族的哲思，谚语、民歌等的娴熟运用显现了丰厚的文化内涵，传播了西藏的风土人情和民族习俗、生活状态等，使得这部小说在一定程度上充当了媒介的作用，介绍了西藏的文化风俗，呈现了新旧西藏的变化。

总而言之，《绿松石》作为一部优秀的藏民族文学作品，呈现了特定时期的社会政治历史风貌，并以其深刻的思想文化内涵、卓越的艺术手法和独特的民俗风味，代表着藏语文学创作的一个高度，为当下的藏语文学创作提供了一个学习的典范。

参考文献

[1] 朗顿·班觉. 绿松石[M]. 拉萨：西藏人民出版社，1985.

[2] 次仁顿珠. 评析长篇小说《绿松石》，[D]. 西藏大学硕士学位论文，2010.

[3][美]约翰·加德纳. 小说的艺术——写给年轻作家[M]. 王威，译. 北京：中国人民大学出版社，2021.

[4] 丹珠昂奔. 藏族文化发展史[M]. 兰州：甘肃教育出版社，2001.

[5] 丹珠昂奔. 佛教与藏族文学[M]. 北京：中央民族学院出版社，1988.

[6] 佟锦华. 藏族文学研究[M]. 北京：中国藏学出版社，2002.

[7] 于乃昌. 西藏审美文化[M]. 拉萨：西藏人民出版社，1999.

[8] 马学良等主编. 藏族文学史[M]. 成都：四川民族出版社，1994.

[9] 王沂暖，唐景福. 藏族文学史略[M]. 西宁：青海民族出版社，1988.

[10] 陶东风主编. 文化研究精粹读本[M]. 北京：中国人民大学出版社，2006.

（指导教师：徐琴）

导师点评

格桑曲珍同学的论文全文结构较为合理，逻辑思路清晰，观点表达准确，语言表达通畅。论文格式较为规范，参考文献资料符合主题要求。全文以朗顿·班觉的《绿松石》为核心，重点探讨了作品的主题意蕴、艺术特色及在当代藏族文学史上的价值和意义，展示了在文学视野下和现实背景下的《绿松石》的文学地位，能结合自己对新旧西藏的切实感受来展开写作，具有一定的现实价值。

在成文前能收集大量的文史资料，论述中展示出了藏民族民俗特色及传统习俗风貌，切合论题需要。论文层次结构翔实，具有一定的民族语言特色，但在语言表述方面存在口语化表达，语句表达仍需进一步凝练和打磨。对《绿松石》文学意义的挖掘，还有一些单薄，可以继续深入研究和探讨《绿松石》的文学影响和价值。

导师简介

徐琴，博士，教授，硕士研究生导师。主要研究方向为现当代文学和藏族文学。曾获陕西省高等学校人文社会科学研究优秀成果奖。

西藏山南市乃东区国家通用语言文字使用情况调查研究

彭朗　汉语言文学 2018 级

摘　要：进入现代化建设的新时期，开展大规模、深入的语言国情调查，是我国语文工作的一项重要任务，对我国的现代化建设有着重要的意义和作用。本文采用问卷调查的方式对西藏山南市乃东区进行国家通用语言文字使用情况调查研究，数据分析表明：藏语仍是该地区最通行的语言；在少数民族地区的双语教育政策背景下，母语传承并没有弱化；普通话在公共场所的作用越来越重要；推普工作卓有成效，当地普通话水平较高；该地学习普通话的途径呈现多样性的特点，学校是推广普及国家通用语言文字的主要阵地；语言环境缺乏是该地区目前学习普通话面临的主要问题；山南市乃东区居民对自身普通话水平的期望值较高。普通话作为全民的交际工具，基本上已经被当地所接受，推普工作已深入人心，普通话的社会认可度越来越高，但阶段性问题仍然存在。本文针对调查结果提出相应的建议，以期对提高西藏地区民众的国家通用语言能力起到积极作用。

关键词：乃东区；国家通用语言文字；使用情况；语言能力；语言态度；建议

引言

我国是统一的多民族国家，约有百种以上的语言和 30 多种文字。但是目前我国对许多地方的语言使用状况的认识仍停留在不清晰、朦胧的状态，因此科学地认识我国的语言状况对于发展各民族的文化教育具有重要的理论意义[1]。2022 年是《国家通用语言文字法》颁布并实施的 21 周年。推广普及国家通用语言文字，促进各民族地区的发展，从而实现各民族的共同繁荣。

---

[1] 戴庆厦.论新时期我国少数民族的语言国情调查[J].云南师范大学学报（哲学社会科学版），2008（03）.

由于自然环境和历史原因，西藏地区国家通用语言文字的使用相比其他民族地区更加复杂，国家通用语言文字教育也面临着更大的困难。基于此，本文选取西藏山南市乃东区，调查国家通用语言文字的使用情况，以期提升当地居民国家通用语言文字水平。

一、山南市乃东区概况及调查的意义

（一）山南市乃东区概况

山南市是西藏自治区下辖的一个地级市，毗邻拉萨市和日喀则市，总面积7.93万平方千米，总人口35万人，2020年实现地区生产总值215.4亿。山南市民族成分构成以藏族为主，另外还有27个兄弟民族分布在下辖的各个县市，其中，汉族、回族两个民族的人口超过千人。①"乃东"为藏语音译名，意为"山尖尖前面"，是西藏古文明发祥地之一，享有"八个第一"的盛誉，历史悠久，文化灿烂。以藏族为主的民族构成再加上悠久的历史底蕴，在西藏具有代表性，因此笔者以山南为调查对象。

（二）调查意义

随着全国统一的劳动力市场逐步形成，对少数民族劳动力而言，熟练的普通话能力不仅可以获得更多的就业机会，而且在提高工作效率、提升收入方面有着重要的作用。2020年底我国脱贫攻坚任务圆满完成后，山南市实现地区生产总值（GDP）142亿元，因此要做好和乡村振兴相衔接的各项工作，语言扶贫也要过渡到一个新的发展阶段。此外，西藏作为人皆向往的世外桃源，吸引着全国各地的"背包客"，国家通用语言文字也成为西藏自治区各行各业从业人员的必需品。国家通用语的优势，是方言和民族语言不可比拟的。只有不断普及国家通用语言文字，才能使旅游业成为西藏经济发展的"常青树"②。

同时语言文字的普及也在一定程度上缩短了各个民族之间的距离，大大加深了民族地区的归属感与认同感，也有利于加强各族人民的团结进步③。

综上所述，国家通用语言在西藏的推广与应用，对于西藏地区今后的社会发展与经济发展水平影响巨大。在保护和接续传承本民族语言的前提下，大力推广国家通用语言文字有利于促进当地经济的发展、人民生活水平的提高、加深文化认同、铸牢中华民族共同体

---

① 此处内容主要参考山南市人民政府网（www.shannan.gov.cn）.
② 姜刚涛，何国希，刘子愉等. 探究国家通用语言文字普及在地区经济发展中的作用——以云南省昆明市为例 [J]. 中国集体经济，2022（06）.
③ 姜刚涛，何国希，刘子愉等. 探究国家通用语言文字普及在地区经济发展中的作用——以云南省昆明市为例 [J]. 中国集体经济，2022（06）.

意识。因此，应在较为全面的视角下调查研究国家通用语言在西藏的推广与应用情况，对西藏自治区推广国家通用语言文字的现状及其未来发展进行宏观评判，并提出相应的措施，以便更好地推进国家通用语言文字在西藏的推广与普及工作。

二、调查目的及设计

本次调查属于宏观调查，主要调查当地居民掌握国家通用语言文字的情况、使用国家通用语言文字的习惯和场合、对国家通用语言文字及其使用过程中的看法，即语言文字使用情况调查研究[①]。

（一）调查目的与方法

本次调查的目的主要有三个方面：第一，深入了解西藏地区国家通用语言文字推广的现状[②]；第二，了解西藏地区国家通用语言文字政策法规的社会知晓度；第三，了解民众对国家通用语言、藏语的基本态度。根本目的在于提升当地居民国家通用语言文字水平。

本次调查采取问卷和入户调查两种方式。调查员在西藏山南市乃东区人民政府、山南二高、昌珠寺以及乃东区克松村给被调查人发放相关调查问卷，被调查人根据自己的情况勾选后再由调查员收回。对于少部分不认识汉字的被调查人，由调查员用藏语读卷[③]，再根据被调查人的反馈进行勾选，期间调查员还对乃东区克松村的被调查人进行了访谈。

（二）问卷调查设计

1. 问卷调查的主要内容

（1）基本情况：①性别；②年龄；③职业；④籍贯。

（2）对语言相关法律知识的认识及其态度，包括：①是否知道《中华人民共和国国家通用语言文字法》；②小时候最先会说的是哪种语言；③现在能用哪些语言与人交谈；④在家里是否说普通话；⑤外出办事时最常说哪种语言；⑥普通话程度；⑦学习普通话遇到的最主要的问题；⑧是否参加过普通话水平测试。

（3）文字法律知识、文字使用情况及其态度[④]，包括：①是否知道规范汉字是国家通用文字；②看汉语书报有没有困难；③喜欢看哪种文字的新闻；④用微信发消息时，常用哪

---

① 刘楚群，黄玲玲. 赣州市语言文字使用情况调查分析［J］. 语言文字应用，2016（01）.
② 刘楚群，黄玲玲. 赣州市语言文字使用情况调查分析［J］. 语言文字应用，2016（01）.
③ 张丹. 云南省西双版纳傣族自治州普通话普及情况调查分析［J］. 黔南民族师范学院学报，2021（04）.
④ 刘楚群，黄玲玲. 赣州市语言文字使用情况调查分析［J］. 语言文字应用，2016（01）.

种输入法。

2. 问卷调查的对象

本研究的问卷调查的对象涉及西藏山南市各行业人员，包括公务员、教师、农牧民、中小学生、宗教人士；入户调查的对象主要是农牧民。

三、调查问卷数据分析

（一）样本结构

在综合该地居民性别、年龄、职业、出生地四个条件的基础上，选取10位各类居民进行调查，调查共收回有效问卷50份，各类样本比例如图1所示。

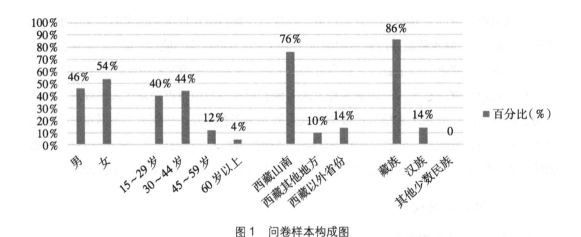

图1 问卷样本构成图

图表显示，问卷所调查对象的性别比例基本均衡；年龄构成主要在15~44岁之间；被调查者主要来自山南市乃东区及各县、乡；民族构成主要以藏族为主。总之，调查样本分布与预期一样，具有一定的代表性[①]，基本能反映山南市乃东区语言文字使用现状。

（二）语言能力情况

1. 藏语掌握情况

藏语掌握情况数据主要是由问卷问题"您小时候最先会说的是哪种话"获取。必要时可多选，该题回收的问卷存在多选的情况，详见表1。

---

① 刘楚群，黄玲玲. 赣州市语言文字使用情况调查分析［J］. 语言文字应用，2016（01）.

表1 您小时候(上小学前)最先会说的是哪种话(语言)【多选题,N=50】

小时候(上学前)最先会说	样本数	百分比(%)
普通话	11	22
藏语	40	80
汉语方言	3	6

上学前最先会说的语言有普通话、藏语、汉语方言三项,调查数据显示,小时候最先会说的语言排在第一位的是藏语,第二位是普通话,第三位是汉语方言,三个选项的比例分别是80%、22%、6%。其中,藏语作为母语的情况比例高达80%,这是因为西藏是我国藏族的主要聚居区。据山南市第七次全国人口普查数据显示:全市常住人口中,有318250人是藏族,占全市常住人口(354035人)的90%,当地儿童最先习得的语言自然是藏语。可见,藏语仍然是最早习得并十分重要的语言且作为母语的地位非常稳固。

2. 语言使用情况

该地区语言使用情况数据主要从"您现在能用哪些语言与人交谈""普通话在不同场合使用情况"以及"日常多媒体设备语言使用情况"这三个问题中获取。详见表2、表3、表4。

表2 您现在能用哪些语言与人交谈【多选题,N=50】

能用哪些语言与人交谈	样本数	百分比(%)
普通话	33	66
藏语	38	76
其他汉语方言	1	2

现在能用普通话、藏语、其他汉语方言与人交谈①的样本比例分别是66%、76%、2%。其中比例最高的是使用藏语,使用普通话比例位居第二。通过比较表2和表3的数据可以得出:我国在大力推广国家通用语言和推进少数民族地区双语教育的政策背景下,少数民族地区的母语传承并没有弱化②。80%习得藏语的人口,通过学校教育、社会交流等途径能够很好地掌握国家通用语言。另一方面也说明,随着社会的进步,个人的语言能力在不断地增强,人们掌握两种语言或方言逐渐成为一种社会语言常态。

---

① 李志忠,岳学贤,曹婷. 南疆乡村维吾尔族普通话普及度抽样分析[J]. 语言文字应用,2018(03).
② 李志忠,岳学贤,曹婷. 南疆乡村维吾尔族普通话普及度抽样分析[J]. 语言文字应用,2018(03).

表 3　普通话在不同场合使用情况【多选题，N=50】

	藏语	普通话	其他
在家最常说的语言比例（%）	50	54	4
在本地集贸市场最常说的语言比例（%）	56	74	2
在本地医院最常说的语言比例（%）	56	74	2
在本地政府部门办事最常说的语言比例（%）	56	74	2

表 3 调查数据显示，在家最常用的语言是普通话和藏语，普通话比例略大于藏语但可以忽略不计，说明在家庭这样私密性较强的空间，使用的语言和民族出身关系最密切；在本地集贸市场、医院和政府部门场所交往交流时，使用普通话的比例为74%，说明随着我国的普通话推广力度的不断加强，普通话在公共场所的作用越来越重要并逐渐成了公共场所的交流语言，但使用藏语的比例为56%，说明其在常用语言中仍占有一席之地。

表 4　电子设备语言使用情况【多选题，N=50】

	1. 在QQ或微信上发消息时，常用哪一种输入法？			2. 浏览网页、公众号时，经常浏览哪一种网页？			3. 用电脑处理材料时主要使用哪种输入法？		
	汉字手写	汉语拼音	藏文输入（语音）	藏文	汉文	藏汉双语	汉字手写	汉语拼音	藏文输入法
农牧民	4	0	6	7	3	0	0	0	0
教师	3	7	1	0	10	0	0	10	0
中小学生	0	10	10	0	10	0	0	10	0
宗教人士	0	0	10	10	0	0	0	0	0
公务员	3	7	0	0	10	0	3	7	0

表 4 调查数据显示公务员、教师和学生在使用电子设备的时候，均采用汉字手写或用拼音输入法的方式输入汉字，可见汉语拼音在当代青少年这一群体中的普及率和应用能力较强；而80%的农牧民和宗教人士在使用电子设备时，都习惯使用藏文或藏语语音输入法且浏览的都是藏文网页或公众号，可见语言环境的不支持、受教育程度的限制使得农牧民和宗教人士的国家通用语言文字使用能力较弱。

3. 普通话普及度和普通话水平

山南市乃东区的普通话水平数据主要从问卷问题"您的普通话程度怎么样"中获取。必要时可多选，该题回收的问卷存在多选的情况，详见表5。

表 5　您的普通话程度怎么样【多选题，N=50】

标准			职业					合计	百分比（%）
			农牧民	教师	中小学生	宗教人士	公务员		
普通话水平	会	熟练	a. 流利准确	1	9	5		5	20	40
			b. 熟练使用但有些音不准	1	2	3		5	11	22
			c. 能熟练使用但口音较重						0	0
		不熟练	d. 基本能交谈但不熟练	5		3	2		10	20
	不会		e. 能听懂但不太会说	1			5		6	12
			f. 能听懂一些但不会说	1			1		2	4
			g. 听不懂也不会说	3			2		5	10

图表显示，有 82% 的被调查者现在会说普通话，这个比例过半。表格中"a. 流利准确"到"d. 基本能交谈但不熟练"四项被认定为"会说普通话"；"e. 能听懂但不太会说"到"g. 听不懂也不会说"三项被认定为"不会说普通话"[①]。依据这个标准，该地区有 82% 的人具有普通话能力，其中有 62% 的人"能熟练使用普通话"。这就是西藏山南市乃东区国家通用语言整体普及水平的现状，即有一半以上的人会说普通话。可见，山南市乃东区居民的普通话水平较高，当地推普工作卓有成效。

4. 普通话水平影响因素分析

（1）性别

表 6　普通话水平与性别交叉列表【多选题，N=50】

指标		性别			
		男		女	
		样本数	百分比（%）	样本数	百分比（%）
普通话水平	a. 流利准确	5	10	15	30
	b. 熟练使用但有些音不准	6	12	5	10
	c. 能熟练使用但口音较重	0	0	0	0
	d. 基本能交谈但不熟练	6	12	4	8

---

① 李志忠，岳学贤，曹婷. 南疆乡村维吾尔族普通话普及度抽样分析［J］. 语言文字应用，2018（03）.

续表

指标		性别			
		男		女	
		样本数	百分比（%）	样本数	百分比（%）
普通话水平	e. 能听懂但不太会说	4	8	2	4
	f. 能听懂一些但不会说	1	2	1	2
	g. 听不懂也不会说	2	4	3	6
总计		24	48	30	60

必要时可多选，该题回收的问卷存在多选的情况。

由表6调查数据可见，在前四个标准（a~d）里，能够"a. 流利准确"使用普通话的男女比例分别为10%、30%，能够"b. 熟练使用但有些音不准"使用普通话的男女分别占12%、10%，能够"d. 基本交谈但不熟练"使用普通话的男女占比分别为12%、8%[①]，综合以上四项，男女分别占34%和48%，当地女性的普通话水平略高于男性，但总体上山南市乃东区的普通话水平和性别的关系不大。

（2）年龄

表7 普通话水平与年龄交叉列表【多选题，N=50】

指标		年龄							
		15—29岁		30—44岁		45—59岁		60岁以上	
		样本数	百分比（%）	样本数	百分比（%）	样本数	百分比（%）	样本数	百分比（%）
普通话水平	a. 流利准确	11	22	8	16	1	2		
	b. 熟练使用但有些音不准	3	6	8	16				
	c. 能熟练使用但口音较重								
	d. 基本能交谈但不熟练	5	10	4	8			1	2
	e. 能听懂但不太会说	2	4	3	6	1	2		
	f. 能听懂一些但不会说					1	2	1	2
	g. 听不懂也不会说			2	4	1	2	2	4
总计		21	42	25	50	4	8	4	8

必要时可多选，该题回收的问卷存在多选的情况。

---

① 李志忠，岳学贤，曹婷. 南疆乡村维吾尔族普通话普及度抽样分析 [J]. 语言文字应用，2018（03）.

由表 7 数据显示，所划分的四个年龄段里会说普通话（前四项标准）的比例分别为 38%、40%、2%、2%。可见山南市乃东区的普通话水平与年龄有着显著的关系，整体表现为 15—44 岁之间的青年人的普通话水平高于 44 岁以上的中老年人群体。细分每一个年龄段，60 岁以上的人群，没有人能够熟练掌握普通话[①]；45—59 岁的年龄段里仅有 2%的人能够熟练掌握普通话；而 30—44 岁和 15—29 岁的中青年和青少年群体是能够熟练掌握普通话的主要力量。可以预测，随着时间的推移，人口自然更迭，该地区的国家通用语言的水平必然会越来越高。

（3）职业

表 8　普通话水平与职业交叉列表【多选题，N=50】

指标		职业								
		农牧民		教师		中小学生		宗教人士		公务员	
		样本数	百分比(%)	样本数	百分比(%)	样本数	百分比(%)	样本数	百分比(%)	样本数	百分比(%)
普通话水平	a. 流利准确	1	2	9	18	5	10			5	10
	b. 熟练使用但有些音不准	1	2	2	4	3	6			5	10
	c. 能熟练使用但口音较重										
	d. 基本能交谈但不熟练	5	10			3	6	2	4		
	e. 能听懂但不太会说	1	2					5	10		
	f. 能听懂一些但不会说	1	2					1	2		
	g. 听不懂也不会说	3	6					2	4		
	总计	12	24	11	22	11	22	10	18	10	20

必要时可多选，该题回收的问卷存在多选的情况。

由表 8 数据显示，受工作和学习环境的语言需求影响，教师、中小学生、公务员的国家通用语言水平更高，其能熟练使用普通话的样本数量占样本总数的 58%。而农牧民和宗教人士的国家通用语言能力较弱，仅有 4%的样本能熟练使用普通话。

（二）国家通用语言学习情况

国家通用语言学习情况调查由"普通话学习的主要途径、普通话学习的主要问题、普通话学习的期望值"这三个方面显示[②]。

---

① 李志忠，岳学贤，曹婷. 南疆乡村维吾尔族普通话普及度抽样分析［J］. 语言文字应用，2018（03）.
② 焦安勤. 阿坝师院普通话普及情况调查分析报告［J］. 长江丛刊，2017（35）.

1. 普通话学习的主要途径

普通话学习的主要途径数据是从问卷问题"您学（说）普通话最主要的途径是什么"中获取[①]。必要时可多选，该题回收的问卷存在多选的情况，详见表9。

表 9　学习普通话主要途径【多选题，N=50】

普通话学习途径	选项数	百分比（%）
a. 学校学习	34	68
b. 职业需要	12	24
c. 看电视听广播	10	20
d. 社会交往	10	20

表9数据显示：该地学习普通话的途径具有多样性的特点。通过"学校学习""职业需要""看电视听广播"和"社会交往"这四个途径学习的比例分别是 68%、24%、20%、20%。"学校学习"占比最多且过半，是普通话学习最主要的途径。

学校是国家通用语言文字普及推广的主要阵地。2006 年 3 月，西藏自治区教育厅下发的《关于加强我区学校普通话推广工作的意见》，强调了学校在国家通用语言普及中的地位，为学校展开推普工作点明了规范化道路。21 世纪以来，据相关统计数据显示在全区采用汉语教学或双语教学的小学已经高达 98% 以上，中小学里已基本全部覆盖普通话教学。

数据还显示与汉族同胞的社会交往是学习普通话最自然的方式，在调查过程中，我们发现，当地的很多居民由于职业的需要，与往来的内地汉族同胞的交往交流越来越频繁，从而逐渐掌握了普通话。

2. 普通话学习的主要困难

普通话学习的主要困难是从问卷问题"您觉得学（说）普通话遇到的最主要的问题是什么"中获取。必要时可多选，该题回收的问卷存在多选的情况，详见表10。

表 10　学习普通话遇到的最主要的问题【多选题，N=37】

学习普通话遇到的最主要的问题	样本数	百分比（%）
a. 周围的人都不说，说的机会少	9	24
b. 受汉语方言影响，不好改口音	13	35
c. 受本民族语言影响，不好改口音	4	10
d. 说普通话怕别人笑话	1	2.7
e. 无此情况	8	21

[①] 李志忠，岳学贤，曹婷. 南疆乡村维吾尔族普通话普及度抽样分析［J］. 语言文字应用，2018（03）.

"学习普通话遇到的最主要问题"中,有 35% 的样本选择了"受汉语方言的影响,不好改口音",有 24% 的样本选择了"周围的人都不说,说的机会少",有 10% 的样本选择了"受本民族语言影响,不好改口音",只有 2.7% 的样本选择了"说普通话怕别人笑话"①。

"受汉语方言影响,不好改口音"和"周围的人都不说,说的机会少"所占的比例较为集中,说明语言环境缺乏是该地区目前学习普通话的主要问题②。据我们实地调查发现,山南市有很多从四川、湖北地区来的商人或公务员,这些地区的汉语方言对当地居民学习普通话有很大的影响。

3. 普通话学习的期望值

普通话学习的期望值数据主要是从"您希望您的普通话达到什么程度"问题中获取。必要时可多选,该题回收的问卷存在多选的情况,详见表 11。

表 11 希望普通话达到的程度【多选题,N=40】

对普通话学习的要求	样本数	百分比(%)
a. 流利准确使用	23	57.5
b. 能熟练使用	9	22.5
c. 能进行一般交际	4	10
d. 没什么要求	6	15

调查数据显示,山南市乃东区市民对自身普通话水平的期望值较高,有 57.5% 的人希望能流利准确使用普通话,更多的人已经不再局限于普通话的交际功能,而更加偏向于把熟练使用普通话看作一种有文化的表现,看成一种特定的身份标志③。

(三)普通话态度情况

本地群众普通话态度数据主要是从"是否愿意学习汉语文"和"认为汉字书写应持有的态度"两个问题中获取。必要时可多选,该题回收的问卷存在多选的情况,详见表 12。

表 12 本地群众普通话态度情况【多选题,N=50】

职业	问卷问题					
	1. 是否愿意学习汉语文?			2. 认为汉字书写应持有的态度?		
	愿意	不愿意	无所谓	规范书写	达到目的就行	看情况
农牧民	9	0	1			

---

① 何钰馨. 川西木雅藏区九龙县汤古乡语言生态研究[D]. 西南交通大学, 2020.

② 李志忠, 岳学贤, 曹婷. 南疆乡村维吾尔族普通话普及度抽样分析[J]. 语言文字应用, 2018(03).

③ 刘楚群, 黄玲玲. 赣州市语言文字使用情况调查分析[J]. 语言文字应用, 2016(01).

续表

职业	问卷问题					
	1. 是否愿意学习汉语文？			2. 认为汉字书写应持有的态度？		
	愿意	不愿意	无所谓	规范书写	达到目的就行	看情况
教师	10	0	0	10	0	0
中小学生	10	0	0	8	0	2
宗教人士	6	0	4			
公务员	10	0	0	9	1	0

由表中数据可知，无论从事哪种职业的被调查人，"愿意学习汉语文"都是首选。这意味着大部分山南市乃东区群众愿意学习汉语普通话，普通话作为全民的交际工具，基本上被社会所接受。无论年龄大小和职业差异，人们都普遍认可普通话的重要性，这样的普通话态度十分有利于当地的普通话推广。

（四）对国家通用语言文字法规知晓程度情况

本地群众是否知道相关政策和法律法规数据是从"有没有人向您和周围的人宣传推广过普通话的政策""是否知道《中华人民共和国国家通用语言文字法》？""是否知道普通话是国家通用语言？是否知道规范汉字是国家通用文字"三个问题中获取。必要时可多选，该题回收的问卷存在多选的情况，详见表13。

表 13　是否知道相关国家政策和法律法规【多选题，N=50】

职业	问卷问题					
	1. 有没有人向您和周围的人宣传推广过普通话的政策？		2. 是否知道《中华人民共和国国家通用语言文字法》？		3. 是否知道普通话是国家通用语言？是否知道规范汉字是国家通用文字？	
	有	没有	知道	不知道	知道	不知道
农牧民	9	1	4	6	9	1
教师	7	3	8	2	10	0
中小学生	5	5		1	10	0
宗教人士	10	0	8	2	8	2
公务员	7	3	9	0	10	0

调查数据显示，普通话作为交际工具，基本上已经被当地所接受，推普工作也已经深入人心。

四、结论及建议

（一）调查结论

第一，在语言能力情况方面，调查结果显示：藏语仍是该地区最主要的语言，该地区藏语作为母语的传承并没有弱化；汉语拼音在教师、中小学生、公务员这三类群体中的普及率和应用性较强，农牧民和宗教人士的国家通用语言文字使用能力较弱；西藏山南市乃东区推普工作卓有成效，当地普通话水平较高；国家通用语言使用能力与被调查者的性别、年龄、职业有着密切关系。

第二，在国家通用语言学习情况方面，调查结果显示：该地学习普通话的途径呈现多样性的特点，学校是国家通用语言文字推广普及的主要阵地；该地区缺乏语言环境是目前学习普通话的主要问题；山南市乃东区市民对自身普通话水平的期望值较高，越来越多的人已经不再满足于普通话的交际功能，而有更高的追求。

第三，在对普通话态度情况方面，调查显示：普通话作为全民的交际工具，基本上已经被当地所接受，推普工作已深入人心。

第四，在对国家通用语言文字法规知晓程度情况方面，调查显示，大多数居民都知晓我国的语言文字法律法规。

（二）建议

首先，构建和谐的语言生态环境。随着西藏社会各方面的不断进步，普通话的普及途径更加多样，但是也存在少部分群众基于民族语言感情，认为普通话的推广会弱化本民族语言，从而对推普工作存在误解。因此，需要构建和谐的语言生态环境，一方面要使藏族群众明白掌握普通话能更好地促进就业、提高收入水平和提升教育质量，另一方面也要让藏族群众明白保护和传承藏语是国家民族语言的核心政策，都是为了广大藏族同胞着想。

其次，发挥学校作为国家通用语言文字普及的主阵地的作用。要努力探索"学前—小学—初中—高中—大学"双语教育一体化理论体系与实践经验[1]，同时强化职业学校的普通话普及工作，结合实际情况，发挥学校的最大作用。

再次，加强国家通用语言文字政策和法规的宣传。应该认真总结推普工作过程中已有的经验，落实党和国家的语言文字政策。各级政府要依据《国家通用语言文字普及攻坚工

---

[1] 张华娜，张雁军. 精准扶贫视角下西藏普及国家通用语言文字存在的问题及对策研究[J]. 西藏研究，2020（01）.

程方案》①，建立推普工作机制、推普成效评估机制。

最后，要强化农牧区推普工作的支持力度。西藏推普工作的主要难点在农牧区。在城区推普工作取得良好效果的前提下，应当把推普工作的重心逐渐转移到偏远的农牧区和教育相对落后的村镇，要强化农牧区推普工作的支持力度。

结束语

当前，西藏山南市乃东区的推普工作扎实推进，社会各界积极响应国家、自治区的相关文件要求，随着西藏地区社会和经济的发展，该地区的推普工作也有了跨越式的发展。在这其中，成绩斐然固然令人喜悦，但更重要的是要对其中出现的问题进行分析和解决，对遇到的困难进行有效地克服②，归纳好的经验，正视现实，逐步扩大推普工作的范围，并时时注意推普工作的质量。按照党和国家的语言方针政策，结合西藏本地的实际情况，构建良好的语言环境、加强教育与宣传、完善相关制度、提升普通话培训服务水平，是建设新西藏的有效途径。

参考文献

[1] 戴庆厦. 论新时期我国少数民族的语言国情调查 [J]. 云南师范大学学报（哲学社会科学版），2008（05）.

[2] 何钰馨. 川西木雅藏区九龙县汤古乡语言生态研究 [D]. 成都：西南交通大学，2020.

[3] 姜刚涛，何国希，刘子愉等. 探究国家通用语言文字普及在地区经济发展中的作用——以云南省昆明市为例 [J]. 中国集体经济，2022（06）.

[4] 焦安勤. 阿坝师院普通话普及情况调查分析报告 [J]. 长江丛刊，2017（12）.

[5] 李志忠，岳学贤，曹婷. 南疆乡村维吾尔族普通话普及度抽样分析 [J]. 语言文字应用，2018（03）.

[6] 刘楚群，黄玲玲. 赣州市语言文字使用情况调查分析 [J]. 语言文字应用，2016（01）.

[7] 张丹. 云南省西双版纳傣族自治州普通话普及情况调查分析 [J]. 黔南民族师范学院学报，2021（04）.

[8] 张华娜，张雁军. 精准扶贫视角下西藏普及国家通用语言文字存在的问题及对策研究 [J]. 西藏研究，2020（01）.

[9] 周莹，王雪凝. 西藏地区国家通用语言推广和普及的现状与对策 [J]. 大众文艺，2016（16）.

（指导教师：陈荣泽）

---

① 周莹，王雪凝. 西藏地区国家通用语言推广和普及的现状与对策 [J]. 大众文艺，2016（16）.

② 周莹，王雪凝. 西藏地区国家通用语言推广和普及的现状与对策 [J]. 大众文艺，2016（16）.

导师点评

  推广普及国家通用语言文字，是我国语言文字事业的核心任务，是法律规定的责任，是铸牢中华民族共同体意识的重要途径，是建设高质量教育体系的基础支撑，是实施乡村振兴战略的有力举措，对经济社会发展具有重要作用。该篇论文以民族地区推广普及国家通用语言文字情况为调查研究对象，其选题具有重要的现实意义。文章采用问卷方式调查了西藏山南市乃东区居民国家通用语言文字使用情况，通过分析所获的第一手数据，较为深入细致地反映了山南乃东区在推广普及国家通用语言文字工作中取得的成绩与不足，并就下一步推普工作提出了一些建议，对在西藏农牧区推广普及国家通用语言文字具有一定的参考价值。但作者的前期调研还不够扎实，文章所依据的调查样本相对较少，立论基础显得薄弱了一些；另外，作者对西藏的了解还不深入，其建议过于概括、不够具体。

导师简介

  陈荣泽，博士，教授，硕士生导师，全国汉语方言学会会员、中国民族语言学会会员，兼任中国民族语言学会汉藏语言文化专业委员会副主任，主要从事汉、藏语方言研究。

论初中语文教材删改对生命教育的影响

罗欣然　汉语言文学（师范）2018 级

摘　要：生命教育对于一个人的成长具有重要的意义，我国中小学虽然没有开设专门的生命教育课程，但语文作为人文性很强的基础性学科，有着开展生命教育的独特优势。本文整理了部编版初中语文教材中涉及生命教育的选文，对教材中的生命教育现状进行分析。并通过对这些选文中存在的具有争议性的删改进行统计分析，发现其中的教学价值，探索生命教育的更多可能。进而对教师、学校、编者提出切实可行的建议，普及生命教育知识。

关键词：生命教育；死亡教育；课文删改

引言

（一）研究的目的和意义

《国家中长期教育改革和发展规划纲要（2010—2020 年）》明确提出应"重视安全教育、生命教育、国防教育、可持续发展教育"[①]，首次将"生命教育"作为教育工作的重心之一，生命教育工作成为提升国民素质的重点。开展生命教育是深化教育改革、推进素质教育、提升人才质量的应然之举。特别是新冠疫情暴发以来，我们每天都能在疫情通报上看到死亡人数的数字在不断变化，因此，更应该帮助学生树立正确的生命观。另外，中学生正处于生理和心理急剧变化的时期，这个年龄段的孩子容易与自己或他人产生矛盾，会做出伤害自己和伤害他人的行为。这很大程度上是由于他们没有接受足够的生命教育，没有养成敬畏生命、珍惜生命的意识。我国目前还未将生命教育设立为专门的学科，而是将生命教育融入每一门课程之中。

作为一门基础性学科，语文兼具人文性和工具性，因此有着开展生命教育的天然优势。

---

① 国家中长期教育改革和发展规划纲要（2010—2020 年）[J]. 实验室研究与探索，2018，37（06）.

教材是知识的载体，语文教材中各种各样的选文蕴含着丰富的教育资源，是生命教育的沃土。统计和分析教材中的生命教育选文，可以直观感受到初中语文教材中的生命教育现状。由于教材的规范性和特殊性，教材选文在选入课本时会进行不同程度的删改，研究这些删改有利于更好地了解和使用教材，便于发现教材中所存在的不足，从而更好地完善我们的生命教育。最后给初中阶段的语文教师、学校以及教材的编者提出切实可行的建议，希望可以通过多方努力，共同推进生命教育的发展和完善。

（二）生命教育相关概念辨析

生命教育是旨在帮助学生认识生命、珍惜生命、尊重生命、热爱生命，提高生存技能，提升生命质量的一种教育活动。生命教育帮助人们获得生命存在的最大意义和价值，这是生命教育最重要的内容。生命的本质是过程，广义的生命教育贯穿人的生命的全过程。从出生到死亡，生命是个体行为活动的基础，这个意义上的生命教育是一种"全人的教育"。狭义的生命教育帮助学生认识生命的本质和意义。它往往更注重引导学生感悟个体生命的意义，从而提升生命价值，它激发学生追求个体生命价值，是从"生"的角度去关怀和尊重生命。

死亡教育是关于"死亡"的教育，它教育学生如何科学地认识死亡以及如何坦然地面对死亡，提倡从"死"的角度去关怀和尊重生命。死亡教育应该从人类发展的角度去思考死亡相关问题，强调如何增长应对死亡的经验，使遭遇到死亡的人有能力处理和规划未来的生活，进一步理解生命和生活。①中文语境下的"死亡教育"起源于"临终关怀""安乐死"等医学领域的相关需要，多出现在医学、伦理学等学科，在语文教学中鲜少出现。

受中国传统文化的影响，"死亡"一词是相对禁忌的存在，于是便有学者使用"生命教育"一词代替"死亡教育"。这样的混用缩小了生命教育的范围，局限了生命教育的内涵。本文认为广义的生命教育必然包括死亡教育，不谈死亡的生命教育是肤浅的、不完整的。而狭义的生命教育和死亡教育是相对立的，各有侧重。因此，死亡教育是生命教育中必不可少并且有着重要意义的环节。在生命教育过程中加强死亡教育，有利于加深对生命的理解，从而使学生更加热爱生命，更好地诠释生命的意义。

一、部编版初中语文教材生命教育内容研究及删改整理

工具性和人文性的统一，是语文课程的基本特点。②语文课程的人文性决定语文课程应

---

① 牛国兴. 我国青少年的生死教育研究 [D]. 河南师范大学，2011.
② 国家中长期教育改革和发展规划纲要（2010—2020 年）[J]. 实验室研究与探索，2018, 37 (06).

该更注重对个体的关注,对生命最基本的关照。2018年,国家开始使用由教育部统一编写的初中语文教材,这意味着"一纲多本"的时代结束。翻开部编版的初中语文课本,大部分课文下面的注释里都会出现"略有改动""有改动""有删改"等字样。本章重点对部编版初中语文教科书中的生命教育内容进行了统计和分析,并汇总了这些选文的删改情况。

(一)部编版初中语文教材生命教育内容研究

1. 生命教育选文数量统计分析

表 1 部编版初中语文教材生命教育选文篇目统计

教材	课文总数	生命教育的选文篇目统计	在本册中所占比例
七上	22	《春》 《济南的冬天》 《秋天的怀念》 《散步》 《走一步再走一步》 《皇帝的新装》 《从百草园到三味书屋》 《再塑生命的人》 《诫子书》	41%
七下	24	《邓稼先》 《说和做——记闻一多先生言行片段》 《回忆鲁迅先生》(节选) 《最后一课》 《土地的誓言》 《老王》 《台阶》 《阿长与〈山海经〉》 《驿路梨花》 《陋室铭》 《爱莲说》 《假如生活欺骗了你》 《伟大的悲剧》(节选自《夺取南极的斗争》) 《太空一日》 《带上她的眼睛》	63%

续表

教材	课文总数	生命教育的选文篇目统计	在本册中所占比例
八上	24	《藤野先生》 《背影》 《白杨礼赞》 《永久的生命》 《富贵不能淫》 《生于忧患，死于安乐》 《愚公移山》 《赤壁》	33%
八下	24	《桃花源记》 《关雎》 《蒹葭》 《马说》 《茅屋为秋风所破歌》 《在长江源头格拉丹冬》	25%
九上	24	《沁园春·雪》 《敬业与乐业》 《行路难（其一）》 《精神的三间小屋》 《孤独之旅》	21%
九下	24	《海燕》 《风雨吟》 《鱼我所欲也》 《唐雎不辱使命》	17%

部编版初中语文教材一共142篇课文，其中有46篇蕴含生命教育相关内容，占课文总数的32%。总的来看，有关生命教育的课文数量是随着年级的升高而减少的，这是符合初中生身心发展规律的。初中生的年龄大致在12～15岁，处在青春发育期，也是身心各方面急剧变化的时期。其中在生理上，初中阶段的孩子认知能力发展迅速，七年级的学生对世界的认知比较浅显，因此此时对生命教育的需求较大。到了九年级，学生的认知逐渐成熟，又处在学业压力较大的升学阶段，此时的生命教育需求相较七年级减少，选文也更注重对实现生命价值内容的引导。

2. 生命教育选文内容分析

生命教育的第一要务是了解和感知生命，要求认识抽象的生命，认识具体的生命。在此基础上我们才能进一步去尊重和珍爱生命、提高生存技能和提升生命质量，帮助学生获得生命存在的最大意义与价值。本文根据笔者自己的理解，对部编版初中语文教材中比较典型的涉及生命教育的选文进行了整理，具体如下表所示：

表 2　七年级上册生命教育内容整理

篇目	作者	有无改动	所属生命教育维度	所蕴含的生命教育内容
《春》	朱自清	略有改动	人与自然	敬畏自然
《济南的冬天》	老舍	略有改动	人与自然	敬畏自然
《秋天的怀念》	史铁生	无	人与自己 人与他人	敬畏自然、敬畏生命、正确认识死亡、心理健康教育、生命美学
《散步》	莫怀戚	略有改动	人与自己 人与他人	敬畏生命、正确认识死亡、生命美学
《走一步再走一步》原《悬崖上的一课》	莫顿·亨特	做了删改	人与自己 人与他人	敬畏生命、正确认识死亡、心理健康教育、生命美学
《皇帝的新装》	安徒生	有改动	人与他人 人与自己	生命美学
《从百草园到三味书屋》	鲁迅	无	人与自然 人与他人	敬畏自然、生命美学
《再塑生命的人》	海伦·凯勒	无	人与自己 人与他人	敬畏生命、心理健康教育、生命美学
《诫子书》	诸葛亮	无	人与他人	敬畏生命、正确认识死亡、生命美学

表 3　七年级下册生命教育内容整理

篇目	作者	有无改动	所属生命教育维度	所蕴含的生命教育内容
《邓稼先》	杨振宁	有改动	人与他人	敬畏生命、生命美学
《说和做——记闻一多先生言行片段》	臧克家	有改动	人与他人	敬畏生命、生命美学
《回忆鲁迅先生》（节选）	萧红	有改动	人与他人	敬畏生命、生命美学
《最后一课》	都德	有改动	人与他人	生命美学
《土地的誓言》	端木蕻良	有改动	人与自然	敬畏自然、生命美学
《老王》	杨绛	有改动	人与他人	敬畏生命、生命美学

续表

篇目	作者	有无改动	所属生命教育维度	所蕴含的生命教育内容
《台阶》	李森祥	有删节	人与他人	敬畏生命、正确对待死亡、生命美学
《阿长与〈山海经〉》	鲁迅	无	人与他人	敬畏生命、生命美学
《驿路梨花》	彭荆风	有改动	人与他人	敬畏生命、生命美学
《陋室铭》	刘禹锡	无	人与自己	生命美学
《爱莲说》	周敦颐	无	人与自己	生命美学
《假如生活欺骗了你》	普希金	无	人与自己	生命美学
《伟大的悲剧》（节选自《夺取南极的斗争》）	茨威格	有改动	人与他人	生命美学
《太空一日》	杨利伟	有删改	人与自己 人与他人	敬畏生命、生命美学
《带上她的眼睛》	刘慈欣	本文由作者根据自己的同名小说改写	人与他人	敬畏生命、正确对待死亡、生命美学

表 4　八年级上册生命教育内容整理

篇目	作者	有无改动	所属生命教育维度	所蕴含的生命教育内容
《藤野先生》	鲁迅	无	人与他人	生命美学
《背影》	朱自清	无	人与他人	敬畏生命、生命美学
《白杨礼赞》	茅盾	有改动	人与自然	生命美学
《永久的生命》	严文井	略有改动	人与他人	敬畏生命、正确对待死亡、生命美学
《富贵不能淫》	《孟子》	无	人与自己	心理健康教育、生命美学
《生于忧患，死于安乐》	《孟子》	无	人与自己	心理健康教育、生命美学
《愚公移山》	《列子》	无	人与自然	敬畏生命、生命美学
《赤壁》	杜牧	无	人与自己	生命美学

表 5　八年级下册生命教育内容整理

篇目	作者	有无改动	所属生命教育维度	所蕴含的生命教育内容
《社戏》	鲁迅	有删节	人与他人	敬畏生命、生命美学
《桃花源记》	陶渊明	无	人与他人	生命美学
《关雎》《蒹葭》	《诗经》	无	人与自己 人与他人	心理健康教育、生命美学
《马说》	韩愈	无	人与他人	生命美学
《茅屋为秋风所破歌》	杜甫	无	人与他人 人与自己	敬畏生命、心理健康教育、生命美学
《在长江源头格拉丹东》	马丽华	有删改	人与自然	敬畏自然

表 6　九年级上册生命教育内容整理

篇目	作者	有无改动	所属生命教育维度	所蕴含的生命教育内容
《沁园春·雪》	毛泽东	无	人与自然 人与自己	敬畏自然、生命美学
《敬业与乐业》	梁启超	有删改	人与自己	生命美学
《行路难（其一）》	李白	无	人与自己	生命美学
《精神的三间小屋》	毕淑敏	有改动	人与自己	生命美学
《孤独之旅》	曹文轩	选入课本时，作者做了删改	人与自己	生命美学

表 7　九年级下册生命教育内容整理

篇目	作者	有无改动	所属生命教育维度	所蕴含的生命教育内容
《海燕》	高尔基	有改动	人与自然 人与自己	敬畏自然、敬畏生命、心理健康教育、生命美学
《风雨吟》	芦荻	无	人与自然	敬畏自然、生命美学
《鱼我所欲也》	《孟子》	无	人与自己	生命美学
《唐雎不辱使命》	《战国策》	无	人与他人 人与自己	敬畏生命、生命美学

以上就是对部编版初中语文教材中涉及生命教育的选文的整理，总结出有以下三个生

命教育的维度，分别是：人与自然、人与他人、人与自己。

人与自然是指以描绘和赞颂大自然或大自然中其他生物的选文，旨在让学生认识到大自然是人类赖以生存的家园，要学会与大自然以及大自然中的动植物和谐共处，从而让学生敬畏自然，保护环境。如七年级上册的第一单元所选取的三篇散文：朱自清的《春》、老舍的《济南的冬天》、史铁生《秋天的怀念》，这三篇课文分别描写了不同的自然风光，学习这三篇课文能够激发学生对自然万物生命的好奇和对生活的热爱。

人与他人是指描写人与人之间关系的选文，人是社会性动物，每个人都是社会网络上的一点，在社会这张大网络下任何一个人都不可能单独存在。这类选文旨在让学生学会欣赏他人的美，从而尊重他人的生命，引导学生对生命的尊重和思考。如七年级下册《老王》这篇课文，作者杨绛以"我"与老王相处的片段为线索，给读者描绘了一位深入人心的"老王"的形象，他在人生中遭遇了不幸，内心却依旧善良，这篇文章表达了杨绛先生对个体生命的关怀。学习这篇课文能够让学生学会同情身边有着悲惨遭遇的人，学会尊重任何一个人的生命。

人与自己是指探寻自己内心精神世界的选文，能够让学生自省并从中获得生命力量。如九年级上册的《精神的三间小屋》这篇课文，文章以三间小屋为载体，阐释了精神追求的重要性，学习这篇课文，可以引导学生关注自己的精神世界，提升精神境界，追求更有诗意的生活。

在这三个维度下，还有五个方面的生命教育内容，分别是：敬畏自然、敬畏生命、正确认识死亡、心理健康教育、生命美学。从表2~表7可以看出，生命美学教育在有关生命教育的选文中出现的频率最高，而正确认识死亡的教育在生命教育选文中出现的频率最低。生命美学教育强调个体的自由的生命体验，它从实用性、功利性、合目的性、低级需要超越而出，同时从单向性、有限性的活动中超越而出，自我建构为一个超越功利性、丰富性、全面性的生命存在。[①]正确认识死亡的教育要求学生了解死亡是生命的必然经历，正因如此，我们才更应该在活着的时候谈论死亡，要对他人的死亡保持感觉，学会共情。当前部编版初中语文教材中的生命教育所存在的不足是：正确认识死亡的生命教育内容较少，死亡教育内容单薄。

二、生命教育选文中的删改研究

（一）课文删改的原因探究

《"部编本"语文教材的编写理念、特色与使用建议》一文中，温儒敏先生提出，"部

---

① 单苹. 失落与升华 [D]. 湘潭大学，2006.

编本"语文教材的课文选篇，更加强调四个标准：经典性，文质兼美，适宜教学，适当兼顾时代性。①

作品选入教材时，教材编者都会按照国家的课程目标和学生的接受情况有选择性地进行删改，不同的文章删改的程度也会有所不同。此外还有一种情况的改写，如七年级下册的《带上她的眼睛》，这篇课文是由作者刘慈欣根据自己已出版的同名小说改写而成，考虑到要选入初中语文教材，那么这类改写就不仅只是作者出于完善其作品目的的改写，同时也会受到课程标准的限制。下面总结了一些课文删改的原因。

1. 语言规范的要求

随着时代的发展，我国的语言文字更加规范化，学校等教育机构是通过语文课程教授语文知识，因此语文教材应该更加符合国家通用语言文字的规范和标准。在我国语言文字的发展历史中，一些异体字和繁体字也有了更加规范化的书写。由于语文教材选文的多样性，这些作品创作的时间各有差异，因此不同时期的经典文本在选进教材时会往更符合现代汉语文字规范的方向删改。

例一：

  风里带来些新翻的泥土的气息，混着青草味，还有各种花的香，都在微微润湿的空气里酝酿。②（原文）

  风里带来些新翻的泥土的气息，混着青草味儿；还有各种花的香，都在微微润湿的空气里酝酿。③（课文）

例句中的删改出自七年级上册的《春》。儿化在汉语里是一种特殊的音变现象，在书面表达中，就是在相应的词或字后面加上"儿"。这里编者将原文中的"混着青草味"改为"混着青草味儿"，既符合我们的语言习惯，又能保证学生在朗读和背诵过程中的流畅性。还是在这一处，编者对标点符号也进行了改动。在复句中，逗号和分号都可以表示停顿。一般情况下复句间的停顿都可以使用逗号，但若复句中存在并列成分，那么并列成分之间需要使用分号。例句中的青草味道和花香味道属于并列成分，因此这里的标点符号使用分号更加准确。

例二：

  "人家说了再作，我是作了再说"。

  "人家说了也不一定作，我是作了也不一定说"。④（原文）

---

① 温儒敏. "部编本"语文教材的编写理念、特色与使用建议[J]. 课程·教材·教法, 2016, 36 (11)：3-11.
② 朱自清. 朱自清全集（第4卷）散文篇[M]. 南京：江苏教育出版社, 1990：314.
③ 教育部编写. 义务教育教科书语文七上[M]. 北京：人民教育出版社, 2016：3.
④ 臧克家. 说与作——记闻一多先生言行片段[N]. 人民日报, 1980-2-12 (8).

"人家说了再做,我是做了再说。"

"人家说了也不一定做,我是做了也不一定说。"①(课文)

例句中的删改出自七年级下册的《说和做——记闻一多先生言行片段》。这样的替换还不止一处,本篇课文将原文中所有的"作"字都替换为了"做"。"作"用于一般性的活动,意义比较抽象,而"做"则用于具体的活动,意义是具体的。这里教材的编撰者将"作"替换为"做"是非常符合规范的,同时也能让学生学习和牢记"作"和"做"的使用场景。

例三:

白杨不是平凡的树。②(原文)

白杨树不是平凡的树。③(课文)

例句中的删改出自八年级上册的《白杨礼赞》。"白杨不是平凡的树"明显是个病句,因此编者在"白杨"后加了"树"这个字,使得句子更加规范准确,符合语文教材的规范性要求。

例四:

仿佛不顾一切的走去。④(原文)

仿佛不顾一切地走去。⑤(课文)

例句中的删改出自七年级下册的《回忆鲁迅先生》。原文中"的"字的使用是错误的,"的"用于形容词后,而"地"后面跟动词。课文的删改规范了"的"与"地"的使用。

综上所述,此类关于字词、标点符号的删改,都能够使教材更加符合规范,更好地发挥语文教材的示范和指导作用。

2. 社会发展的需要

作家的创作都是在一定的时代背景之下进行的,时过境迁,一些表达已经不适用于今天的语境。在这种情况下,学生理解这些词语的含义比较困难,容易造成歧义。教师在这些词语上面耗费时间和精力可能会挤压其他知识的教学时间,因此这类词语在课文中会被修改或剔除。

例一:

看吧,山上的矮松越发地青黑,树尖上顶着一髻儿白花,像些小日本看护妇。(原文)⑥

---

① 教育部编写. 义务教育教科书语文七下[M]. 北京:人民教育出版社,2016:9.

② 茅盾. 茅盾全集(第十二卷)[M]. 北京:人民文学出版社,1986.

③ 教育部编写. 义务教育教科书语文八上[M]. 北京:人民教育出版社,2017:79.

④ 萧红. 萧红全集(第二卷)[M]. 哈尔滨:黑龙江大学出版社,2011:141.

⑤ 教育部编写. 义务教育教科书语文七下[M]. 北京:人民教育出版社,2016:13.

⑥ 老舍. 老舍全集(第十四卷)[M]. 北京:人民文学出版社,1999.

看吧,山上的矮松越发地青黑,树尖上顶着一髻儿白花,好像日本看护妇。
(课文)①

例句中的删改出自七年级上册的《济南的冬天》。例句中的"小日本"这个词被当时的中国人,尤其是北方人广泛地使用。在今天的语境下看就充满了民族主义情绪,这种表述很容易产生歧义,而且与语言教学大纲的要求不符,所以必须重新改写。

3. 教材的特殊性

由于语文教材本身的特殊性——用于教学而非用于消遣,因此在价值导向和课文篇幅上需要进行删改。教材不同于一般的出版物,教材是教师和学生据以进行教学活动的材料,因此语文教材中的选文会受到课堂时间、教学安排等因素的影响。一些篇幅过长的文章在编入教材时,必定会根据课堂时间等实际的教学安排对选文的篇幅进行删减。

在七年级上册《走一步,再走一步》(原文《悬崖上的一课》)这篇课文中,作者莫顿·亨特从小在攀爬悬崖的经历中学到了"走一步,再走一步"的宝贵经验,悬崖上的这一课为此后他平安飞越敌占区、成功写出书稿和成功走出离婚阴影这三件事情的成功都产生了重要影响。原文中安全走下悬崖与后面的三件事情是交叉叙述的,这几件事情穿插在一起,结构紧密。在选入课文时,编者更改了文章的题目,删掉了作者不同的人生节点中与"安全走下悬崖"同样意义重大的三件事情,极大地缩减了篇幅。

另外,七年级下册《带上她的眼睛》这篇课文中,作者将架构科幻世界观的文字大段地删除,在降低课文的阅读门槛的同时又缩减了篇幅,适应课堂教学的要求。

(二)生命教育选文中的删改内容研究

部编版初中语文教材中现有的生命教育相对比较丰富但在死亡教育方面依然有所不足。不谈死亡的生命教育注定是肤浅的、不完整的。在对比部编版初中语文教材的删改时,除了上述语言规范的要求、社会发展的需要、语文教材的特殊性等原因。由于课文的删改不可避免地带有编者的主观意愿,所以会有一些存在争议的删改,这些删改存在一定的生命教育价值,但是由于它不够"积极""正能量",因此也被删去。

1. "死"字的删改

在中国传统的生死观中,死亡始终是一个禁忌的话题。《论语》中记载:"季路问事鬼神。子曰:'未能事人,焉能事鬼?'曰:'敢问死。'曰:'未知生,焉知死?'""未知生,焉知死"这句话,意思是活着时候的价值和意义都不知道,又怎么能去明白死是怎么一回事呢?中国人一向是恐惧和回避死亡的,这也导致了我们经常"谈死色变",在我们的文化

---

① 教育部编写. 义务教育教科书语文七上 [M]. 北京:人民教育出版社,2016:7.

中,"死"字一直同"不吉利""晦气"这类词相伴。这种回避死亡的态度是错误的。在书中有这类情况的删改。

例一:

今年的春天来得太迟,太迟了,有一些老人挺不住,在清明将到的时候死去了。但是春天总算来了。我的母亲又熬过了一个酷冬。(原文)①

今年的春天来得太迟,太迟了,有一些老人挺不住,在清明将到的时候去世了。但是春天总算来了。我的母亲又熬过了一个严冬。(课文)②

例句中的删改出自七年级上册的《散步》,在这篇课文中,教材编撰者用"去世"代替了同样表示死亡状态的"死去"。作者莫怀戚《在二十年后说〈散步〉》里说到,文章一旦进入社会,解释权就到了读者那里,他认为作品本就可以有多重理解,但他还是反对"提倡孝道"这一主题。他表示"占据我心的,只有一种东西就是生命(文中有这样一句话的)。生命的两头,小与老,都是脆弱的,中间那强壮的生命就要对两头负责。人类就应该这样。"③所选取的这段例句是为了表现老人生命的脆弱,"去世"和"死去"在这里却有着完全不同的表达效果。"去世"这个表达相对委婉,而直白地写老人死去,才更能让人感慨生命的脆弱。

对死亡的委婉表述会弱化我们对于死亡的感受。我们每天都在面临着生命的消亡,特别是疫情暴发以来,死亡的人都会以数字的形式出现在每日的疫情通报中,可是抽象的数字远没有一个个具体的人那么可感可知。无论如何,生命的消亡随处可见,却不常见于课本之中。

2. 对生命将逝的细致描写的删改

例二:

一九三六年十月十七日,鲁迅先生病又发了,又是气喘。

十七日,一夜未眠。

十八日,终日喘着。

十九日的下半夜,人衰弱到极点了。天将发白时,鲁迅先生就像他平日一样,工作完了,他休息了。④(原文)

这段文字出自萧红的《回忆鲁迅先生》的末尾,课文中并没有选取。萧红用极致克制的语言描写了鲁迅先生去世,"天将发白时,鲁迅先生就像他平日一样,工作完了,他休息

---

① 莫怀戚. 散步[N]. 中国青年报, 1985-8-2(4).
② 教育部编写. 义务教育教科书语文七上[M]. 北京:人民教育出版社, 2016:23.
③ 莫怀戚. 二十年后说《散步》[J]. 语文学习, 2005(12):32、2.
④ 萧红. 萧红全集(第二卷)[M]. 哈尔滨:黑龙江大学出版社, 2011:5.

了。"①的确,生命的逝去是自然界中再平常不过的现象。我们能在各种影视作品中看到鲁迅先生的葬礼,叶圣陶也曾经在《相濡以沫》中记录过鲁迅先生葬礼的场景,称这样的事,上海从未有过,全中国从未有过了。"一个个自动组合的队伍,擎起写着标语的旗子或者横幅,唱着当时流行的抗敌歌曲或者临时急救的歌曲,从上海的四面八方汇集到墓地,大家动手铲土,把盖上'民族魂'的旗的鲁迅先生的棺材埋妥。"②这样隆重且震撼的葬礼和追悼会,体现了鲁迅先生在国民心中的分量,可是我们也只有在萧红的《回忆鲁迅先生》中,才能看到一位学生的老师的去世、一位孩子的父亲的去世、一位妻子的丈夫的去世。这才是我们普通人日常生活中会经历的生离死别的时刻,这段文字对于帮助学生了解生命的消逝、如何对待亲近的人的离世、如何缅怀生命都有着重要的启示意义。

例三:

不知何时,我回头向下看了一眼,然后吓坏了。悬崖底下的地面看起来非常遥远;只要滑一下,我就会掉下去,<u>撞上悬崖然后摔到岩石上,我会摔个粉碎,然后被自己的血窒息而死,我会发出咯咯的声音,抽搐几次,然后断气,就像我几天前见到的被汽车碾过的猫一样。</u>③(原文)

不知何时,我回头向下看了一眼,然后吓坏了:悬崖底下的地面看起来非常遥远;只要滑一下,我就会掉下去,撞上崖壁,然后摔倒岩石上,摔个粉碎。④(课文)

在《走一步,再走一步》这篇课文中,编者将原文中想象死亡过程的文字删去了。理由可能是描写过于血腥暴力,可这不正是跌下悬崖后的正常情景吗?活着的人是无法亲历死亡的,但我们却可以从周围生命的消亡之中,想象死亡的过程。近年来校园暴力事件频发,大多数校园暴力事件的迫害者与受害者都是青少年,也就是初高中年龄阶段的孩子,校园暴力致死的事件也不在少数。"就国内而言,尽管没有权威性的校园暴力数据统计,但根据2018年公开的中国司法大数据发布的有关校园暴力的司法数据可以看出,我国自2015年开始至2017年之间,有57%以上的校园暴力事件都是有意为之的故意伤害类案件。"⑤其中大多是因为他们对于死亡没有一个正确的认知,因而蔑视生命,诉诸暴力。被删减去的内容非常适合对学生进行此类引导。

---

① 萧红. 萧红全集(第二卷)[M]. 哈尔滨:黑龙江大学出版社,2011:5.
② 叶圣陶. 叶圣陶散文[M]. 上海:东方出版中心,2020:229.
③ [美]尼尔森·古德,亚伯·阿可夫. 心理学与成长[M]. 北京:世界图书出版公司,2009:180.
④ 教育部编写. 义务教育教科书语文七上[M]. 北京:人民教育出版社,2016:77.
⑤ 时宇晨. 校园暴力法律解决途径的思考[J]. 法制博览,2022(02):139-141.

3. 不够"积极"的内容的删改

例四：

　　但是那些男孩子们<u>正在我头顶上喋喋不休地议论我</u>，他们已经爬到了距离悬崖顶部三分之二的岩脊上，那里大约有五六米深，15米长。我努力向他们爬过去；我缓慢地爬着，尽可能贴近里面，紧紧地扒住岩石的表面。<u>其他孩子则站在靠近边缘的地方，甚至勇敢地向下面小便</u>，这种情景让我感到反胃，我偷偷地抓住背后的岩石。①（原文）

　　但是那些男孩子已经爬到了距离悬崖顶部三分之二路程的岩脊上，那里大约有五六米深，15米长。我努力向他们爬过去。我缓缓地爬着，尽可能贴近里侧，紧紧地抓住岩石的表面。其他的孩子则站在靠近边缘的地方，这种情形让我感觉到反胃，我偷偷地抓住背后的岩石。②（课文）

　　这是《走一步，再走一步》这篇课文中的另一处删减。这段删减使得课文变得逻辑不通，原文中的"我"是对这些男孩朝下面小便这一行为感到反胃，可是到了课文中却变成了他们站在边缘，这种情形让"我"觉得反胃。这样的删减是非常影响阅读的。除此之外，编者还将这群男孩喋喋不休地议论"我"删掉了，可以解释说是避免产生不良影响，避免学生效仿。虽然我国对于校园暴力概念并没有完全统一且绝对的定义。但是，按照校园暴力的不同特点与不同行为表现方式，我们可以将校园暴力大致分为：语言暴力、行为暴力和心理暴力三类。③这里的喋喋不休属于校园暴力中的语言暴力，既然编者意识到校园暴力是负面的、不好的行为，那么这个意识自然也可以由教师传达给学生。

　　初中阶段的学生对于一些事件也可以有着正确的是非判断。校园暴力可能随时发生在他们身边，可他们却在课本上找不到任何类似的事件、得不到任何的启示，这是十分割裂的。校园好像是一个无菌实验室，连课本也禁止出现血腥暴力的描写，可是完全无菌的环境并不适合学生们的成长，更何况现实情况本就不可能无菌。

三、教材选文删改对生命教育的教学启示及改进建议

　　在各种因素的作用下，作品在选入教材时势必要进行删减或改写，其中在字词方面的积极的改写（繁体字改为简体字、由于字词含义变化而进行的改写）给学生提供了更加规范的语言文字的学习素材。还有一部分争议较大的改写对于教师来说则是非常宝贵的教学

---

① ［美］尼尔森·古德，亚伯·阿可夫. 心理学与成长［M］. 北京：世界图书出版公司，2009：181.
② 教育部编写. 义务教育教科书语文七上［M］. 北京：人民教育出版社，2016：77.
③ 张旭影. 校园暴力的主要特点及法律解决路径［J］. 法制博览，2021（05）：150-151.

资源，这时教师可以转变思想，充分发挥主动性，打破教材的桎梏，使这些删改素材为自己的课堂服务。

（一）选文删改对生命教育的教学启示

1. 利用删改内容拓展教学

生命教育选文中的删改所存在的问题是对学生心理发展状况不够了解。中学阶段的生命教育应该以敬畏生命为重点。中学生正处于成长阶段的青春期。青春期是个心理和生理都发生巨变的"惊涛骇浪时期"，这个时候的少年矛盾多又封闭，尤其当这种内部的变化和外部环境发生冲突时易引发他们的极端行为。①在具体的教学实践中，教师可谓是最了解班级里学生心理发展状况的人。因此，教师可以明确地判断自己的学生能够接受何种程度的生命教育内容，特别是本就缺少的死亡教育内容。比如教师可以在《走一步，再走一步》中引入校园暴力的话题，甚至可以对班级中有过被霸凌经历的学生做心理健康疏导，联系现实，学生们才能更加深刻地理解怎样敬畏生命、尊重生命。

案例一：利用删减内容拓展教学——以《走一步，再走一步》的教学设计为例

读品结合，领悟语言。

1. 细读课文7—15自然段，划出文中表现心情的句子，体会主人公在陷入危险情境时的心情。

2. 说话练习：在第9自然段中，原文是这样描写的：但是那些男孩子们正在我头顶上喋喋不休地议论我，他们已经爬到了距离悬崖顶部三分之二的岩脊上，那里大约有五六米深，15米长。我努力向他们爬过去；我缓慢地爬着，尽可能贴近里面，紧紧地扒住岩石的表面。其他孩子则站在靠近边缘的地方，甚至勇敢地向下面小便，这种情景让我感到反胃，我偷偷地抓住背后的岩石。②如果此时此刻你是主人公的好朋友，看到这样的场景，你会对这些嘲笑弱小的男孩子们说什么？被嘲笑过后的主人公内心肯定会感到委屈和羞辱，甚至会产生严重的心理阴影，作为主人公最好的朋友，你会怎么安慰他？如果此时矛盾升级，这些男孩子对主人公的言语攻击变为了身体攻击，你应该怎么做呢？

生：告诉男孩子们他们这样做是不好的行为。安慰主人公不要在意他们的话，帮助主人公树立自信。如果后面矛盾升级，可以尝试制止，并向周围的大人求助。

师：这位同学答得很好。当我们在校园中看到不好的行为时我们首先要用言语制止，尝试说明道理。对那些被欺凌的同学也不能视而不见，要关心鼓励他们，帮助他们重新树立自信心。如果在学校里遇到打斗行为，一定要先保证自己的安全，不可以盲目加入，一

---

① 韩芳. 重大疫情背景下不同学段生命教育的重点及原则[J]. 洛阳师范学院学报, 2021, 40（01）: 85-88.
② [美]尼尔森·古德, 亚伯·阿可夫. 心理学与成长[M]. 北京: 世界图书出版公司, 2009: 181.

定要去寻求老师和周围大人们的帮助，同学们明白了吗？

案例二：利用删改内容拓展教学——以《在长江源头格拉丹冬》为例

《在长江源头格拉丹冬》这篇散文是作者马丽华在跟随电影摄制组在格拉丹冬游览过后写下的游记，文章展现了格拉丹冬的壮美、雄奇以及作者对大自然的伟丽和奇妙的赞叹。原文中有这样一句话，但在课文中却被删除了："大自然对任何征服它的企图都断然予以回击。"①这句话对今天疫情背景下我们重新审视人与自然的关系有着重要的意义。疫情暴发以来，人与自然的关系引起了人们空前的重视。人类总是以为自己是大自然的主人，一味地对自然界索取，将现存的一切资源视作大自然的馈赠。发展不能以牺牲环境为代价，人与自然关系的恶化所带来的社会问题以及各种资源危机就是证据。新冠肺炎疫情无疑是再一次警醒——我们应该敬畏自然，尊重自然，保护自然。

因此，教师在进行这一课的教学时，可以将删去的这句话作为本课的导入语，引导学生思考人与自然的关系，从而提高学生爱护环境的意识。

2. 引导学生对比阅读

课堂时间始终是有限的，可是学生对于知识的渴求却从来不是有限的，对教材的删减同时可以激发学生们的阅读兴趣。比如《带上她的眼睛》这篇课文，教师可以引导学生阅读原文，和课文进行对比阅读，这样学生可以从原文中体会到科幻小说原汁原味的魅力，并且学会独立思考，自主阅读。在一定程度上还能养成学生们追根溯源的好习惯。引导学生阅读《走一步，再走一步》的原文，让学生感受文学作品结构的巧妙，有助于提高作文水平。

案例三：利用删改内容进行阅读拓展——以《带上她的眼睛》为例

《带上她的眼睛》是刘慈欣创作的短篇科幻小说，篇幅短小，阅读难度不大，非常适合初中生阅读。科幻小说的三要素分别为：逻辑自洽、科学元素、人文思考。而由于教材篇幅的限制，课文在原文的基础上删去了大量的有关世界观的设定，这使得小说中的科学元素大大减少了。除此之外，"我"与"她"的情感变化的铺垫也被大量地删去，课文中的情感变化由于删改而变得生硬，在逻辑上也就不那么自洽。最后，在主题上，课文更倾向于表现在宏大的宇宙和历史背景下对个体牺牲的赞颂，而原文则是更想要彰显人的尊严，哪怕是放在宏大的宇宙的尺度，这种课文和原文之间不可调和的矛盾无疑是删改造成的。教材中有意选入科幻小说是之前的教材编撰中没有出现过的事情，这也说明了部编版初中语文教材较之以往教材的进步之处。可是在我看来，部编版初中语文教材七年级下册第24课《带上她的眼睛》并不算严格意义上的科幻小说，要让学生体会到科幻小说原汁原味的魅

---

① 马丽华. 藏北游历 [M]. 北京：中国社会科学出版社，2002：206.

力，还需要教师鼓励学生去阅读原文。

（二）改进建议

1. 教材选文和删改需慎重

第一，教材选文要平衡生死双向视角。在编写教材时，涉及死亡教育的有关内容时，在删减的时候要慎重考虑。如七年级上册《散步》这篇课文中将"死掉"改为"去世"。这种对死亡的委婉表达会淡化我们对死亡的感受，因此在删改的时候编者需要反复对比反复感受，尊重原文作者，尽量保留原义。

"生"和"死"的内容要尽量平衡，不能"避死不谈"，这样不能使学生对生死产生辩证思考，是不利于生命教育的。部编版初中语文教材中的死亡教育内容偏少，一些直接描写死亡的文字甚至被删除掉了。要在正确认识死亡之后，才能去敬畏死亡，敬畏死亡并不意味着害怕和躲避死亡，而是敬畏死亡的意义和价值。语文教材应该是开展生命教育的沃土，可是如果不能平衡选文的生死双向视角，那么这样的生命教育势必会走向其中一端。过于强调实现生命价值就会出现不尊重生命的现象。比如为了见义勇为而牺牲自己的生命，这种行为在传统道德上是正确的，甚至是高尚伟大的行为。然而在现实生活中，在具体的情形下片面地选择牺牲则过于绝对。同样地，过于强调死亡会让生活陷入阴影。因此，选文一定要做到"生"和"死"内容的平衡。

第二，关注普通人的生命瞬间。部编版初中语文教材生命教育选文中涉及死亡的主体大部分是伟人，选文也以介绍其生前的非凡成就或者描写其壮烈的牺牲为主，从而使学生对这些生命产生敬意。所涉及的普通人的生命瞬间却很少。在《追怀生命——中国历史上的墓志铭》一书中，作者选择了从汉朝到晚清的两千多年来的30篇墓志铭。而这些墓志的主人公则是当时时代下的普通人。这些墓志让人们看到正史之外的人物传记，揭示了个人行为以及社会的细节，给普通人如何面对死亡提供了参考。其中有一篇《曹因墓志铭》写道："家有南亩，足以养其亲；室有遗文，足以训其子。肖形天地间，范围阴阳内，死生聚散，特世态耳。何忧喜之有哉！"[①]这是妻子在追怀已故的丈夫，这种豁达的生死观值得我们现代人去学习。那么教材选文也可以适当选取这类普通人视角的文章，让学生在教材中也能体会人生百味，这样的文章才更能提高他们的生存能力，对于之后的学习和生活更有意义。

2. 学校开展多种形式教学

实施"生命教育"是提高学校立德树人质量的一项重要措施。在实施生命教育时，应充分尊重学生的生命生长规律，遵循不同学科的教学规律。强化对各个课程的生命教

[①] 伊沛霞，姚平，张聪主编. 追怀生命——中国历史上的墓志铭 [M]. 上海：上海古籍出版社，2021：38.

育渗透。

学生的身心发展具有阶段性和顺序性的特点，这就要求我们在对学生进行生命教育时要循序渐进、螺旋上升式地开展。不同学科具有不同的规律和特点，同时也具有独特的开展生命教育的优势：语文学科注重培养学生对于生命的感悟；道德与法律学科可以帮助学生从社会层面认识死亡；生物学科则从科学的角度解释生命的出生、衰老和死亡。中学阶段的学生已经掌握了相对丰富的科学文化知识，他们的理解能力相对学前阶段以及小学生较强，在对他们进行生命教育时的教学模式不能单纯以说教或者理论灌输为主，这样会引起他们的逆反心理。因此，还应该培养他们利用现代网络技术进行自主学习、自主探究的好习惯。

生命教育是一种理念，学校要把生命教育常规化，让学生在潜移默化中学会热爱和尊重生命，体会生命的美好。学校可以通过课外实践的方式进行生命教育。比如学校可以根据不同年龄阶段的学生开展不同方面的生命教育讲座，如一些医学讲座，可以为学生提供科学的死亡知识的科普。学校还可以设立专门的死亡教育的心理辅导，对那些亲人去世或者有自杀倾向的学生进行心理疏导。

结语

目前我国还没有开设专门的生命教育课程，语文学科在开展生命教育方面有着天然的优势。2018 年，全国统一使用部编版教材，改变了原来"一纲多本"的局面。部编版初中语文教材中的选文蕴含着较为丰富的生命教育内容。本文通过整理分析部编版初中语文教材中蕴含生命教育内容的选文，并对有删改的生命教育类的选文进行对比研究，分析这类选文的删改对生命教育的影响。其中，部编版初中语文教材中蕴含生命教育的选文主要包括人与自然、人与他人、人与自己三个维度，包含敬畏自然、敬畏生命、正确认识死亡、心理健康教育、生命美学这五方面的具体的生命教育内容，选文多注重生命美学教育方面的内容，而正确认识死亡方面的内容相对较少。分析选文的删改可以发现，除了语言规范的要求、教材篇幅的限制外，还有一类是出于文化禁忌的删改。这类删改对于我们现阶段的生命教育显然是有影响的，我们可以拥有更加完整的生命教育。

此外，课文的删改对于老师来说也是一种机遇，教师可以将删改内容作为自己的教学资源，为自己所用，在这个基础上对学生进行生命教育方面的引导。学校方也可以开展多种形式的生命教育，让生命教育不止局限于课堂，各个学科之间也要有各自的生命教育的侧重点，并进行有机联动。对教材的编者来说，在对选文进行删改时要经过慎重的考虑、认真的取舍，选文也要平衡好生死的双向视角。

由于笔者知识储备有限，在对生命教育选文删改的教学启示和建议方面还有所不足。

在今后成为教育工作者后,一定身体力行,用自己的实际行动努力改变现状。

参考文献

[1] 国家中长期教育改革和发展规划纲要(2010—2020年)[J]. 实验室研究与探索,2018,37(06).

[2] 温儒敏."部编本"语文教材的编写理念、特色与使用建议[J]. 课程·教材·教法,2016,36(11).

[3] 莫怀戚. 二十年后说《散步》[J]. 语文学习,2005(12).

[4] 韩芳. 重大疫情背景下不同学段生命教育的重点及原则[J]. 洛阳师范学院学报,2021,40(01).

[5] 时宇晨. 校园暴力法律解决途径的思考[J]. 法制博览,2022(02).

[6] 张旭影. 校园暴力的主要特点及法律解决路径[J]. 法制博览,2021(05).

[7] 莫怀戚. 散步[N]. 中国青年报,1985-8-2(4).

[8] 单苹. 失落与升华[D]. 湘潭大学,2006.

[9] 熊柳. 部编版小学语文教材中死亡教育研究[D]. 青海师范大学,2021.

[10] 程诚. 部编版初中语文教材课文删改现象研究[D]. 华中师范大学,2020.

[11] 胡高慧. 初中语文统编教材中老舍作品的删改研究[D]. 上海师范大学,2020.

[12] 牛国兴. 我国青少年的生死教育研究[D]. 河南师范大学,2011.

[13] 教育部编写. 义务教育教科书语文七上[M]. 北京:人民教育出版社,2016.

[14] 教育部编写. 义务教育教科书语文七下[M]. 北京:人民教育出版社,2016.

[15] 教育部编写. 义务教育教科书语文八上[M]. 北京:人民教育出版社,2017.

[16] 教育部编写. 义务教育教科书语文八下[M]. 北京:人民教育出版社,2017.

[17] 教育部编写. 义务教育教科书语文九上[M]. 北京:人民教育出版社,2018.

[18] 教育部编写. 义务教育教科书语文九下[M]. 北京:人民教育出版社,2018.

[19] 朱自清. 朱自清全集(第4卷)散文篇[M]. 南京:江苏教育出版社,1990.

[20] 茅盾. 茅盾全集(第十二卷)[M]. 北京:人民文学出版社,1986.

[21] 老舍. 老舍全集(第十四卷)[M]. 北京:人民文学出版社,1999.

[22] 萧红. 萧红全集(第二卷)[M]. 哈尔滨:黑龙江大学出版社,2011.

[23] 叶圣陶. 叶圣陶散文[M]. 上海:东方出版中心,2020:229.

[24] [美]尼尔森·古德,亚伯·阿可夫. 心理学与成长[M]. 北京:世界图书出版公司,2009.

[25] 马丽华. 藏北游历[M]. 北京:中国社会科学出版社,2002.

[26] 伊沛霞,姚平,张聪主编. 追怀生命——中国历史上的墓志铭[M]. 上海:上海古籍出版社,2021.

(指导教师:宋卫红)

导师点评

  这篇论文吸引人的地方首先在于其选题的敏锐和犀利，罗欣然同学对比了大量初中语文教材选文和"原版"的差异，寻找教材选编者改动和编辑的痕迹，从这些改动中发现主导教育思想在语文教材中运作的蛛丝马迹，特别是与死亡这一人所讳言的幽暗领域的关系，从中展现我国当前语文教育中生命教育的现状和问题。这一选题直指当前生命教育薄弱的时弊，无疑是有现实作用的；作者在论证观点的时候做了大量的文本比对工作，这个工作量非常大，而且需要非常细心，才能发现很微观的词句改动，作者用统计学的方法直观地给我们提供了统计数据，使得论文的说服力大大加强；在寻找到删改的内容后，作者分析了删改原因，讨论了删改利弊，还提供了若干可供选择的、让删改部分为生命教育所用的教学实例，从中可以看出作者对人的生命/死亡价值的理解、对学生的关爱和对教育的本质的理解。

导师简介

  宋卫红，博士，副教授，研究领域为文艺理论、文化研究。

《窦娥冤》中的蔡婆形象分析

刘子怡　汉语言文学 2018 级

摘　要：《窦娥冤》作为元代杂剧大家关汉卿的重要悲剧代表作，其中绿叶人物蔡婆形象亦有深刻的内涵。蔡婆身处多重矛盾交织的元代社会，首先具有双重身份，即高利贷者和底层平民。身为高利贷者，蔡婆展现出逐利的特征。但作为底层平民，她亦受到来自上层势力和底层流氓势力的双重盘剥。其次，蔡婆身上善良勇敢与自私懦弱并存。这是关汉卿本人对复杂人性的思考。最后，蔡婆在平民社会中，既是加害者亦是受害者，反映出元代社会乃至整个封建社会的重重社会矛盾。

关键词：《窦娥冤》；蔡婆；身份；性格；角色

引言

《窦娥冤》是元代梨园领袖关汉卿的代表作，窦娥毫无疑问是这部旦本戏的主角。这部杂剧中的窦娥婆母蔡婆只能算得上是绿叶角色。但蔡婆是《窦娥冤》中不可或缺的人物形象，在揭露元代复杂的社会矛盾、思考复杂人性等方面，具有十分丰富的内涵和意义。同时，蔡婆形象亦具有不可忽视的情节推动作用。《窦娥冤》中，通过蔡婆放债，引发了其和赛卢医的矛盾，继而使得自己与窦娥都和张驴儿父子、桃杌建立了联系。这些联系使得文章批判现实的笔力得以彰显。但学界对蔡婆形象进行的专题研究相对较少，往往只是在某些论文或者专著中一笔带过。综上，对蔡婆形象进行系统研究十分必要。笔者通过研究关汉卿杂剧《窦娥冤》中的蔡婆形象，深入分析蔡婆的高利贷者与平民的双重身份、善良勇敢但自私懦弱的性格、加害者与受害者的两种社会角色。希望对《窦娥冤》这部著作进行更加深刻的挖掘，以便更好地认识这部重要悲剧作品，通过关汉卿直击现实的深刻笔力思考蔡婆体现出的复杂人性，观照元代社会底层平民的喜乐与哀伤，发掘元代社会普遍存在的重重矛盾。

一、双重身份：高利贷者和底层平民

（一）追求资本积累的高利贷者

随着元代社会商品经济的发展，《窦娥冤》中的蔡婆形象已具有商人逐利的重要特征。蔡婆不断进行资本扩张，通过各种手段和方式进行资本积累。在窦娥劝诫蔡婆的对话中，一句"想当初你夫主遗留，替你图谋，置下田畴，早晚羹粥，寒暑衣裘，满望你鳏寡孤独，无捱无靠，母子每到白头"，点出了蔡婆的家庭背景。在民族矛盾尖锐，社会混乱的元代社会，蔡婆家能够做到广有良田，每日早晚可食羹粥，四季皆可穿着珍贵的皮裘，不可谓不富裕。然而富贵如此，蔡婆也感"家中颇有些钱财"，却依旧靠不断放贷获取最大利益。而且蔡婆放的贷明显是高利贷，杂剧中借赛卢医之口写道："在城有个蔡婆婆，我问他借了十两银子，本利该还他二十两"，可见蔡婆借出的钱利息高达100%。在家中已经颇有资财的情况下，蔡婆仍然坚持放贷，不断进行资本积累和扩张，这不免体现出高利贷者贪婪的一面。

而且蔡婆放贷，不仅图财，也有更深层的算计，这揭露出如蔡婆般的高利贷者心思缜密的一面。如剧中写到她放贷给窦娥父亲后的盘算，"这里一个窦秀才，从去年间我借了二十两银子，如今本利该银四十两。我数次索取，那窦秀才只说贫难，没有还我。他有一个女儿，今年七岁，生得可喜，长得可爱，我有心看上他，与我家做个媳妇，就准了这四十两银子"。蔡婆在明知窦娥父亲无法还上高利贷的情况下，打起了窦娥的主意。从行动到语言，蔡婆是一个活脱脱的追逐巨利的高利贷者形象。

在价值观上，蔡婆重利轻义的价值观亦是商人逐利的本质特征的体现，在商品经济得到进一步发展的元代社会，这一新价值观的出现无疑是与儒家崇尚仁义，重义轻利的价值观背道而驰的。在索债的过程中，蔡婆不顾赛卢医和窦天章经济十分困难的窘境，多次索取，这体现出高利贷者在重利轻义价值观的引导下残忍麻木的一面。其出发点早已背离了儒家传统美德中提倡的"仁者爱人"与"重义轻利"，而更加侧重"利己"的价值选择。"小生一贫如洗，流落在这楚州居住。此间一个蔡婆婆，他家广有钱物；小生因无盘缠，曾借了他二十两银子，到今本利该对还他四十两，他数次问小生索取，教我把甚么还他？谁想蔡婆婆常常着人来说，要小生女孩儿做他儿媳妇……小生出于无奈，只得将女孩儿端云送与蔡婆婆做儿媳妇去。"窦天章的独白指出了蔡婆为个人利益使得他人骨肉分离的野蛮事实。在蔡婆心中，对财富的追求早已大于一切，财富高于人情，财富超越人性。从另一种角度来说，尽管赛卢医试图谋害蔡婆的行为不合法律和人性，但也可以从中看出蔡婆对财富的执着追逐，对财富的执念促使她逼迫他人而反遭祸殃。

当张驴儿父子威胁她，说道："你敢是不肯，故意将钱钞哄我？赛卢医的绳子还在，我仍旧勒死了你罢"。面对威胁，蔡婆重利轻义的价值观促使她权衡利弊，避重就轻，为保全性命，毅然放下古代三纲五常的教化中女性视若珍宝的名节。"我不依他，他又勒杀我。罢罢罢，你爷儿两个随我到家中去来。"这充满个性的声口语言生动地向读者表明了蔡婆的内心思量和抉择。为了保全性命而抛下封建名节道义，这正是其重利轻义的价值观体现。在重利轻义价值观的掩盖下，我们也能看到蔡婆一类的高利贷者，表面凶狠，实则内里懦弱妥协的"纸老虎"面孔。一桩桩选择，塑造出元代社会经济发展下商人新的面貌。但其中商人重利轻义价值观的选择，不免是对统治中国数千年而不绝的儒家教化的反拨，是新的社会条件下的新现象。

一代戏剧大家关汉卿作为元代戏剧叙事成熟的代表，北方戏剧圈中的梨园领袖，其笔下塑造出的蔡婆这一深刻的商人形象和南方戏剧圈中秦简夫《东堂老》中所塑造的李实等商人形象一起，共同构成了元代文学中的商人世界。这些商人形象向世界展现出了中国古代商品经济发展下的商人面貌，向世界展示了中国古代商人的价值选择和人生追求，在深刻的文学价值外兼具一定的历史意义。

（二）黑暗社会压迫下的小市民阶级

纵使家中颇有财富，衣食无忧，但蔡婆所处的社会阶层并非大地主大贵族，她依旧是一个挣扎在底层社会，任由底层社会中的黑暗势力欺压的社会平民。封建社会中，压迫底层平民的黑暗势力大致可分为两种，一种是昏聩的统治阶级。他们往往凭借手中的权力，盘剥百姓的资产，枉断他人性命。另一种则是底层流氓势力，这些人来自底层，寄生于底层，通过榨取底层人民的血汗来满足自己的需求。两类人物在残忍狠毒的手段上不乏相通之处。《窦娥冤》中的蔡婆婆媳正是受到这些黑暗势力压迫的平民。她们挣扎在黑暗势力的统治中，任人宰割，毫无真理和正义可言。

元代社会吏治混乱，据《元史》记载，仅元成宗大德七年"七道奉使宣抚所罢赃污官吏凡一万八千四百七十三人，赃四万五千八百六十五锭，审冤狱五千一百七十六事"。贪污官吏横行，冤假错案频发，百姓毫无出路可言，元代社会的黑暗由此可见一斑。《窦娥冤》中的楚州太守桃杌，正是这样一类统治阶级中的贪官典型。自认"但来告状的，就是我衣食父母"，言外之意则是其断案认钱不认人，金钱即是真理。细看桃杌审案过程：蔡婆和窦娥受到张驴儿的诬告，窦娥先是口齿伶俐，不卑不亢地将事实道出。但桃杌却不顾二人冤屈，没有经过细致的调查便对窦娥严刑逼供，他直言："人是贱虫，不打不招。左右，与我选大棍子打着。"桃杌严刑拷打小媳妇窦娥，后又以蔡婆性命相逼，使其屈打成招，酿成一桩冤案。桃杌作为断案官员，享受着朝廷俸禄，却丝毫没有官员应有的责任担当，他是蔡婆婆媳二人在封建社会底层所受到的黑暗统治象征。混乱腐败的吏治，屈打成招的惨案，是蔡婆这类封建底层平民所受到的封建社会残酷压迫。元朝时，为了满足奢华的生活，一些蒙古大臣与地方官吏狼狈为奸,残忍地剥削压榨底层百姓。在官吏的蛮横压榨下,百姓痛不欲生。窦娥与蔡婆的惨案更折射出元代社会的重大社会问题。

《窦娥冤》中张驴儿父子是一对流氓型人物,这类流氓属于无正当职业的游民,这类游民人物的出现并非关汉卿虚构,而是在元代社会有着现实依据。如《元史·李稷传》记载时为淇州判官的李稷断案之事,有"游民尚安儿,饮博亡赖,稷疑其为非,督弓兵擒之,果盗邻村王甲家财,与其党五人俱伏辜"。张驴儿父子的形象就是元代现实中尚安儿这类流氓型游民的折射,张驴儿父子以其充满贪欲的威胁和逼迫,象征封建社会底层中流氓势力对于人民的欺压。在救下蔡婆后,文中张驴儿云:"爹,你听的他说么?他家还有个媳妇哩,救了他性命,他少不得要谢我;不若你要这婆子,我要他媳妇儿,何等两便?"在被蔡婆婉拒后,张驴儿便撕下假面具,直言:"你敢是不肯,故意将钱钞哄我?赛卢医的绳子还在,我仍旧勒死了你罢。"张驴儿还相应做出拿绳状。通过生动的语言描写和动作描写,关汉卿成功勾勒出一个阴狠贪婪的流氓形象。后来又是这两位流氓型人物的卑鄙行径,直接导致蔡婆面临贪官错断的悲剧。张驴儿在企图毒死蔡婆,却误将父亲毒死后,诬告窦娥:"告这媳妇儿,唤做窦娥,合毒药下在羊肚汤儿里,药死了俺的老子。"又言"这媳妇年纪儿虽小,极是个赖骨顽皮,不怕打的",引导贪官责打窦娥。这些极具个性化的语言描写,多重渲染了张驴儿阴狠狡诈的形象,同时揭露了流氓势力对蔡婆等底层人民的欺压。张驴儿和贪官联手将窦娥屈打成招,使蔡婆痛失家人。张驴儿父子这对流氓型人物,潜伏于底层平民中,在适当的时机露出凶狠的獠牙,肆意欺侮蔡婆所代表的底层平民。蔡婆所代表的封建社会底层的小市民阶级,许多人生悲剧皆来自张驴儿父子这类的封建流氓。

蔡婆作为元代混乱社会中颇为富裕的平民,却在黑暗社会中两股丑恶势力的双重压迫下,一步步离开原有的舒适环境,走向了人生悲剧。蔡婆生命中唯一相伴的儿媳等所有珍贵的东西,都在贪官与流氓的阴谋中被毁灭。《窦娥冤》这部杂剧,不仅是窦娥一人的悲剧,更是千千万万个如蔡婆般的封建社会底层平民的人生悲剧,是中国古代绵长的悲音。

二、复杂的性格特征:善良勇敢与自私懦弱并存

(一)善良勇敢的女性

关汉卿无愧为元代杂剧叙事成熟的第一人,蔡婆作为关汉卿杂剧中衬托窦娥而存在的一片绿叶,其人物性格亦十分丰满成熟,显示出关汉卿塑造人物的深厚功力。蔡婆身上,善良勇敢与自私懦弱的性格并存,相辅相成,并行不悖,共同构成了蔡婆这个复杂而又深刻的人物形象,牵动人心。蔡婆的善良重点体现在她对待幼女窦娥的态度上,她的勇敢则更多地侧重于对黑暗社会的反抗。

蔡婆身处中国封建社会中后期，长久以来的封建传统思想使得"儿媳须对婆婆唯命是从"的观点深入人心，这是传统纲常礼教所标榜的"孝道"。在蔡家，因家境贫穷而被父亲"变相出卖"的窦娥，相较于别家平等结亲的媳妇，按常理应当处于更为低下的家庭地位，对蔡婆更应该毕恭毕敬。但实际却与此恰恰相反，蔡婆不仅没有因窦娥的出身而欺侮这个幼女，反而对她多加关爱和包容，这在封建时代是极其难得的。在初次告知窦娥张驴儿父子欲强行入赘的消息后，窦娥说："你道他匆匆喜，我替你倒细细愁：愁则愁兴阑珊咽不下交欢酒，愁则愁眼昏腾扭不上同心扣，愁则愁意朦胧睡不稳芙蓉褥。"辛辣讥讽蔡婆，而蔡婆只回"孩儿也，再不要说我了，他爷儿两个都在门首等候，事已至此，不若连你也招了女婿罢"。这里的对话描写，写出了蔡婆对窦娥的包容与尊重。窦娥以"咽不下交欢酒""扭不上同心扣""睡不稳芙蓉褥"三件事讥讽蔡婆再次成亲的想法。但纵使窦娥如此大胆发言，蔡婆依然没有斥责窦娥。这体现出蔡婆善良仁爱的一面。在儿子死后，蔡婆作为当家主母，拥有着家庭中的绝对话语权，但是她仍然没有凭借自己的优势地位，强迫寡居的儿媳妇嫁于张驴儿，而是对其多加劝慰，以开导的方式，希望对方听从自己的想法。"待我慢慢的劝化俺媳妇儿；待他有个回心转意，再作区处。"这是一个婆母对儿媳的尊重与关爱，是身处封建时代，女性与女性之间难得的善意。蔡婆的善良针对同处于封建社会压迫下的女性而生，其勇敢的一面，则在反抗黑暗势力和对自由人格的追求中展露无遗。

蔡婆面对张驴儿的诬告，第一次公堂审案时，出于懦弱的小市民心理，她在流氓势力面前尚未展现出过多的反抗精神。但是在唯一相伴的儿媳被冤枉误斩后，历经数年，第二次公堂审案时，蔡婆身上勇敢的反抗精神便显露无遗。不同于首次审案时，不敢反驳张驴儿对自己"后母"的假称。第二次审案时，蔡婆勇敢坚称："那张驴儿常说要将他老子接脚进来，老妇人并不曾许他。"这是对张驴儿"后母"假称的有力反驳，是对窦娥"药死公公"冤案的反击，更是蔡婆在经历人生巨变后，对吃人的封建社会迸发出的高亢反抗之音。蔡婆的勇敢在窦天章审案一事中可见一斑。同时，蔡婆的勇敢也显现在她对自由人格的追求上。对于蔡婆答应张驴儿父子入赘一事，学界对蔡婆的性格历来众说纷纭。但在我看来，蔡婆答应张驴儿父子入赘一事，是蔡婆对自身命运的思考和反叛精神的体现。封建社会中，极端强调女子贞洁，在元稹的《莺莺传》中，便将为大胆追求爱情而献身的莺莺直斥为"人间尤物"，对狠心抛弃爱人的男性，则赞赏其为"善补过"。在元代，少数民族当政促使文化更加多元开放，人们的贞洁观念出现了松动。这样的社会背景下，蔡婆答应张驴儿父子入赘，此后多次流露出"再嫁"的愿望，这些都是一位长年守寡的老妇人萌动的春心和对爱情的渴望，是蔡婆对自由人性的向往。

（二）自私懦弱的小人物

"我是个蒸不烂、煮不熟、捶不扁、炒不爆、响当当一粒铜豌豆"，关汉卿作为现实主义文学的创作大家,其笔下的人物具有深刻的现实色彩。蔡婆作为元代四大悲剧中的重要人物,身上亦不仅仅有光彩照人的理想一面,还有自私懦弱的消极一面,而正是这样的消极一面,却蕴含着更广泛的现实意义。

蔡婆的自私出于她利己的商人本质,展露出作家对复杂人性的思考。对待贫穷读书人窦天章,她步步紧逼,直至窦天章走投无路,"我也只为无计营生四壁贫,因此上割舍得亲儿在两处分",变相卖女抵债。蔡婆将旁人亲骨肉生生分离,只为满足自己的欲望。这一举动不可谓不自私。在桃杌和张驴儿合谋的初审公堂上,在生死抉择的紧要关头,蔡婆面对窦娥的牺牲,并未做出过多反抗,她放弃了窦娥,选择了自己的生命。蔡婆对于生命的最终选择,无疑是自私利己的。但同时我们也应注意,蔡婆在紧要关头的自私和她在家庭生活中对待窦娥的善良并不矛盾。"路遥知马力,日久见人心",蔡婆能够数年如一日体贴温暖地对待孤苦无依的窦娥,着实是一种难能可贵的善良。她的善意和自私并存,她映射出的是每一个活生生而又复杂矛盾的人。"世界上有两样东西不能直视,一是太阳,二是人心"。蔡婆在生死关头,最终选择保全自己、牺牲窦娥的行为,和商人利己的本性不无关系,同时,也启发我们思考人性最真实的面貌。

蔡婆的懦弱更多地体现在对张驴儿父子的步步退让中。蔡婆作为颇为富裕家庭中的当家人,在当地理应有一定的身份和话语权。纵使如此,蔡婆面对张驴儿父子的胁迫,虽有窦天章审案时勇敢一面的表现,但更多的仍表现出懦弱的性格。张驴儿父子拿性命威胁她,她便赶紧求饶,放下贞洁,不顾一切答应对方的不合理要求。张驴儿误杀父亲一事,蔡婆十分清楚并不是她与窦娥杀害了张驴儿的父亲,但她不敢坚持正义和真理,当张驴儿拿报官一事相胁迫,她便又妥协退让,连忙劝窦娥嫁给张驴儿。"孩儿也,你随顺了他罢。"蔡婆作为一家主母,料理家中庞大的产业,理应自有一份威仪和为人处世的勇敢和果决,但在面对蛮不讲理的张驴儿父子时,仍显露出懦弱无助的一面。蔡婆面对张驴儿父子这一对流氓时所体现出的懦弱,其意义绝不仅局限在一人一家的懦弱,而是整个封建社会底层平民对黑恶势力的无奈与妥协。

"冰山运动之所以宏伟壮观,是因为只有八分之一在海上,而有八分之七在海下"。蔡婆作为关汉卿笔下的绿叶型人物,其自私懦弱的性格体现出的是关汉卿对封建社会中现实人性的关注,而善良勇敢的一面,是关汉卿对理想人性的歌颂和赞扬。

三、两种角色:加害者与受害者

(一)欺压底层平民的加害者

元代社会民族矛盾严重,吏治混乱,底层百姓间亦不乏相互倾轧的现象。蔡婆作为家中颇有资产的富户平民,凭借残酷资本积累得来的财富,对同处平民阶级的贫苦百姓多加掠夺和迫害。昔日穷书生窦天章被逼卖女，"我也只为无计营生四壁贫，因此上割舍得亲儿在两处分"，儒家伦理道德的坚定支持者因蔡婆的盘剥行为而抛弃自己的信仰，骨肉间血淋淋的分离正是由于蔡婆所致。就连以反面角色登场的赛卢医，其试图杀害蔡婆的念头归根结底也是蔡婆"数次来讨这银子"而赛卢医"又无的还他"。蔡婆出于维护自身利益的目的，巧使心计，对窦天章和赛卢医多次索债，她的盘剥对象中既有正派书生，又有反面势力。由此可见蔡婆对底层人民加害之深重。这种加害行为早已超越商人资本积累的简单目的，它象征着元代社会环境中平民间的重重矛盾。关汉卿正以其尖锐的批判，撕开重重伪装，揭露真实的元代社会。

蔡婆作为底层平民的加害者，其加害影响之大是空前的。首先是广泛的加害范围。蔡婆的高利贷盘剥对象并不专注于某一类人群，其着眼的对象范围可遍及整个平民社会。从专注儒家教化，坚守人伦道德，固守礼义廉耻的文弱书生，到高唱"死的医不活，活的医死了"，枉顾性命，无赖自私的江湖庸医。无论正面反面力量，各类社会底层人物，都是蔡婆放贷的对象。从楚州放贷逼迫窦天章卖女，到山阳县向赛卢医索债无果后险遭杀害。这些都显示出蔡婆对在底层社会中挣扎喘息的平民的剥削力度之大，加害程度之深。

其次，蔡婆作为加害者，其加害程度之深，亦体现在对每位欠债人的残忍蛮横的索债方式上。窦天章作为中国古代饱读经书的秀才书生，深受儒家礼教思想的影响。也许在重男轻女的时代，最终还是将年幼丧母，相依为命的小女嫁给蔡婆家的窦天章并非视窦娥如性命般疼爱，但以"我窦家三辈无犯法之男，五世无再婚之女"为骄傲的窦天章属实重视人伦关系则是毫无疑问的。故对于窦天章这类儒生，亲情伦理的地位至关重要。然而蔡婆却出于自己的私欲，在向窦天章索债无果后，变相逼迫其"卖女抵债"。这种心狠手辣的盘算与图谋，是对窦天章赖以生存的价值观的巨大挑战和冲击。窦天章是否"卖女"的思考过程，想来必定是和着血与泪的艰难抉择。"卖女"后的窦天章，更是"啼哭的眼也花了，忧愁的头也白了"，纵使身居高位，权势滔天，却依然时时思念端云孩儿，心下怆然难以自抑。蔡婆蛮横的索债方式，对平民阶层造成的伤害由此可见一斑。

蔡婆身居平民阶级，却依然执着于倾轧和剥削更加弱小的平民，身为富户的蔡婆加害范围之广、程度之深，令人咋舌。以此可观，元代社会"大鱼吃小鱼，小鱼吃虾米"的平民内部矛盾突出。

（二）被黑暗势力吞噬的受害者

蔡婆作为元代底层社会中的平民，在凭借自己富户身份，放债勒索且剥削他人血汗，破坏他人亲情关系的同时，亦受到来自社会中黑暗势力的联手盘剥。加害者亦被加害，吃人者亦被人吃。关汉卿笔下的蔡婆作为一个加害者，在剥削加害弱势力量的同时，亦被上层和下层力量联合绞杀，蔡婆的经历不只是元代富裕平民的经历，更折射出元代社会乃至千年封建王朝的重重矛盾。封建社会中的平民百姓备受剥削与压迫,种种势力的盘剥使乾坤颠倒,百姓苦不堪言。正如元代著名散曲作家张养浩的沉痛慨叹:"兴,百姓苦。亡,百姓苦。"

上层统治阶级的绝对权威和底层流氓势力的寄生式压榨是封建社会中蔡婆这类平民阶级所遭受的首要的伤害来源。因两种势力对平民的残酷盘剥已在前文论述,故不再赘言。此外,除这两种常见加害势力外,蔡婆被赛卢医加害的过程,亦反映出封建社会中平民之间的多重矛盾。

关汉卿擅长人物的出场定型,不论是杂剧《单刀会》中神勇的关羽,还是《救风尘》《望江亭》中的聪明勇敢的女性英雄形象赵盼儿和谭记儿,其出场都通过个性化诗歌等将其形象塑造出来。赛卢医出场时的个性诗歌更是直接点明了其无良庸医的形象。"行医有斟酌,下药依本草;死的医不活,活的医死了。"纵使前文铺垫甚好,这位医者下药有章法、依经典,但一句"死的医不活,活的医死了"还是使赛卢医庸医的形象原形毕露,这着实是一位反面人物。但这样一位反面人物,他对蔡婆的加害亦并非无端而发,蔡婆"数次来讨这银子"而赛卢医"又无的还他"。这才是蔡婆受到赛卢医加害的直接原因。蔡婆的多次索债,使得赛卢医铤而走险。和张驴儿为自身私欲而产生的流氓型加害行为稍有差别,赛卢医的加害,更像是被逼迫下的无奈之举。平民阶层中加害者的剥削,激化了人与人之间的矛盾,使得原本不欲加害他人的平民,也成了施暴者。

蔡婆身处矛盾多发的元代社会,凭借富户的身份,蔡婆加害他人。但她同时又受到来自上层统治势力、底层流氓势力,乃至加害对象的加害。蔡婆的经历,反映出封建社会中的矛盾和危机,人与人之间的利益倾轧。关汉卿批判现实的笔力由此可见一斑。

结束语

《窦娥冤》中的蔡婆形象既是个贪婪的高利贷者,也是个底层小市民;性格中有善良勇敢的一面,也有懦弱自私的一面;既是他人悲剧的制造者,也是个受害者。蔡婆形象体现了复杂人性,反映了其所处的封建社会中的重重矛盾。我们将研究的视角转向这部杂剧中的次要人物,是为了更加深刻地认识和理解《窦娥冤》的社会意义及艺术成就。因理论水平有限,论文尚存在论证不够充分的缺点。在今后的研究中,笔者将通过进一步阅读相关论文与专著,予以补充完善。

参考文献

[1] 张友鸾,顾肇仓. 关汉卿杂剧选[M]. 北京:人民文学出版社,1979.

[2] 郑艳玲. 商人身份与女性角色的双重演绎——析《窦娥冤》中的蔡婆[J]. 五邑大学学报

（社会科学版），2010，12（01）：60-64.

[3]〔明〕宋濂. 元史［M］. 北京：中华书局，1976.

[4] 杜改俊. 一个本色的性格悲剧人物——重论《窦娥冤》中的蔡婆形象［J］. 吕梁高等专科学校学报，2001（02）：12-14.

（指导教师：张春红）

导师点评

刘子怡的毕业论文《〈窦娥冤〉中的蔡婆形象分析》，以研读元代关汉卿的杂剧代表作《窦娥冤》为基础，一改众多研究者对这部旦本戏女主角窦娥形象更为关注的常态，选取剧中绿叶式人物蔡婆形象为研究对象，选题角度较新且具有一定的学术价值。论文能够运用所学理论知识，结合文本细读，辅以相关史料进行论证分析，认为蔡婆形象具有高利贷者和底层平民的双层身份，善良勇敢与自私懦弱并存的复杂性格。这一形象既因放高利贷成为欺压平民的加害者，又是被黑暗势力吞噬的受害者，是一个特殊的双重社会角色，揭示了元代社会的黑暗现实。全文结构完整、语言流畅、论述结合、内容充实、层次分明、逻辑性强，有一定自己的观点和看法，撰写规范，是一篇优秀的本科学位论文。

导师简介

张春红，博士，副教授，中组部第14批"西部之光"访问学者，主要研究方向为中国古典文学文献及古代小说研究。

女性主义批评视域下的张爱玲作品重读

董升　汉语言文学 2018 级

摘　要：女性主义批评研究的意义之一或者说目的之一即是重写文学史——发掘作家、重读作品，而张爱玲是一位女性意识很强的作家，故本文将借助女性主义批评理论对张爱玲的作品进行重读，并在此视域下尝试分析其作品中的女性在当时社会中的处境与她们自身的心理活动。重读作品的过程中不难发现，张爱玲以其一贯的清醒将对女性的自省精神贯彻始终，她用喜悲写悲的文学理念展现出了旧社会中各色女性的悲剧人生，用不点破的方式书写出了女性在当时社会中身陷困境的原因——社会的压迫、封建思想的束缚以及女性自身的软弱。

关键词：女性主义；张爱玲；自省

引言

人们对张爱玲作品的狂热，使得"张爱玲"这三个字已经被高度符号化。她的每一句话、每一部作品，都引起了人们的广泛关注，人们惊叹于她行文的诡谲，沉溺于她铺陈的故事，所以对张爱玲文章的解读变得愈发透彻。在张爱玲的作品已经被人们研究得如此透彻的前提下，再从女性主义批评的角度对张爱玲的作品进行重读是否还具有意义就成为笔者必须回答的问题。笔者认为，张爱玲的作品具有鲜明的女性主义倾向，并且自然地呈现出了可以归为女性主义方面的启示和思考。

首先，张爱玲的文学创作具有明显的女性主义特征。譬如"妇女形象"批评是在女性主义批评中占有一席之地的批评模式，也是女性主义文学批评的初级阶段。"妇女形象"批评认为父权制传统文学将女性塑造为天使或魔鬼，天使是无私奉献的，被动顺从的，而魔鬼则是具有主体意识，是"拒绝男性传统为她们设定的顺从角色的妇女"[1]，而女性要想成为真

---

[1] 程锡麟，方亚中. 什么是女性主义批评 [M]. 上海：上海外国语教育出版社，2011.

正的作家,就必须将天使和魔鬼都杀死。张爱玲即是这样做的,她的小说中没有完全顺从的"天使",也没有完全反叛的"魔鬼",多的是一些在现实与幻想之间挣扎、撕扯的压抑灵魂。

其次,张爱玲在作品中自然呈现出女性主义的启示和思考。张爱玲是一个超性别作家,她早就以透彻的眼光看到了那个时代女性的不幸,与造成这种不幸的原因。她的作品通过对形形色色女性的描写引发读者对女性的历史与未来的思考。

比起英雄,张爱玲更喜欢写凡人,她说:"他们虽然不过是软弱的凡人,不及英雄有力。但正是这些凡人比英雄更能代表这时代的总量。"①从古至今,人们多关注的是谱写历史的名人与英雄,鲜少关注凡人,特别是在父权统治之下,能够谱写历史的女性寥寥无几,其中一些女性(武则天、李清照等)因为在历史上留下了浓墨重彩的一笔,故有幸在我们关注之列,但是其他的女性呢?那些被压抑、被隐藏话语权、被历史和父权社会完全抹杀的女性呢?那些完全丧失了自己,燃尽躯体为旧中国献祭之后,什么都没能留下的女性呢?她们的存在是无意义的吗?如果她们的存在是无意义的,没有在历史上留下一点"蛛丝马迹",那我们呢?我们的命运是否同她们是一样的呢?从生物的意义上说她们存在过,但她们只能缄默,就像物品,只有被放置、被统治、被掩埋。这种完全处于地心的状态一直持续到了19、20世纪之交。但即使到了20世纪,她们就真的"浮出历史地表"了吗?就像戴锦华所说的,新时代的"女性"一词尚且是一个空洞的能指。"甚至可以说,唯有作为'父的罪孽'中的死者、牺牲和证物时,她才有话语意义,有所指、被'看见',因为显而易见,那些未死的、不能以自身遭遇证明旧文化罪孽之骇人听闻的女性,在这一时代的文化中几乎没处置放,除非划归为遵循旧道德的传统的同谋。"②

一、女性主义批评

(一)女性主义批评的产生及概念

"女性主义批评"一词的产生是以女性主义思想以及"女性主义"这一术语的出现为前提的。女性主义思想的产生最早可以追溯到古希腊时期。而"女性主义"一词则最早在1870年的法国出现,后来逐渐传入欧美国家。

18世纪末陆续出现影响较大的女性主义著作,这些著作是女性主义批评产生的思想渊源,也对女性主义三次浪潮的掀起有着巨大的影响。而女性主义浪潮是女性主义批评产生的现实背景,女性主义批评就是在第二次女性主义浪潮中兴起的。

女性主义批评指的是20世纪60年代在美国和欧洲兴起的,从妇女解放运动中发展起

---

① 张爱玲. 张爱玲散文全编[M]. 杭州:浙江文艺出版社,1998.
② 孟悦,戴锦华. 浮出历史地表:现代妇女文学研究[M]. 北京:北京大学出版社,2018:49.

来的，以女性的性别为焦点去阐释文学文化现象的一种批评理论。其中"批评"有两种含义：纯粹文本批评与社会批评。也就是说除了对作品本身进行研究，揭示女性意识的内容以外，也可以通过对作品的研究从而对不平等的社会现实进行批判。

女性主义批评的核心特征是强调性别意识和性别立场。"女性主义批评的基本观点认为西方文明是以男性为中心的，是由男性控制的，妇女处于从属的地位。在家庭、宗教、政治、经济、教育、法律、文艺等社会的所有领域妇女都受到男性的压制和排斥。男女的性别差异不仅是由生理决定的，也是由父权制社会决定的，性属（gender）是一种文化上的建构。""女性主义批评主张对男性中心的西方文明和社会进行批判，在社会各个领域争取与男性平等的地位和权利，发掘并建立长期被父权制文化淹没的妇女自己的文学经典和文化传统。"

（二）国内外女性主义批评的发展阶段与研究现状

女性主义批评不是一个"单一"的理论，也不是一个整齐划一的思潮，它是一种具有极大活力的、与很多批评理论和思潮交叉融合的、具有多种形形色色的主张和流派的批评理论。

国外众多流派之中以英美流派和法国流派取得的成果最为显著。英美流派的批评是文本式的，更注重细读与阐释文学文本。并且英美的女性主义批评阶段性比较清晰：20世纪六七十年代是第一阶段，又称"妇女形象"批评阶段，重点在于重读传统文学作品并对其进行批评。20世纪七八十年代是第二阶段，又称"妇女中心"阶段，此时重点转移至一贯被忽视的女性作品。20世纪八九十年代是第三阶段，是女性主义批评的理论构建阶段，也是理论反思阶段。而法国流派从一开始就具有较强的理论思辨色彩，绝大多数法国女性主义者更关注语言学、语义学、心理分析和哲学问题。而21世纪以来西方女性主义批评的发展现状又呈现出一些变化：首先，后女性主义内部出现了一些分歧，一些女性主义者表现出对男性中心主义的批判和对第二次女性主义浪潮中主张的理解与"同情"，还有一些"资深"的女性主义者仍坚持对父权制进行解构。第二，女性主义批评开始呈现出多元性、互渗性、机构化等特点。

20世纪80年代初，西方的女性主义思潮传入中国。女性主义批评的本土化历程大致可以分为这样三个阶段：

第一阶段——萌芽期，20世纪80年代前后，一些学者将西方女性主义批评思潮、文学译介到中国，中国的女性作者的女性意识觉醒。《美国女作家作品选序》《第二性》《女人与小说》等文章、小说相继刊登出版，女性文学创作和批评也开始自觉迈进，出现了《浮出历史地表——现代妇女文学研究》《女性主义文学》[1]《女性观念的衍变》[2]《夏娃探

---

[1] 孙绍先. 女性主义文学 [M]. 沈阳：辽宁大学出版社，1987.
[2] 杜琴芳. 女性观念的衍变 [M]. 郑州：河南人民出版社，1988.

索——妇女文学研究论稿》①《文学广角的女性视野》②《风骚与艳情——中国古典诗词的女性研究》③等著名的女性主义批评专著。

第二阶段——发展期，20 世纪 80 年代末至 90 年代初，这一时期国内对西方女性主义批评思潮、文学的译介和引进更加活跃，进入到深化阶段。与第一阶段相比，是从零散译介到系统化和专业化的差别，并且女性主义批评从此开始变得成熟，掀起了一波批评热潮，进入"勃兴"阶段。

第三阶段——开放期，也即国内女性主义批评发展现状。20 世纪 90 年代末至今，这一时期的女性主义批评进一步深化，并呈现出多方面、多元化态势。一是许多高校成立了专门的团体和机构，并开展国内外的合作交流、立项研究等活动。二是女性主义批评走向反思，并开始自觉使用性别视角，对"双生话语""躯体写作"等问题进行讨论。三是女性主义批评出现了理论批评主体多元化、批评方法多元化、批评者追求自我与差异等景象。

（三）女性主义批评之得——对张爱玲作品进行重读的意义

女性主义批评之得要从两个方面说起：一是女性主义批评与文学经典重构之间的关系，一是女性主义批评与妇女文学传统之间的关系。

女性主义批评家们对传统的文学进行重新审视，发掘作家、重读作品，解读女性文本，使许多过去被忽略的妇女文学作品进入了文学经典的行列。可以说女性主义批评是文学经典重构的有力推手。

女性主义批评家不仅仅致力于发掘女性作家、作品，重构经典，同时还指出要建立女性自己的文学传统。就像克里斯蒂娃所说，女性若想进入这种为男性把持、为男性服务的话语体系，只有两种途径，要么，作为男性的同性进入话语；要么，用异常语言"言说"，用话语体系的空白、缝隙及异常的排列方式来言说。所以女性自己的文学传统的建立是十分必要的，否则女性可能永远只能处于失声或半失声状态。

二、对张爱玲作品的女性主义探究

（一）女性形象探究

张爱玲在《自己的文章》中提到，她写作便是要给周围的现实一个启示。那么这个启示是如何在文中体现的、作者想启发我们什么、我们得到了什么样的启示是我们所要探究

---

① 李小江. 夏娃探索：妇女文学研究论稿 [M]. 郑州：河南人民出版社，1988.
② 陈素琰. 文学广角的女性视野 [M]. 广州：花城出版社，1988.
③ 康正果. 风骚与艳情：中国古典诗词的女性研究 [M]. 郑州：河南人民出版社，1988.

的主要问题。前文提到,张爱玲的作品通过对形形色色女性的描写引发读者对女性的历史与未来的思考。那么,首先我们就要对这些形形色色的女性进行分类研究。

　　第一类,女性意识的先觉者。她们是新旧交织社会中女性意识的先觉者,是不甘屈服于命运的"娜拉",也是无力与这个男权社会抗争的可怜人。此类女性在张爱玲小说中的代表有:葛薇龙、白流苏、顾曼桢。

　　《第一炉香》中的葛薇龙出生于上海一个家落中道的中产阶级家庭,她为了能留在香港上学,不得不求助于在香港交际界混得风生水起的姑妈——梁太太,继而一步步在物质主义和享乐主义的支配之下迷失了自己,原本一个纯洁的灵魂不断地被物化。但不可否认的是,薇龙是有女性意识的,虽然这意识最终也没能拯救她,她最终在这男性法权当道、物欲横流的社会里变成了那只"绣在屏风上的鸟",连只笼中鸟都不如,因为除了屏风毁灭,否则永远没有解脱的那一天。第一,薇龙有自我意识与反抗意识:她不愿意随着家里人回上海,白白浪费一年的光阴,于是自己在香港找出路,不是一味地顺从家里的安排,这体现了她的自我意识。而父亲是绝不会允许她与梁太太有瓜葛的,所以她选择对自己的父亲有所隐瞒,这是她反抗意识的体现。第二,此时的薇龙是一心向学的、充满了求知欲的、不甘堕落的,她想,"我念书,那是费了好大的力,才得到这么个机会,不能不念出些成绩来",[①]"外头的人说闲话,尽他们说去,我念我的书。将来遇见真正喜欢我的人,自然会明白的,决不会相信那些无聊的流言"。第三,薇龙是清醒的,甚至对一切即将来临的诱惑与堕落都有所察觉。她早看出姑母的小天地里面"留住了满清末年的淫逸空气",但是她以为她总不至于走姑母的老路:"我既睁着眼走进了这鬼气森森的世界,若是中了邪,我怪谁去?可是我们到底是姑侄,她被面子拘住了,只要我行得正,立得正,不怕她不以礼相待。"她看见梁太太与卢兆麟"坠入爱河"之后拿着水杯都能痴痴发笑的样子不免想道:"女人真是可怜!男人给了她几分好颜色看,就欢喜得这个样子!"可惜的是,薇龙虽然开始是清醒的,但后来她仍然跌入了物质与情欲的旋涡,自己也和梁太太一样成了沉浸在这欢喜中的人:"梁太太一抬头瞅见了薇龙,忽然含笑问道:'你笑什么?'薇龙倒呆住了,答道:'我几时笑来?'"再后来姑妈的暗示越来越明显,这时的薇龙也逐渐意识到继续留在姑妈家里会付出什么样的代价:"……女孩子们所憧憬的一切,都尝试到了。天下有这么便宜的事吗?如此看来,像今天的这一类事,是不可避免的。梁太太牺牲年轻女孩子来笼络司徒协,不见得是第一次。"但是此时的薇龙早就上瘾了,她沉迷于精致的生活,陶醉于男人围着她打转,喜欢上穿着漂亮的衣服去约会,她再也不想回到过去那种简单的生活,因为无法来填满内心的饥荒。薇龙在清醒中逐渐沉沦,一边挣扎,一边享受,成了物质主义支配下的傀儡。而导致她生命悲剧必然结果的另一重要原因就是她爱上了乔琪乔——一个注定

---

① 张爱玲. 张爱玲经典作品集 [M]. 太原:北岳文艺出版社,2000.

只能活在物质世界里享受荣华富贵的花花公子。这个流连花丛片叶不沾的花花公子与梁太太联手，彻底将薇龙打入了无间地狱："从此以后，薇龙这个人就等于卖给了梁太太与乔琪乔，整天忙着，不是替乔琪乔弄钱，就是替梁太太弄人。"在她自愿地成了情场上的牺牲品时她就迈向了通往悲剧的第一步。之所以说是第一步，是因为此时的薇龙还不是最可悲的，最可悲的是未来等待她的只有被放弃、被抛弃，彼时年老珠黄，一身污垢，除此以外什么都不会剩下，梁太太劝乔琪乔娶薇龙时，早就与乔琪乔说好："……过了七八年，薇龙的收入想必大为减色。等她不能挣钱养家了，你尽可以离婚。在英国法律上，离婚是相当困难的，唯一合法的理由是犯奸。你要抓到对方犯奸的证据，那还不容易？"话已至此，薇龙最后的结局作者不说，我们也知道。

《倾城之恋》中的白流苏原是上海白公馆的小姐，她聪明倔强，人才出众，勇于谋划，一心想为自己找到一条好出路。她也拥有女性意识，但最终结局也不过是从一个牢笼逃入另一个牢笼。白流苏是那个时代里鲜少的经历过两段婚姻的女子，据说流苏的第一任丈夫家里是个大族，无论如何不会缺吃少穿，但尽管如此，流苏还是毅然决然地离了婚，因为不甘心做物质与旧家庭的奴隶。在那样的年代，这样做是多么需要勇气的，我们或许不能感同身受，但仅通过家人们对流苏的态度我们也可略知一二：四奶奶当着流苏的面指桑骂槐地对七妹说道："离婚岂是容易的事？要离就离了，稀疏平常！果真那么容易，你四哥不成材，我干嘛不离婚哪！我也有娘家呀……不能靠定了人家，把人家拖穷了，我还有三分廉耻呢"。家人尚且如此，外人说话更加不会避讳，可见流苏的决心和强烈的反抗意识。她也靠着这强烈的反抗意识争得了张爱玲小说中唯一一个看似圆满的结局。但是这结局对流苏来说真的圆满吗？我们先请出这个故事的男主角——这个最终与流苏度过一生、被白家所有人视为香饽饽、被白家几位姑娘争抢的名为"范柳原"的男人。范柳原，私生子，视女人如泥土，脾气古怪，有一些仇家，故不敢轻易回老宅，吃喝嫖赌，样样都来，独独无意于家庭幸福。用今天的眼光来看这个范柳原除了有点闲钱以外简直"穷"得一无是处。流苏最终就是与这样一个人在一起了，还是在战争的催化之下，否则这等"好事"还轮不到流苏来。范柳原与流苏的结合几经周折，流苏第一次与范柳原近距离相处之后，意识到范柳原是跟第一任丈夫一样的浪子①，她大为失望，只好返回家中。但是流苏清醒地意识到"她这一次回来，更不比往日。她和这家庭早是恩断义绝了"②，在范柳原身边，是一种绝境，回家更是一种绝境，所有人看她的笑话，视她为累赘，家人这样的态度彻底伤了她的心，男人的花心不会使她绝望，但家人的冷漠会。所以，当范柳原给她写了只有寥寥几个字的信时，流苏还是去了香港，只不过这次去，她知道，她彻底地失败了，"她早失去了上

---

① 流苏与第一任丈夫离婚便是因为流苏发现她的丈夫是一个放荡不羁的败家子。
② 张爱玲. 倾城之恋［M］. 北京：十月文艺出版社，2009：190.

一次的愉快冒险的感觉",也没有任何家人作为后盾。在这之后,流苏成了范柳原的情妇,她的出路只有取悦范柳原,但"她累得很,取悦范柳原是太吃力的事,他脾气古怪……"①。到了做情妇的地步,流苏作为女子的人权正在一步步丧失着,物质主义的奴役使她丧失了自我,丧失了用离婚作为巨大代价争取到的仅有的女性的尊严。"她空着,寂寞着,女子向来被家庭捆绑,束缚于家庭,而父权社会赋予女性的唯一的社会价值就是"持家",而作为情妇的流苏连这一点价值和束缚都没了,她是一个见不得光的人,所以连影子都没有,没有社会价值,没有意义,也没有存在感。尽管最后因为战争,范柳原娶了白流苏为妻,但是原来范柳原经常跟流苏说的俏皮话再也没有出现过,他把他的俏皮话全都省了下来,全都说给了别的女人听。

《十八春》中的顾曼桢亦是上海人,她出生于上海的一个普通家庭,父亲早亡,姐姐顾曼璐不得不辍学出来工作以维持生计。作为长女的姐姐曼璐承受着巨大的牺牲与屈辱将妹妹曼桢培养成一生最满意的"艺术品",而作为妹妹的曼桢怀揣着内疚与同情走向帮姐姐分担压力的自立自强的道路,不愿意为了金钱依附有钱的人,不愿意为了分担家庭的重担随便结婚生子,她快乐并辛苦地为家庭付出,对未来充满了无限的幻想。但没人会想到,原本看起来无坚不摧、互相珍重的亲情却变成了将曼桢推向深渊的罪魁祸首。曼璐的丈夫祝鸿才肆无忌惮地在外面找女人,让曼璐有了很深的危机感,或者说此时早已人老珠黄的曼璐在丈夫的奴役下"维持生计",早就做了金钱的奴隶,所以当祝鸿才对她提出要占有曼桢的无理要求时,曼璐同意了。曼桢被自己的亲姐姐设计献给了其貌不扬、人格肮脏的姐夫祝鸿才,并生下一子。自此,那些自立自强的岁月和干净纯粹的感情与曼桢再不相干。被设计生子之后,曼桢逃了出来,仍然不放弃,坚持工作,直到在街头偶然遇见了自己可怜的儿子,才不得不向祝鸿才妥协,与其结了婚。从此,再没有自立自强的女人顾曼桢,只有委曲求全的母亲顾曼桢。如果曼璐不是舞女,如果曼璐没有先一步成为金钱的奴隶而用自己的妹妹换取丈夫的垂怜,如果姐夫祝鸿才不是父权社会男权浸润下的人渣,如果不是世钧的父亲认出曼桢的姐姐是舞女从而不同意他们的婚事,或许,曼桢本不该有这样的惨淡结局。但没有那么多如果和假设,所以处于那个时代的曼桢想要幸福太过奢侈,而悲剧稍有不慎就会发生。

第二类,毫无自我意识、反抗意识的悲剧人物。她们在无知无觉中做了男权社会下的牺牲者,随波逐流地成了金钱和婚姻的奴隶,同时也是软弱无能的糊涂虫。这类女性在张爱玲作品中的代表有:长安、烟鹂、郑川嫦。

《金锁记》里的长安是曹七巧的女儿,分家时曹七巧从婆家分得了一笔财产,领着儿女

---

① 张爱玲. 张爱玲全集[M]. 北京:北京十月文艺出版社,2009.

"独立门户",长安也进了学堂读书,但是"长安记不住自己的号码,往往失落了枕套手帕种种零件。七巧便闹着要去找校长说话"。这一天,长安又丢了东西,七巧大怒,臭骂长安一顿,长安不敢反抗,也不敢做声,更不敢让母亲去学校闹,只哭了一晚上。长安后来被母亲逼着退学,即使自己十分不愿,也不得不顺从。甚至连"朋友寄来了信,她也不敢拆,原封退了回去……"。这些事充分体现了长安的软弱,她没有丝毫的自我意识或反抗意识,只会一味地忍让。在母亲的长期"欺压"之下"她渐渐放弃了一切上进的思想,安分守己起来"。更可悲的是,"她学会了挑是非,使小坏,干涉家里的内政。她不时地跟母亲怄气,可是她的言行越来越像她母亲了"。长安终于也变成了被黄金枷锁扭曲的父权家长制的牺牲品。

《红玫瑰与白玫瑰》中的烟鹂原本是朵白玫瑰,可是久而久之她不可避免地成了那粘在衣服上的饭粒子。她在丈夫的奴役之下变得越来越拘谨、自闭,仿佛只要"不和人家比着,她还不觉得自己在家庭中地位低落"。越到后来这种境况就越严重,佟振保"在外面嫖,烟鹂绝不疑心到。她爱他,不为别的,就因为在许多人中指定了这一个男人是她的。她时常把这样的话挂在口边:'等我问问振保看。''顶好带把伞,振保说一会要下雨的。'他就是天"。她真的像玫瑰一样毫无自我意识更不必说反抗,她甚至很多事情都不能自己做决定。她亦像她的名字,烟鹂,虚无缥缈又空洞无物,对飞出牢笼丝毫不寄希望,就这样度过一天,又一天。她的"不反抗"亲手将自己人生的掌控权交付给了佟振保,佟振保又在这种完全地掌控之中觉得越来越没意思。所以他们双双出轨,又继续一起生活,只是佟振保依旧为所欲为,而烟鹂仍然小心翼翼。

《花凋》中的郑川嫦是郑家最小的女儿,因为从小不争不抢最为老实,所以总是被欺负,爹不疼,娘不爱,还受到姊妹们的挤兑。但尽管如此,她还是一生都没学会反抗。她渴望上学,"痴心想等爹有了钱,送她进大学",可是她也知道,"等爹有钱……非得有很多的钱,多得满出来,才肯花在女儿的学费上——女儿的大学文凭原是最狂妄的奢侈品",所以上学的事也就作罢。她想拥有自己的爱情,可是却又生了大病,见章云藩又有了新女友,就又败下阵来,爱情也就不了了之了。她想活着,可是听到爹娘一个为了自己不受拖累,一个为了自己藏私房钱这事不败露,都不肯为她出钱看病时,她又放弃了生的希望。她这一生中唯一一次勇敢竟然是放弃这个世界。软弱,是她人生悲剧的助推器。

第三类,封建制度与男权的同谋。她们是被黄金枷锁牢牢锁住的奴隶,她们是与封建社会和男人一起残害同性的帮凶,是在物质世界中逐渐迷失自我的欲望的傀儡。张爱玲作品中这类女性的代表人物有:梁太太、曹七巧、顾曼璐。

《第一炉香》中的梁太太从一开始就是纯粹的物质主义者,而从梁先生死后已是富婆的她又进一步变成了情欲的傀儡。她是香港交际圈里的情场皇后,是诱拐利用年轻女孩满足自身需求的"老鸨",是杀死薇龙的全部纯粹的男性法权的同谋。她诱拐薇龙的第一步就是用优渥的物质唤醒人性中的物质欲望,接下来就是扭转薇龙的婚恋观念把薇龙打造成"弄钱""弄人"的工具。从此，薇龙便成为被奴役被支配的情场牺牲品。

《金锁记》中的曹七巧是金钱主义下的牺牲品，同时也是黄金枷锁之下的加害人。哥嫂二人在金钱的诱惑之下，将七巧嫁给了姜家身有残疾的二少爷。要伺候残疾的丈夫不说，出身卑微的她在婆家更是处处不招人待见，哥嫂还时不时地打着亲情的旗号来打秋风。这种备受煎熬的生活催迫着七巧逐渐明白金钱的意义和亲情的本质，使她从原来坚强倔强的女孩，变成了灵魂扭曲的泼辣妇人。姜家二少爷死后，七巧无所畏惧地争财产、和三少爷斗法、揭露三少爷想骗钱的真实面目，终于，七巧获得了对自己经济权利的绝对控制。在获得对金钱掌控权利的同时，七巧也丧失了对爱情、婚姻、亲情的所有信任，所以为了固守金钱她成了破坏儿女婚姻的"刽子手"。七巧为了对女儿长安有绝对的掌控权，拒绝让女儿继续上学，在缠足制度被废之后依然强制给长安裹脚，长安生病以后不给长安用药反而用鸦片麻痹疼痛，并以女儿抽食鸦片为由劝退了本来要与女儿结婚的童世舫，彻底毁掉了女儿的一生。她不仅毁掉了长安的一生，同时也是儿子长白婚姻悲剧的制造者。七巧对儿子娇生惯养，给他抽大烟，挑拨儿子与媳妇的关系，给他纳小妾，最后逼死了长白的妻子芝寿，成了长白失败婚姻的罪魁祸首。

《十八春》中的顾曼璐是封建社会和男性法权的同谋，但同时也是姘居制度和娼妓制度的牺牲品。她原是卖艺不卖身的舞女，但韶华易逝，容颜不再，只好走上"二路交际花"的路线，与一群下流人士厮混。这并不是曼璐本人有意的堕落，她本是很"忠厚"的，但要养活一大家子人，这是唯一的办法，是那个由男性法权和封建制度（姘居制度、娼妓制度）构建的社会里，女性养活"一大家子人"的唯一的出路。一旦走上了这条路，想要嫁人就变成了一件十分不容易的事，所以曼璐只得嫁给其貌不扬、没什么钱、靠投机倒把为生的祝鸿才。这个祝鸿才原是有妻女之人，所以曼璐没得到妻子的名分，却还是要受夫权的奴役。而一旦嫖客成了丈夫，曼璐身心都被奴役的生活就正式开始了，她的物质生活自此完全掌握在祝鸿才手里，她的精神生活里也只剩这么一个男人。所以当祝鸿才提出要占有妹妹曼桢的时候，曼璐虽然挣扎犹豫，但还是同意了，她将曼桢幽禁，企图借妹妹的肚子生子，稳固自己的地位。她自己进入了男性法权的圈套，并将亲妹妹拖入泥潭，成了杀死曼桢"前程"与未来所有希望的帮凶。

老一辈的、没受过教育的女性是受封建制度与封建社会荼毒更深的人，她们是男权和父权统治的帮凶，而连自我意识都没有的女性更是像五千年来无数被抹杀的中国妇女一样，她们的灵魂以狰狞的方式销声匿迹。但可悲的是，即使是受过教育甚至是有女性意识的妇女依旧是绣在屏风上的鸟，困在笼中的囚徒，不论逃与不逃。有反抗意识和自我意识的女性也不过是清醒地沉沦，她们张大了嘴巴却发不出声音，向命运抗争却是徒劳无功。她们的结局让人深思不解，也让人痛彻心扉。为什么，到底为什么女性的命运永远也逃不过悲剧，女性的地位永远也逃不出"从属"？

（二）男性形象分析

张爱玲的作品中鲜有以男性作为第一主角的，而《红玫瑰与白玫瑰》和《茉莉香片》这两部是典型的以男主角心理活动贯穿始终的作品。此处主要探究这两部作品的主角：佟振保和聂传庆。

佟振保是一个极度自负且有很强的主人公意识和掌控欲的男人。他第一次在英国找妓女的经历一直使他"怀恨在心"，因为他认为"这样的一个女人。就连这样的一个女人，他在她身上花了钱，也还做不了她的主人，和她在一起的三十分钟是最羞耻的经验"。所以，"从那天起振保就下了决心要创造一个'对'的世界，随身带着。在那袖珍的世界里，他是绝对的主人"。此时的佟振保还是一个不折不扣的穷人，但此时的他已经有了绝对的主人公意识。并且振保不仅有强烈的主人公意识，还有十分强烈的掌控欲："……他记忆中的王娇蕊变得和玫瑰一而二二而一了，是一个痴心爱着他的天真热情的女孩子，没有头脑，没有一点使他不安的地方，而他，为了崇高的理智的制裁，以超人的铁一般的决定，舍弃了她。"他那引以为傲的自控力使他安心，娇蕊对他的爱使他安心，娇蕊没有头脑这一点也使他安心，他不仅要对自己进行完全掌控还要对身边的女性进行完全掌控。他想要的是绝对的"主权"。

聂传庆与佟振保相反，他是一个极度自卑的人，但他仍然具有"主人"意识，仍然对支配金钱和女人有着巨大的渴望。"他不爱看见女孩子，尤其是健全美丽的女孩子，因为她们使他对于自己分外地感到不满意"，他对言丹朱的"憎恶"很大一部分就来自于言丹朱身上的美好和不可控，"她对于任何事物都感到广泛的兴趣，对于任何人也感到广泛的兴趣。她对于同学们的一视同仁，传庆突然想出了两个字的评语：滥交。她跟谁都搭讪，然而别人有了比友谊更进一步的要求的时候，她又躲开了，理由是他们都在求学时代，没有资格谈恋爱。那算什么？毕了业，她又能做什么事？归根究底还不是嫁人！传庆越想越觉得她的浅薄无聊……总之，他不喜欢言丹朱"。这里凸显了聂传庆身上的一种男人的变态心理，将女孩子日常的交友视为"滥交"，并因为女孩子在求学期间拒绝谈恋爱而觉得其浅薄，这也说明了在男权统治的设定下，男性认为女性不需要有朋友甚至自己的生活，妇女的全部工作就是相夫教子，这样的女人才使他们放心，因为对他们没有威胁，是可控的。丹朱的健康、美好更加刺激了传庆的自卑，然而再自卑的男人在内心深处也认为自己有掌控女性的权利："他恨她，可是他是一个无能的人，光是恨，有什么用？如果她爱他的话，他就有支配她的权力，可以对她施行种种绝密的精神上的虐待。那是他唯一的希望。"作者用直白尖刻的语汇对传庆的变态心理进行了剖白，并呈现出这样一个事实：女性一旦进入了妻子的行列或被男性认为对方爱自己，就会身心受到奴役，因为那是男性认为自己应享的权利，而女性就沦为夫权摆布之下的"物品"，即使这个男人是无能的（聂传庆），他依然认为自己有支配女性的权利。最后,在这种变态支配欲和自卑心理的扭曲之下传庆走火入魔般地将丹朱带到了一个偏远的地方并对其进行殴打。而聂传庆本人也是一个悲剧人物,他母亲早亡,父亲因仇恨亡妻而迁怒传庆,对他非打即骂,视他为"废物"。与此同时父亲对传庆还有一种"恐惧",《茉莉香片》中有一段提道:"总有一天罢,钱是他的,他可以任意地在支票簿上签字。他从十二三岁起就这么盼望着,并且他曾经提早练习过了,将他的名字歪歪斜斜,急如风雨地写在一张作废的支票上,左一个,右一个,'聂传庆,聂传庆,聂传庆',英俊的,雄赳赳地,'聂传庆,聂传庆。'可是他爸爸重重地打了他一个嘴巴子,劈手将支票夺了过来搓成团,向他脸上抛去。为什么?因为那触动了他爸爸暗藏着的恐惧……"父亲长期在这种恐惧与迁怒之中对传庆进行身体和心理的虐待,所以传庆的畸形命运或许早就注定了,即使不遇见言丹朱。但丹朱主动的靠近让这种悲剧而畸形的命运从一个人变成了两个人,从一个家庭变成了两个家庭。

张爱玲对佟振保和聂传庆的描写与张爱玲笔下的女性形成了鲜明的对比,张爱玲笔下的女性从来没有过这种掌控一个小世界的主人公意识,或者说当时社会的女性身上从来没有产生过这种主人公意识。且不提她们是否能坐到"主人"的位置,她们甚至从来都没有这么想过。她们终其一生都在争取在男权社会里生存的权利。而仅仅是实现这一目标、争取这一目标她们都要穷其一生,更遑论产生做"绝对的主人"的意识呢?张爱玲在《谈女人》中也说道:"在上古时代,女人因为体力不济,屈服在男子的拳头之下,几千年来始终受支配,因为适应环境,养成了所谓妾妇之道。……几千年的积习不是一朝一夕可以改掉的……"由此看来,女性想要实现做自己的主人的目标还任重道远。

三、张爱玲作品中的悲剧是怎样写成的

(一)揭露造成女性"从属"地位的原因

通过对张爱玲作品的女性角色进行分析,我们产生了"为什么女性的命运永远也逃不过悲剧,女性的地位永远也逃不出"从属"的疑问。通过对男性形象的分析,我们产生了为什么女性缺少主人公意识的疑问。而张爱玲作为一名致力于通过写文章给人们以启示的现实主义作家,早就把一切答案都写在了作品之中。

1. 社会环境与制度的压迫

那时的社会几乎没有女性的立足之地,唯有作为男人的"附属品"才能获得一条生路,这是现实给予女性的压迫。

第一,女孩子想在当时的社会取得独立,是非常之难的。薇龙对侍女睨儿说自己要念书念出个成绩来的时候,睨儿是这样回的:"不是我说扫兴的话,念了毕业又怎样呢?姑娘你这还是中学,香港统共只有一个大学,大学毕业生还找不到事呢……"大学生仍旧找不

到出路，何况女子，可是女子读书没出路，不读书更没出路，女人的出路又在哪里呢？

其次，自己挣钱的女子在社会上非但没有得到应有的尊重还会被人看不起，如《十八春》中所描写的："一鹏背后虽然轻嘴薄舌的，和曼桢见了面，也还是全副绅士礼貌，但是他对待这种自食其力的女人，和他对待有钱人家的小姐们的态度，毕竟有些不同。曼桢是不知道，她还以为这人向来就是这样油头滑脑的。世钧就看得出那分寸来，觉得很生气。"在艰难的时代里从艰难中获得独立的女性还要被人看不起，这是那个社会与时代给女性戴上的沉重枷锁。

再次，社会上风行的姘居制度和娼妓制度为平民女子打开了堕落之门。那个社会想要赚钱养活自己，来钱最快的就是与人姘居或是去做娼妓。那些没有上过学的女子更是别无出路，就像《连环套》中的霓喜和《十八春》中的曼璐，虽然她们都是被迫的，但是想要生存也唯有如此。

2. 封建思想、观念的束缚

有些封建思想和观念在人们的心中根深蒂固、积重难返，尤其是对女性精神上的束缚。

第一，人们心里普遍有"上学不如嫁人"的观念，像《第一炉香》中的薇龙就曾在心中盘算过："念了书，到社会上去做事，不见得是她这样的美而没有特殊技能的女孩子的适当出路。她自然还是结婚的好。那么一个新的生命，就是一个新的男子……一个新的男子？"

第二，扭曲的金钱观念之下女性是最易被舍弃的群体，她们没有自我，完全沦为父权社会和男性法权从属下的"物品"。七巧因着一点钱被哥嫂卖给了身患残疾的姜家二少爷；白家因为范柳原有钱一心想把女儿嫁过去，全然不顾范柳原此人是完全无意于婚姻幸福之人；郑川嫦的父母因为女儿看病花钱多不再为女儿出钱医病，说舍弃便舍弃了。

3. 女性自身存在的问题

女性自身无疑是存在很多问题的，正如张爱玲所说，几千年来受压迫所养成的妾妇之道不是马上就能改掉的，还需要假以时日。

第一，女性自身的软弱性。张爱玲作品中展现的女性的软弱很大程度体现在她们对男人的依附上。其中最能够体现"依附男人造成女性人生悲剧"的是《连环套》：从豆蔻到老妪，霓喜一共"嫁"①了三个男人，她每一次都对婚姻和爱情有所期许，但是她最终也只是充当了生殖工具、女仆和姘居女的角色。在霓喜的价值观里最值钱的或者说唯一有价值的就是自己的皮囊，她认为"唯一的维持她的自尊心的方法便是随时随地地调情——在色情的圈子里她是个强者，一出了那范围，她便是人家脚下的泥"②。她想通过色相和性手段依

---

① 这个"嫁"是从生物的角度，而非法律的角度。
② 张爱玲. 倾城之恋［M］. 北京：北京十月文艺出版社，2012.

附于男人，所以她从一个男人的"圈套"中出来，又钻进另一个男人的"圈套"。她不明白这根本上是男权家长制统治下的连环套，而她又深深沉沦在物质和欲望的泥淖之中，所以只要她想通过依附于男人获得物质生活上的丰足，就永远只能做"套中人"。女性选择逃避自由成为男人的附庸，迷失并放弃寻找存在的意义，于是整体成为男性的附庸、牺牲品，不再和男性一样拥有超越性，不再拥有和男性一样的人格和自我价值。而女性之所以选择依附男性是因为这实在"是一条好容易走的路，这样就避免了本真地承受生存所带来的焦虑和紧张"①。诚如西蒙娜·德·波伏娃在《第二性》中所言："女人之所以变成非本质，再也回不到本质，是因为女人不会自动进行这种返回。"因为"拒绝成为他者，拒绝与男人合谋，对女人来说，就等于放弃与高等阶层联合给她们带来的一切好处"，简单地说，就是女人想通过依附男人减轻生活上的负担，获得物质上的好处。不过在张爱玲笔下也并不是所有的女人的软弱都体现在"想要依附男人"上，她们的软弱还体现在行动的匮乏上：这些女人并非对女性的"从属"地位无动于衷，但这些"女人的行动从来只不过是象征性的骚动；她们只挣到男人肯给她们的东西"。像《封锁》中的翠远，她是一个知识分子，有一定的自我意识，她想通过自己的努力让别人看得起她，但她又是软弱的、奴性的，她在家里受气，在学校里也受气，她也"恨"他们，想要"气气"他们，但也只是想一想，并没有付诸行动。像《创世纪》中的紫薇嫁给了纨绔遗少，一直庸庸碌碌恪守妇道，最终消磨掉了自己的一生。

第二，女性在两性关系中的弱势地位。女性在两性中处于弱势地位要从"母权制"②转变为男权家长制说起，促成这一转变的有这两方面的因素：一方面，随着财富的增加与生产方式的转变，男性在氏族中的地位逐渐变得比女性重要；另一方面，随着社会的发展，男性/父亲掌握越来越多的生产资料，而在"母权制"的继承方式下，父亲的财产不是由子女来继承（因为子女属于母亲的氏族），而是由父亲氏族的人来继承（比如父亲的父母、兄弟姐妹等），这种继承方式逐渐无法适应家庭制度的转变，且无法满足有利于子女的意图，所以"母权制"被自然而然地废除了③。此后女性在两性关系中便一直处于弱势地位："丈夫在家中也掌握了权柄，而妻子则被贬低，被奴役，变成丈夫淫欲的奴隶，变成生孩子的简单工具了……虽然它逐渐被伪善地粉饰起来，有些地方还披上了较温和的外衣，但是丝毫也没

---

① [法] 西蒙娜·德·波伏娃. 第二性（合卷本）[M]. 上海：上海译文出版社，2014.
② 恩格斯在《家庭、私有制与国家的起源》中为了简便将"只从母亲方面确认世系的情况和随着时间的进展而由此发展起来的继承关系"称为"母权制"（恩格斯沿袭巴霍芬的说法），虽然恩格斯觉得这一名称不是十分恰当，"因为在社会的这一阶段上，还谈不到法律意义上的权利"。此处笔者沿袭恩格斯的说法，称此"继承关系"为"母权制"。
③ 参见恩格斯《家庭、私有制与国家的起源》中"母权制"转变为父权家长制的说法。

有消除。"①这种弱势地位一直持续到了 20 世纪，张爱玲的小说即揭示了这一点：《倾城之恋》中提道，"固然女人是喜欢被屈服的，那只限于某种范围内。如果她是纯粹为范柳原的风度与魅力所征服，那又是一说了，可是内中还掺杂着家庭的压力——最痛苦的成分。"这里显示出了两性关系中女性喜欢"被屈服"的特点，也展示了女人屈服的两种不同的原因：男人——让女人喜欢被屈服；父权家长制——让女性不得不屈服。也就是说即使排除了父权家长制的因素，两性关系也仍然不会像正负两极那样地对等，男人仍旧是主体，是绝对，而女人仍旧是他者。因为让女人"被屈服"的原因除了父权家长制以外还有女人心甘情愿地屈服于男人本身。而女人向男人屈服这件事本身亦是"另有隐情"的，因为这种屈服不是生物性的而是文化性的。是男权制文化"暗中规定"了女人是男人的从属、被男人征服、向男人屈服：占统治地位的群体将他们的需要和价值观潜移默化地渗透在了占从属地位的群体的意识中，在这种根据男性自身长处制定的规则之下，女性的价值观念会无意识地站在有利于男性的角度去思考。所以女性在不明白她们为什么要向男人屈服的情况下"自愿"地向男性屈服了。所以女性被奴役，被征服，一直处于弱势，受压迫，受控制，一直不得翻身。尽管"生理需要——性欲和延续后代的愿望——使男性处于女性的支配之下，却没有从社会上解放妇女。……女人如果不是男人的奴隶，至少始终是他的附庸"。因为在两性关系中，男人掌握了满足这种需要的权利，但是没有从属于这种权利。而女人长期处于男人的统治之下已经产生了一种奴性，她们自觉地内化男人的需求，所以一再导致女性始终处于两性关系中的弱势地位。如《茉莉香片》中提到，只要一个女人爱一个男人就可以被他奴役；《红玫瑰与白玫瑰》中提到，结婚之前烟鹂就"很少说话，连头都很少抬起来，走路总是走在靠后。她很知道，按照近代的规矩她应当走在他前面，应当让他替她拿大衣，种种地方伺候她，可是她不能够自然地接受这些分内的权利，因而踌躇，因而更为迟钝了"（奴性难改），结婚以后烟鹂眼中心中只有丈夫，事事对他言听计从，她越来越木讷，越来越神经质，变得越来越像一块白而没有生气的死肉，没有灵魂也没有自我（奴性深化）。

第三，同性间的不团结。同性之间的不团结使得女性想要获得解放成为一种空想，如果不能改变这一现象女性想要摆脱从属地位的目标将永远无法实现。而同性之间之所以不团结从本质上来讲是由于男权制下的家庭制度与男权制社会中的阶级分化导致的。从家庭制度的方面来说：首先，由于家庭制度对女性整体的分割，使"她们不像无产者那样在劳动和利益上是一致的……她们分散地生活在男人中间，通过居所、工作、经济利益、社会条件和某些男人——父亲或者丈夫——联合起来，比和其他女人联结得更紧密……将女人同她的压迫者联结起来的纽带，是任何别的纽带不可比拟的"；其次，由于家庭制度的束

---

① [德] 恩格斯. 家庭、私有制与国家的起源 [M]. 北京：人民出版社，1976.

缚,她们困囿于家庭这种组织形式之中,在家庭中,她们受男性直接支配,是男性的所有物,从而"与国家之间几乎不存在任何正式的关系",只能依赖于男性[①]。所以她们无从接触上层权力,亦得不到宏观观察"女性"整体的机会。从男权制社会中的阶级分化方面来说,男权制社会大都有或隐或显的阶级,这种"阶级的主要后果之一是导致了两个女人的互相敌视,在过去是妓女和妻子间的强烈敌对情绪,现在则是职业妇女和家庭主妇间的极端仇视"。况且还有男性利用自身掌握的资源介入这两者之间挑拨着,这两者之间的矛盾自然会不断激化。或者说不止有这两个阵营,甚至美貌与年龄也将女性分成很多不同的群体,这些群体之间亦有着错综交织的矛盾。这种父/男权家庭制度和阶级分化的存在使她们往往是"各自为营"的,与"其他"女人表面上并没有直接的利益关系,她们只注重自己的生存,而不顾及"女性"在"人"之中的整体地位。而父/男权家庭制本身即是男性为了抹杀女性而编织出的巨大陷阱。所以她们在这种被隐藏的陷阱里无知无觉地互相倾轧残害,只看得眼前的一点利益,为了男人争风吃醋大打出手,为了金钱情欲互相出卖利用。就像《连环套》中的霓喜与修女梅腊妮,一个是跟在雅赫雅身边没有具体名分的女人一个是修女,一个年轻些一个年长些,她们在雅赫雅耳边吹不同的风,一会儿雅赫雅怀疑霓喜对他不洁,一会儿雅赫雅怀疑梅腊妮没安好心,不过到最后还是梅腊妮占了上风,霓喜连同她的孩子则被雅赫雅逐出家门,而梅腊妮对无处可去的霓喜也是落井下石、排挤有加,所以霓喜也就不得不努力地寻找下家。下家虽被找到,霓喜也从女佣、生殖工具"荣升"为姨太太,但好景不长,这位下家很快就魂归西天,到了分家产的关键之际,原配家里来了人,"几个大脚妇人在她屋里翻箱倒笼"要替霓喜收拾行李赶她出门,正所谓"双拳难敌四手,恶虎还怕狼群",霓喜虽泼辣但依旧难逃被扫地出门的命运。这样的女人之间的"争斗"在张爱玲的作品中还有很多,像《第一炉香》中的梁太太利用侄女薇龙"弄钱""弄人",《倾城之恋》中的其他少奶奶们容不下白流苏吃白饭,几次三番明嘲暗讽,亦像《金锁记》中的妯娌婆媳们看不上七巧出身卑微暗中挤兑。古往今来,不知还有多少女性吃下同类种下的恶果。

  通过分析可以发现,导致女性从属地位的原因是环环相扣的,环境、制度和封建思想观念直接或间接导致了女性自身存在的问题,女性自身存在的问题又致使女性根本无法反抗社会、环境和思想观念的压迫。这是一种恶性循环,而想要打破这种恶性循环,唯有女性自身觉醒并采取行动推翻这些压迫才能实现。然则如张爱玲所说"女人的缺点全是环境所致,然而近代和男子一般受了高等教育的女人何以常常使人失望,像她的祖母一样地多心,闹别扭呢?当然,几千年的积习,不是一朝一夕可以改掉的,只消假以时日……",可

---

① [美]凯特·米利特. 性政治[M]. 宋文伟,译. 南京:江苏人民出版社,2000.

见，女性的觉醒与改变不是一朝一夕的事情，还需时日。但是在女性的积习改掉之前旧的社会已经摇摇欲坠，不过多时便会崩塌，大厦将倾之时，旧社会的一切都将是这时代洪流之下的牺牲品，包括尚未真正觉醒的女性。洞察世事的张爱玲早已勘破了这一点，所以她的文章难免带有悲剧的色彩，她在字里行间为我们展示着这个正在逝去的国度——一个注定死灭的种族。她本人也在这洪流之中，所以她爱悲壮，喜苍凉，追求真实地描绘这即将蒙尘的老旧中国。也正因如此她才成为了独一无二的她，才让我们看到了她独一无二的文学理念。

（二）喜悲写悲的文学理念

张爱玲对传统的文学观念有着深刻的反思。她也确实创造出了不同以往的文学表达，她的作品亦如她在《自己的文章》中所说，处处呈现出新的文学理念：第一，追求"安稳的一面"。张爱玲本人也称此为文学的"妇人性"[1]。她说："我发现弄文学的人向来是注重人生飞扬的一面，而忽视人生安稳的一面。其实，后者正是前者的底子。又如，他们多是注重人生的斗争，而忽略和谐的一面。其实，人是为了要求和谐的一面才斗争的"。在张爱玲的时代，"斗争"是文化、文学的主流，是大多数人都感兴趣的题材，但是张爱玲偏不随波逐流，她要写文学的"妇人性"。很多人都在讴歌新时代到来的时候，很多人都在迎接新社会的时候，张爱玲在为旧时代谱写一首凄寂挽歌。她想写的是这喧嚣的尘世里革命波涛中的"一个注定'死灭'的种族。这个'种族'不是人种学或者地域意义上的中华民族，而是一个阶级——老旧中国的贵族世系，一个优雅的、充满了女性神话——洛神韵味的脆弱而飘逸的'种族'"。

第二，"更喜欢苍凉"。张爱玲说："我发觉许多作品里力的成分大于美的成分。力是快乐的，美却是悲哀的，两者不能独立存在""我不喜欢壮烈。我是喜欢悲壮，更喜欢苍凉。壮烈只有力，没有美，似乎缺少人性。"古往今来，多少文人墨客"为赋新词强说愁"，多少迁客骚人写下悲壮苍凉的作品只为抒发自己的郁郁不得志，却从来没有一个作家说：喜欢苍凉。张爱玲把苍凉作为美的理想境界，建立了女性的独特的新的审美规范，甚至说美学体系。所以她的作品多数以悲剧结尾，这种悲剧虽让读者感到悲，却也同时让读者感到了美，读者通过作品感受到了这个即将逝去的时代中的人物逝去的自然与必然，他们都是那个转瞬即逝的苍凉的莞尔一笑，他们的悲剧祭祀了那个正在逝去的时代，他们被时代所杀，而并非被作者所杀。

---

[1] 张爱玲在《自己的文章中》这样说道："而人生安稳的一面则有着永恒的意味，虽然这种安稳常不安全的，而且每隔多少时候要破坏一次，但仍然是永恒的。它存在于一切时代。它是人的神性，也可以说是妇人性。"

第三，用参差对照的手法给予周围的现实一个启示。张爱玲说："我知道人们急于要求完成，不然就要求刺激来满足自己都好。他们对于仅仅是启示，似乎是不耐烦。但我还是只能这样写。我以为这样写是更真实的……我写作的题材是这么一个时代，我以为用参差对照的手法是比较适宜的。我用这手法描写人类在一切时代之中生活下来的记忆。而以此给予周围的现实一个启示。""这一理念的提出同样表现了作者女性主义文学自觉意识的深化：使女性主义文学的价值取向由单一的对现实和男性法权的抗争，而深化为对女性人生的终极关怀。"①

张爱玲有意无意地站在女性主义的角度进行查检，所以她的作品中弥漫着冷静而深刻的自审。

（三）张爱玲书写中蕴含的自省精神

自"五四"新文化运动以来，中国现代女性主义文学开始觉醒，文坛有很多像秋瑾、白薇、陈衡哲、丁玲一样的女性主义的启蒙者和实践者，却很少有像张爱玲这样的反思者，她代表的是女性主义的痛苦的反思，是自觉站在女性主义角度上的自我查检。

张爱玲在写作过程中会自然流露出造成女性悲剧的原因，这些原因在小说中的呈现即是张爱玲自省的证明，反思的结果。这种自省还体现在张爱玲总是以第三视角切入，时刻冷静、深刻地剖析着女性自身的软弱、麻木与扭曲。张爱玲笔下的女性扭曲、软弱到让人心惊：譬如《金锁记》中的曹七巧和长安。曹七巧自己的脚是缠过的，但为了充作文明脚她往鞋里塞了不少棉花，可是她为了束缚住女儿的身心，从而对其进行更好的掌控，不顾周围人的阻拦，硬是要给长安裹脚。那时候守旧人家的姑娘都不必再裹脚了，有些裹了脚，甚至还会再"放了脚"，所以被迫裹脚的长安一时成了人们口中的笑话。虽然后来曹七巧兴致过去了，又允许长安渐渐将脚放了，然而长安的脚再也没法恢复如初了。而软弱的长安在强势母亲的逼迫之下，日益放弃了反抗，并逐渐变得和曹七巧一般无二，让人感到可悲可叹。张爱玲在散文中也明确提道："女人当初之所以被征服，成为父系宗法社会的奴隶，是因为体力比不上男子，但是男子的体力也比不上豺狼虎豹，何以在物竞天择的过程中不曾为禽兽所屈服呢？可见单怪别人是不行的。"她更像是以旁观者的角度去审视性别问题，对于女性的悲惨命运颇有几分"哀其不幸，怒其不争"的意味。

张爱玲自省的眼光不仅体现在审视女性自身的微观之上，还体现在对时代、文明、社会等的宏观反思上。在张爱玲笔下：时代扭曲、文明破碎、社会污浊。她赤裸裸地揭示了在所谓的都市文明的掩饰之下金钱至上的社会风气，在这样的宏观环境下女人被物化，人性被扭曲，婚姻是交易，人与时代一起颠覆，灵与肉互相分离。

---

① 韩立群. 现代女性的精神历程 [M]. 北京：中国人民大学出版社，2013.

结束语

本文在女性主义批评的视域下对张爱玲的作品进行重读，通过分析张爱玲作品中的男女形象引出了为什么女性总是处于"从属"地位的原因。从文本分析中我们发现社会环境与制度的现实压迫、封建思想观念的精神束缚以及女性自身的软弱等都是造成女性"从属"地位的原因，进一步发现了张爱玲独特的文学理念以及她作品中蕴含的自省精神。总的来说，张爱玲的作品对性别问题的处理有着自己独特的风格，包含着极强的女性意识，同时也包含着冷静自审的眼光。她反思了被金钱扭曲了的女性的灵魂、被父权统治奴役的苍凉女性、被物质支配的女性情感。"以她悠悠的叙事语调构成了一座文明流沙之上的象征之林；在一块已然坍塌并注定要淹没的墓碑上刻下了最后几行铭文。"

参考文献

[1] 程锡麟，方亚中. 什么是女性主义批评 [M]. 上海：上海外国语教育出版社，2011.

[2] 张爱玲. 张爱玲散文全编 [M]. 来凤仪，编. 杭州：浙江文艺出版社，1998.

[3] 孟悦，戴锦华. 浮出历史地表：现代妇女文学研究 [M]. 北京：北京大学出版社，2018.

[4] 张爱玲. 张爱玲经典作品集 [M]. 太原：北岳文艺出版社，2000.

[5] 张爱玲. 倾城之恋 [M]. 北京：北京十月文艺出版社，2012.

[6] [法] 西蒙娜·德·波伏娃. 第二性（合卷本）[M]. 上海：上海译文出版社，2014.

[7] 恩格斯. 家庭、私有制与国家的起源 [M]. 北京：人民出版社，1976.

[8] 凯特·米利特. 性政治 [M]. 宋文伟，译. 南京：江苏人民出版社，2000.

[9] 韩立群. 现代女性的精神历程 [M]. 北京：中国人民大学出版社，2013.

[10] 胡敏. 女性主义文学批评综述 [J]. 中北大学学报，2008（04）.

[11] 魏天无，魏天真. 女性主义文学批评的本土化历程及其问题 [J]. 外国文学研究，2011，33（03）.

[12] 莫立民. 新时期三十年女性主义文学批评 [J]. 甘肃社会科学，2010（05）.

（指导教师：卢顽梅）

导师点评

2022届毕业生毕业论文指导任务分配之后，我第一次召集学生谈论毕业论文相关事宜时，得知董升已保送为山东师范大学研究生，一方面，考虑到她无就业与升学压力，有充足的时间阅读研究资料并撰写论文；另一方面，她很快就要进入研究生学习阶段，于是，我对她提出了比较高的要求，希望她能够提前进入研究生学习状态。董升也确实按照我的要求，认真完成了毕业论文，她毕业论文的题目是《女性主义批评视域下的张爱玲作品重读》。与其他同学相比,董升毕业论文选题大,工作量饱满,论文字数接近2万字,既涉猎了女性主义相关理论,又做到了通读《张爱玲全集》,查阅的相关研究资料与文献也很充足。论文结构合理,观点明确,论述充分,语言表达流畅,对张爱玲的作品有自己的见解。论文注释与参考文献部分亦做得非常好。

导师简介

卢顽梅,博士,副教授,研究领域为中国现当代文学与当代藏族文学。

"机村"文明的反思与救赎
——论阿来小说《空山》

许晨斐　汉语言文学 2018 级

摘　要：阿来长篇小说《空山》围绕机村人、事、物的变迁而展开。在现代文明高速发展的时代，机村却面临着种种危机。构成机村的自然元素失衡，机村之根难以重建，风吹灭人性的烛火，火烧毁崇高信仰，人们寄托灵魂的乐园在传统与现代的对立中消逝；乡土生活与传统信仰逐渐消亡，生态环境遭到破坏、生命无法承受现实的重量，人心蒙尘的现状亟待追悔与反思。阿来用哀而不伤的笔法和诗性的文学语言将机村故事娓娓道来，他在描写机村孤独的实质之上，仍留存着爱与友情、亲情等本真人性；在寻根的同时又揭露了现代文明的弊端，批判人性之余又赋予他对人类未来的期望，呼唤人性的救赎与回归。

关键词：阿来；《空山》；反思；救赎

引言

阿来是嘉绒藏族人。《空山》讲述了机村在 20 世纪 50 年代到 90 年代间的故事，这是一个从上到下进行轰轰烈烈的社会政治经济实验的变革年代，机村虽是远山中的小小村落，但无疑也被卷入了现代化进程中。在时代变革背景下，人们物质欲望膨胀，信仰缺失。社会变革带来了快速的发展之外，也给人们带来了一些迷惘与创伤。机村故事正是在这样的时代背景下诞生：在仍留存着民族传统文化属性的机村进行社会变革，变与不变成为永恒的话题；在人心向背与传统消逝中丢失本性，人们的心灵早已蒙上尘埃。阿来没有使用大量笔墨描写现代文明进程，而是在他平静的叙述中，隐现时代的脉络。作者笔下的藏地村落在变革过程中固然包含其民族传统文化的属性，但中国的乡土空间在本质上仍存在着一致性。他字里行间关于人的生命与现代文明的思考，唤起我们灵魂深处的共鸣，机村故事因此被赋予了未来意义与哲学意蕴。

一、探寻"机村"之根

古时人们能感受风、感受四时之变,自然往往是先民的歌颂对象与歌咏素材,自然之中寄托了先民的世界观,先民们将自身对大自然的想象歌颂成诗,诗中的自然意象从某种程度上说,是远古先民们集体无意识的心理投射。阿来有对古典文献进行反复阅读的习惯,他对古典文献原型意象的化用均可从"机村史诗"中觅见。

从字面意义上看,"机村"描写的是处于远山之中的藏地村落;从延伸意义上看,"机村"有着丰富的意蕴,"机村"源于根,是心灵与诗意精神的安放所。阿来在"机村"为我们开辟了一处诗意的伊甸园,在这里大自然与人类同根;在现代文明的影响下,空山已空。雪的意象从开篇"随风飘散"中伴随着兔子的出生而出现,人群中传开"兔子活不过冬天"的消息使原本洁净的雪地变成泥泞,新生命的诞生如雪一般美好纯洁,众人之言如泥泞一般将纯洁之地破坏,或许雪可以掩盖住人世间的脏污,而末篇考古队的发现,让机村从始至终的激荡与疯狂在雪中掩埋,"雪落无声。掩去了山林、村庄,只在模糊视线尽头留下几脉山峰隐约的影子,仿佛天地之间,从来如此,就是如此寂静的一座空山。"① 与《红楼梦》中"落了片白茫茫大地真干净"形成文本互文,有形与无形都终将归于寂静、归于虚无,机村在雪落中隐去暗影,废墟之上是文明的融合与重建,但机村的历史从未消失,并永远留在历史长河与人们心中。

风在古时多用来抒情,《诗经》中的风意象具有现实主义色彩,楚辞中的风意象则具有浪漫主义色彩,抒发悲愁之情,阿来笔下的风更多发挥了烘托气氛,突出人物感情的作用。风的意象贯穿"随风飘散"全篇,从寻找兔子开始,风"把一些细细的尘土,从广场这边吹到那一边,又从那一边吹到这一边",风平添了一份大人们的焦躁,裹挟着村民们对外来者桑丹、格拉的猜忌与不信任,风中异样的情绪发酵,情绪膨胀的村民们将格拉母子驱逐出机村,"倒地的门扇起一阵风"又使广场上喝酒的男人想起了离开机村已久的格拉母子,从而对格拉母子产生负罪感。人们的恶意随风来,风中既包含着成见、又包含着新社会带来的种种弊病,风吹散格拉的灵魂,随风飘散的不仅仅是尘土,更是人们原有的"性本善"。

火在"天火"中是从始至终的主角,火塘里火影重重,映出村民们内心的恐惧,森林里火舌肆虐,焚烧村民们内心的信仰。这一章中的火,更像是一场纪念机村的毁灭之火。火作为一个宇宙意象,具有双面性,一方面,火作为生命力和新生能量的象征,带给人们

---

① 阿来. 空山3 [M]. 北京:人民文学出版社,2009:502.

"野火烧不尽，春风吹又生"的希望；另一方面，火又有毁灭之意，当楚人一炬将阿房宫的鼎铛玉石、金块珠砾毁成焦土，人们的情绪就在火舌肆虐中燃烧、膨胀。火暗喻着机村的疯狂与毁灭，机村之火，本在人为控制范围之内，烧了之后来年植被会更茂盛，然而，上级领导下令砍伐森林、运木材，"文革"之火比机村天火烧得还要猛烈，火势逐渐脱离原有可控的轨道。于是，巫师多吉在绝望之中，消失在这场崇高的火葬里，具有火一样生命力的事物，具有火一样炽热的信仰，都在这场天火中消逝。这场天火烧了数天，是机村历史上前所未有的山火，山火烧毁森林，纯净与美好在焚烧中走向毁灭。

  森林是机村村民灵魂深处的家园。森林意象与家园情结密不可分，西方古典文学中有亚当夏娃伊甸园中的生命树和智慧树，佛教中有释迦牟尼觉悟时依靠的菩提树，而中国文学的乐园意识是独特的，中国人的乐园不是空间意义上的"天国""天堂"，而是时间意义上的往古，其中往古的林园是诗人们乐园取境的典型模式。①所以，当机村的森林被焚烧殆尽时，人们心中的乐园逐渐离场，以往约定俗成的秩序被一些新名词、新规则打破之后，精神无所依托的人们开始怀旧，开始试图找回消逝的东西。索波带领村民们去寻找传说中的古格王国，何尝不是对森林的呼唤，对无意识中"乐园"在场的找寻。

  "随风飘散""天火""荒芜""轻雷"和"空山"，无不是隐含深意的重要意象。经历过风与火之后的荒芜，既是物质性的也是精神性的暗喻，轻雷的消逝，就是空山变异的前奏，而空山之后的样貌不是喧嚣便是沉寂。这必定是阿来不经意中创造的抒情文本逻辑。②阿来将目光投向自然意象，用细腻的文字抒情，在时间与空间上与远古和未来进行对话，他对现代文明采取批判的态度，创作出人类原始家园丧失的故事，人性泯灭随风飘散，天火烧毁森林，猎枪对准猴子，雪落空山，原始家园就这样在人与自然的割裂中走向消逝。原始家园丧失的重要标志是人与自然的分离，人不是自然的一部分而是自然的对立面，理性使人与原始家园的家族成员——动植物割裂开来，因此在人类寻找家园之际总是要泯灭物我的分离，找回物我浑融天人合一的原始领地，人在自然面前不再是以主人自居，而成为整个大自然的一部分。③机村人在现代化的浪潮中，与自然对立，丧失了人源于自然归属于自然的意识，"机村"在藏语中有"根"的含义，感受到家园消逝、无根漂泊的机村村民在强烈的危机感中探寻"机村"之根。拉加泽里则以种树的方式重建人类与自然的联系，机村的根源在于自然，唯有使人与动植物和谐共存，共同徜徉其中，怡然自得，方能建构物我合一的原始家园和精神家园。

---

① 傅道彬. 晚唐钟声：中国文学的原型批评（修订本）[M]. 北京：北京大学出版社，2007：192.
② 张学昕. 孤独"机村"的存在维度——阿来《空山》论[J]. 当代文坛，2010（2）：932.
③ 傅道彬. 晚唐钟声：中国文学的原型批评（修订本）[M]. 北京：北京大学出版社，2007：193.

二、现代文明的反思

阿来笔下的"机村世界"与沈从文的"湘西世界"不同，作者在哀而不伤的叙述中反映现实，将现代社会变革中的肮脏与丑陋揭露出来，进行批判与反思，是对乡土空间的反乌托邦式的描绘。中国的城市大都是从乡土社会发展而来的，现代化进程节奏加快，乡村变城镇，城镇人自认为高乡下人一等，这在格拉去城镇里游荡时就有体现："那些小城镇就在乡野的包围之中，但小城镇中的人却对来自乡野的人十分傲慢。"①费孝通在《乡土中国》中将这种社会现象归因于乡下人的"土气"，乡下人离不开土地，因此文字与制度上的变革对乡下人而言便难以接受，文字与语言在乡下人看来只是传情达意工具的一部分，具有缺陷性，机村村民固有的"土气"使他们无法理解和接受新社会，他们认为做好本分的事情就是正确的，故而嘲弄树屋上爱读书的达瑟。达瑟在达戈的故事里仿佛只扮演了一个陪衬的角色，然而阿来对读书人在乡土社会中身处囹圄的处境进行了思考，达瑟住在树屋里的原因仿佛与树屋不接"土气"有关，在读书人难以坚持自我追求的时代，那些读书无用的声音，俨然将人心愚昧的现状赤裸裸地剖析出来。

同样，因为格拉与桑丹谜一样的外来人身份，格拉被贴上"野孩子""野种"的标签。如果"说"能杀死人的话，机村正上演着残忍的悲剧，机村村民无疑都在对格拉母子进行话语建构，杜撰着子虚乌有的故事，排挤着真正心地善良的人。由于乡土社会在地方性的限制下成了生于斯、死于斯的社会。常态的生活是终老故乡。假如在一个村子里的人都是这样的话，在人和人的关系上也就有了这样一种特色，每个孩子都是在人家眼中看着长大的，在孩子眼里周围的人也是从小就看惯的。这是一个"熟悉"的社会，没有陌生人的社会。②格拉与桑丹被乡土空间原有的"地方性"排挤出来，他们相对于机村的村民而言，是陌生的存在，机村知己知彼的熟悉感在格拉母子面前荡然无存，村民们既不能从桑丹疯癫的话语中窥视她原先的生活，又不能从幼小的格拉口中得知这对母子的过往，现代文明并没有教会机村村民平等、团结、互爱的道理，群体想象出来的神话就这样在陌生的隔阂中诞生。因格拉白日里带兔子去花田，兔子晚上生病说胡话，村人迷信思维被"复活"，产生对格拉的敌意与指责。"在这个破除迷信的年代，所有被破除的东西，却在这个月光皎洁的夜晚一下就复活了。一切的山妖水魅，一切的鬼神传说，都在这一刻轻而易举就复活了。③这些山妖水魅、鬼神传说的出现，不仅是因为处在群体之中的人极易轻信，还因为现实在

---

① 阿来. 空山 [M]. 北京：人民文学出版社，2005：120.
② 费孝通. 乡土中国 [M]. 北京：作家出版社，2019：10.
③ 阿来. 空山 [M]. 北京：人民文学出版社，2005：34.

群体的思想中极易被扭曲。由此看来，人们心里留存的，仍有封建迷信思想的残渣，仍有不会独立思考的盲从。机村村民在传统与现代的对立之中失去平衡，在传统与现代的撕裂中，人们变成没有思想的空壳，忘记在前进的路途上回头反思。

现代化脚步加快，机村村民传统的信仰、传统的生活方式皆受到冲击，传统与现代在机村进行着一场激烈的较量，自然不仅与人类对立，那些旧的东西也在潜移默化中，与新观念对立，并被现代化脚步掩盖，发生改变。随着社会环境与主流语境的改变，机村也在发生着翻天覆地的变化。恩波在初次出场时，是个善良的还俗和尚，阿来用"天神"一词来形容他，然而在故事的最后，"天神"形象已经随风飘散；勒尔金措是机村公认漂亮的美人，美人的眼睛会说话，现在却不会了。现代文明是祛魅的，随着新社会的到来，审美观念的转变，勒尔金措放在过去可欣赏的美渐渐不被人们欣赏和认可，她的美滞留在旧时代里，岁月使美变质，导致勒尔金措只能与还俗和尚身份的恩波成家。新旧社会的对立是从始至终的，兴一利必害一弊，新制度的到来，好日子与孬日子有着分野，新思想与旧思想中间存在着差异，新旧悖论是贯穿始终的。

在新与旧的对立中，生死的意义也不断被叩问。格拉对死亡不恐惧甚至将其当作一种解脱，这样的态度超乎年龄，格拉模仿马鸡的死亡过程令恩波心惊，格拉对死亡的无畏态度是绝望情绪的另一种表现形式。在机村村民的暴力下生活的格拉，只能在山涧森林中寻得生的希望，无奈最后生的希望也被机村村民群体的仇恨抹杀，而格拉笑出的眼泪更多是对生活的无奈，挣扎后失败的不甘与妥协，或许死对格拉来说反倒是一种解脱，是一种新的开始。阿来更是采用欧·亨利式的结局将格拉之死赋予新的意义。格拉被村里人排挤时，想到电影"一个长着胡子的坏蛋……被从肉体上消灭了。"①格拉的死与南宋画家李嵩的《骷髅幻戏图》也有着空间布局和逻辑意义上的相似性，图中，挑担货郎以骷髅的形象呈现，骷髅象征着死亡，也象征着从尘世的负担和桎梏中解脱，②格拉以魂魄的形象出现，同样也象征着格拉从机村繁杂污浊的环境中脱离了出来，而格拉死后幻化出的魂魄，是虚无的、不现实的，格拉死后魂魄之所以还未消散，其中既包含着格拉对母亲的思念，还包含着格拉对恩波、机村人仇恨的不释然，当格拉发现恩波一家已经忘掉仇恨，机村一如既往、按部就班的生活时，尝遍了生命之重的他，意识最终随风飘散。

三、人性的批判与救赎

阿来在《空山》中，想表达的不是只有人与自然的关系、传统与现代的关系这么简单，

---

① 阿来. 空山[M]. 北京：人民文学出版社，2005：33.
② 张硕. 李嵩《骷髅幻戏图》语义研究[J]. 美术界，2022（3）：87.

他在平静的叙述中,将机村村民的人性面多方位地展现给我们,他既批判了机村集体无意识的精神沦丧,又在描写中给予人间大爱的希望,使我们看到救赎的力量。

机村村民在谈论和针对他人时仿佛形成了一个坚不可摧的群体,这个群体没有正误之分,即使是睿智的人处于机村这个大集体中也会失去判断力,群体在行动时往往处于无意识的状态,因为站立在群体中发声的人,不需要担负任何责任。群体的声音融为一体,便无法分辨谁是领头人,谁是始作俑者,谁是煽风点火之人,机村这个大集体对格拉幼小的心灵施加压力,村民的谈论从隐约说法变成一发不可收拾的谣言,将本没有的事情强加到格拉身上,使格拉产生心理错觉,开始自我否定、怀疑、动摇:兔子是否是自己害的?机村村民在驱逐格拉时,处于癫狂的无意识状态,他们受到强烈的暗示,暗示格拉是致使兔子迷狂的罪犯,殊不知,真正犯下罪的是机村村民群体无意识的疯狂举动,在暗示之下,他们受到怂恿、丧失了理性的判断,他们都坚信自己背负的是一项重要的使命,并且表现出一种群体的率直特性和幼稚的正义感①,这种道德感诱导他们犯罪,从心理上看这种行为不算犯罪,因为他们已经从道德认知上将其合法化、合理化。另一面,他们又将是无意义的同情情绪极端化,"于是,全村人都为一条小生命而激动起来了……怀着对一个可怜的小娃娃的同情而疯狂了。"②群体的行为因此往往伴随着正反两种极端情绪产生,过度善良或者过度残忍,这种群体无意识的心理状态恰如其分地展现在机村村民身上。

"随风飘散"卷中,机村村民对格拉母子的情感是矛盾的,一方面,机村村民充当着麻木的看客,冷眼旁观格拉母子的贫苦生活;另一方面,他们又从格拉母子身上窥见自身本性的问题,"这样两个有毛病的人,在机村就像是两面大镜子,大家都在这镜子里看见相互的毛病。"③机村村民的焦灼与急迫恰好从格拉母子身上折射出来,他们从格拉母子身上预见了自己的未来,瞥见了同样艰难生活的自己,但只要将格拉母子的窘迫生活与自己对比,"日子就显得好过些了"。村民们不自知的"精神胜利法"只会让心灵变得愈加麻木,阿来置身事外,用复杂的目光"看"着愚昧麻木的机村村民:"这么多人围在一起,不是因为同情与怜悯,他们的日子太过贫乏,并被训练得总是希望从别人的悲剧中寻求安慰。"④村民们在等待格拉精疲力竭的时刻,等待他承认自己过错的时刻,最后格拉承认兔子是自己害死的,这也是人们心照不宣的共同愿望。机村也因为村民的"精神胜利法"被无形中划分成了三层,最顶层是机村村民,第二层是地位不高的还俗和尚恩波一家,最底层是异乡人格拉母子,恩波一家被机村村民比作秤,恩波是同情格拉母子的,但由于机村村民对恩波

---

① 古斯塔夫·勒庞. 乌合之众——群体心理研究[M]. 亦言, 译. 北京: 中国友谊出版公司, 2018: 171.
② 阿来. 空山[M]. 北京: 人民文学出版社, 2005: 34.
③ 阿来. 空山[M]. 北京: 人民文学出版社, 2005: 39.
④ 阿来. 空山[M]. 北京: 人民文学出版社, 2005: 41.

一家"秤"的评价，恩波无法平衡村里人对格拉母子的集体蔑视与自己内心真正的善，机村村民的怂恿与暗示使恩波一家的"秤"不再平衡，而是盲目倾倒向、屈服于力量强大的一方。我们常常惧怕他人之言，恐惧他人对自己的评价与看法，他人即地狱，"在机村，人与人之间的冷漠与猜忌构成了生活的主调"。

纵使人心叵测，我们依旧能够看到机村中没有被抹杀和吞噬的爱，这种爱是"陌生化"的，是"隔"的。格拉虽然是机村的"零余者"，然而支撑他一直走下去的，首先有和兔子之间超乎友谊的爱，格拉在接触初生兔子的额头时，"飞快地像被火烫着了一样缩回来"，书中这样描写道："他从来没有接触过如此光滑、细腻的东西。生活是粗糙的，但生活的某一个地方，却存在着这样细腻得不可思议的东西，让这个三岁小孩习惯了粗糙接触的手指被如此陌生的触感吓了一跳。"①格拉的世界是冰冷粗糙的，他的"克制"将自己内心的真正情感埋在心底，他之所以心智远甚于同龄孩子，是因为他遭受过他人的冷眼，村人的欺辱，过早饱尝世间冷暖的格拉善于藏拙，善于隐藏自己，可兔子一直以来带给他的是柔软，是选择相信他、选择站在他那边的独特的温柔。格拉与兔子之间的友情，隔着家庭、隔着一个机村，即使"他们不准"，却仍然无法阻隔孩子们之间最纯净最本真的爱，兔子是爱格拉的，死亡也并不能割舍那份人间情怀，这种"距离"所产生的美感与情感的依托，便是"陌生"的力量。②其次有"陌生化"情感的，是被"痴傻"因素阻隔着的母爱。桑丹时而清醒、时而呆滞，而母性是桑丹在孩子遇到危险时不曾随着痴傻而抛却的本能，桑丹在格拉遭到村民们驱逐时，那种发自内心的母爱的力量使我们的心灵为之一振，母爱是天下最深沉的爱，这种爱让格拉在变成魂魄后，也会下意识地去寻找桑丹，"生本能"与"死本能"之上，还有一层源自母爱的力量。最后是奶奶的信任，奶奶在第一卷故事里，仿佛是从上帝视角来看机村的芸芸众生的，奶奶眼睛虽然老视，心里却比任何一个机村村民都明亮通透，奶奶将陷入绝望的格拉从旋涡中拉出，教给他放下仇恨、努力生存的哲理。

心灵的救赎远不止亲情、友情，还有爱情。央金与蓝工装的爱情是荒唐的，央金对蓝工装的迷恋是央金本真天性的可爱与呆滞，蓝工装对央金的感情则称不上爱，只能称之为欲，蓝工装的所作所为是先天欲望与后天"自我主义"的结合，他无法承受央金带给他的生命之重，最沉重的负担同时也成了最强盛的生命力的影像。③央金与蓝工装的恋爱，始终穿插着第三者索波的形象，央金作为这场天火的受益者，向索波表达真挚的鼓励，错乱的感情在最后这一刻得到解放，索波在机村后来的故事里也渐渐从公事公办的大队长转变得越来越有人情味。达戈与色嫫的爱情是物质的，达戈用生命去换来色嫫渴望得到的东西，

---

① 阿来. 空山 [M]. 北京：人民文学出版社，2005：19.
② 余冰. "掘进"时代的心灵蒙尘——读阿来的《空山》[J]. 文艺评论，2014（1）：76.
③ [法] 米兰·昆德拉. 不能承受的生命之轻（百万纪念版）[M]. 许钧，译. 上海：上海译文出版社，2010.

毛皮、宫殿、唱片机,但达戈一味付出的执着的爱,还是败给色嫫无休止的物欲和利益至上的空洞思想,达戈最终以一个猎人最至高无上的方式死去。选择坚守爱情是阿来想要借最后一个故事使我们重新望见救赎纯真感情的曙光。即使人与人之间只余下冷漠,人还有忠实的"友人"陪伴。人与动物之间的默契感是最打动人心的,不论是多吉和驴的主仆情谊,还是达戈与猎物之间的因果联系,抑或是熊与格桑旺堆不可言说的约定,都重新建构了人与动物之间的关系。

于绝望之中仍能看得见希望,这是我们从机村故事中读出来的,也是阿来想要表达的。他描写了机村的森林被砍伐,色嫫措湖消失后,拉加泽里停止倒卖木材,和砍伐人的后代一起种树来挽救生态环境;阿来在黑暗之中涂抹上纯净的亮光,他仍旧描绘了遍山的野杜鹃和焕然一新的峡谷,仍旧向我们展示了这些在破败和慌乱之中存在的希望与美好。阿来认为在完成小说写作的那个时间点,城市反哺乡村是一个渺远的希望,但乡村已然看见了一点救赎的希望,这救赎的希望也在最终篇中体现。人与人之间的关系是复杂微妙的,在个人主义与物质利益充斥内心的时代,我们依然可以看见反思与救赎的希望,生态环境的复归伴随着的是亲情、友情、爱情等本真人性的复归。

机村的故事讲述着消逝与衰亡,机村村民在故事中扮演着不同的破坏者的角色,他们一直在破坏着原有的东西,"随风飘散"迫害心灵,"天火"烧毁信仰,"达瑟与达戈"猎杀动物,"荒芜"砍伐森林,"轻雷""空山"丢失自我。阿来直面新社会的新问题,显而易见的,他对现代文明采取的是排斥态度。机村的故事是整个现代文明建设进程中的一个缩影,我们可以从机村故事中以小见大,窥见其他地区乡土社会建设时的步履维艰,我们甚至可以超越时间与空间的限制,窥见未来时代与全人类发展的一隅。疫情当前,世界各地反应各异,各国采取不同的措施,有的国家以邻为壑,将人性中的"自我主义"发挥到极致,殊不知,人类早已命运相连,人类命运共同体是大势所趋。我想,机村故事的意义就在于此,一个民族能照见全人类的现状,触及全人类的痛感,从而达到在"铁屋"之中唤醒人类沉睡不醒的灵魂,吹散蒙上心灵的尘埃。

结语

阿来用机村故事去除了现代文明建设过程中那层光鲜亮丽的糖衣,用最动人的文字将真实的人性与欲望展现出来,正如阿来所说:"写历史,实际上是想回答今天的问题"[①],我们担忧的不是历史的残酷,而是以什么样的态度直面它,并从中反思当下和未来,汲取

---

① 阿来. 我不是写历史,我就是写现实[N]. 新京报,2014-1-14.

人类接续发展的经验教训。阿来对现代文明采取否定的态度，对机村传统文化中存在的美好面进行追忆，他不是一味地沉溺于过去，而是从中找寻能支撑未来发展的救赎力量。鲁迅说"绝望为虚妄，正与希望相同"①。因此，机村故事不是一个绝望的故事，而是从绝望中看到希望的故事。在疫情形势日益严峻的今天，人类之间的"安全距离"该如何把控，会不会像机村变革的前期一样，人性被物质利益之流冲垮？或许阿来写作的意义正如鲁迅一样，冷峻地揭露国民性，引发我们对当下和未来的反思与救赎。

参考文献

［1］阿来. 空山［M］. 北京：人民文学出版社，2005.
［2］阿来. 空山2［M］. 北京：人民文学出版社，2007.
［3］阿来. 空山3［M］. 北京：人民文学出版社，2009.
［4］傅道彬. 晚唐钟声：中国文学的原型批评（修订本）［M］. 北京：北京大学出版社，2007.
［5］费孝通. 乡土中国［M］. 北京：作家出版社，2019.
［6］古斯塔夫·勒庞. 乌合之众——群体心理研究［M］. 亦言，译. 北京：中国友谊出版公司，2018.
［7］［法］米兰·昆德拉. 不能承受的生命之轻（百万纪念版）［M］. 许钧，译. 上海：上海译文出版社，2010.
［8］鲁迅. 野草［M］. 北京：北京联合出版有限责任公司，2014.
［9］张学昕. 孤独"机村"的存在维度——阿来《空山》论［J］. 当代文坛，2010（2）：932.
［10］张硕. 李嵩《骷髅幻戏图》语义研究［J］. 美术界，2022（3）：86.
［11］余冰. "掘进"时代的心灵蒙尘——读阿来的《空山》［J］. 文艺评论，2014（1）：76.
［12］南帆. 美学意象与历史幻象——读阿来的《空山》［J］. 当代文坛，2007（3）：122-123.
［13］阿来. 我不是写历史，我就是写现实［N］. 新京报，2014-1-14.

（指导教师：卢颖梅）

导师点评

许晨斐毕业论文圆满完成了规定任务，查阅相关研究资料与文献很充分，选题角度独特。她毕业论文的题目为《"机村"文明的反思与救赎——论阿来小说〈空山〉》，从论文选题即可看出，她对阿来长篇小说《空山》的核心思想与主题把握非常准确。论文分为三个部分，结构合理、紧凑，观点明确，论述也很充分。特别是论文第一部分，她选取《空山》中的"雪""风""天火""荒芜""轻雷""空山"等意象进行论述，揭示了阿来在这些重要意象中暗含的深意——原始家园在人与自然的割裂中走向消逝。论文第二部分主要论述《空

---

① 鲁迅. 野草［M］. 北京：北京联合出版有限责任公司，2014：24.

山》对现代文明的反思,现代文明引发了一系列问题——乐园消逝、人性泯灭。论文第三部分即是对人性的批判与救赎。相较于其他同学,许晨斐毕业论文的语言功底比较强,有学术发展潜力。

导师简介

卢顽梅,博士,副教授。研究领域为中国现当代文学与当代藏族文学。

萧红与迟子建长篇小说中生命意识之比较

王瑶　汉语言文学 2018 级

摘　要：生命意识作为一条隐藏的主线贯穿于萧红的作品中，萧红一生都在追问"生命是什么""人该怎样生""人和动物有什么区别"。她不像同时期的其他作家那样一笔一画、循规蹈矩地描绘现实，而是用平淡温情的笔触表达自己对生命的感受。惨淡残酷的现实时时刻刻折磨着她的肉体，但萧红却从未停止探求的脚步，她对于生命的价值和意义有着自己的思考。迟子建则通过对现实社会小人物命运的书写，揭露出宏大历史下个体的生命本真和世人的生存世相，传达出强烈的生命意识。可以说生命意识构成了迟子建作品的思想内核，表达了迟子建对社会以及人生的重要感悟，也是其作品能够触动人心的原因。

关键词：生命意识；死亡描写；温情叙事

引言

生命意识是一种自觉的主体意识，是人对于自己命运的把握，对生命负责，令生命有价值、有意义。萧红和迟子建在文学生涯中创作出了无数精品，本文通过研究二人长篇小说来分析她们对于生命意识的思考。以萧红的长篇小说《呼兰河传》和迟子建的长篇小说《额尔古纳河右岸》为代表，从作者的文字中体会她们的思想情感。

一、萧红、迟子建长篇小说中生命意识的不同之处

（一）对死亡的不同书写

1. 萧红表现出生命之苦和浓重的悲哀

生命到底是什么？这不仅是当代人一直在探求的问题，也是千百年来无数仁人志士所探索的问题，大家更是赋予了其多重意义与价值。细读萧红的作品，我们会被她那女性特有的细腻文笔以及师承鲁迅先生的深刻笔触所打动，她不断描写着底层民众的新生与死亡、

痛苦与欢乐、悲伤与喜悦。《呼兰河传》用童真孩子的视角映衬出呼兰河畔人们的生活状况，在那静静的河水中流淌的是一曲曲生命悲剧的挽歌。

在呼兰河小城里，人们对于生活抱着麻木不仁、听天由命的态度，大家对于生老病死更是没有什么表示。如书中描写马掉落在大泥坑中人们的不同表现：过路的人分成两种，一种是穿着长袍短褂的绅士之流，他们是站在一旁参观的。马要站起来时便"噢！噢！"地喊叫，而当马倒下去时反而开始喝倒彩。而那些帮忙救马的人，都是些城里的普通老百姓，是卖葱卖菜的、车夫瓦匠之辈。很多人对于动物的生死漠不关心，对于人的生死更是如此。如书中写到染缸房里两个学徒为了争一个女人，其中一个把另一个按进染缸里淹死了。但这件事同样是不声不响就解决了，人们照样在那个染坊里买布匹，大家提起那件事仿佛已经是久远得不知多少年前的事情了。在这个年代，一个孩子被活活饿死也会被认为是"算不了什么"的事情，不禁让人唏嘘。

萧红通过描写呼兰河城里人们的日常生活，向我们展示出生活之苦、生命之苦。这些人仿佛没有意识，像提线木偶一般被牵拉着前进。但除了描写这类毫无觉醒意识的人之外，书中还对人们生命意识虽觉醒但无法改变残酷现实的这一现象进行了描写。萧红对于死亡的书写，是为了面对死亡和思考人生。她用白描的笔法，客观冷静地描写出人们麻木的内心世界。如书中在"我"家里住的做粉条的人，他们一边做着粉一边唱道："逆来顺受，你说我的生命可惜，我自己却不在乎。你看着很危险，我却自己以为得意。不得意怎么样？人生是苦多乐少。"[①]他们何曾不知道自己的处境，何曾不想追求自己心中所想，只是现实逼迫他们不得不逆来顺受，只能通过自我安慰来消解。这种生命意识觉醒却被打压的情况，更加反衬出现实的悲哀。

东北大地上的人们和动物一起忙着生、忙着死，生命意识麻木、愚昧的状态被揭示出来，农民们像冻土一般僵化、凝固的生活方式和生命形态，被萧红书写得一览无余。人们对于别人上吊自杀，所持的态度并不是震惊，而是"看热闹"，男男女女穿戴整齐去看别人上吊，大家想着"其中必是趣味无穷，大家快去看看吧"[②]，开开眼也是好的，又不像看马戏要花钱买票。那个年代呼兰河城人，生老病死对于他们来说并没有什么不同，仿佛只是人生的一个阶段，生了就让其自然长大，死了就埋掉，心中的悲哀也不过是随着清明节的到来去坟上观望一回。他们认为人活着就是为了吃饭，没有知识，没有思想，只剩下麻木愚昧，就这样日复一日地活着。

在呼兰河城里，生命本身就是悲剧。对于大多数人来说，"生"本身就是一件痛苦的事

---

① 萧红. 呼兰河传［M］. 天津：天津人民出版社，2015：109.
② 萧红. 呼兰河传［M］. 北京：人民文学出版社，2018：207.

情,他们处于非生非死、虽生犹死的状态但不自知,他们的精神从来就没有活过,他们就这样浑浑噩噩地直到肉体死亡。

2. 迟子建表现出温情悲悯和生死一体

死亡是人类文学创作永恒的主题,死亡在马尔克斯笔下是孤独、奇异和魔幻,在余华笔下是冷漠、绝望和沉重的忧伤,在史铁生笔下是"一个辉煌的结束"和"一个灿烂的开始",在萧红笔下是苦难、沉寂和麻木,而迟子建则喜爱在作品中用死亡来表现人情人性。迟子建对死亡的描写不同于萧红那般用白描笔触写出人世间的冷漠,而是用含蓄舒缓的笔调将她对生命的理解娓娓道来,死亡在她的笔下不是惨烈和悲壮,反而充满温情和诗意。

《额尔古纳河右岸》通过"我"——一个鄂温克族最后一任酋长的女人的视角,为我们展示了大兴安岭脚下额尔古纳河畔那个古老民族的百年风雨,在一代又一代生命的繁衍生息中,我们感受到了鄂温克族顽强的生命力和民族精神。在鄂温克族,人死之后并不会如汉族的习俗进行土葬,而是选择进行风葬,自然界的花草树木会对死去的亡灵进行抚慰。大人死去之后,人们会选择四棵挺直相对的树,会把尸体按照要求放在相应的地方。而幼儿夭折则会被装在白布袋里扔在向阳的山坡上,向阳的地方可以被阳光照耀,春天时花草都会最早发芽。自然景物此时已经不单单作为没有感情的物体而存在,在装点死亡场景时它们寄托着人们对于已故之人最朴素的思念与美好的祝愿。鄂温克族祖祖辈辈与山林河川做伴,他们在大自然中经历了出生、成长、死亡,人们坚信万物皆有灵,生命在大自然中开始,必得在自然中找到归宿。他们要让自己的躯体与天相接,灵魂会在晚风和晨露中脱壳而出,化作云朵。死亡是另一种生命的开始,所以他们才把死亡看得神圣、庄严。因此将自然界作为死亡的场所,用以承载死亡并装饰死亡,让死亡少了惨烈和哀痛,多了些温情和平静。

此外,迟子建笔下的死亡并不意味着生命的终结,它只是完成了生命的轮回。"我"的姐姐列娜生病,尼都萨满用驯鹿的孩子交换了列娜的灵魂,灰色的驯鹿仔代替列娜去了另一个世界,可从此以后那只母鹿的奶汁由旺盛变为枯竭,直到后来列娜在睡梦中被冻死,这只母鹿才又有了奶水;妮浩萨满为了救何宝林的儿子,明知道会以自己儿子果格力的生命为代价,尽管心如刀割、万分悲痛,她仍然选择承担作为一名萨满的使命,用自己儿子的命去换取何宝林儿子的命;为了救被熊骨卡住的马粪包,妮浩又一次面对需要以命换命的艰难抉择,可她最终还是披上了神衣,并再一次失去了自己的孩子。这种死亡的替换沉重悲痛,每次出现都令营地弥漫着哀愁的气氛,不得不选择的现实使命为鄂温克族戴上了无法取下的沉重枷锁。但迟子建并未让死亡呈现出绝望之态,妮浩虽然因为萨满的使命而失去了两个孩子,但当她跌进沟谷情况危急之时,耶尔尼斯涅用自己的生命拯救了母亲;那个因偷驯鹿使妮浩失去孩子的少年在妮浩的葬礼上带回了她消失的女儿贝尔娜。

因果轮回之下,死亡与新生相互交织,死亡的另一面是重生,绝望与希望并存,死亡并不是终结，而是新生命的延续与展望。迟子建用平淡温情的语言向我们展示出了死亡哀而不伤、死亡与新生一体的生死观。

（二）对人的存在和命运的不同书写

1. 萧红表现人向命运妥协

呼兰河的人们过着琐碎平凡的生活，他们对生活、生命抱着令人难以置信的漠然态度，也正是因此，人们对于生命的存在状态没有什么追求，对于现实世界的残酷折磨以及死亡都选择默默接受。生命的存在就像自然界的风霜雨雪，受得住的就过去了，受不住的就寻求着自然的结果死去。胡家的老太太生病了从不请医生看，而是选择跳大神。而请大仙跳大神给胡老太太治病只是其中一个原因，另一个原因是为了跳给大家看的，仿佛有了看客这大神才跳得有意义。也许正因为对现实世界的无奈和无知，才促使他们把最大的希望投注在对遥遥无期的来世的关怀上。街坊邻里对胡家请人给胡老太太跳大神一事也是赞不绝口，看热闹的人，无不说老太太是慈祥的，无不说媳妇是孝顺的。然而这背后的事实是什么呢？是男人家暴女人，是妯娌间暗自较劲，是胡家大孙媳妇尽管被丈夫家暴，每每回娘家却都夸婆家胡家无一不好，因为她认为"哪个男人不打女人呢"，于是也心满意足地不以为那是缺陷了。

萧红用一个个最朴素不过的生活场景展现出这个吃人的社会的面貌，人们的生存、死去就如同动植物一般简单地遵循自然规律，没有人想过人为什么而存在、人到底应该如何存在。在那个黑暗的旧社会，被封建思想禁锢住的人们一方面根本没有生命意识，人就像自然界的动植物一般由生到死，如"我"家院子里住的几家人，又如二伯，更不必说呼兰河城里那些无名氏。另一方面，在旧社会人们生命意识的觉醒很大程度上受到环境的影响，胡家大孙媳妇最后跟人跑了，其生命意识并不是自我觉醒，而是受到现实的压迫，不得不进行斗争反抗。封建制度的压迫仿佛一张无形的网，使得大多数网里的人们向现实屈服，并将自己同化为旧社会的"吃人者"。

2. 迟子建表现人向命运宣战

罗曼·罗兰曾说过："世界上只有一种英雄主义，便是注视世界的真面目——并且爱世界。"[①]在迟子建笔下，我们能从一个个人物的身上看到这种英雄主义。"我"这一生经历过两次婚姻，两任丈夫都十分优秀出色，然而命运却像一双无形的手，不知何时就会改变人们平静的生活。"我"的第一任丈夫拉吉达冻死于寻鹿的途中，第二任丈夫瓦罗加则死于黑熊的掌下。丈夫的死亡令"我"悲痛不已，眼里流出来的是泪，而心里流进的则是血，是

---

① [法]罗曼·罗兰. 米开朗基罗传[M]. 北京：北京联合出版社，2020：15.

作为亲人的他们注入"我"身体的鲜浓柔情的热血。在这种绝望的处境之下,寒风无法传递思念,身旁的孩子成了生的希望。鄂温克族信奉萨满教,萨满作为人与神之间沟通的传递者,他们身上有着神所赋予的能力,出色地演绎了"万物有灵"的思想。而萨满的选择是极具宿命性的,这种宿命在跳大神时候所显示的是一种使命,这种使命造成了所有萨满的悲剧。妮浩作为尼都萨满的接班人,在一次次已然预见悲伤结局之时,仍然选择完成萨满的使命,纵然对自己孩子万般不舍,但她仍然坚守着作为萨满的信念:我是萨满,怎么能见死不救呢?"我"在面对丈夫离世的情况下,为了孩子、为了自己,选择坚强地活下去。妮浩作为萨满,哪怕在救助族人的过程中一次次失去自己的骨肉,但她仍然没有消极绝望,仍然肩负着自己作为萨满的使命,护佑着这片土地上的人们。

谢有顺曾评价迟子建的小说是"忧伤而不绝望的写作",迟子建的人性思想总是在苦难的隙缝中透出希望来反抗现实的黑暗。在迟子建笔下,人有其自身存在的价值,纵然命运无情,但我们依然能看到人物身上的坚韧,鄂温克族的人们的性格便如那河畔的白桦树一般,轻易不会屈服,显示出顽强的生命力和意志力。

二、萧红、迟子建长篇小说中生命意识的相同之处

萧红和迟子建作为白山黑水土地孕育出来的女儿,她们虽所处年代、生活经历有所不同,但二人的创作都是作家基于自身对于乡土生活经验的感受,进而立足于各自所处时代进行的创作。尽管相隔半个世纪之远,但二人作品中流露出的对于苦难人生的书写、对于自然景物的热爱却早已冲破时间的阻碍,显示出奇妙的关联。

(一)对苦难人生的书写

萧红作品中对于苦难人生的书写似乎随处可见,最典型的便是《呼兰河传》中对呼兰河城里众生相的刻画。小团圆媳妇刚来到胡家时头发又黑又长,笑呵呵的,不到数月便被婆婆折磨而死;王大姑娘只是因为嫁给了磨倌冯歪嘴子便被无尽编排,从前的优点也成了缺点;冯歪嘴子勇于打破封建传统规矩,好不容易在这个冷漠的社会中有了自己的家,可二儿子才出生妻子便离自己而去;有二伯身处被奴役的地位而不自知,偏喜欢别人叫自己"有二爷""有二东家",俨然一个东北阿Q;"我"家中租住的漏粉的、拉磨的、赶车的等等。这些人物平凡却并不少见,他们正是当时社会中底层人民的缩影。他们或愚昧麻木,或鼓起勇气追求幸福,但都只能艰难存活,因为封建主义思想早已戕害了民众的精神。

迟子建对于苦难人生的刻画则在其温情的叙述中悄然呈现。在《额尔古纳河右岸》中,列娜在搬迁途中睡熟了,在睡梦中被冻死;"我"的两任丈夫都没能陪我走到生命的尽头,皆因意外离世;老达西毕生都想为自己报仇,他的悲剧因与狼搏斗而始,最后也在与狼搏

斗中而终；娜杰什卡因为日本人的入侵而被迫带着孩子逃亡俄国；安道尔被自己的兄弟维克特误当成猎物一枪打死；作为鄂温克族的后代，"我"的曾孙子沙合力不仅没有对自然的热爱与敬畏，反而因为倒卖树木进了监狱……这些人的苦难人生因作者温情的笔触而稍显钝感，但正是这种充满生活气息的痛苦，才让其更显悲哀。

萧红和迟子建都善于通过对小人物和底层人物的刻画，来表达她们对现实生活的反思。小人物的悲欢离合和生命历程在她们的笔下并未经过华丽辞藻的加工和渲染，她们选择用简洁凝练、率真自然的语言和散文化的叙述方式来呈现生命最本真的样子。小人物们通常在物质上贫瘠匮乏，在精神上也苦闷彷徨，这样的双重困境导致了他们的苦难人生，因此萧红和迟子建通过对苦难人生的描写，希望唤醒人们对于生命存在价值和意义的思考。

（二）人与自然平等的"泛生命意识"

萧红在《呼兰河传》中通过"我"这个充满童真童趣的儿童视角，向读者展示了乐趣无穷的后花园。花园中有各种昆虫："蜻蜓是金的，蚂蚱是绿的，蜂子则嗡嗡地飞着，满身绒毛，落到一朵花上，胖圆圆的就和一个小毛球似的不动了。""花开了，就像花睡醒了似的。鸟飞了，就像鸟上天了似的。虫子叫了，就像虫子在说话似的。一切都活了。""倭瓜愿意爬上架就爬上架，愿意爬上房就爬上房。黄瓜愿意开一个花，就开一个花，愿意结一个瓜就结一个瓜。"[①]萧红通过比喻、拟人等修辞手法的运用，让后花园中的一切事物都"活"了起来。蜻蜓和蚱蜢不仅是动物，还是"我"的玩伴，花儿、草儿、果子可以凭着自己的心情生长，这个生机勃勃的后花园是乱世中的一方净土，对于小萧红来说是乐园，对于成年的萧红来说则是心中的精神家园。后花园中没有森严的等级制度，没有愚昧麻木的迂腐说教，也没有人情冷漠的"吃人者"。在这里自然万物一律平等，我们可以体会到萧红内心对生命、对自然、对自由的热爱与向往。同时，我们可以看到自然界中的倭瓜、黄瓜尚且可以自由自在地生长，但社会中的人却不行。在与后花园仅有一墙之隔的胡同里，小团圆媳妇、冯歪嘴子等人的生活则显得坎坷艰难，与花园中灿烂的花朵形成鲜明的对照，愈发凸显出当时人们的生活困境。作者借对自然的描写表达出对生命意义的思考。

同样，迟子建也善于描写自然且乐于描写自然，她对自然的热爱在书中描写自然界风霜雨雪的文字中就有所体现。"我是雨和雪的老熟人了，我有九十岁了。雨雪看老了我，我也把它们给看老了。"[②]这是《额尔古纳河右岸》的开篇，随着老人的讲述，我们渐渐走进鄂温克族的世界。作者用拟人的手法向我们展示出人与自然和谐融洽的相处关系。大自然

---

① 萧红. 呼兰河传［M］. 北京：人民文学出版社，2018：65.
② 迟子建. 额尔古纳河右岸［M］. 北京：北京十月文艺出版社，2005：3.

不仅是人们日常生活的载体，更成为人们生命的一部分，人们热爱自然、尊重自然、敬畏自然。人们在自然中出生，最后也将自己归还给大自然，葬在树上，葬在风中。自然中的花草树木和动物都充满灵性和神性，在世代跟随驯鹿逐水草而居的鄂温克族人们眼中，草木会唱歌，驯鹿通人性，森林能思考。作为游牧民族最重要的生产资料，一方面，驯鹿是人们赖以生存的保障，驯鹿是搬迁时的交通工具，驯鹿奶是饥饿时的果腹之物。另一方面，驯鹿对于鄂温克族的人们来说更像是家人一样的存在，死去的驯鹿仔会被当作夭折的人类幼崽一样放在向阳的山坡，因为春天花草最早盛开。驯鹿生病时人们会请萨满为它跳大神，祈祷它们渡过难关。除了物质生活层面之外，在精神层面上，驯鹿被鄂温克族人认为是神灵的化身。鄂温克族人信奉玛鲁神，而驯鹿队伍中走在最前面的白色公驯鹿驮载的便是玛鲁神，那头驯鹿被称作"玛鲁王"，平时不能被随意役使。在迟子建的笔下，人与自然是一体的，自然孕育了生命，也是灵魂的归宿，小说中柔软的绿茵、飞舞的昆虫、金色的河水、亮堂的白桦、充满灵性的驯鹿等，都是作者心中理想人生的具象表现。飞速发展的现代文明对朴素自然的古老文明发起冲击，在现代机器的铁蹄之下，正在逝去的古老民族文化又该何去何从？

萧红和迟子建通过质朴雅致、充满灵性的文字，为我们展示了充满诗意的自然景色，在她们的笔下，一花一草皆生命，一枝一叶总关情。在行文叙述中她们还适时引入比喻、拟人、通感等修辞手法，使文本极富韵味，极大地增强了作品的艺术感染力，使人读来身临其境。二人通过对美好自然的书写，借景抒情，表达自己对于人们生存现状的思考。

三、萧红、迟子建作品共性和差异的原因

（一）共性的原因

萧红和迟子建的作品呈现出许多共同点，如：对人性的关注、对苦难的书写、对生命意识的思考，以及对于自然万物的敬畏和热爱等。二人作品产生共性的原因可以分为两个方面：

首先是东北地域文化的原因。土地之于人的影响往往是润物细无声但又极为重要的，对于萧红和迟子建来说，生于斯长于斯的东北大地给了她们丰富的生活体验，也造就了她们进行文学创作的初心。萧红出生于1911年的哈尔滨，幼年时期与祖父一起生活的体验造就了萧红性格中善良柔软的一面，这也是日后她的作品在对黑暗现实进行批判的同时仍保留着对人性关怀的重要原因。纵然日后萧红经历了起起伏伏诸多变故，但在她内心深处，仍然坚守着那份根源于东北大地的坚韧与纯真。半个世纪后，迟子建出生于黑龙江漠河。她生活、成长在北极村，这片冰雪世界构筑起了她许多作品中故事发生地点的原型，如《额尔古纳河右岸》《群山之巅》《白雪乌鸦》等，迟子建基于对自我生活体验的认知并将其进

行艺术加工，为读者呈现出了一个个发生在辽阔黑土地上的故事。从黑土地出发，而又并不止步于此，两位来自北国大地的作家，分别在各自的世俗生活中探求出口，寻觅诗意。

其次是因二人同为女性作家，她们以女性的视角为我们展现生活全貌，表达自己对于生命的思考。萧红在《呼兰河传》中，通过小女孩的视角向我们展现了那个充满童趣的后花园，灵动的文字和巧妙的修辞，让我们读来如同身临其境一般。且正因"我"是女孩，所以可以了解到宅院深处的故事。那些身处于深宅大院中的女性，不论是被婆婆逼死的小团圆媳妇、结婚对象令人意外的王大姑娘，还是与人私奔的胡家大孙媳妇，甚至那一个个看热闹的婆婆奶奶，她们无不是被封建社会折磨的可怜人。迟子建则以女性特有的温情的笔触，描绘了一幅幅秀丽的自然风景画，也描写出了女性人物复杂细腻的内心世界。《额尔古纳河右岸》中出现过许多女性角色，不论是作为叙事主人公的"我"，还是我的母亲达玛拉、姐姐列娜、姑姑依芙琳等，作者都将这些女性形象塑造得立体丰满，人物鲜活灵动。萧红和迟子建以女性特有的敏感和体悟方式来表现生命，展现女性的命运和意识，表达自己对于生命意义和价值的思考。

（二）差异的原因

在看到二人作品传达出共性的同时，我们也可以从她们的作品中看出二人的差异。萧红更注重于表现生活之苦，突出人性的"恶"与"冷"，笔下的人物也往往被困于黑暗现实的囚牢，她的文字往往呈现出浓烈深沉的悲剧意味。而迟子建则更擅长于描写人性中的"善"与"暖"，透露出的是向死而生的新希望。对于这种差异，我们可以从她们的生活和成长经历中找到原因。

萧红出生时中国社会正在经历巨大变革，1911年辛亥革命推翻了旧中国延续了几千年的封建帝制，传播了民主共和的理念。动荡一直伴随着萧红的成长，在成长过程中她经历过示威游行、四处奔逃，看尽了人世间的冷眼，受尽了人世间的冷漠。这样的人生经历使她的作品蒙上了一层悲凉的底色。而迟子建则出生在新中国，此时已经是人人平等的新社会，和平的年代使她有机会进行稳定的文学创作。虽然也经历了丈夫离世的悲痛，但迟子建的作品显露出的更多是死亡背后的豁达与悲悯，小说中的人物所展现的也是宽厚仁慈、坚韧不拔的品德。

地域因素和女性视角造就了萧红和迟子建文学作品中的相似之处，不同的时代背景和生活体验则铸就了二人对于生命意识的不同领悟，但她们都把自己对社会、对人生、对生命的思考诉诸笔下，说与读者听。

结束语

萧红用平淡的笔触不经意地诉说着生命的故事，《呼兰河传》是一篇叙事诗、一幅风土画、一曲凄婉的歌谣，虽然命如草芥，但生生不息。"漫天星光，满屋月亮，人生何似？"这是萧红对于生命意义的思索。迟子建怀着一颗澄澈真诚的心，以温情的叙述为我们展现了她对于人的存在和生命意识的思考，在《额尔古纳河右岸》中用平静但富有诗意的文字，展现了普通人身上的人情美和人性美，表现出迟子建对生命的尊重、对自然的敬畏和温情悲悯的生命意识。

正如钱钟书先生所言："现代不过是收获着前代所撒布下的种子，同时也就是撒布下种子给后代收获。"①时光流转，纵然一代代人的悲欢离合在岁月的水流和风中离散了，但人们对于生命意识的思考永不停息。

参考文献

[1] 黎晓华. 论萧红小说中东北农民的生命意识 [J]. 文学教育（上），2021（08）：35.

[2] 韩雅. 论萧红小说中的生命意识 [J]. 重庆电子工程职业学院学报，2015，24（1）：5.

[3] 刘伊娜. 论《额尔古纳河右岸》中的"死亡"与"新生" [J]. 昭通学院学报，2020，42（6）：4.

[4] 石阳. 浅论《额尔古纳河右岸》中的自然生态意识 [J]. 安徽文学：下半月，2013（2）：2.

[5] 金丽娜. 人性赞歌与民族挽歌——《额尔古纳河右岸》中的死亡情节探析 [J]. 名作欣赏，2021（03）：82-83.

[6] 张勇. 听《呼兰河传》讲"活"之苦难——"在灾难的注视中"之二 [J]. 博览群书，2021（11）：10-14.

[7] 钟玮. 简论《额尔古纳河右岸》之生命观 [J]. 时代文学：上半月，2012（4）：2.

[8] 张涵頔. 从黑土地出发——由《呼兰河传》与《额尔古纳河右岸》的生存场说开去 [J]. 周口师范学院学报，2021，38（4）：5.

（指导教师：于宏）

导师点评

该论文通过对女作家萧红和迟子建的代表作品的分析，认为对生命意识的关注是两位女作家的共同特点。尽管由于时代背景和个人经历的原因导致她们对生命意识的书写方式

---

① 钱钟书. 钱钟书散文 [M]. 杭州：浙江文艺和出版社，1997：136.

不同，但共同的地域因素和女性视角造就了萧红和迟子建文学作品中的很多相似之处，她们对人性的关注、对苦难的书写、对生命意识的思考、以及对于自然万物的敬畏和热爱等，都倾注在作品的字里行间。论文中对萧红的代表作《呼兰河传》和迟子建的代表作《额尔古纳河右岸》进行了细致的分析和对比，运用了文学理论中的一些方法，可以说做到了学以致用。

论文能综合运用中文系所学知识并结合具体作品来分析比较得出结论，虽然还有一些欠缺，部分论点的论证还缺乏说服力，语言凝练的还不够，但各部分之间的联系比较紧密，观点表述也基本准确，论证内容比较具有说服力。全文结构基本合理，思路比较清晰，语言比较通顺，层次分明，观点表达基本准确，论据与论点基本上保持了一致，参考的文献资料与论题和论文内容结合紧密，增加了论证的可靠性。

导师简介

于宏，博士，教授，主要研究方向为当代藏族汉语文学和女性文学。

新时期农村幼儿教师对幼儿"语言训练"意识和能力的培养
——以山西临猗农村幼儿园为例

解洁璇　汉语言文学 2018 级

摘　要：语言是思维和交流的工具。幼儿期是语言发展，特别是口语发展的重要时期。但幼儿阶段儿童没有积极主动的自我构建能力，他们的学习需要在教师的帮助引导下完成，因此幼儿教师对幼儿进行有效的"语言训练"就显得极其重要。本文基于作者在山西临猗农村一所幼儿园的实践调查，通过自然实验法、观察法、调查法等方法，从社会、学校、家庭等方面分析当前农村地区幼儿语言教育现状，指出农村幼儿教师要有意识地提高对幼儿"语言训练"重要性的认识，培养实操能力，利用当前农村地区幼儿教育资源，采取行之有效的教学措施，切实提高幼儿的语言能力，为他们的未来发展打下坚实基础。新时期的农村幼儿教育，不应受外界环境的限制，而要多维度地开发地区教学资源，促进幼儿全面和谐发展。这也是乡村教育振兴的应有之意。

关键词：幼儿语言训练；农村幼儿教师；实施自然课程

前言

（一）引言

幼儿时期是学习语言的最佳时期，但此时幼儿没有自主学习能力，教师在学习过程中起着主导作用，这就要求幼儿教师必须拥有较强的教学能力和高效的教学方法。另一方面，幼儿语言学习过程受到多方面影响，家庭环境千差万别，社会环境不断变化。农村地区的教育资源相对匮乏，文化背景较为单一，如何有效设计学习环境，将教育劣势转化为教育优势，让孩子能够在幼儿时期学好语言，是农村幼儿教师面临的重要课题。

（二）幼儿语言学习的特点

3—6岁是语言发展最关键的阶段，研究表明，90%的小孩到5岁时都已经获得了使用语言的能力，如果在这一阶段学不会使用语言会很麻烦，因为此后大脑学习语言的可塑性就渐渐弱化。语言能力是由先天能力和后天训练共同构建的，就像刚生下来的孩子的啼哭，人的大脑里有学习语言的机制。但它需要外界刺激激发和后天学习获得，声带就像其他未经锻炼的肌肉一样需要训练，而且训练关键时间有限，一旦错过就无法弥补。举个例子，如果我们从初中或者高中开始才接触普通话，就会觉得掌握普通话异常困难，因为我们已经错过了最佳的语言训练时间。当然错过最佳窗口期并不是影响语言学习的唯一因素，但不可否认的是，它的确占有很大分量。如果从小就开始学习使用普通话，一定会得到更好的学习效果。通过社会调查不难发现，现在大多数一线城市的孩子的语言水平已经远远超出乡村孩子，一个重要原因是，除了学校教育之外，许多家长还会把学生送到课外培训机构，比如小小主持人、演说家训练班等，通过各种途径培养孩子的语言能力。据此可知，幼儿语言能力的培养至关重要，这也就需要幼儿教师有一定的语言教学意识和能力。

一、新时期农村幼儿学习教育现状

（一）幼儿本身的问题

在幼儿园实习过程中，我在大班待了半个月，该班级共有26名学生，男生10名，女生16名。在小班待了半个月，该班级共有25名学生，男生11名，女生14名。在调查中，我发现即使只有两三岁之差，不同年龄的幼儿语言学习能力的差别也很明显。有的幼儿语言表达能力很强，会积极地与老师同学交流互动；但有的幼儿或是因性格内向不愿与人交流，或是受年龄限制无法表达自己。这样一来，幼儿就会慢慢失去对语言学习的兴趣，可能会对儿童未来成长有不利影响。

（二）学校的教育问题

这所幼儿园里，硬件设施虽没有城市里的教学设备完善，但能够满足基本的现代化教学需要，这里大多数的教学教师是通过了教学水平和教学经验测试成为该园主要的师资力量的，但通过了解，她们对幼儿语言训练的意识较弱，她们并不认为幼儿的语言训练是一门需要实施的课程，更不用说主动提升自身的语言教学能力；而生活教师是从各个村镇招聘的年轻妇女，大多学历水平不高且教学经验不足，虽然她们很少参与正式的教学工作，但由于教学教师数量不足，课外活动很大程度上都需要生活教师的帮助，并且课外活动在幼儿学习过程中也占有相当比例，所以生活教师也经常参与到幼儿的教学活动中。但因为她们自身的文化素养并不高，有时甚至会对幼儿语言学习产生负面影响，比如语误语病和用词粗陋等。

表1 幼儿在不同场合使用普通话的情况【多选题，N=51】

	普通话	方言	其他方言
在家常用语言比例	19%	80%	1%
在正式课堂活动中常用语言比例	90%	10%	
在课外实践活动中常用语言比例	60%	39%	1%
在社会公共场所中常用语言比例	48%	51%	1%

如表1所示，调查数据显示，在家庭生活中大多数的幼儿常用方言交流，少数幼儿使用普通话。说明在日常生活中，幼儿更倾向于使用方言进行交流，在学校中更倾向使用普通话，但在课外活动没有强制要求的情况下还是会不自觉地使用方言。说方言没有问题，国家语委的规划纲要里明确提出要保护方言。但同时幼儿又要在方言之外，掌握国家通用语言，即普通话，这对幼儿的未来发展至关重要。因此幼儿园要加强普通话的语言教育，而幼儿教师的普通话语言水平直接决定着幼儿语言学习的结果。这就对幼儿教师的语言教学意识及实操能力有了很高的要求，对农村幼儿教师语言训练意识和能力的培养迫在眉睫。

（三）父母的教育问题

暑假实践调查中，作者对两个班级的幼儿及其家长进行了观察和采访，共51位幼儿，60位家长，各类样本比例如图1、图2、图3所示。

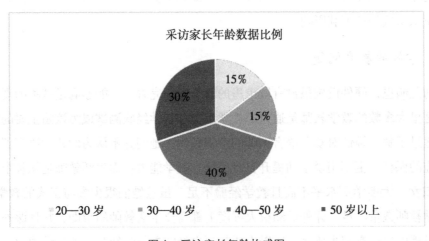

图1 采访家长年龄构成图

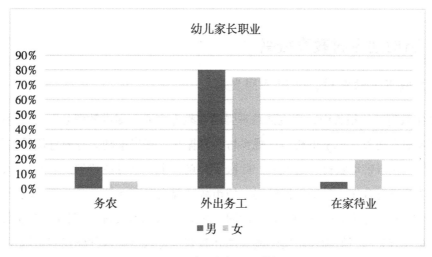

图 2　幼儿家长职业数据

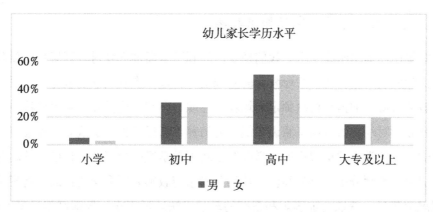

图 3　幼儿家长学历水平数据

图表显示，受访人员年龄大多在 40 岁以上，这是因为大部分幼儿家长外出打工，把孩子留在家乡，托付给祖父母辈看护。因此可以看出农村留守儿童不在少数。通过采访，我们了解到幼儿家长们的职业多为务工务农，学历水平大多在高中及其以下，这在很大程度上影响了家长对幼儿语言学习的看法。父母是孩子的第一任老师，但农村地区的年轻家长大都外出打工，与孩子交流的机会较少。很多幼儿一直是由爷爷奶奶等祖父母辈带着，由于能力有限，幼儿和爷爷奶奶一般都是用方言交流，只有在学校实施集体教学时才会和老师使用普通话交流。并且爷爷奶奶大多只关心幼儿的基本生活问题，无法指导儿童学习语言。而父母外出工作忙，即使关心孩子的学习成长也只重视孩子的成绩，无法也无力顾及幼儿语言学习这样重要但难以量化的基本素质的养成，这都不利于幼儿语言能力的提高。

二、新时期乡村教育振兴

（一）城市带动农村，实现共同发展

2022年政府工作报告中，李克强总理强调在教育方面要促进教育公平与质量提升，落实立德树人根本任务。国家也相当重视乡村教育振兴，提出推动义务教育优质均衡发展和城乡一体化，城市带动农村一起发展。此次实践调查中，笔者注意到镇上的小学的确已经和县城的学校进行合作，教师轮流轮岗，城市教师要定时到乡镇教学，而且教学时长也有规定，确保提高乡村教学水平，保质保量保时完成教学任务。这也说明在中央文件下发后，各地方政府及有关部门的确在踏实落实。幼儿教育也可以借鉴这种模式实施城乡合作式的教育教学活动，教师互相交流教学经验，汲取营养，实现共同发展。

（二）整合教学资源，实现知识共享

国家政策已经提出明确要求，我们现在已经到了全面推进乡村教育振兴的新阶段，政策强调在保障发展义务教育、职业教育的基础上，要进一步发展学前教育，多渠道增加普惠性学前教育资源，加强乡村教师定向培养、在职培训与待遇保障。相关机构单位要多途径支持加强教师对幼儿语言训练意识和能力的培养，通过各种宣讲或者交流会提高农村幼儿教师对幼儿语言学习的重视程度，举办线上线下教学经验分享会，让已经从幼儿语言教育中获得成果的教师分享自己的经验，让幼儿专家与教师队伍多交流沟通，将理论学习与实际情况融会贯通，获取更加客观和系统的教学方法。近年来，教师培养规模不断扩大，2021年全国开设学前教育专业的本专科高校及毕业生都大幅增长，为持续补充幼儿园师资提供了有力支撑。如表2所示：

表2 十年间教师培养规模增长

	2021年	2011年	增长倍数
开设学前教育专业的本专科高校	1095所	504所	1.2倍
本专科学前教育毕业生	26.5万	3.4万	6.8倍

（三）开展教育帮扶，实现合作共赢

近几年来，国家愈发重视教育工作，但大多数教学力量都集中到了一二线城市，受惠的乡村教师则是少数，农村的幼儿教师更是无法保质保量，因此在职培训等措施也相当必要，同时通过提高教学待遇等措施吸引更多教学人才扎根农村、为乡村振兴贡献力量也是有力手段。"西部计划""三支一扶""农村教育志愿者服务"等国家政策都在号召更多的有

志青年去往贫困地区开展教育帮扶活动。

（四）教育工作者的协同能力

此外，要健全学校家庭社会协同育人机制。农村地区由于家庭及社会教育资源有限，许多家长无法有效开展幼儿语言训练工作，因此学校教师更要有统筹规划的能力，不依赖家长，而是适当指导家长在幼儿语言学习过程中的教育方式，及时纠正错误行为，协同完成幼儿语言训练任务。

三、设计教学环境，开发教学模式

（一）幼儿教师语言意识与能力的培养

在国家政策大力支持农村教育的形势下，相关部门及单位更要抓住机遇，对农村幼儿教师开展培训工作。不仅要着力提高农村幼儿教师关于幼儿语言学习的思想认识，还要重视幼儿教师语言教学能力的训练。幼儿语言学习的条件分为生理条件、内部动力及外部条件。幼儿园里的大多数孩子生理器官发育水平相当，因此在学习过程中不会形成太大差距。内部动力包括自我动机和自我快感，而这个年龄阶段的幼儿动机单纯，教师要给予幼儿回应式互动，教师要刺激幼儿在语言学习过程中的动机，给予适当鼓励。外部条件包括良好的语言环境和练习训练机会。教师可以着重从激发学习动力和营造良好环境、提供练习机会两方面入手。

1. 重视幼儿语言学习

按照语言与个体思维发展的关系，可以把思维分为前语言思维、语言思维和超语言思维三个阶段。前语言思维是一种个人的、无序且没有模式化的思维，它不能组织复杂的经验活动，只是个体亲身的实践经验，无法适应社会生活；而语言思维是在语言基础上的思维，具有群体性、模式化和有序化的特点，它能组织复杂的经验活动。一般的思维活动都在这个层面，通过语言有序化的思维轨迹增加思维活动的广度和深度。通俗来说，语言思维阶段就是强调首先要有相通的语言基础，让他人能够进入你的世界探索，互相分享经验，形成特定的社会环境，帮助幼儿更好地适应社会生活。至于超语言思维阶段，现在对它的认识仍有争议，它是在语言思维的基础上出现的领悟，带有个人性，无法社会化因而没有模式。它在幼儿语言学习过程中影响不大，所以我们暂且不细述。可以看出，语言与思维是相辅相成、不可分割的，语言发展为认知、智力、社交及教育发展奠定了基础，因此教师必须要重视对幼儿语言的训练。

2. 幼儿语言教育的基本要求

在幼儿语言教学过程中，要注重幼儿的语言感受和倾听能力，促进幼儿的语言表达和交流技能，培养幼儿的前阅读和前书写的兴趣，这是对幼儿语言教育的基本要求。语言教育的根本是要促进幼儿语言交往能力的发展，而幼儿的语言能力正是在交流和运用语言的过程中发展起来的，因此我们要为幼儿创设自由、宽松的语言交往环境，鼓励他们彼此交流。这既能锻炼他们的倾听能力，有意识有理解性地去听，也能在交流过程中培养表达能力，不论对话或者独白，教师可以适当参与其中，引导幼儿正确地表达想法。

（二）幼儿语言教学方案的实施

1. 创造语言教育环境

儿童的语言发展水平与接触语言的程度直接相关。儿童的语言经验会带来大脑结构变化，这种变化会长期影响儿童的语言发展。（1）在日常交谈中，教师要善于捕捉契机，抓住幼儿感兴趣的话题，将幼儿所学语言与幼儿即刻可感知的事物相联系，帮助幼儿加深理解。（2）开展语言专题活动，巧用话题引导。可以涉及科学技术，文学艺术等，但是也要把握好度，要让学生听得懂，说得上话。（3）活动角中的语言教育，妙用材料诱发，让幼儿在听材料的过程中有代入感，体会真实情感。幼儿的语言是自己学会的，不是教师教会的，在教学过程中，要把幼儿放在主体地位，而教师则是主导地位。

2. 整合实施语言教学活动

在正式的语言教学课程中，专门语言教育的类型多种多样。

第一，文学作品活动，比如通过学习故事、儿歌、诗歌、散文等积极地获取输入语言，经过倾听、记忆、再现、模仿等一系列程序产生作用，既能陶冶心灵，也能开发智力。而这里我们不得不提到史蒂芬·克拉申的语言习得理论，他认为语言习得的条件是最佳输入，即 i+1 理论（i 代表习得者的现有水平，i+1 代表略高于习得者现有水平的语言输入），这一理论也可应用于儿童语言学习的实践中。首先，学习的语言应当是可理解的，当然，这并不意味着需要理解每一个词，那些陌生的词语、语法规则等都可以纳入儿童的认知结构中。其次，学习的语言必须是引人入胜的，这一阶段的儿童仍处于无法发挥自己的学习能动性的状态，所以教师的教学活动必须有吸引力，能够抓住儿童听课时的注意力。再次，必须有充足的数量，教师的教学内容应当要多而简，有了足够的量变才会产生质变。总之，最佳输入应当是一种潜意识的语言习得。语言的重点是在故事上，在信息上，这样知识就会表现在他们的潜意识中。

第二，讲述活动。讲述活动，是儿童独自语言的发展，能够表达自己的想法。比如向儿童提供图片资料，让儿童根据自己的经验讲述自己的理解。

第三，谈话活动。谈话活动，是让幼儿之间相互交流，给他们一个话题，让幼儿围绕中心话题轮流补充发言。根据皮亚杰的认知发展阶段理论，这个阶段的儿童处于前认知发展阶段，他们多以自我为中心，认为周围一切事物跟自己有相同的感受，且思维具有一维性，教师应当有意识地把学生的思维与中心话题紧密联系，帮助他们有效交流。

第四，高质量的早期阅读环境。高质量的早期阅读活动，是让幼儿进行图画书的阅读，通过眼、手、嘴的协调合作，有效地开展阅读活动，且注重内容的连贯性。

第五，听说游戏。听说游戏，是在真实的游戏情境中，给予幼儿真实任务，让他们能够有真实感受，比如说在游戏中，有意识地使用量词，提高幼儿对量词的敏感度。

整合实施，就意味着可以将两个或两个以上的专门活动结合起来，比如在文学作品活动中掺入谈话活动的内容。

四、开展特色教育，实施自然课程

（一）新时期，新农村，新教育

自建设美丽新农村以来，乡村地区已经发生了翻天覆地的变化，从生活到生产，从鸡毛蒜皮的小事到利国利民的大事，新时代农村人奋发有为，改天换地，展示出一幅幅动人的画卷。既然农村地区的现代化教育资源无法与城市幼儿教育资源相比，那么就应当充分发挥农村地区的地理优势，开展自然课程，将学校的课堂活动与课外的实践活动相结合，这不仅能吸引幼儿的注意力，而且能让幼儿更加释放天性。让幼儿能够三维地、多感官地进行学习，激发幼儿的好奇心和创造力，增强身临其境的"沉浸式"体验。玩耍是儿童生活的核心和灵魂，通过自然课程了解世界、感知世界，这是单一的课堂学习无法企及的有效方式。

（二）活动实施的有效性

1. 尊重幼儿个体差异性

开展活动前，应当与家长积极沟通，询问家长意见，同时也可以让家长参与到实践活动中来，拉近亲子距离。现在幼儿教育产生危机的其中一方面原因就是家长对孩子的期望是不切实际的，过去在一年级做到的事情，家长希望在幼儿时期就能习得，个个想让自己的孩子做领头羊，这样做违背了儿童认知发展的规律。而且儿童的认知发展有差异性，学习语言的过程中自然有快有慢，家长不能相互攀比，见不得自己孩子暂时落后。其实，自然课程可以有效改善这一问题，既能提高儿童的语言能力，又能培养他们的人际交往能力。在与其他同伴的互动过程中，语言表达能力较高的幼儿会带动不善表达的儿童，这样能使后者的语言表达更加丰富，成为一个会学习的人。在这个过程中教师要尊重幼儿发展的个体差异，支持和引导每个幼儿从原有水平向更高水平发展，切忌用一把"尺子"衡量所有幼儿。

2. 促进幼儿全面发展

科学研究表明，大自然可以让我们感到平静并可以提供有创意的、灵性的启迪，培养幼儿基本的审美能力。举个例子，可以让幼儿分组合作，用眼罩将其中一个幼儿的眼睛遮住，其余儿童找到一棵有明显特征的树，让被蒙住眼睛的幼儿用手去感受树皮的质感，也可以双手环抱树干，伸手探索触摸树的枝丫和叶子，等摘下眼罩后，在同伴的描述下，让幼儿去寻找那棵自己感受到的树。在这个过程中，儿童之间互相帮助，任务完成后，会让儿童获得胜任感和成就感。这样的活动既增强了儿童的语言表达能力，同时也会增强他们之间的交流和交往。从心理学上来说，这种活动也会增强幼儿进行自我表达的自信心，在开展语言教育的同时也增强儿童的心理健康，实现幼儿身心全面和谐发展。

3. 情景式教学

这个过程就是我们前面所提到的为幼儿创设自由、宽松的语言交往环境，鼓励他们利用真实情景互相交往。当然我们必须以实地调研为基础，制定相应的语言课程实施方案，才能够最大程度地发挥课外活动的作用。

（三）新时期的农村幼儿教师

德国哲学家路德维希·维特根斯坦说过"语言的边界就是思想的边界"。农村幼儿语言教育虽然没有高质量的硬件设施，但是乡村的人文气息比较浓厚，幼儿能够多方面地参与到真实的生产生活情景中。幼儿教师在提高幼儿语言学习意识的情况下，也要积极探索更多的语言学习方式，要符合儿童的认知发展阶段，既要认识到他们的认知不平衡，按照 i+1 原则有效地输入语言，又不能过分超越幼儿现有的认知水平。其次要促进儿童积极主动地进行认知建构，帮助他们建构主动学习的环境。因为幼儿是在有意或无意的模仿中学习语言，在信息加工过程中学习语言，在交流和运用中学习语言。农村幼儿教师要注意通过有效实施语言学习方案，观察幼儿在学习过程中的优势和劣势，及时改变错误的教学方式，最后得出正确结论，分享教学经验给更多的教师，为乡村教育振兴贡献自己的力量。

结语

经过实践调查，我们初步了解到现阶段农村幼儿语言发展的状况，为以后幼儿语言学习课程的开发设置提供了有效数据。本文关注农村地区特有的教育资源，与当前国家教育发展方针相结合，提出了开设具有乡土特色的自然课程的建议。此次调查是基于山西临猗某一农村幼儿园开展的，虽然具有一定的代表性，但文中提出的课程仍无法普遍应用。在今后的实践中，我们可以更大范围地实施调查活动，使我们得到的调查结果更有说服力。

"少年强则国强，少年兴则国兴，少年自由则国自由。"在振兴中华的百年复兴道路上，幼儿就是我们的强国根基。党和国家以及各界人士都在时刻关注着中国儿童的教育发展，作为未来的教育工作者更应该时刻牢记自己的使命，用心做教育，用爱促成长。

参考文献

［1］陈保亚. 语言影响文化精神的两种方式［J］. 哲学研究. 1996（2）.

［2］焦宇. 提升国家通用语言文字普及程度与质量［N］. 语言文字报，2022-3-9.

［3］袁爱玲. 尊重幼儿学习特点 让生命自由成长——深度解读《3—6岁儿童学习与发展指南》之理念［J］. 教育导刊（下半月），2013（9）.

［4］张小玲.《3—6岁儿童学习与发展指南》对幼儿教师专业发展的价值探究［J］. 新疆教育学院学报，2016，32（04）.

［5］张洁静. 浅析幼儿口语表达能力的培养策略［J］. 职业，2020（23）：101-102.

［6］张洁. 谈幼儿语言训练的做法和体会［J］. 华夏教师，2019（34）：23-24.

［7］张琳. 谈幼儿园语言训练的有效方法策略［J］. 中国新通信，2020，22（11）：172.

（指导教师：马玉汴）

导师点评

论文选题切中汉语言文学专业方向，紧贴乡村教育振兴大背景，从乡村幼儿语言训练入手，以社会调查为依据，总结分析了当前农村地区幼儿语言教育的现状，指出增强农村幼儿园教师对幼儿语言训练的自觉意识和实操能力是突破农村幼儿语言教育困局的关键因素，并试图给出相应的改善措施。选题具有现实意义，分析有依据，要害抓取准确，提出措施符合农村实际。作者有理论意识和方法意识，能运用自己了解的多学科理论和多种研究方法，从幼儿认知和语言发展特点、语言与思维的关系、语言习得规律、社会学校家庭对幼儿成长的影响等多角度多层面地对选题进行分析，虽不够深入，但已属不易。论文整体结构完整，注重多途径呈现分析结果，图表解读数据，语言解析问题，做到了符合逻辑、文从字顺。

导师简介

马玉汴，文学院2021—2022学年银龄教师，此前任教于郑州大学。副教授，硕士研究生导师，专业领域为现代汉语、第二语言习得和教学之理论与实践、语言教学设计。

中学阶段鲁迅作品面临的困境与教学策略

郭子琦　汉语言文学（师范）2018级

摘　要：鲁迅作品是中学阶段语文教学的重要组成部分，其蕴含的民族精神和爱国主义精神对中学生的思想教育起着重要的作用，但许多学生表示对鲁迅存在排斥心理，甚至部分教师也表示"惧怕教授鲁迅作品"，师生双方对鲁迅文本的误解使现今鲁迅作品教学脱离时代轨迹。本文深入分析了鲁迅作品教学困境的成因，在新课标与新教育理念的背景下提出相应的改进措施，试图建构起新型的、能够被学生接受的高效教学模式。

关键词：中学语文教学；教学策略；鲁迅作品教学

自鲁迅作品被选入中学语文教材以来，在教育教学中长期占据重要地位。本文以人教版高中语文教材为基础，以唐山市滦南县第二高级中学学生为研究对象，采用问卷调查法对当前鲁迅作品的教学状况进行了深入的分析，调查发现目前鲁迅作品教学存在以下几种问题：学生对鲁迅作品学习兴趣不高、教师教学以教师讲解为主、对鲁迅作品讲解不深入、教学偏重"标准化"答案。多种问题导致鲁迅作品的教学质量偏低，教学效果不理想。针对当前出现的问题，笔者结合新课标与新教育理念对当前鲁迅作品现状进行了分析，提出了新的教学方法，旨在提高教学质量。本文包括三个部分：第一部分在问卷调查及分析的基础上寻找鲁迅作品所面临的问题。第二部分分析鲁迅作品在当前时代焕发出的价值以及走出教学困境的必要性。第三部分针对此类问题，以学生为主体，从学生、教师、学校三个方面入手，寻求最优的教学策略。

一、中学阶段鲁迅作品在教学过程中呈现的问题

（一）问卷分析

笔者主要采用抽样调查法，在唐山市滦南县第二高级中学随机抽取了120名学生进行问卷填写。其中，有效问卷110份，问卷的回收率为91.6%。学生年级分布为：高一学生

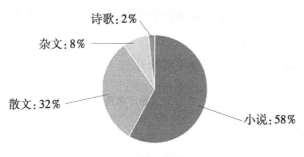

图 1　学生偏好调查

18%，高二学生 26%，高三学生 56%。

从图 1 可以看出，当前中学生普遍认为鲁迅先生的小说最具有吸引力，其次是散文。这反映出即使在高中阶段，学生仍偏向于自己所熟悉的文体，而对于思想内涵过于深刻的杂文，依旧难以接受和理解。笔者认为，当前阶段鲁迅先生作品的教育教学面临的首要任务是全方位激发学生的兴趣。学生偏爱小说，是因为小说富有精彩曲折的情节，具有故事性。大部分学生作为文章的"看客"来进行自我放松，停留在故事的情节之上，并没有认识到其中深刻的思想意义。杂文与诗歌不似小说一般容易引起学生的兴趣，他们往往感到无法准确地抓住其内涵，便产生一种读了许久却仍"不知所云"的挫败感。因此，在学习过程中，只有当课本中出现了此类作品时，学生们才能在老师的指导下对这类作品进行深入了解。

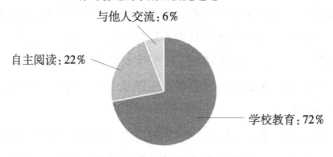

图 2　学生对鲁迅的了解方式

从图 2 可以看出当前学生了解、学习鲁迅主要是通过学校教育来完成的。虽然学生在自主阅读及课下交流时也同样会将鲁迅及其文学作品作为学习对象，但占比甚少。由此可以得出结论：应试教育是当前连接鲁迅与学生的主要枢纽。同时可以看出在这种教育模式下，没有充分调动起学生学习鲁迅文学作品的积极性和兴趣。

当代大多数教师对鲁迅的理解不够深入，死板的教学方式更是激化了学生对鲁迅文学作品的陌生感，造成了学生认为"鲁迅难，学鲁迅难，学好鲁迅更难"的局面。课堂之外更是少有学生主动去了解鲁迅，甚至即使是在老师的要求下，在课外愿意了解鲁迅的学生也是少之又少。

因此，鲁迅的"缺席"使教学难度再度攀升。

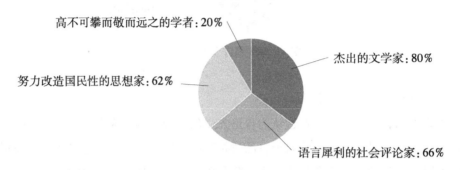

图 3　学生对鲁迅整体印象

此题为多选题。在填写问卷的 110 位同学中，80% 的同学能够认识到鲁迅先生在文坛的杰出地位。鲁迅作为 20 世纪中国伟大的文学家，是最具有创造性的。他极富创造性和思想性的创作为中国现代文学的发展奠定了坚实的基础。所以教师在授课过程中，一般会将鲁迅的主要作品作为文学常识让学生"死记硬背"，因此，不论理解与否，在学生眼中，鲁迅首先是创作了许多作品的文学家。

66% 的同学能够从鲁迅作品犀利的文风中感受到对社会的评论与批判，62% 的同学可以感受到鲁迅作品在思想层面对国民性弱点的批判。可见大多数同学能够领会到鲁迅作品中蕴含的深刻思想性。但有 20% 的同学认为鲁迅独立于文坛之上，这种望而生畏的心理源于学生自身有限的知识水平，在这种情况下，学生对鲁迅的学习兴趣势必会减弱。如果教师在讲授过程中不能点拨到位，就会导致学生在课堂中获取的对鲁迅及其作品的知识难以达到应试教育下的最低标准。

前苏联心理学家维果斯基（1896—1934）曾提出"最近发展区"理论，即教学需要抓住高于学生现有水平但最接近现有水平的区域。笔者认为，教师在授课过程中应首先对学生现有知识储备进行综合考察，以免教师对学生水平预期值差距过大导致授课内容过易或过难而使学生丧失学习兴趣。

图 4 显示，98% 的同学都能够正视鲁迅及其作品，仅有 2% 的同学持消极态度。

据图 5 分析，对鲁迅及其作品持积极态度的学生大部分不是出于自身学习兴趣：42.86% 的同学学习鲁迅是为了全方位提高自己的文化素养。究其根本，这与为应对高考的 22.45% 的同学在短期内目标一致，二者都是希望能够形成比其他同学更为"完备"的知识体系。

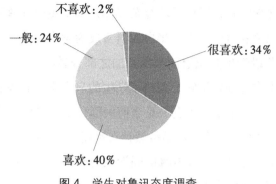

图 4　学生对鲁迅态度调查

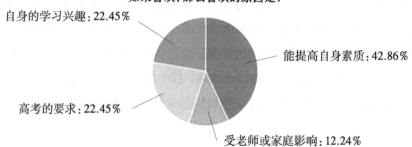

图 5　积极态度原因分析

这种心理是应试教育下社会主流思想影响的产物。有 22.45% 的同学出于自身兴趣而愿意主动地接受、学习鲁迅，其余的 12.24% 则是受到所处环境的影响。作为教师，应全面考虑到影响学生学习积极性的各种因素：从教师授课、学生自身、作品教学三个维度制定教学计划，从课堂氛围、校园环境中真正培养学生的积极性、主动性，将课堂有效延伸出去。

在文学接受这一过程中，读者与作者面对的事物不同，审美方式也存在差异。这意味着目前鲁迅作品教学的首要任务是从历史与时代这一维度入手，将作者所处时代与作品创作环境融入课堂。"对于一部先前鲜为人知的作品，文学体验也需要一种'体验自身因素的先在知识。在此基础上，我们遇到的所有新东西才能为经验所接受，即在经验背景中具有可读性'。"这一阶段的学生个人经验与社会经历不够充分，现有

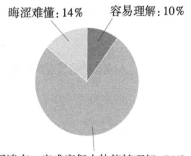

图 6　学生学习鲁迅自我评价

的思维指向与观念结构也不够成熟。在学习鲁迅作品之前,需使学生形成知识框架与理解结构,使作为读者的学生在完成阅读之前拥有充分的素养储备。

此外,鲁迅作为文学巨匠,写作手法复杂多样,学生想要理解和掌握实非易事。同时鲁迅身处文言与白话相争的时代,半文半白的语言成为学生对鲁迅及其作品形成积极学习心理的一大障碍。此阶段学生知识层面不深,加之部分教师专注于应试教育下的"死板"目标,往往不会对文本进行细致讲解,忽略了学生的自主学习和体验与对文本进行深入理解的过程。"读了还不懂""学了还不会"是当前大部分学生对鲁迅作品的主要印象。

图6显示,76%的学生表示鲁迅作品虽然存在难度,但大部分能够被理解和掌握。14%的学生认为学习起来十分困难,只有10%的同学认为理解起来比较容易。由此可见,"难以理解"仍是学生和教师面临的主要问题。

学生之所以难以通过作品与鲁迅先生产生情感的交流是由于应试教育下教师以知识点为核心展开情感教学,造成课堂的沉闷与无趣。据笔者看来,教师应重新整合课堂,确定合理的教学理念:从情感角度激发学生的学习兴趣,从而引导学生产生理性认识。

在已学过的文章中,最受学生欢迎的是关于鲁迅少年时经历的文章及故事情节比较丰富的小说。说明学生的生理及心理年龄仍不成熟、社会阅历不足是造成与鲁迅之间"疏离"的主要原因。因此,教师肩负着架构起学生与鲁迅少年时期间桥梁的重要责任,引导学生

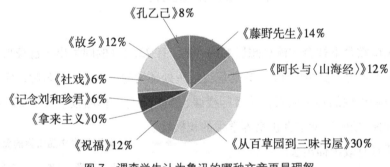

图7 调查学生认为鲁迅的哪种文章更易理解

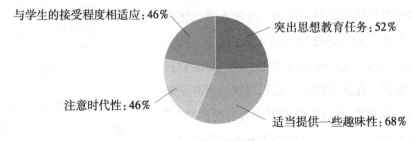

图8 学生对教师课堂教学的建议

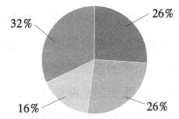

图 9　学生针对教师课堂教学的意见

加深对这一类文章的理解可以促进其进一步学习鲁迅先生。

图 8 中的题为多选题，68% 的学生认为教师在课堂中应增加趣味性，52% 的学生看重作品中的思想教育，46% 的学生认为教师在教学中应考虑学生的接受程度，46% 的学生则意识到了时代问题。与上题一致，学生生理与心理处于不成熟阶段，难以理解鲁迅先生的文章。如今，受互联网的影响，"快餐"及"速食"类作品成了学生课余的重要休闲方式。这在潜移默化中影响了学生的阅读习惯与审美方式，使得学生更期望于学习富有"趣味性"的文章。

在现阶段的语文教学中，教师在讲授鲁迅作品时最多采用的是"以教师讲解为主，小组合作讨论为辅"的方法。将课堂上教师的主导性与学生的主体性相结合，笔者认为这种教学方法可取，但教师在课堂中如何发挥引导作用更为重要。作为语文教师，应采取更为灵活的方式，让语文课堂生动起来，让学生敢说、想说、会说。

二、鲁迅作品走出教学困境的必要性

（一）鲁迅作品在当今时代绽放的魅力

鲁迅作为中国现代文学的旗手，在文学史上具有举足轻重的地位。对于当时腐朽黑暗的社会现实，鲁迅先生作了犀利、一针见血的揭露和批判。作品中体现出的深刻思想性不论在当时或是在现在，都散发着其独特的光彩。

1. 鲁迅作品中的爱国主义

"寄意寒星荃不察，我以我血荐轩辕"，这首作于中国民族危机空前严重时期的诗，是鲁迅先生对当时麻木的老百姓发出的慨叹，对祖国和人民许下的庄严誓言。青年时代的鲁迅强烈的爱国情感和反对帝国主义与封建主义的英雄气概是当今许多青少年所不能理解和体会的。在人教版高中语文必修一中收录的《记念刘和珍君》中，鲁迅先生对真正的革命者敢于主动反抗黑暗现实的行为加以歌颂。"真的猛士，敢于直面惨淡的人生，敢于正视淋漓的鲜血，这是怎样的哀痛者和幸福者？"结合其所在单元的单元目标——学习写人记事散文中对人物的描写及作者从中流露出来的感情倾向来看，学生从鲁迅先生对刘和珍君的怀念和缅怀中不仅要学习创作方法，更重要的是能够体会其中的爱国主义情感。必修一作为学生高中阶段接触的第一本语文课本，对其影响无疑是巨大的。在对学生的思想教育与学习创造性的表达方式上，《记念刘和珍君》一文是具有举足轻重的地位的。这篇感情强烈的散文在写法上记叙、抒情、议论相结合，达到了有机统一的境界。这是一曲赞颂"为了中国而死的中国的青年"的悲痛哀歌，也是一篇声讨当时中外反动势力卑劣罪行的檄文。"我向来是不惮以最坏的恶意来揣测中国人的，然而我还不料，也不信竟会凶残到如此地步。""我懂得衰亡民族之所以默无声息的缘由了。沉默呵，沉默呵！"鲁迅先生不仅表达了对文治武功的段祺瑞执政府的强烈愤慨，同时也对国民丑恶行径进行了深沉的反思。这不仅对当时的中国人民产生了激励、鼓舞的作用，对于我们当今的社会仍有很大教益。新时期的学生，更应该发扬以爱国主义为核心的民族精神，高举爱国主义旗帜。在鲁迅先生的爱国精神指导下理性地表达出自己的爱国情感，为中华民族的伟大复兴作出贡献。

2. 鲁迅作品中的犀利批判

《祝福》作为鲁迅先生的代表作，其深刻的思想和内涵正是通过典型人物的塑造来体现的。

祥林嫂是旧社会被压迫、被侮辱的妇女的典型，她深受封建政权、族权、神权和夫权的压迫，最终成了封建迷信和宗族制度下的牺牲品。鲁迅先生在塑造这一形象时，为读者勾勒了一幅生动形象的鲜明肖像："头上扎着白头绳，乌裙，蓝夹袄，月白背心，年纪大约二十六七，脸色青黄，但两颊却还是红的。"而在祥林嫂第二次出现在鲁镇上时却是已经"眼角上带些泪痕，眼光也没有先前那样精神了"。最后，变化得更加使人震惊："五年前的花白的头发，即今已经全白……她分明已经纯乎是一个乞丐了。"通过三幅不同的肖像描写，展现了祥林嫂三个阶段的深刻变化。鲁迅先生选择了三个富有典型意义的生活片段，她的改嫁、丧夫、失子，使她从肉体到精神都备受摧残。造成这一现象的根源，正是封建制度的绳索将旧中国的劳动妇女深深束缚。作为封建制度下剥削劳动人民的地主阶级的代表鲁四老爷，是造成祥林嫂悲剧的直接原因。作者抓住人物本质对其进行深刻的揭露和批判。开头交代他是一个"讲理学的老监生"，最信奉程朱理学，又用钱得了"监生"，由此便可得知这是一个有钱有势、极尽虚伪的人。在面对祥林嫂时，文中只通过白描他的几次"皱眉"，便将他阴险刻毒的本质描写得淋漓尽致。第一次皱眉是因为实在讨厌祥林嫂是一个寡妇，第二次则是认为她是"伤风败俗"的有罪女人，等到祥林嫂去世时，他竟认为触犯了他的忌讳而大骂祥林嫂是"谬种"。鲁迅先生通过祥林嫂这一悲剧，怀着满腹的悲痛与同情对吃人的封建制度和封建礼教进行了深刻的揭露和猛烈的抨击，地主阶级的自私、虚伪、冷酷得到充分展现。从祥林嫂的悲剧可以看出封建礼教的吃人本质，祥林嫂不单是文学作品中一个简单的人物形象，而是一个群体的缩影。

鲁迅曾说"中国的群众永远是戏剧的看客"。在阿毛被狼吃了之后，鲁镇的人们只是将祥林嫂的悲哀作为自己生活的"调味剂"。"她就只是反复地向人说她悲惨的故事，常常引住了三五个人来听她。"最后却至于到了人人几乎都能背诵她的话的地步，并且"一听到就厌烦的头痛"。这种"看与被看"的小说模式，在思想表现上独具特色。一如《孔乙己》中酒店客人调侃、嘲笑孔乙己，"我"作为小伙计"看"酒店客人嘲笑孔乙己，作为整个小说背后的隐藏叙述者"看"孔乙己的悲剧与整个酒店客人的麻木。

"看与被看"体现了那个时代令人悲凉的国民性，人们都在寻觅别人的痛苦，来获得自己内心的满足。在这类麻木的看客背后隐藏的是可笑与可悲。

3. 鲁迅作品中的斗争精神

在鲁迅先生的作品中，他总想用文字来唤起国人的自信与自主，召唤国人挺起"民族的脊梁"。从"横眉冷对千夫指，俯首甘为孺子牛"到"其实地上本没有路，走的人多了也便成了路"。先生的斗争从未停止。鲁迅在《呐喊·自序》中把当时的社会比喻成"铁屋子"，"是绝无窗户而万难破毁的，里面有许多熟睡的人们，不久都要闷死了，然而是从昏睡入死灭，并不感到死的悲哀。现在你大嚷起来，惊起了较为清醒的几个人，使这不幸的少数者来受无可挽救的临终的苦楚，你倒以为对的起他们么？""然而有几个人起来，你不能说绝没有毁坏这铁屋的希望"。在20世纪初中国"救亡图存"的大背景下，大声呼唤"精神界之战士"，提出"立人"主张。在登上五四文坛之后，创作了《阿Q正传》等不朽佳作，从反面批判人性的残缺，后来又以杂文为武器抨击封建专制下扭曲的社会和传统。他毕生致力于对国人精神的反思，启迪国人"悟己之为奴"，从奴性升华到悟性。

研究鲁迅不是为了成为鲁迅，而是懂得建立自我意识的重要性。每个人的生命潜能沉睡的时候过久，因此将那些创造性和爱意的存在焕发出来，比什么都重要。

国难当头时，有人察觉到了危机，有人极力呐喊试图唤醒沉睡的人，有人拼尽全力去寻求一条出路。我们的民族正因有这样一群人，才能够走出危机存亡的劫难。

（二）学科核心素养下的鲁迅文学作品

笔者将"中学语文核心素养"作为关键词，在知网数据库进行检索，截至2022年3月2日，共检索到1047条相关文献，学术期刊论文127篇，学位论文262篇。通过对相关文献进行梳理，笔者发现关于语文学科核心素养的研究重点集中在教学策略和教学方式转变两个方面。语文学科核心素养是学生在语言实践活动中积累与构建起来，并能够在现实的语言情境中表现出来的语言能力及品质；是学生在语文学习中获得的语言知识与能力，思维方法与品质，情感、态度与价值观的综合体现。

1. 语言知识与语言能力

鲁迅作为现代白话语言文学大师，其作品是学生学习汉语的典范。鲁迅作品以白话文为主，其中辅以文言、口语等。如在《孔乙己》一文中，作者借"我"之口采用白话文展开故事的叙述，同时又对孔乙己的语言进行描述：君子固穷、者乎、多乎哉等词汇，成功地塑造了一个没落的知识分子形象。又如在《祝福》中，卫老婆子的"啊呀啊呀"，祥林嫂对话时"唉唉""唔唔""啊啊"等口语的运用。教师在教学时可从人物语言入手，让学生仔细品味文章语言与人物语言，培养学生有效运用汉语语言文字的能力。

2. 思维方法与思维品质

教师应培养学生的主动思维能力和问题反思意识，不仅要向学生提出问题，更重要的是引导学生积极解决问题，使学生能够主动提出问题。在《拿来主义》的教学过程中，可以让教师在学生阅读文章前提出问题：文中的"拿来主义"到底指什么？文章的论点是什么？使学生带着疑问进入课堂，难度较低的问题也可以增强学生学习的信心。上述问题得到解决之后，教师可进一步深入，引导学生的思维进一步提升：具体是怎样论证的？文章采用了怎样的论证结构？由此对文章进行更详细的剖析，在学生的回答及讨论中引出"先破后立"的论证方式，进而对文章主旨展开更深入的教学。同时，仅由教师进行单方面的"输入"是不可取的，教学是双向的互动。在课堂中应创造良好的学习氛围，让学生敢于提出问题，敢于为自己的疑问发声。教师也应对学生的思考予以正面、正向的回应。

3. 情感、态度与价值观

教学情境不但能使学生更好地感受与理解课文，高效地完成教学任务，也能够培养直觉，发展创造。在鲁迅作品教学中，教师可采用多种手段创造与教学内容相对应的情境，使学生能够更贴近作品中的世界，产生审美体验，培养学生健康向上的审美情趣与鉴赏品味。21世纪教育信息化的发展使多媒体进入了课堂，并以其集成性、交互性、非线性等独特优势被广泛运用。教师应有意识地将多媒体教学与课堂相融合，使语文课堂更加生动多彩。如在进行《祝福》的教学时，教师可在教学任务完成之后为学生播放由小说改编的同名电影，使学生在轻松愉悦中加深对文章的理解，从侧面提升学生的审美趣味。

三、针对当下教学困境采取的教学策略

（一）优化完善课堂模式

《普通高中语文课程标准》指出要"加强实践性，促进学生语文学习方式的转变"。[10]今天，中国特色社会主义已经进入新时代，实现建设现代化强国目标需要培养创新人才，语文教师要主动适应当代社会的发展趋势，积极利用信息技术以及各种资源，跳出教材，放大阅读范围，使学生在广阔的空间里学习阅读，积累感悟。多媒体教学目前是学生最喜爱

的教学辅助手段，它改变了以往单调的教学模式，充分调动了学生的感官，使学生觉得课堂更加生动、有感染力，进而提高了学生的兴趣，提升了教学质量。教师还应积极寻求方法进入学生内心，了解学生心理，找到可以真正激发起其学习积极性的教学方式。学者田彰玮在谈论《拿来主义》的教学时指出，教师可以通过"朗读教学"的方式使学生品味语言。钱理群通过多年教学的经验也得出：朗读是最接近鲁迅的艺术和他内心世界的入门通道。学习鲁迅的作品，要先使学生进入作品特定的情境，而不是直接分析。"授人以鱼不如授人以渔"，教学实际上是教会学生如何去学，教师要针对不同的学生分别进行指导，逐步培养学生的自主学习能力。

1. 架起时代的桥梁

要想使学生理解、走近鲁迅，就应使学生全方位、多角度地感知鲁迅。为打破时代藩篱，教师应将学生的体验与感受贯穿至作品中，寻求学生与鲁迅的精神契合。笔者在中学学习《祝福》时，教师采用了传统模式的教学手段，让学生从祥林嫂被神权、族权、夫权压迫的角度入手分析祥林嫂的不幸，又让我们背诵文章主旨。笔者认为，教学不应与时代脱节，学生也不应盲目跟随老师机械化地学习。而是要将祥林嫂化作学生身边的人，让学生从日常体验入手分析造成祥林嫂不幸的根源。学生要走进文本，带着问题进行思考：祥林嫂为何是一个"不幸的人"？"不幸"的原因是什么？通过细读文章，学生看到祥林嫂丧夫丧子时身边的人不仅不同情，反而对她指指点点、议论纷纷，有人专门来听她的悲惨故事，还有人将其看作一个笑话。由此，学生深刻理解到人们的冷漠和虚伪加剧了祥林嫂的悲惨。《祝福》中的节日氛围，可以使学生想象在过年时的欢快中出现形如枯槁的祥林嫂的场景，让学生思考这一结尾的寓意所在。教学结束之后，不能墨守成规，应启发学生进行深入思考：比如布置一篇名为《不幸的人》的文章作为作业。如此，学生们才会结合祥林嫂的悲剧来审视如今的生活，从而《祝福》中的价值取向才能自然地融入学生的价值观。

2. 调动课堂氛围，提高学生参与感

要发挥学生在课堂中的主体地位，最重要的是建立和谐的师生关系与创设民主、平等的课堂氛围。教育的民主是开展一切教育教学活动的基础与前提，如果离开了教育教学的民主性，学生与教师课堂地位不和谐也就无法实现真正意义上的教育教学。因此，教育教学的顺利开展需要教师注重课堂氛围。创设良好的课堂氛围的关键是教师要尊重学生。尊重学生，就是要尊重学生的一切：学生的观点、思想与人格。简而言之，就是尊重学生的看法。当学生的思维过程和思考结果超出教师的预先设计和期望时，不应该把学生的思维方式强行拉进自己预设的轨道。与此同时，教师要鼓励学生大胆提出质疑，这种质疑包括敢于向老师质疑、敢于向其他同学质疑、敢于向教科书质疑。这就是通常说的"不唯师，不唯书"的真实表现。

鲁迅作品的语言生动简洁，且中学生正处于课业繁忙的阶段。结合笔者自身学习经历

来看，教师可以在教学中通过多样性手段进行教学：如在进行《孔乙己》的教学时，教师可以抓住孔乙己首次和最后一次出场时的"排出九文大钱"中的"排"和"摸出四文大钱"中的"摸"，带领学生进行动作的重演再现，挑选活泼、富有表现力的学生在课堂上进行表演，增强学习态度消极学生的参与感，同时也使其他学生更具有融入课堂的主动性。如此，不仅提升了课堂的趣味性，也可以引导学生抓住文中的关键词，更好地体会鲁迅作品语言的"精"与"准"。

3. 与时俱进，科学利用互联网

结合当前时代发展与笔者自身实习经历来看，当代学生拥有熟练运用互联网的能力。双泉学校冯丽芳老师在进行《藤野先生》的教学时，课前布置了搜集鲁迅在日本的故事的任务，次日由学生带入课堂进行资料互换，充分调动了学生的好奇心和表现心理。教师对其进行补充和扩展，也使教师与学生完善了自己的信息体系。同时，教师要对学生搜集信息的能力进行肯定，增强学生信心。如此，不仅使学生可以针对其他同学的资料进行吸收、思考或质疑，加强观点的交流，还创造了积极的课堂氛围。在课下，教师也可以通过社交平台为学生搭建师生交流平台，在周末时利用 QQ 的匿名功能与学生聊这一周来的趣事、烦心事，拉近师生距离，让学生大胆地对教学工作提出意见，并且对学生所提问题进行积极反馈，有的放矢地对教学工作进行改变。

（二）提高学生自身素养的策略

1. 学生兴趣的培养

学生应做到"四学一新"，即"愿学、乐学、会学、善学、求新"。美国心理学家布鲁纳认为，学习的最好动机是对所学教材的兴趣。"知之者不如好知者，好知者不如乐知者"，自身学习保持浓厚的学习动机是其积极主动参与学习的前提。学生参与学习这一过程后，教师引导学生养成良好的学习习惯，让学生形成独特的学习方法，扬长避短，而后才能结合所学知识提升自身知识水平，完成知识延伸。中学生生活在"快节奏"的互联网时代，通常习惯于阅读快餐式作品，这使其对鲁迅作品产生了排斥心理。因此，学习鲁迅作品时学生要先克服畏惧心理，正确认识鲁迅。作为学习主体的学生可以主动寻找鲁迅有关作品，选取自身感兴趣的作品进行阅读，如《朝花夕拾》中描写鲁迅童年至青年学习、生活经历的文章。充满生活气息的作品可以拉近学生与鲁迅之间的距离，缓解学生对鲁迅可望而不可即的畏难心理。

结合问卷和笔者自身实习经验可知，学生对鲁迅的私下生活较为感兴趣。教师可以充分利用学生这一心理展开教学。教师帮助学生搜集鲁迅生活中的各类事情，如童年时期与闰土间的故事、孩童时期被父亲严格要求背书的故事、对孩子严慈并济的故事、对学生萧红给予物质与精神上的帮助的故事。以讲故事的方式使学生走近生活中的鲁迅，感受鲁迅平易近人的方面。

2. 良好学习氛围的营造

为提高学生的综合素质，即使在应试教育背景下，学校也不该仅通过试卷分数来判断学生能力。国家主席习近平在 2018 年 9 月 10 日全国教育大会上强调：加快推进教育现代化、建设教育强国、办好人民满意的教育。为贯彻落实这一理念，学校应积极配合教师做好课外工作，为学生提供良好的学习环境，形成浓厚的学习氛围。在课余，学校可举办多种形式的活动，如：鲁迅作品演讲比赛、"我眼中的鲁迅"等一系列活动来充实学生的学校生活。也可以通过组织学生观看有关鲁迅的影视作品使学生加深对鲁迅的了解和认识，缓解学生课业压力的同时也能够激发学生对鲁迅的学习兴趣。义务教育阶段起，学生便开始了关于鲁迅的学习。笔者结合中小学课本发现，鲁迅的作品往往是以单篇形式出现在各册教材之中的。这种编辑模式下产生了教学分散、教学间隔时间长等问题，难以使学生对鲁迅产生全面的理解与认识。基于此，笔者建议在高中阶段的鲁迅作品教学中采用专题形式为学生进行更深层次的梳理，帮助学生建立起对鲁迅及其作品完整全面的认识体系。在专题教学时应注意将作品、教学大纲与学生三者有机结合，既要符合学生自身学习情况，也要紧扣教学大纲。同时，教师在进行专题教学时也可适当延伸鲁迅其他作品，不必拘泥于课本所选作品。如：教师选取《藤野先生》《故乡》《风筝》等文章组成小专题——"鲁迅的曲折成长路"。在教师的带领下，学生能够品味鲁迅成长过程中的烦恼，了解鲁迅如何在孤独和痛苦中奋发向上，学习鲁迅积极乐观的态度。鲁迅作品蕴含着丰富的精神内涵，教师在鲁迅作品教学中要让学生充分感受到鲁迅及其作品的独特魅力，帮助学生增强文化自觉，传承鲁迅精神。

3. 获得独立思考的成就感

新时代中国的发展需要创新型人才，这就意味着国人应具备足够的创新意识。中学阶段是培养学生独立思考能力的关键时期，但由于青春期自我意识的增强，学生容易产生逆反心理。此时，教师切忌盲目说教，更不能采用生搬硬套的教学模式。结合新的教育理念，在《记念刘和珍君》一文中，教师可以引导学生选取文中最能触动自身情感的句子，并思考为什么这些句子可以令人过目不忘。让学生在课堂中自由地表达自己的思考与见解，进一步推动学生探求文章"亮点"。在授课之前，教师提出问题，让学生带着问题走进文章。如：题目中的"记"字是否相当于"纪"字，是不是另有其意，能不能把"记念"一词理解成"记叙、怀念"。文章题目既然说是为了纪念刘和珍而写的，为什么又写了杨德群、张静淑二人，这样写是不是旁生枝节？在授课过程中，教师仍需要引导学生积极主动地回答问题，所以，授课时不应设置过难的问题，从而才能使大部分学生参与进来。如文章记叙了刘和珍的哪些事迹？反映了刘和珍是个怎样的人？同学们自己评点课文，每人对刘和珍说一句话。课后，也可以通过富有趣味性的作业来提高学生的兴趣：根据你对课文的理解，为刘和珍写一篇悼词或人物通讯。此类文章的课后作业，不在于多而在于"精"，应使学生深入体会其中的情感。

笔者通过调查滦南县第二高级中学学生对鲁迅及其作品的态度与看法以及访谈教师，重点分析研究了高中阶段鲁迅作品在语文课堂中面临的困境与学生对鲁迅感到疏离的原因。鲁迅在现当代文学史上影响深远，是20世纪世界文化巨人。鲁迅的作品与以爱国主义为核心的民族精神一脉相承，对爱国主义作家的尊重也是对中华民族从屈辱走向繁荣的历史的尊重。如钱理群先生所言："我们民族有幸拥有了鲁迅，但要真正理解与消化他留给我们的丰富的思想文化与文化遗产，还需要时间。"

现如今中学鲁迅作品教学受到多方的桎梏：某些教师教学方式落后、教学理念陈旧使学生失去了学的兴趣，学生存在的急功近利的心理使其忽视了鲁迅的意义。本文以调查分析为依据，针对目前教学中存在的问题提出了相关的教学策略和改进方式。望鲁迅的精神之光永存，则吾国吾民，幸甚至哉。

参考文献

[1] 张淼. 鲁迅文学作品在中学语文教学中的困境及纾解策略研究[D]. 西南大学，2020.

[2] 谢林霞. 论姚斯的"期待视野"理论[J]. 内蒙古农业大学学报（社会科学版），2008（04）：249-250.

[3] 黄丹瑶. 中学语文鲁迅作品的教学现状及策略研究[D]. 渤海大学，2021.

[4] 杜德灏. 小议高中语文阅读教学中的"导"与"学"——以《祝福》为例[J]. 语数外学习，2020（08）：28-29.

[5] 王杰. 批判性思维视域下的中学鲁迅作品教学[D]. 天津师范大学，2020.

[6] 王勇. 篇幅较长的叙事类文本的切入技巧——以《记念刘和珍君》为例[J]. 新世纪智能，2022（Z4）：36-40.

[7] 鲁迅. 鲁迅经典全集·小说集[M]. 北京：北京理工大学出版社，2016.

[8] 鲁迅. 呐喊[M]. 北京：人民文学出版社，1973.

[9] 孙郁. 中国鲁迅研究名家精选集：鲁迅与现代中国[M]. 合肥：安徽大学出版社，2013.

[10] 中华人民共和国教育部制订. 普通高中语文课程标准（2020年修订）[S]. 北京：人民教育出版社，2020.

[11] 温儒敏. 温儒敏论语文教育三集[M]. 北京：北京大学出版社，2016.

[12] 田彰玮. 以《拿来主义》为例谈高中语文教材中鲁迅杂文教学[J]. 百科知识，2021（09）：73-74.

[13] 钱理群，温儒敏，吴福辉. 中国现当代文学三十年[M]. 北京：北京大学出版社，2016.

（指导教师：严寅春）

导师评语

不知从何时起，中学生和中学语文教学中开始流传"一怕文言文，二怕写作文，三怕周树人"的顺口溜，所谓"三怕周树人"就是怕教材中有关鲁迅的作品。缘于鲁迅作品的难教难学还易考，不少学者和中学同仁呼吁，甚至着手去除教材中鲁迅相关作品。本文作者深入中学课堂，通过问卷调查、座谈走访等形式，了解到中学语文鲁迅作品尽管难教难学，但通过调整教学策略，正本清源，教和学的问题都不难以解决，所谓的难教难学只是相对而言。学习如逆水行舟，不进则退，如果碰到难度就做减法，学习如何能够提高。

导师简介

严寅春，山西洪洞人，博士，教授，硕士研究生导师，柳宗元研究会理事，主要从事唐代文学与文化研究、涉藏文献整理与研究。